칼빈의 갈라디아서 강해 (상)

존 칼빈 지음 / 김동현 옮김

서로사랑

역자 서문

한국 교회를 사랑하셔서 이번에도 부족한 종을 통해 존 칼빈의 갈라디아서 전문 강해 설교집을 알리게 하여 주심을 하나님께 진심으로 감사드리며 영광을 올립니다. 칼빈의 갈라디아서 설교집이 교계의 목회하시는 지도자 분들께 속히 읽혀지기를 간절히 바란 나머지 여러 가지 미흡한 점이 많음에도 불구하고 서둘러 출간하게 되었습니다. 하나님께서는 어떤 의미에서는 처절하리만큼 외롭고 고독한 환경속으로 부족한 종을 몰아넣으셨으며 이 외적 환경 속에서 칼빈의 저작들을 출간하도록 섭리하셨습니다.

"작은 일의 날이라고 멸시하는 자가 누구냐"(슥 4:10)라는 말씀처럼 작은 일이라고 무시하는 일은 고사하고 극심한 질병과 여러 가지 휘몰아치는 거대한 영적인 폭풍우와 회오리바람, 그밖의 경제적인 고통은 저를 더욱 단련시키는 뜨거운 풀무불과도 같았습니다. 그러나 **"비록 무화과나무가 무성치 못하며 포도나무에 열매가 없으며 감람나무에 소출이 없으며 밭에 식물이 없으며 우리에 양이 없으며 외양간에 소가 없을지라도"**(합 3:17)라는 하박국 선지자의 담대한 신앙고백과 같이 저 역시 같은 심령과 마음으로 하나님을 찬송할 수 있도록 인도하심을 감사드릴 뿐입니다.

이러한 까닭에 진리 가운데서 순수하게 목회하려고 노력하시는 모든 동역자들께 이 책을 서슴없이 바칩니다. 또한 영적으로 좌절하거나 실패하여 낙심에 처한 모든 신실한 하나님의 백성들에게도 존 칼빈의 설교집이나 역자의 모든 일들이 반드시 위로할 수 있는 귀한 예증이 되기를 소망합니다.

왜 제가 칼빈의 설교집을 한국에 소개시키고자 그토록 고집스럽게 집착하며 남다른 간절한 소원함을 갖게 되었는지를 독자분들께 다소나마 도움이 되지 않을까 생각되어 짧게 동기를 말씀드리고 싶습니다.

먼저 제가 25세 경(1980년) 한참 젊은 시절, 하나님의 은혜로 칼빈주의 신앙과 신학에 막 눈을 뜨고 깊이 배우고자 하는 사모함이 간절하던 차에 기독교문서 교회에서 출판한 칼빈의 「에베소서 강해 설교집」 상권을 읽고 저는 남다른 도전과 충격과 은혜를 받았습니다.

어릴 때부터 막연한 모태신앙은 가졌었고 고등학교 1학년때 부흥회에서 큰 감동을 받아 목회자가 되기로 굳게 다짐하였습니다. 자유주의 신학에 접한 저는 수많은 혼선과 회의 속에 몇 년을 방황하다가 다시 신앙으로 돌아왔으나 주로 일미니안 신앙을 갖고 있었습니다.

그 당시 로버트 슐러 목사님의 책은 저의 최고의 애독서였고 나의 우상이었으며 박조준 목사님과 조용기 목사님, 김홍도 목사님의 말씀도 저의 연약한 신앙을 세워주는데 많은 도움을 주었습니다. 나름대로 교파를 초월하여 큰 교회를 열심히 다녔고 장성한 분량에 이르려고 노력하였으나 막상 성경의 깊이는 잘 몰랐고 또 배운 적도 없었습니다. 그러한 가운데 하나님의 섭리로 칼빈주의를 깊이 가르치신 목사님을 만나게 되어 칼빈을 만나게 된 것입니다.

칼빈의 기독교 강요를 수십 번 읽으면서 너무도 깊은 깨닮음과 은혜를 받았으며 농촌 교회에서 부분적 사역을 할 때에 칼빈의 주석들을 주 교재로 강의한 것은 저의 즐거운 추억 중 하나입니다. 칼빈의 주석들은 다른 어떤 주석보다 저에겐 더욱 은혜가 되었습니다.

무엇보다도 저는 칼빈의 설교집에 가장 깊은 은혜와 각성과 도전을 받았습니다. 이로 인해 계속적인 은혜를 제 자신부터 갈망하였으나(결코 지적 자세가 아닌 영적 자세로) 어찌된 이유인지 칼빈의 에베소서 하권 설교집은 이어서 출간되지 않았고 그후 1990년도까지 칼빈의 설교집은 한국 교계에선 거의 구경조차 할 수 없었습니다.

세종출판사에서 1970년대에 출판한 「칼빈의 설교집」에 목회서신 설교가 9편 실린 것과 「칼빈의 에베소서 강해」 상권에 실린 21편의 설교 외에는 1980년대까지 칼빈의 설교집은 전혀 소개되지도, 출판되지도 않았습니다. 제 자신은 칼빈의 에베소서 강해 설교집을 수십 번 읽어 그야말로 닳고 닳을 정도로 애독하였습니다. 왜냐하면 그 설교집은 저에게 영적, 경제적, 신체적 기타의 모든 극한적 어려움을 이기게 해준 가장 강력한 무기가 되었기 때문입니다.

그 당시 일반적인 교계의 지도자들이나 부흥신학자들은 병들고 가난한 것은 하나님이 기뻐하시는 뜻이 아니라고 가르쳤습니다(지금도 상당히 많은 목회자가 이와 비슷하게 가르치나). 그러기에 저는 병약하고 가난했던 신학교 시절, 교회에서 위로와 소망을 얻기보다 좌절감만 맛보았던 적이 많았습니다.

그러나 칼빈의 기독교 강요와 저작집, 설교집을 통해 보다 더 온전한 진리를 깨닫게 되었으며, 더욱 깊은 연구와 기도의 결과 칼빈의 설교집을 한국 교회에 소개하는 일은 제2의 한국 교회 종교개혁에 엄청난 기여를 할 것이라는 나름대로의 확신과 소명을 느끼게 된 것입니다.

그러나 마음의 소원은 마치 목마른 사슴이 시냇물 찾기에 갈급함 같았으나,워낙 인격이 미숙하고 사람 됨됨이가 시원찮으며 영어 실력도 부족한 제가 칼빈의 설교집을 번역하기엔 자신이 없었습니다. 영어 원서를 사방팔방으로 구하던 중 마침 1988년도에 「Sermons from Job」(칼빈의 욥기 설교집 159편 중 20편이 leroy Nixon 목사님에 의해 번역되어진 책)이란 책을 발견하였고 평소에 존경하는 서문강 목사님께 이 책을 번역해 주실 것을 간청하여 「욥과 하나님」이란 제목으로 지평서원에서 출판되었습니다.

그 다음 「Sermons on the Saving work of Christ selected and translated by Leroy Nixon」이란 책을 발견하여(그 당시에는 이러한 원서를 한국에서 구입하기가 상당히 어려웠음) 은성출판사(이 출판사는 개혁주의 노선을 걷는 책들을 별로 발행치 아니함)에서 「그리스도의 구속사역」이란 제목으로 한국 교회에 두 번째로 선을 보이게 되었습니다.

이후에도 미국에 가서 칼빈의 여러 자료들을 값진 진주를 찾듯 찾고 배우는 과정에서 미국의 Richimond에 있는 Union 신학교에서 칼빈의 미가서 전문강해 설교집을 복사하여 다시 서문강 목사님께 갖다드려 번역을 요청하였습니다. 그 결과 「칼빈의 미가서 강해」란 제목으로 미가서 전문강해 설교집이 교계에 알려지게 되었습니다.

자신의 정당한 노력이 하나님과 사람 앞에 인정받기를 소원하는 것은 자연스런 인지상정이기에 이 자리를 빌어 그 과정을 알리는 일을 하나님께서도 눈감아 주시리라 생각합니다. 한국에 칼빈의 설교집이 더디게 출판되며, 설교집뿐 아니라 칼빈 신학에 대한 그 관심이 전반적으로 점점 형식화 되어가는 이유를 부족하지만 몇 가지 소신있는 견해를 밝히고 싶습니다.

첫째, 한국 교회 지도자들의 이해부족과 독서부족입니다. 표현이 은혜롭지 못할까 죄송합니다만 바쁜 목회 업무 중 소위 손쉽게 써먹을 수 있는 (자극과 도전, 경각심을 위해 거친 표현을 쓰는 것을 이해하여 주시기를 바랍니다) 자료만을 찾는데 큰 원인이 있다고 봅니다.

점점 더 갈수록 교회의 지도자들이 소수를 제외하곤 칼빈, 루터, 청교도들, 웨슬레, 조나단 에드워드, 휫필드, F.A.쉐페, A.W. 핑크, 로이드 존즈와 같은 영적 거성들의 책을 멀리합니다. 그리고 소위 목회에 성공한(?) 몇몇 인기있는 목사님들의 설교집에 집착하므로 이러한 종류의 설교집에 영적인 도움을 많이 의존하고 있습니다.

물론 이러한 분들의 설교집이 전혀 무익하다는 극단적인 주장은 어리석은 궤변이 될 것입니다. 그러나 좀더 신령하고 깊이 있는, 그리고 영적으로 보다 중후한 고전적인 강해집과 설교들이 기초가 되지 아니하면 피상적이고 가벼운 설교가 되어질 수밖에 없기 때문입니다. 상당한 부분의 이와 같은 이유로 인해 한국 교회의 영성과 질적수준이 상당히 저하되었다고 저는 나름대로 확신합니다.

둘째, 기독교 출판을 통해 문서사명을 감당하시는 기독출판인들의 영적, 신학적 깊이가 미숙한데도 부분적 원인이 있다고 봅니다. 물론 여기에는 여러 가지의 복합적 원인이 있지만(좋은 책이라 할지라도 어떤 경우 잘 팔리지 않아 경제적 타격을 받는 한국 독서계의 현황) 어쨌든 이러한 측면도 무시못할 주요한 원인 가운데 하나입니다.

셋째, 칼빈주의 혹은 개혁주의 신앙과 신학을 누구보다 강조하는 신학자와 목회자 가운데 그 문제가 있다고 봅니다. 다른 견해와 의견도 있겠으나 나름대로 제가 확신하는 바로는 한국 칼빈주의 신학자들의 약점과 문제점을 다음과 같이 보고 있습니다.

먼저 한국에 있는 칼빈주의 신학연구기관을 살피면서 간단히 언급하고자 합니다. 이것을 비난을 위해서라기 보다 서로 세우기 위함임을 전제로 함을 이해하여 주시기 바랍니다.

㉠ **한국칼빈신학연구회**(The Society of Calvin Studies in Korea) 이 연구회의 설립목적과 동기는 이해가 되나 대부분이 자유주의 신학이나 신복음주의 노선을 취하는 분들로 변절되거나 왜곡된 칼빈주의 노선을 걸으므로 그 기여도에 있어 실적뿐 아니라 일반 평신도와 지도자에게 거의 영향을 끼치지 못합니다. 어떤 면에선 칼빈주의를 왜곡되게 전달

합니다. 이들 신학자들 중 칼빈을 W.C.C운동의 뛰어난 모델로 제시하는 지극히 우려되는 분도 상당히 계십니다.

㉡ **한국칼빈주의연구원**(The Institute for Calvinistic Studies in Korea, 약칭 ICSK) 이 연구원은 참으로 자랑할 만한 연구원으로 그 소장자료는 놀라우리만치 풍요롭고 원장이신 정성구 목사님 개인의 뛰어난 열정과 교회의 공헌도는 너무도 귀합니다. 이분을 통해 한국 교회 칼빈주의 운동이 상당히 확장, 소개됨을 하나님께 감사드리며 더욱 풍성한 열매가 있기를 바랍니다.

다만 한 가지 아쉬운 점은 칼빈 자신의 작품을 하나도 교계에 선보이지 못한 점입니다. 연구원이 물론 칼빈의 저작품에만 관심을 가져서는 안 되지만 칼빈의 저작에 관한 관심은 무엇보다 일차적인 목표설정임에도 주객이 전도됨과 같이 활동방법에 있어 본질이 외면된 채 학적 연구에만 치우치므로 영적인 측면이나 실제적 측면 또는 한국 교회 현실에 직접 적용될 수 있는 목회자로서의 종교개혁을 이론뿐 아니라 행동에서도 도전을 줄 수 있는 운동에 너무도 미약했다고 본인은 생각합니다. 목회와 신학교 강의에 너무도 바쁘신 분이 혼자 이 모든 것을 감당하시기에 한계도 있음을 우리는 이해합니다.

하나님께서는 이같은 상황을 본받게 하시려고 총신대의 박건택 교수님을 통해 소개되지 아니한 칼빈의 소논문집과 서간을 계속 출간케 하시며 저같이 미숙한 종을 통해서도 칼빈의 작품들을 한국 교회에 소개토록 섭리하셨습니다.

제도권 밖에서 활동하는 부족한 제가 칼빈주의 운동을 통해 성실하고 뜨거운 열심으로 활동하시는 여러 신학자분들께 선의의 시기심과 자극과 도전을 주어 칼빈의 저작품 발행에 박차를 가하였다고 제 나름대로의 자부심과 긍지를 가져봅니다.

넷째, 정통 칼빈주의자들의 분열입니다. 한국에도 바알에게 무릎꿇지 아니한 7,000명의 남은 자들이 남아 각 분야에서 최선을 다해 헌신하시나, 가장 정확하고 올바른 신앙과 신학을 가진 분들이 의외로 서로 단결이 미흡하고 저마다 독립적인 사역을 감당하므로 커다란 응집력과 단결심을 보이지 못합니다.

진리의 특성상 복음이 분명히 깨달아지면 각자의 개성이 뛰어나게 강조되는 속성이 있기에 스펄전 목사님의 요엘서 2:8에 관한 설교말씀처럼 분리 가운데 결점과 단점도 있으나 '다양성만의 통일성'과 같이 긍정적 측면도 무시할 수도 없습니다. 하나의 교회나 교단이나 기관이 너무 커짐으로 인해 거대한 정치적 집단으로 전락될 위험을 하나님께서 막으시기에 오히려 나뉨은 합력하여 선을 이룰 수도 있기 때문입니다.

이런 의미에서 볼 때 정통 칼빈주의 신학을 강조하는 분들이 외형적 통합은 못 이룰지라도 영적 통일을 이루어 각자의 처소에서 개혁주의 신앙과 신학을 꽃피울 수 있으리라 생각합니다.

새로운 2000년 시대, 이 시대야말로 그 어느때 보다 제2의 칼빈이나 루터, 낙스와 로이드 존즈와 같은 개혁자들이 필요한 시대입니다.

존경하는 한국 교회의 선배 목사님들과 동역자 여러분!

저는 지극히 부족하고 그릇도 작으며 너무도 연약한 사람이지만 감히 추천하고 확신있고 담대하게 천거하고 싶은 것은 칼빈이나 로이드 존즈, 스펄전에 대한 깊은 연구와 각성이 이 시대에 무엇보다 긴급히 필요하다고 생각합니다.

우리는 김삼환 목사님을 통한 기도운동, 조용기 목사님을 통한 성령운동, 김홍도 목사님이나 박조준 목사님 등 기라성 같은 하나님의 사역자들을 통해 하나님께서 그 분들께 허락하신 귀한 은사들을 열심히 배우고 성실히 본받아야 할 것입니다.

그러나 모든 것을 다 배우자는 것은 아닙니다. 이 분들께서 교계에 헌신하신 활동은 너무도 크다 하겠으나 W.C.C 운동의 위험성과 사이비 성령운동에 대한 미약한 지적 등 산적한 문제도 크다 하겠습니다. 긍정적 영향력도 인정하고 존경해야 하겠으나 부정적 영향력도 결코 간과해서는 안 될 것입니다.

저는 지금도 김삼환 목사님과 몇몇 지도자분들의 설교를 테이프와 책과 TV를 통해 경청하며 많은 은혜를 눈물로 체험하고 있습니다. 특별히 김삼환 목사님은 제가 가장 존경하는 목사님 가운데 한 분입니다. 그러나 여러 지도자 어른 가운데 아쉽고 부족한 점도 엿보입니다. 그것은 칼빈이나 루터와 로이드 존즈와 같은 정확한 방향설정의 부족이요, 미흡함과 결여입니다.

이제 우리는 존경하는 선배님들뿐 아니라 보다 더 뛰어난 루터나 칼빈, 청교도, 스펄전과 로이드 존즈를 철저히 영적으로 학습하여 존 낙스와 같이 한국 교회를 개혁할 수 있는 신실한, 그리고 로이드 존즈처럼 정확하고 용기있는 지도자가 되어야 하겠습니다.

21세기는 너무도 혼란과 암흑이 가득차 있으므로 열심 위에 정확한 신앙과 신학도 더욱 필요한 것입니다. 이 일을 누가 감당할 수 있습니까? 정의롭고 용기있는 자가 되어 빛을 발하는

지도자는 누구입니까? 우리 모두가 아니겠습니까?

"범사에 헤아려 좋은 것을 취하고"(살전 5:21)라고 하셨으니 교계의 지도자들로부터 좋은 것을 취합시다. 그러나 결점과 단점과 치명적인 약점도 잘 헤아려서 보다 더 뛰어난 지도자들이 되도록 각자의 은사대로 최선의 노력을 기울여야 하겠습니다.

1963년 '빌리 그래함 베를린 세계복음전도대회'를 위해 빌리 그래함 목사님은 로이드 존즈에게 협력을 직접 요청하며 전도대회장을 맡아달라고 요청했으나 자유주의자들과 로마가톨릭교들을 연단에 세우는 것을 중단하면 회장직을 맡고 후원하겠다는 로이드 존즈 목사님의 태도야말로 지금 개혁주의적 복음주의자들의 태도라고 확신합니다.

F.A. 쉐퍼 목사님의 말씀처럼 지금은 어느 때보다 프로테스탄트적인 복음주의자가 필요한 것입니다. 우리는 대형 교회의 목사님들을 인격적으로 존경하나 속해 있는 교단의 W.C.C 참여운동은 과감히 지적하여 충고하거나 조언합니다. 선의의 과감한 충고나 조언하는 자마저 없다면 차라리 비극적이요, 소망없는 현실이라 아니할 수 없습니다. **"사랑 안에서 참된 것을 하여"**(엡 4:15)라는 말씀처럼 늘 사랑의 영으로 인도받기를 기도하면서 루터와 같이 참된 것을 말하고 노력해야 하겠습니다.

칼빈의 갈라디아서 설교집은 저의 어떤 추천이나 설명이 필요없습니다. "와보라"는 말씀과 같이 "취하여 읽으라"고 강권적으로 권면할 뿐입니다. 이어서 칼빈의 신명기 설교전집(200편)과 욥기 전문설교도(159편) 하나님께서 저에게 주신 특별한 사명으로 확신하면서 열심히 기도하며 준비하겠습니다.

대망의 21세기입니다. 영적으로 대 암흑과 혼돈의 시대이지만 한편으론 하나님은 이에 대처할 수 있는 진리의 밝은 빛도 더욱 밝히 비춰 주셨습니다. 시대적 환경으로 인해 우리는 과거의 어느 선배 사역자들 보다 칼빈, 루터, 낙스, 휫필드와 조나단 웨드워드, 웨슬레, 스펄전과 로이드 존즈를 섭렵할 수 있는 장점도 지니고 있습니다.

"하나님이 우리를 위하시면 누가 우리를 대적하리요" (롬 8:31)라는 말씀과 같이 우리는 진리와 함께 기뻐하며, 담대히 복음을 증거할 수 있습니다. 사람들과 세속적인 어떤 권위도 파할 수 있는 강력한 무기와 성령의 검을 가지고 있기에 우리도 다음과 같이 확신있게 담대히 신앙고백을 합니다.

"누가 우리를 그리스도의 사랑에서 끊으리요 환란이나 곤고나 핍박이나 기근이나 적신이나 칼이랴 기록된바 우리가 종일 주를 위하여 죽임을 당케 되며 도살할 양같이 여김을 받았나이다 함과 같으니라 그러나 이 모든 일에 우리를 사랑하시는 이로 말미암아 우리가 넉넉히 이기느니라 내가 확신하노니 사망이나 생명이나 천사들이나 권세자들이나 현재 일이나 장래 일이나 능력이나 높음이나 깊음이나 다른 아무 피조물이라도 우리를 우리 주 그리스도 예수 안에 있는 하나님의 사랑에서 끊을 수 없느니라"(롬 8:35-39).

이 자리를 빌어 경제성의 효율적 성과를 뛰어넘어 깊이 있는 양서를 위해 기쁜 마음으로 과감히 용단을 내시고 추진해주신 서로사랑 출판사의 대표이신 이상준 집사님께 깊은 감사의 말씀을 드립니다. 여러 차례 대화를 나누는 가운데 이상준 집사님의 깊은 신앙과 체험에서 온 확신적 신앙에 목회자인 제 자신도 은혜를 받았고 특히 TV 간증에서의 꾸밈없는 담대한 신앙고백에 많은 감동과 감사함을 느꼈습니다. 아울러 미숙하고 손볼 곳이 너무나 많은 원고를(제가 몸이 너무도 아파서 교정을 제대로 볼 수 없었기에) 독자들의 유익을 위해 최선을 다해 편집과 교정에 힘써주신 편집진께 진심으로 감사의 말씀을 드립니다.

2000. 3.20.
김동현 목사

추 천 사

이번에 「칼빈의 갈라디아서 강해 설교」가 번역 · 출간되게 된 것을 축하드립니다. 우리 나라에서 출판된 최초의 설교집은 1920년에 출판된 첫 장로교 선교사였던 언더우드의 「원두우 강동취집」이었습니다. 그 이후로 오늘에 이르기까지 수많은 종류의 설교집이 출판되고 또 역간되었습니다만 칼빈의 설교집은 매우 특별한 의미를 갖는다고 생각합니다.

칼빈에게 있어서 설교는 바른 신앙의 회복이었고 교회개혁의 방편이었습니다. 칼빈에게 있어서 성경은 최고의 권위이자 절대적 권위였고, 성경본문에 대한 강해, 곧 설교는 바른 교회운동의 기초였습니다. 그가 말씀의 신실한 선포를 참된 성례의 시행과 함께 참된 교회의 표본으로 보았던 것은 바로 이런 이유 때문이었습니다.

칼빈은 신학자이기 전에 목회자였고 선교자였습니다. 제네바에서 칼빈의 가장 중요한 임무는 신약성경을 강해하는 것이었지만 적어도 1537년 이전에 이미 설교자로 활동했고, 1538년 스트라스부르크에 정착했을 때 그는 불란서 피난민들을 위해 목회자로 활동했습니다. 그가 1541년 다시 제네바로 귀환

했을 때 다시 성경강해(lectio continua), 곧 설교를 시작했습니다.

설교는 그의 사역의 가장 중요한 임무이자 중심이었습니다. 따라서 그의 설교는 단순한 성경 본문의 강해만이 아니라, 그 설교 속에는 그의 신학과 회의 신학과 신앙의 요체를 드러내고 있는 것입니다. 이런 점에서 볼 때 그의 설교는 중요한 의미를 지니고 있으며, 그 설교집이 우리말로 번역, 출간되는 일은 특별한 의미를 지닌다고 할 수 있습니다.

현재까지 알려진 칼빈의 설교는 2,050편에 달하는데, 이중 구약 설교는 571편, 신약 설교는 397편 남아 있습니다. 그중 갈라디아서 설교는 43편에 달하는데 드 그리프(W. de Greef)에 의하면 이 갈라디아서 주해설교는 1557년 11월 14일부터 제네바에서 행해진 설교라고 합니다. 칼빈이 세상을 떠나기 약 7년 전에 했던 설교로 지금으로부터 443년 전에 했던 설교입니다. 그러나 이런 세월의 간격에도 불구하고 그의 설교는 오늘날의 우리에게 개혁신학적 안목과 바른 교회운동에 대한 지침을 줄 것입니다.

칼빈의 갈라디아서 설교를 번역하신 김동현 목사님은 칼빈 연구와 칼빈저작의 번역에 심혈을 기울이시는 분입니다. 그는 이 일을 자신에게 주어진 거룩한 소명으로 여기시고 고집스럽게 이 일을 추진하고 계십니다. 또한 칼빈의 신학과 사상, 그의 설교와 삶의 자취들을 한국 교회에 심어주시기 위해 희생적인 봉사를 하시는 분입니다. 이런 점에서 김동현 목사님은 가장 적절한 번역자라고 생각됩니다.

모쪼록 이 설교집이 칼빈의 신학과 교회개혁, 그의 성경해석과 성경강해 그리고 그의 신앙적 삶을 이해하기를 원하는 독자들에게 귀한 안내서가 되기를 기대하면서 기쁜 마음으로 이 책을 추천합니다.

2000년 2월 15일

이상규

(고신대학교 신학과 교수, 신학박사)

차　　례

≪ 갈라디아서 강해 설교 ≫

1

갈라디아서 강해 설교

사람들에게서 난 것도 아니요 사람으로 말미암은 것도 아니요 오직 예수 그리스도와 및 죽은 자 가운데서 그리스도를 살리신 하나님 아버지로 말미암아 사도된 바울은 함께 있는 모든 형제요 더불어 갈라디아 여러 교회들에게(갈 1:1-2)

베드로가 우리들에게 깨어 근신하라고 경고하는 일에 많은 수고를 한 데에는 상당한 이유가 있습니다. 왜냐하면 우리의 원수가 '우는 사자'처럼 입을 크게 벌리고 삼킬 자를 찾아다니기 때문입니다(벧전 5:8). 비록 우리 주 예수 그리스도께서 **"내가 저희와 함께 있을 때에 내게 주신 아버지의 이름으로 저희를 보존하와 지키었나이다. 그 중에 하나도 멸망치 않고 오직 멸망의 자식뿐이오니 이는 성경을 응하게 함이나이다"**(요 17:12)고 확실히 말씀하셨지만 우리에게 하나님의 도우심이 극히 필요하다고 인정될 때에는 우리는 잠을 잘 수도 하나님에게 부르짖기를 게을리 할 수도 없습니다. 오직 믿음만이 우리들로 하여금 하나님의 끊임없는 사랑을 굳게 믿게 해줍니다. 그러나 우리는 우리 자신의 연약함을 깨달아 흔들리지 않는 믿음을 우리에게 달라고 하나님께 기도드릴 필요가 있습니다. **"… 세상을 이긴 이김은 이것이니 우리의 믿음이니라"**고 기록되어 있기 때문입니다(요일 5:4). 그렇지만 우리는 여전히 노력해야 합니다. 우리에게는 우리 자신의 것이라고 주장할 수 있는 힘이 전혀 없기 때문에 우리는 그 힘을 다른 곳에서 얻어야 되는데 그것을 하나님께 요청해야 합니다.

내가 앞에서 말한 바와 같이 그것이 필요하다는 것을 느꼈을 때에 우리들로 하여금 그렇게 하도록 동기를 부여하는 것입니다. 이 서신에는 바로 그 목적을 위해서 모든 믿는 자들에게 하나의 거울이 주어집니다. 그리고 만약 우리가 그것을 유익하게 사용하는 방법을 익히게 되면 그것은 우리에게 가장 많은 도움을 주는 것입니다!

바울은 매우 광활한 지역인 갈라디아 온 땅을 두루 돌아다니면서 전도를 해 여러 교회를 세웠습니다. 만약 사람의 영혼들을 사로잡아서 그들로 하여금 복음을 받아들이 하는 일에 성령의 온갖 은사로 무장된 사람이 있다면 그 사람이 바로 바울일 것입니다. 이 점에 있어서 바울은 다른 사도들을 포함한 모든 사람들을 능가했습니다. 그리고 그는 자기에게 주어진 책임을 훌륭히 완수했습니다. 그러나 사탄이 갈라디아 전역에 있는 모든 것을 멸망시키고 황폐케 하기 위해 급히 달려들어 왔을 때 그는 갈라디아를 떠나기 위해서 돌아섰습니다. 사탄은 많은 사람들의 마음을 사로 잡아 성실하게 가르침을 받은 사람들 가운데서 복음의 등불이 거의 완전히 꺼지기를 바랬습니다.

그러한 상황이 우리들로 하여금 우리의 고개를 숙이게 하지 않습니까? 또 하나님은 우리가 하나님께로 나와 피난처를 찾을 것을 간절히 원하신다는 사실을 인정하게 하지 않습니까? 우리는 끝까지 참고 견딜 수 있는 힘을 달라고 하나님에게 요구해야 하지 않겠습니까? 그렇습니다. 우리는 하나님의 도우심이 없으면 그렇게 할 수조차 없습니다!

하지만 바울이 여기서 말한 갈라디아인들의 죄악들이 우리에게 일종의 교훈이 되어야 합니다. 하나님께서는 만약 우리의 충절이 하나님께서 주신 것이 아니면 그것이 어떠한 가치를 갖게 되는 지를 그들의 예를 통해서 보여 주십니다!

복음이 우리들 가운데 아무리 성실하게 증거되더라도 하나님께서 매일매일 우리 안에서 실제적으로 역사하셔야 하는 것입니다. 그렇지 않으면 우리는 매우 변덕스럽게 되어서 가장 작은 일도 우리들로 하여금 곁길로 가게 만들 것입니다. 더욱이 내가 앞서 말한 바와 같이 사탄은 무서운 적이며 항상 우리 주위를 배회하면서 사방에서 우리를 공격할 준비를 하고 있습니다.

그러므로 우리는 방관해서는 안됩니다. 그는 우리가 감지할 수 없는 작은 구멍으로도 들어갈 수 있습니다! 참으로 사탄은 우리가 그에 대한 생각을 하기도 전에 우리를 놀라게 합니다. 이 점을 잘 고려하여 하나님께서 이 서신을 통해 우리에게 주시려고 하시는 경고에 주의를 하고 그것을 잘 활용합시다!

아울러 우리는 마귀가 오랫동안 하나님의 이름을 자기의 거짓말을 숨기고 진실처럼 위장하는 가면으로 사용해 왔다는 사실을 알아 둘 필요가 있습니다. 마귀는 이렇게 불화를 조성하므로 차츰차츰 복음의 영향을 약화시킵니다. 이 점에 있어서 사도들의 본을 따르시길 바랍니다! 그들은 주 예수 그리스도에 의해 온 세상에 복음을 가지고 가서 전하는 일에 택함을 받았습니다.

그들은 존경을 받을 가치가 있는 분들이었습니다. 그들의 권위 때문에 그들이 하는 말은 무엇이나 믿는 것은 당연합니다. 그들의 부르심은 참되었습니다. 백성들은 사도들이 사기꾼이 아니며 하나님의 아드님께서 그들을 선택하시어 그들에게 자신을 대언할 임무를 주셨다는 사실을 알고 있었습니다. 그 분께서 그들을 새로운 피조물로 만드셨습니다. 그들이 주는 가르침은 천국에서만 내려올 수 있는 것이라는 사실이 모든 사람에게 분명히 드러났습니다. 왜냐하면 사도들은 하나님의 학교에서 배운 것 이외에는 아무 것도 몰랐기 때문입니다. 예수님께서는 단번에 사도들에게 자신의 은사와 은혜를 주셔서 그들을 성령의 도구로 삼으셨습니다.

비록 이것이 사실이지만 사탄은 교회 내에서 소란과 물의를 일으키기 위해 끊임없이 사도들의 명예와 지위를 공격해 왔습니다. 전에 사도들과 함께 했던 사람들이 지금은 다른 나라에 멀리 떨어져 있을지라도 그들은 사도들과 개별적으로 대화하고 있다고 자랑합니다. 그들은 자만심으로 가득했으며 그들 자신의 명성을 높이는 일만을 추구했습니다. 다른 사람들은 자부심이 강했으며 그들이 예루살렘과 유대 땅에서 본 것 이외는 선한 것이 아무 것도 없다고 여겼습니다.

이 백성들은 그들 이외의 모든 사람들이 자신들의 소원에 따라야 한다고 생각했습니다. 하지만 동시에 그들은 그들의 말마따나 '모든 것을 자랑하려고' 했습니다. 어떤 사람들은 그 보다 더 악한 동기에 사로잡혀서 바울이 이룩한 모든 것을 파멸시킬 기회를 엿보고 있었습니다. 그럼에도 그들은 하나같이 그들이 주는 가르침은 그들 자신이 창출한 것이 아니고 사도들에게서 배운 것이라고 주장합니다. 사탄은 하나님께서 자신의 피조물에게 부어주신 은혜에 대해서 의구심을 갖게하므로 항상 하나님의 영광을 가리려고 노력해 왔습니다.

천주교에서는 전에 이방인들 가운데서 흔히 행해졌던 것과 같은 종류의 우상을 숭배하는 짓을 사도들과 동정녀 마리아의 이름으로 오늘날에도 계속하고 있습니다. 변한 것이 있다면 우상의 이름이 바뀌었다는 것뿐입니다! 그러나 미신은 오늘날에도 최초의 우상숭배자에게 그랬던 것처럼 악하고 가증스럽습니다!

그러므로 바울은 우리에게 지혜로우라고 간구합니다. 만약 마귀가 하나님의 이름을 망령되게 하면 우리는 그에게 대항해서 싸워야 합니다. 우리는 이 세상에 살고 있는 사람들의 참 모습을 기억하고 있어야 됩니다. 우리는 들려오는 것들을 다 믿어서도 안되며 바람에 날려 흔들려서도 안됩니다. 만약 우리가 우리에게 계시된 가르침을 꾸준히 받아들이기로 굳게 마음먹지 않으면 우리도 갈라디아인들이 갔던 길을 가게 될 것입니다.

이제 우리가 명심해야 할 사항들을 요약해 봅시다. 첫째, 만약 하나님께서 은혜를 내리시어 우리들로 하여금 하나님의 말씀을 듣도록 허락하셨다면 말씀을 통해서 배우는 것이 우리들의 의무입니다. 우리는 갈대와 같이 흔들리거나 이쪽 저쪽으로 뒹굴어 다니거나 아이들처럼 변덕스러워서는 안됩니다! 반면에 우리는 지혜롭고 분별력이 있어야 하며 하나님에게서 연유된 것으로 알고 있는 것은 계속해서 잘 지켜야 합니다. 이것이 가장 중요합니다. 그러나 아무리 우리 자신의 안과 밖을 살펴보아도 우리는 이와 같은 능력을 소유하고 있지 않습니다.

그러므로 우리는 하나님께 하나님의 성령으로 우리를 거듭나게 해달라고 가장 겸허하고도 열렬하게 기도드려야 합니다. 우리는 우리의 주장을 굽히지 않을 만한 인내심을 달라고 요구해야 합니다.

비록 우리 주변에 있는 것들이 모두 산산히 부서질지라도 거짓말을 하지 못하시는 하나님께서 자신의 뜻을 우리에게 말씀하시고 드러내 보이셨다는 이 근거가 변하지 않고 남아있기를 바랍니다. 우리 자신이 조금도 곁길로 인도되는 것을 허용하지 말고 이 사실을 터득하기를 바랍니다. 그렇지만 마귀는 여러 계획을 세워서 우리들을 넘어지게 만들고 내가 앞에서 말한 바와 같이 가면을 쓰고 우리에게 접근하기 위해서 하나님의 이름까지도 도용합니다. 우리는 사람에 불과하여 여호와 하나님만이 유일하신 하나님이시라는 사실을 알고 있어야 됩니다. 우리 주님 한 분만이 교회의 위대하신 주인으로서 우리를 다스리는데 필요한 모든 권능을 소유하고 계십니다.

믿음이란 사람의 지식에 달려있지도 않으며 지혜가 많다거나 덕이 있다거나 거룩하다는 명성에 달려있지도 않습니다! 오직 우리 주 예수 그리스도만이 뛰어나십니다. 예수님은 우리를 지켜주시고 일으켜 세워주시는 분이기 때문입니다. 만약 우리의 믿음이 순수하고 변치 않는 하나님의 진리에 뿌리를 내리지 않으면 우리는 틀림없이 거짓을 따르게 될 것입니다! 이것이 우리가 갈라디아 사람들을 통해서 배울 수 있는 점입니다.

우리가 곧 알게 되는 바와 같이 갈라디아 사람들이 하나님을 공공연하게 배격하거나 복음을 저버리고 우리 주 예수 그리스도를 모독하거나 우상을 세우지 않았음에도 바울이 그들을 매우 엄하게 다루었기에 우리는 놀라움을 금치 못할 수도 있습니다.

왜냐하면 그들은 다만 의식에 관한 율법을 실천하고 강조했기 때문입니다.

그렇습니다. 바울이 이 서신에서 적대시했던 자들의 잘못은 모세의 율법에 나오는 의식을 준수하려한 사실뿐이었습니다. 그러므로 처음 보아서는 그들의 행위가 존경을 받을만 하다고 해도 좋을 것입니다. 왜냐하면 그들은 포악한 방법으로 많은 규칙을 제정하고 불쌍한 영혼들을 속박하기 위해서 이런 저런 책무를 명령하는 교황과 같지 않기 때문입니다. 물론입니다. 갈라디아 사람들은 아마도 다음과 같은 주장을 내세울지도 모릅니다.

"율법은 사람에게서 비롯된 것이 아니다. 하나님이 율법의 창시자이시다. 그러므로 율법을 지켜야 한다." 비록 우리가 율법은 옳지도 않고 선하지도 않다고 인정할지라도 바울이 그러한 생각에 노여워 할 이유가 없었던 것 같습니다. 사실 우리가 어떤 날을 축제일로 지켜야 하느냐 또는 지켜서는 안되느냐 혹은 돼지고기를 양고기와 다름없이 먹어야 하느냐와 같은 외부적인 문제로 논쟁을 벌여서는 않된다고 결론을 내리게 될지도 모릅니다.

만약 어떤 사람이 특정한 율법 - 예를 들자면 돼지고기나 그와 유사한 것들을 먹지 않기로 결심했다고 해서 그렇게 하는 것이 기독교를 완전히 부정하는 짓이라고 여길 수 있습니까? 하지만 바로 그것이 바울의 주장이 맴돌고 있는 종류의 문제입니다. 바울은 갈라디아 사람들이 반항해서 주 예수 그리스도를 저버렸다고 분명히 선언했으며 그들이 변절했다는 시사까지 합니다. 우리는 그의 지나친 열성을 비난할지도 모릅니다. 그러나 바울은 마귀가 때때로 우리들이 눈치채지 못하는 가운데서 우리를 복음에서 멀리 떼어놓기 위해 분명히 작고 교묘한 문제를 사용한다고 다시 강조하고 있습니다.

그러므로 우리는 매우 조심할 필요가 있습니다! 우리가 지혜를 소유하게 되는 것이 저절로 되는 것이 아니기 때문에 참으로 우리는 하나님의 인도하심을 받을 필요가 있습니다. "**여호와의 신 곧 지혜와 총명의 신이요**…"라며 하나님께서 자신을 지혜의 신으로 비유한 데에는 그만한 이유가 있습니다(사 11:2). 왜냐하면 하나님께서는 우리들로 하여금 하나님 안에서 지혜를 구하도록 하시기 위함입니다.

그러므로 우리는 하나님을 우리의 피난처로 삼으십시다. 그래서 만약 누군가가 우리를 아무 해가 없는 것처럼 보이는 것에 소개하려고 애쓴다면 우리는 그것으로 인하여 발생할 수 있는 결과에 대해서 신경을 써야 합니다. 만약 우리가 순수한 복음에서 물러선다면 우리는 즉시 부정하게 되기 때문입니다. 우리는 앞선 서신에서 바울이 우리를 복음의 가르침에서 꾀어내기 위해서 사용하는 마귀의 속임수와 책략에 대해 특별히 경고한 사실을 보았습니다.

그렇습니다. 마귀는 항상 그럴듯한 핑계를 가지고 있습니다. 마귀는 어린 소녀나 부인을 꾀는 간교한 사람과 같은 행동을 합니다. 유혹하며 상스럽거나 부정한 말을 쓰지 않습니다. 왜냐하면 만약 그가 그러한 말을 쓰면 그 대상자를 두렵게 만들 것이기 때문입니다. 그 대신에 그 방탕자는 그 대상자로 하여금 그가 주는 치명적인 독약을 조금씩 마시게 만듭니다. 그렇습니다. 마귀도 그와 똑 같은 방법으로 활동합니다! 만약 마귀가 처음부터 소위 그의 뿔을 드러내 보이며 자신이 하나님의 원수라는 사실을 말하면 우리는 그와 마주치는 것을 피할 것 입니다. 왜냐하면 그가 몹시 나쁘다는 것을 알게되기 때문입니다.

하지만 마귀는 아주 작은 틈을 통해서 몰래 침투해 들어옵니다. 사실이지 우리는 마귀가 우리를 온갖 수단과 방법을 통해 우리를 괴롭히는 것을 깨닫고 놀라게 됩니다. 그동안에 우리는 예수님의 교회의 지체로서 주 예수 그리스도를 굳게 붙잡고 있었다고 확신하고 있기 때문입니다. 사탄의 역사도 그와 같아서 처음에는 그것을 인식하지 못하다가 마침내는 사탄이 완전히 우리를 속인 것을 깨닫게 됩니다! 그러므로 마귀가 의식에 관한 모세의 율법을 지키는 문제로 여기서 말한 교회들을 유혹하고 부패시켰다는 것을 알게되면 우리는 조심합시다. 그래서 우리가 복음의 순수성에서 어떠한 방향으로든지 잘못 인도되지 말고 견디어 내도록 합시다.

그러므로 의식에 대한 규례에 대해 바울이 펼친 논박을 염두에 두고 우리는 여기에 기록된 것들을 통해서 정확히 배워야 하며 특히 사탄의 교활한 계획을 조심해야 됩니다. 만약 사탄이 우리를 무너뜨리려고 하면 우리는 우리에게 주어진 임무가 무엇인가를 명심하고 우리에게 가르쳐준 것들을 실천해야 됩니다. 우리는 복음이 주는 가르침 중에는 순수한 하나님의 말씀이 아닌 것이 하나도 없다는 것을 확신하기 때문입니다. 내가 이미 말했던 것처럼 우리의 믿음은 이 사실 하나에 기초를 두어야 합니다. 우리가 이 사실에서 조금이라도 벗어나게 되면 우리는 위험하고 또 비열한 짓에 휘말리게 됩니다. 어떠한 방법으로든지 하나님의 순수한 진리를 희석시키게 되면 그 결과로 엄청난 오염이 생기게 됩니다.

이제 주제를 바꾸어서 바울이 다루었던 규례에 대해서 하나씩 하나씩 생각해 봅시다. 우선 바울은 자신의 권위를 확고히 했습니다. 왜냐하면 어떤 사람들이 그가 말하는 것을 듣고 받아들이지 못하도록 바울의 권위를 부정하려고 노력하였기 때문입니다. 그를 반대하는 그 개들은 다른 사도들은 바울이 가르치는 것과 다른 내용을 가르쳤다고 주장했습니다.

바울은 그가 이땅에 있는 동안에 주 예수 그리스도와 함께 살았던 일이 없었습니다. 고로 처음에는 다른 사도들이 어느 정도 바울보다 앞서 보이기 때문에 바울보다 더 존경을 받는 것이 옳은 것처럼 보였습니다. 더욱이 사람들은 누가 바울을 그러한 지위에 올려놓았는지 의심했습니다. 무엇보다도 그들은 그가 사기꾼일지도 모른다고 믿었으며 매우 건방지다고 생각했습니다.

그러므로 바울은 이 문제를 해명해서 정말로 자신은 하나님의 보내심을 받은 자라는 것을 증명해야 했습니다. 더 나아가서 내가 이미 시사했던 대로 마귀는 예루살렘 사람들로 하여금 그들의 교회는 모교회이기 때문에 전 기독교계에서 가장 거룩한 교회라고 주장하게 했으며 복음의 순수성을 지키기 위해서 탈선된 열심과 우월성을 갖도록 유도하였습니다. 그렇기 때문에 바울은 그가 자신을 높이지도 않았으며 자신이 맡은 직무를 다른 사람에게 빼앗은 것이 아님을 계속해서 입증해야만 했습니다.

바울은 하나님의 부르심과 그를 사도로 임명하신 주 예수 그리스도의 부름에 순종했습니다. 이렇기 때문에 바울은 자신을 베드로, 야곱, 요한과 동등하게 여겼습니다. 그들은 교회의 기둥으로 알려졌으며 다른 사도들 중에서 많은 존경을 받고 있었습니다(갈 2:9). 바울은 이것을 통해서 결코 그들에게 뒤지지 않는다는 것을 보여주었습니다. 바울이 그렇게 한 이유는 무엇입니까?

바울은 자신의 가르침이 받아들여지기를 소망했습니다. 그것이 그의 주된 관심사였습니다. 그리고 갈라디아 사람들로 하여금 그가 한 권고에 순종하도록 준비시킨 후에 그들과 의견을 달리하는 문제를 다루기 시작했습니다. 만약 그들이 주 예수 그리스도의 피 값으로 산 자유를 행사하지 않으면 복음이 무너지게 될 것이라고 설명했습니다. 그들은 의식에 관한 율법에 얽매여 있어서는 안되었습니다. 우리가 알게 되겠지만 만약 우리가 율법에 얽매인 생활을 하게되면 우리는 예수께서 우리를 위한 구속과 구원의 열매를 즐기지 못할 것입니다.

먼저 바울의 권위와 관련이 있는 주장을 다룹시다. 바울은 자신을 **'사람들에게서 난 것도 아니며 사람으로 말미암은 것도 아니요 오직 예수 그리스도와 및 죽은 자 가운데서 그리스도를 살리신 하나님 아버지로 말미암아 된 사도'** 라고 했습니다. 우선 바울의 가르침이 하나님의 말씀으로 받아들여 지는 것이 필요했습니다. 참으로 **"이 존귀는 아무나 스스로 취하지 못하고 오직 하나님의 부르심을 입은 자라야 할 것이니라"** (히 5:4). 만약 우리의 믿음이 사람들에 의지하고 있다면 그들이 아무리 존경을 받는 훌륭한 사람들일지라도 우리의 믿음은 매우 연약할 것입니다. 비록 그들이 천사 이상의 재능을 소유하고 있을지라도 그것은 아무 것도 아닙니다.

믿음은 매우 중요하기 때문에 우리는 믿음이 완전히 하나님과 하나님의 진리에 기반을 두도록 주의해야 합니다. 고로 사람이 존경을 받고자 하면 세련되거나 지식이 있거나 또는 많은 것을 보거나 들은 것만으로는 충분하지 않습니다. 왜냐하면 이것들은 천국에 도달하는 데에는 한 조각의 연기에 불과하기 때문입니다!

인간들의 심오한 지혜와 많은 지식이 아무런 영향을 줄 수 없습니다. 이 모든 것은 사탄의 또 다른 하나의 기만 수단이 됩니다. 우리가 알고 있는 바와 같이 성경에는 인간의 지혜에 대한 말씀이 있습니다. 인간의 지혜는 어리석음에 불과하며 하나님께서는 그것을 보시고 비웃으십니다. 그것은 순종을 반대하기 때문에 하나님이 보시기에는 가증스러운 것입니다.

그러므로 사람과 피조물로 말미암은 것은 모두 천하고 비열하다고 여겨져야 됩니다. 옳바른 가르침을 배우려면 교회는 하나님의 승인을 받은 질서가 잘 잡힌 조직이 필요합니다. 만약 사람들이 이 분야에서 자신의 고집을 밀어 붙이면 하나님께서는 더 많은 것을 빼앗아 가실 것이며 그렇게 되면 극심한 혼란이 초래하게 될 것입니다. 그럼으로 우리는 바울이 여기에서 우리에게 알려준 내용에 주의를 기울여야 됩니다. 그는 권위있는 자신의 지위를 획득하기 위해 자신의 안에서나 밖에 있는 것을 드러내거나 강조한 것은 아무 것도 없습니다. 다만 하나님의 부르심을 강조했을 뿐입니다. 이것이 가장 중요한 점입니다.

또한 우리는 바울이 많은 어리석은 자들이 하는 것처럼 무모하게 자만하지 않았다는 사실을 상기해야 합니다. 그들은 하나님의 말씀을 전할 때에 사실은 협잡꾼이면서도 하나님께서 그들을 보내셨다고 큰 소리로 외칩니다. 그렇습니다. 실은 사탄의 종도 파멸을 초래하기 위해서 보냄을 받았으니까요! 그렇지만 바울은 자신이 부름을 받았다고 주장했을 뿐만 아니라 우리가 말한 바와 같이 사실의 실체를 드러내 보이고 싶어합니다. 바울이 기적적으로 전향해서 즉시 복음을 받아들였다는 것은 잘 알려진 사실입니다. 하나님께서는 바울의 생활속에서 놀랍고도 비범한 방법으로 역사하셨습니다.

안디옥 시에 살고 있던 두 세 사람에게 바울이 이방인들에게 보냄을 받을 사도가 될 것이라는 직접적인 계시가 있었습니다. 이것뿐만 아니라 하나님께서는 바울을 통해서 자신의 능력을 공개적으로 드러내셨기 때문에 바울이 다닌 모든 곳에서 그 증거를 볼 수 있었습니다. 따라서 그가 여기서 자신을 사도라고 선언한 것은 자신을 그러한 책무에 임명하신 분이 바로 하나님이시라는 사실을 이미 확신하고 그것을 거짓으로 여기지 않았기 때문입니다.

그러므로 하나님의 보내심을 받았다는 거짓말을 하면서 자만하고 으시대는 자들에게서 바울을 구별하는 것이 우리들의 임무입니다. 이것은 오늘날에도 우리에게 적용됩니다. 왜냐하면 교황은 우리가 살고 있는 세상사람들을 속이고 자신의 불법적이고 악란한 탄압을 지속하기 위해서 자신이 사도들을 직접 승계한 '예수 그리스도의 대리자' 라고 주장하기 때문입니다! 그리고 교황 밑에는 주교라고 알려진 악독한 성직자들이 있습니다-그들은 뿔난 야수들입니다! 천주교에는 거짓이 득실거리기 때문에 그들이 그러한 영예로운 지위를 소유할 수 있습니다. 만약 그들이 하는 말을 그대로 받아들인다면 그들은 모두 사도들의 친 자식이 될 것입니다!

그러므로 우리는 사도들과 그들 사이에 어떠한 인척관계가 있는지 알아보아야 할 것입니다. 만약 하나님께서 그들의 직분을 허락하셨다면 그들은 이 사실을 증명할 수 있는 분명하고 변치 않는 증거를 제시해야 할 것입니다. 그러나 교황과 그 추종자들에게는 복음이 주는 가르침을 왜곡하고 부패시킨 죄가 있다는 것이 발견되었습니다. 그들이 하나님을 섬긴다는 모든 일들은 하나님이 보시기에는 가증스러운 짓에 불과합니다. 그들의 전 조직은 거짓과 완전한 사기 위에 세워졌습니다. 왜냐하면 우리들 대부분이 이미 알고 있는 바와 같이 그들은 사탄에게 미혹되었기 때문입니다.

사탄은 이와 같은 죄악을 숨기기 위해서 어떤 가면을 사용합니까? 그들은 사도의 시대 이래로 지속적인 승계가 이어지고 있다고 생각합니다. 따라서 이들 주교들은 오늘날 교회 안에서 사도들을 대신하며 그들이 말하는 것은 무엇이나 받아들여져야 한다고 믿습니다. 백보 양보하여 일단 저들의 말을 수긍하여 줍시다. 그러나 우리의 사명은 이렇게 말하는 자들에게 사도들과 공통점이 있는지 없는지를 결정짓는 일입니다.

만약 그들이 선하고 충성스러운 목회자의 역할을 수행하고 있다면 우리는 그들이 말하는 내용에 귀를 기울이게 될 것입니다! 그러나 만약 그들이 예수님께서 자신의 교회를 위해서 제정하신 규례에 정반대 되는 생활을 하고 있다면 우리가 무슨 말을 할 수 있겠습니까? 그런데도 저들은 그들이야말로 사도들의 참된 후계자라고 주장합니다! 그렇다면 그들로 하여금 먼저 그것을 증명하게 하십시오! 그들은 이것에 대한 증거를 가지고 있는 척하지만 그것은 속이 뻔히 들여다보이는 짓입니다.

갈라디아에는 로마에 있었던 것과 똑같은 수의 이와 같은 승계자가 있었다는 사실을 첨가해도 좋을 것입니다. 참으로 거기뿐만 아니라 바울이 전도 여행을 했던 여러 곳에, 즉 에베소, 골로새, 빌립보 그 밖의 모든 곳에 그와 같은 후계자들이 있었습니다. 그렇다면 지금 누가 사도의 후계자들입니까? 만약 한 사람이 자기에게 바울의 후계자들 중의 한 사람이 될 특권이 있다고 믿으면 그는 반드시 나가서 복음을 전도해야 합니다. 사람들이 그를 받아들이기 전에 그는 그 사실의 증거를 내놓아야 합니다.

마지막으로 우리는 다음 사실에 주목할 필요가 있습니다. 예를 들자면 사람들이 목사나 감독관으로 복음을 전할 때에 그들이 할 역할은 어떠한 방법으로든지 하나님의 권위를 손상시키거나 하나님의 영역을 침해하지 않는 것입니다. 하나님 한 분만이 영광을 받으셔야 되며 우리의 믿음은 하나님의 말씀 안에 있어야 됩니다. 그들이 할 역할은 우리들로 하여금 하나님께 순종하도록 간구하는 것입니다.

이것도 매우 중요합니다. 무엇보다도 사람들은 자신을 오만하게 높여서는 안됩니다. 그들은 하나님께 쓰임을 받아야 되며 보냄을 받아야 됩니다. 하나님은 가장 높으신 분으로 그렇게 하실 권리가 있습니다. **그리고 앞에서 말한 바와 같이 사람이 부름을 받았을 때에는 충분한 증거가 있어야 합니다. 우리는 분별력을 행사해야 하며 충분히 생각하거나 고려해 보지도 않고서 그 증거를 무턱대고 받아들여서는 안됩니다.** 사탄의 앞잡이들은 그들이 하나님의 부름을 받았다고 계속해서 자랑하며 그들의 진짜 특성을 숨겨서 교활하게도 교회에 침투해 들어옵니다. **우리는 하나님께서 그들을 부르셨는지 또는 그렇지 않았는지를 알아보기 위해서 그러한 사람들을 다 시험해 보는 것이 우리들의 임무입니다.**

바울은 여기서 자신이 하나님의 부름을 받은데 대해서 어떻게 말했습니까? 그는 **'사람에게서 난 것도 아니요 사람으로 말미암은 것도 아니라'** 고 말했습니다. 바울이 자신은 사람에게서 난 사도가 아니라고 말하므로 그것이 하나님의 말씀을 모든 전도사나 교회의 맡은 목사들에게 적용되는 원칙임을 강조했습니다. 우리가 알고 있는 바와 같이 하나님께서 하나님의 백성을 가르치시려고 옛날에는 선지자들을, 그 후에는 목사들을 보내셨는데 그때에도 자신의 권위를 그들에게 덧입혀 주셨습니다.이는 우리의 업무를 자신의 뜻에 따라서 처리하는 재량권이 없다는 것을 보여주시기 위해서 그렇게 하셨습니다. 동시에 하나님은 만약 그들이 맡은 직무에 충실하지 않으면 그들은 아무 쓸모없는 자가 된다는 것을 알려주고 싶어하셨습니다. 우리는 하나님께 순종해야 합니다. 특별히 하나님께서 들어 쓰신 자들은 오로지 성령의 도구나 그릇이 되지 않으면 안됩니다. 이제 바울이 자신은 사람들의 보냄을 받지 않았다고 한 선언에는 자신은 하나님에 의해서 하나님을 섬기라고 임명된 자라는 뜻이 있음을 알게 되었습니다.

그렇지만 두 번째 말은 사도들에게만 적용됩니다. 왜냐하면 바울은 자신은 '사람에 의해서' 부름을 받지 않았기 때문입니다. 비록 하나님께서 불러주시고 받아주시지만 우리는 사람의 부름도 받아야 할 필요가 있습니다. 만약 이렇게 하는 것이 하나님의 뜻에 위배된다면 바울은 결코 그렇게 되는 것을 허용하지 않았을 것입니다. 그렇지만 우리가 알고 있는 바와 같이 그는 그가 가는 곳마다 전도자와 목사를 임명했습니다. 그렇게 하는 것은 합법적인 조치임에 틀림없습니다! 바울은 사람의 부름을 받은 자들을 슬기로운 방법으로 책망한 사실을 주목하십시오.

그렇습니다. 지금 바울은 당연히 사도의 직무에 속하는 것만을 처리하고 있습니다. 이 한가지 요소가 어떤 특별한 교회들을 감독하라는 부름을 받은 자와 사도들 자신을 구별해 줍니다. 그 차이는 오늘날에도 변치않고 남아있습니다. 그리고 세상의 끝날까지 지속되어야 합니다. 사도들은 인간이 하는 선거나 교회의 통상적인 사무처리에 의해서 임명되지 않고 하나님의 아들이신 예수 그리스도께서 직접 임명하셨습니다. 사도들이 가룟 유다를 대신할 자를 선택할 때에도 많은 수의 제자들과 함께 하고 있으면서도 감히 그 선택을 자신들의 마음대로 하려고 하지 않았습니다(행 1:24).

만약 그들이 예루살렘이나 안디옥이나 그 밖에 다른 곳에 있는 교회를 맡을 목회자를 선택해야 할 때에 그들은 정해진 방법을 사용하게 될 것입니다. 즉 그들은 하나님께 기도 드려서 그 직분을 수행하기에 적합하고 자격이 있다고 생각되는 사람을 선택할 것입니다. 그렇지만 이 경우에 그들은 제비를 통해서 그 문제를 하나님의 뜻에 맡겼습니다. 왜냐하면 그렇게 하는 것은 인간의 이성으로 할 수 없는 일이기 때문입니다.

그들이 왜 그렇게 했습니까? 내가 앞에서 말한 바와 같이 사도들은 온 세상에 복음을 전해야 하기 때문에 특별한 은혜로 하늘에서부터 임명되어야 했습니다. 바울에 대해서 말하자면 그는 뒤늦게 선택을 받았습니다. 그럼에도 불구하고 바울로 하여금 사도의 직분을 맡도록 그를 인도한 계시가 하늘에서 직접 내려왔기 때문에 바울은 똑같은 은혜를 받았습니다! 더욱이 우리가 보았던 바와 같이 그는 3층 천에 갔다 왔으며 충만한 은혜와 은사로 축복을 받았습니다(고후 12:2).

하나님께서 바울을 이방인에게 보내실 사도로 선택하시고 그에게 보다 특수한 교육을 시키기 원하셨기 때문에 바울은 성령을 통해서 하늘에서 내려오는 하나님의 말씀을 설교했습니다. 우리가 본 바와 같이 이렇게 해서 바울은 사람에 의해 선택되었다고 할 수 없습니다. 이 말은 지금의 교회의 지도자들이나 목회자들이 잘못되어 있다고 말하려는 것이 아닙니다.

그 말은 바울에게는 베드로와 요한과 예수님께서 이 땅에 계셨을 때에 함께 있었던 모든 사람들에게 인정 받을 수 있도록 이와 같은 특별한 은혜가 필요했다는 사실을 알려주려는 것입니다.

우리는 바울이 자신에 관해서 한 주장을 간단하게 검토해 보았습니다. 우리가 배워야 할 교훈은 비록 우리가 목회자 되라는 부름을 받은 분과 우리에게 하나님의 말씀을 전해주시는 분들을 존경하지만 우리는 하나님의 말씀을 다른 어떤 사람의 말보다 중히 여겨 잘 듣고 우리 주 예수 그리스도만 교회의 유일하신 머리라는 사실을 명심해야 합니다. 만약 우리가 이 사실을 굳게 지키지 않으면 우리의 믿음이 안정을 잃게 되어서 우리 마음은 말을 가장 잘 하는 설교자의 노예가 됩니다. 이렇게 되면 우리는 더할 수 없이 변덕스러워져서 매일매일 순간순간 변하게 됩니다!

그러므로 우리가 수도원장이나 주교와 같은 성직자를 만나게 되면 조심을 하고 사람이 감히 소유할 수 있는 가장 소중한 특전은 예수 그리스도의 종이 되어 하나님 보시기에 기쁨이 되는 것임을 명심합시다! 그러한 사람들이 하나님의 이름으로 임명되어야 합니다.

두 번째로 그들이 선택되기 위해서는 그 직분을 감당하기에 필요한 은사를 소유하고 있어야 됩니다. 이것이 모든 의심을 떨쳐버리고 하나님께서 쓰시고 인정하시는 목회자들을 알 수 있는 방법입니다. 그 직분에 '부름을 받은' 것만으로는 충분치 않습니다. 그는 그에게 맡겨진 책임을 완수해야 합니다. 바울은 단지 자신이 임명을 받았다고 말하지 않습니다. 바울은 구원의 소식을 전하고 온 세상 사람들에게 복음을 전하라는 부름을 받았기 때문에 자신에게 '사도'라는 직분을 붙였습니다. 그러므로 자신이 주교나 수도원장으로 알려지기를 소원하는 자들은 단순히 '가르치기'만 하면 됩니다. 만약 그들이 우상이나 짖지 못하는 개에 불과하다면 그들은 부끄럽게도 하나님의 이름을 비웃고 하나님의 위대하심을 손상시키기 때문에 우리에게는 그들을 거절하고 무시해야 할 의무가 있습니다. 그러한 사람들은 하나님의 이름을 더럽혔기 때문에 증오를 받아야 됩니다. 이것이 우리가 이 본문말씀을 통해서 알아두어야 할 내용입니다.

그리고 나서 바울은 자신은 **'예수 그리스도와 및 죽은 자 가운데서 그리스도를 살리신 하나님 아버지'**에 의해서 부름을 받았다고 분명하게 말했습니다. 바울은 예수 그리스도에 대해서 언급을 함으로써 우리들로 하여금 전에 우리가 다루었던 내용을 다시 생각나게 해줍니다. 즉 만약 우리가 하나님에게 순종하여 하나님의 종이 되기를 갈망한다면 우리는 주 예수 그리스도를 껴안고 그 분이 하시는 말씀에만 귀를 기울여야 한다는 사실이 생각납니다. 그 분이야말로 유일하신 주님이기 때문에 가장 큰 자에서부터 작은 자에 이르기까지 우리들 모두는 예수님과 예수님의 가르침에 복종해야 합니다. 요한복음 5장에 있는 말씀과 같이 아들을 공경치 아니하는 자는 그를 보내신 아버지를 공경치 아니하기 때문입니다(요 5:23). 우리들 모두는 다른 사람들이 우리가 하나님을 공경하고 하나님에게 복종하는 것으로 생각해 주기를 바라고 있기 때문에 그 말씀은 우리의 주의를 끌만한 가치가 있습니다!

그렇지만 우리가 알고 있는 바와 같이 세상사람들은 복음에 반대하려고 기를 쓰고 있으며 복음에 복종할 준비를 하고 있는 사람이 거의 없습니다. 예수 그리스도께서 우리에게 그 분에게로 나오라고 요구하자마자 우리는 시큰둥해 집니다. 우리는 매우 난폭하기 때문에 예수님께서 우리를 길들이시는 것이 쉽지 않습니다! 이러한 행동이 우리들의 변덕스러움을 밝혀주고 우리가 전에 그렇게 하지 않겠다는 다짐을 했음에도 불구하고 우리는 정말로 하나님이 무시한다는 사실을 드러내 보입니다. 하나님께서 우리를 하나님의 아들에게 인도하시고 존경의 표시로 그 분에게 입맞추라고 하십니다(시 2:12).

그러나 우리가 알고 있고 경험이 늘 증명하는 바와 같이 우리 모두는 우리 자신을 우리 주 예수 그리스도에게 복종시키는 일에서 제외시키고 싶어합니다. 사정이 이렇기 때문에 바울은 예수님의 영광 중에서 무엇인가를 우리에게 드러내 보이십니다. 우리의 반응은 하나님의 말씀을 듣고 두려워하며 하나님께서 말씀하실 때에는 그 분 앞에서 조용히 하고 그 가르침 모두와 그 분의 집에서 나오는 모든 말씀을 반박하지 않고 받아들일 준비를 하고 있어야 하는 것입니다.

만약 우리가 그렇게 하지 않으면 하나님께서는 하나님을 섬기고 존귀히 여기겠다고 한 우리의 언약을 모두 믿지 않으실 것입니다. 그래서 우리는 이 본문 말씀에서 마음을 다해 주 예수 그리스도에게 헌신하라는 권고를 받습니다. 왜냐하면 그 분은 우리의 목자이기 때문입니다. 우리가 정말로 예수님의 양떼라는 것을 보여드리기 위해서 우리는 낯선 사람의 목소리보다는 예수님의 목소리를 알아들어야 됩니다. 만약 하나님께서 자신의 모습을 우리에게 드러내 보이시고 우리가 우리를 부르시는 주 예수 그리스도의 목소리를 알아듣는다면 우리는 예수님의 양떼들이 하는 것처럼 따라가야 됩니다. 이것들이 우리가 명심해 두어야 할 점들입니다.

많은 사람들이 하나님의 아드님을 무시하고 그 분에게 나오기를 거절했기 때문에 바울은 여기서 '하나님 아버지'의 이름을 여기에 첨가했습니다. 하나님의 모든 충만하심이 예수님 안에 거하시는 것이 사실입니다(골 1:19, 2:9). 그밖에 다른 신을 구하는 자에게 화가 있을지어다. 그러나 우리 주 예수 그리스도께서 인간의 형태를 입고 오셔서 한 소외된 사람으로 이 땅에서 사셨습니다. 예수님께서는 우리의 죄를 뒤집어 쓰시는 가장 치욕적인 죽음을 당하는 지경에 이르기까지 자신을 비우기까지 하셨습니다. 그렇기 때문에 우리가 하나님의 아들이 하는 말에 귀를 기울이지 않으면 하나님의 감정이 크게 상하게 됩니다.

우리 주 예수 그리스도께서는 **"너희를 저버리는 자는 곧 나를 저버리는 것이요 나를 저버리는 자는 나 보내신 이를 저버리는 것이라"**(눅 10:16)고 말씀하셨습니다. 그러므로 바울은 여기서 그 이치를 사용합니다. 만약 우리가 주 예수 그리스도의 가르침을 불변의 진리로 받아드림으로써 예수 그리스도에게 즐거운 마음으로 복종하지 않는다면 우리는 하나님을 경멸하는 것이 됩니다. 그렇게 되면 우리는 하나님에게 경배드리기를 원한다고 말할 수 없습니다. 하나님께서는 우리의 모든 예배를 저버리실 것입니다. 왜 그렇습니까? 왜냐하면 내가 앞에서 말한 바와 같이 만약 우리가 아버지 하나님과 아들 예수 그리스도를 분리한다면 우리는 하나님에게 커다란 반역죄를 짓는 것이 되기 때문입니다.

그리고 나서 바울은 예수 그리스도께서 **"죽은 자 가운데서 살아나셨다"**는 말을 덧붙였습니다. 그는 자신이 사도라는 증거를 추가로 제시함으로써 자신이 다른 사도들과 같은 반열에 오르게 하기 위해서 이렇게 말씀했습니다. 왜냐하면 그는 예수 그리스도께서 이 땅에 계시지 않으셨을 때에 사도의 반열에 들었기 때문입니다. 우리가 이미 언급한 바와 같이 바울을 비난해서 "이러한 일이 어떻게 있을 수 있습니까? 그는 베드로, 요한과 같은 방법으로는 예수님의 제자가 될 수 없습니다. 그가 태어난 때가 맞지 않습니다"라고 말해서 모든 것을 파멸시키려고 하는 거짓 사도들도 여럿 있었습니다. 그러니 그가 전하는 말씀은 예수 그리스도께서 그에게 계시하신 것이라는 것을 그가 어떻게 증명할 수 있었겠습니까?

비록 우리 주 예수 그리스도께서 자신의 영광을 감추기 위해서 인간의 모양으로 옷 입으셔서 자신을 낮추셨지만 예수님의 근본적인 본질은 조금도 약해지지 않았습니다. 우리가 알고 있는 바와 같이 예수님이 한 마구간에서 비천한 갓난아기로 이세상에 태어났지만 천사들은 그 분을 그들을 다스리는 왕으로 인정하였습니다(눅 2:14). 하늘의 별들도 그 분의 탄생을 증언했습니다(마 2:2). 참으로 예수님이 이 땅에 계시는 동안에 항상 그 분의 영광이 충분히 드러났습니다. 그것이 사실이었지만 예수님의 영광이 부활을 통해서 가장 고상하게 나타났다고 해도 과언이 아닙니다. 로마서 1장에 있는 말씀과 같이 예수님을 하나님의 아들이라고 선포한 것은 그 분의 부활이었습니다(롬 1:4).

그리고 고린도후서에는 **"예수님이 약하심으로 십자가에 못 박히셨으나 그 분은 측량할 수 없는 성령의 능력으로 살으셨다"**는 말씀이 있습니다(고후 13:4). 바울은 비록 우리 주 예수 그리스도께서 더 이상 이 땅 위에 계시지 않더라도 예수님의 위대하심이 어떤 면으로도 축소되거나 가리워지지 않는다고 우리에게 가르쳐주고 있습니다. 우리에게는 전과 다름없이 그 분이 받아 마땅하신 순종을 바쳐야할 의무가 있습니다. 우리는 여전히 예수님의 말씀을 가장 경건하고 무조건적으로 받아들여야 됩니다. 이 경고에 대해서 깊이 생각해 보는 것은 대단히 중요합니다. 왜냐하면 가시적인 모습을 하고 계시는 예수 그리스도를 보고 싶어하는 변덕스러운 사람들이 많이 있기 때문입니다!

그들은 만약 그들이 여기 이 세상에 살고 계시는 예수 그리스도를 보게되면 즉시 예수님께서 말씀하신 것이 모두 사실이라고 믿게 될 것이라고 말합니다. "예수님의 말씀 한 마디에 우리는 반하게 될 것입니다. 우리에게는 다른 가르침이나 예수님 이외의 다른 선생님이 필요치 않습니다"라고 말합니다! 정말 그렇습니다. 하지만 하나님의 아들이 오셨습니다. 더욱이 그리스도께서는 아버지 하나님께서 받은 임무를 완수하셨습니다. 즉 그리스도께서는 복음을 전하셨으며 자신의 죽음과 고난을 통해서 복음이 진리라는 것을 확인시켜 주셨습니다. 그리고 부활하신 후 우리에게 사도들을 보내셨습니다. 그리스도께서는 지금도 절대적인 권능으로 다스리고 계십니다. 천사들도 그 분 앞에 무릎을 꿇으며 예수님의 영광은 하늘과 땅의 영광을 합친 것을 능가합니다.

우리에게는 그만하면 충분하지 않습니까? 그 값을 매길 수 없는 보물인 복음을 연약한 사람들에게 맡겼다는 사실은 하나님을 기쁘게 해드렸습니다. 하나님께서는 우리에게 평범한 사람들을 보내셨습니다. 하지만 하나님께서는 우리들로 하여금 그들이 외치는 소식을 받아들이기를 원하십니다.

그러므로 만약 예수 그리스도께서 우리와 함께 계시다면 우리는 그 분에게 순종할 것이라고 하는 말은 조롱거리가 아닙니까? 참으로 비록 하나님의 영광이 바로 지옥에 있는 악마들에게 나타나고 온 하늘과 땅이 그 분의 임재하심에 벌벌 떠는데도 우리가 여전히 하나님은 우리에게서 너무 멀리 떨어져 있다고 우기는 것은 어리석은 일입니다! 왜냐하면 복음이 우리에게 전해질 때에 우리 주 예수님은 그곳에 와계셔서 함께 하신다고 말씀하시기 때문입니다. 비록 예수님이 육체적으로는 우리와 함께 계시지 않지만 (영적으로는) 우리는 예수님과 하나가 되어있습니다. 뭐라고 하든 예수님은 우리의 머리이시기 때문에 지체를 다스리십니다. 예수님과 우리들 사이에는 끊을 수 없는 굴레가 있습니다. 이러한 굴레 때문에 우리는 그 분에게 순종합니다.

예수님께서 부활하셨다는 사실은 우리 안에 경외심을 불어넣었으며 깊은 존경심을 낳게 했습니다. 왜냐하면 우리가 주 예수 그리스도의 이름을 듣게 되면 우리들로 하여금 그 분이야말로 선지자 이사야가 말했던 그 분이라는 것을 일깨워 주기 때문입니다. 그 이름을 두고 모든 사람들이 맹세하고 그 이름에 모든 사람이 무릎을 꿇습니다(사 65:16).

그러므로 우리가 늘 명심해 두어야 할 사항을 요약해 보겠습니다. 첫째로 우리는 복음을 전하는 사람의 명성에 따라서 복음을 평가해서는 안됩니다. 왜냐하면 복음을 전하는 자들이 연약한 사람들이기 때문입니다. 우리는 이와 같은 접근법을 사용해서는 안 됩니다. 그렇지 않으면 우리 구원의 확신은 사람들의 공로에 좌우됩니다. 그것은 우리는 이 세상에 의존하고 있다는 것을 의미합니다.

사실 우리는 오히려 우리에게 말씀하시는 분은 예수 그리스도라는 사실을 알고 있어야 됩니다. 그런데 예수님은 어떤 모습으로 말씀하십니까? 하나님 아버지께서 예수님에게 주신 권능으로 말씀하십니다. 왜냐하면 예수님은 성령의 충만하신 능력으로 죽은 자 가운데서 살아나셨기 때문입니다. 우리 주 예수 그리스도께서 죽은 자 가운데서 살아나시어 승천하셨기 때문에 그러한 권위를 소유하시게 되었으며 지금은 모든 피조물들을 지배하십니다.

그러므로 우리는 주님에게 굴복하고 말하자면 우리 자신을 엄격히 통제해야 합니다. 우리는 주님의 말씀을 받아들이고 주님이 우리의 삶을 주관하신다는 사실을 인정해야 합니다. 우리는 주님의 이름으로 가르쳐지는 것을 기뻐해야 합니다. 하나님의 말씀이 전해질 때에 비록 그것이 사람의 입술을 통해서 말해질지라도 그 말씀에는 하나님의 권위가 담겨있기 때문입니다. 우리의 믿음은 하늘문이 수천 번 열려 하나님의 영광을 드러낼 때처럼 온전히 그 말씀에 기초를 두어야 합니다.

강조하거니와 이것이 하나님께서 우리를 하나님의 영원하신 왕국으로 불러모으시는 그날까지 우리가 이 세상에서 양육되는 방법입니다. 이것이 우리가 주 예수 그리스도의 영광을 접할 때에 기억해 두어야 할 내용입니다.

이제 우리는 우리의 위대하신 하나님 앞에 엎드려 우리의 죄를 고백하고 우리들로 하여금 우리 죄를 점점 더 통감하고 보다 진실한 회개를 하여 하나님을 기쁘게 해달라고 기도드립시다. 거듭난 우리들로 하여금 우리가 성령의 인도를 받고 있다는 사실을 느끼게 해 주십시오. 만약 이것이 우리의 마음에서 나오는 간증이라면 우리들로 하여금 우리가 이 세상에 있지만 이 세상에 속하지 않는다는 사실을 아무런 꾸밈이 없이 자랑하게 해주십시오.

진실로 우리가 여기서는 순례자와 이방인에 불과하지만 우리가 영원히 거할 곳은 비록 우리가 지금은 그것을 누리지 못하지만 위에 있는 유업인 하늘나라입니다. 이와 같은 은혜를 우리에게 뿐만 아니라 이 땅에 있는 모든 민족과 국가에게 허락하여 주시기를 하나님께 기도드립니다.

2

갈라디아서 강해 설교

우리 하나님 아버지와 주 예수 그리스도로 좇아 은혜와 평강이 있기를 원하노라 그리스도께서 하나님 곧 우리 아버지의 뜻을 따라 이 악한 세대에서 우리를 건지시려고 우리 죄를 위하여 자기 몸을 드리셨으니 영광이 저에게 세세토록 있을지어다 아멘(갈 1:3-5)

우리 모두에게는 선천적으로 우리 자신의 행복을 추구하는 경향이 있습니다. 하지만 우리는 그러한 유익이 나오는 원천에 대해서 너무도 무지합니다. 행복의 참 원천은 하나님께서 우리를 사랑하시고 우리는 그 분의 자녀라는 지식 안에 있습니다. 이와 같은 지식이 없으면 이 세상에 있는 모든 번영이 우리에게는 아무런 가치가 없습니다. 오히려 그것은 우리에게 해를 끼칩니다.

하나님께서 우리를 은혜로 받아주실 때까지 우리는 모두 하나님의 저주 아래 있으며 우리는 하나님에게서 받는 유익한 것들에 대해서 매우 비싼 대가를 치르게 될 것입니다. 그 유익한 것들은 우리가 하나님의 가족의 일원이 되어야만 비로소 우리의 것이 됩니다. 그러므로 우리는 무엇보다도 하나님의 기뻐하시는 자가 되며 우리가 하나님의 가정, 즉 교회의 일부라는 확신을 갖게 되기를 추구해야 합니다. 사실은 다윗은 시편에서 세상적인 욕망, 즉 풍성한 곡식과 포도주를 구하고 일반적으로 자신의 안위에 대해서 생각하는 것을 저주하여 우리에게 주의 얼굴빛 보다 더 탐나는 것이 있어서는 안된다고 가르쳐 줍니다(시 4:6-7). 이것은 내가 앞에서 말한 바와 같이 하나님의 은혜 안에서 즐거워하고 우리는 하나님의 자녀임을 확실히 믿고 있다는 사실을 의미합니다.

한편 그 시편 기자는 하나님께서 당신의 다른 백성들에게 품으시고 계시는 것과 똑같은 은혜로 자신을 기억해 주시기를 바랍니다. 그에게는 많은 물건들이 필요했을지도 모릅니다. 그렇지만 그는 하나님의 택함을 받은 자 중의 하나가 되겠다는 한가지 목적에 몰두하고 매진하기 때문에 그 이외의 것은 모두 무시해 버릴 준비가 되어 있었습니다. 우리는 그가 특별히 '주님께서 자신의 백성들에게 품으시는 사랑'이라는 말을 사용한 것을 알고 있습니다. 비록 하나님께서는 모든 인류를 전체적으로 사랑하신다는 증거를 보여주시지만 아담의 후손들은 예수 그리스도를 통해서 하나님과 한몸으로 결합될 때까지 모두 하나님에게서 차단되었습니다.

따라서 비록 하나님의 사랑이 우리가 하나님 자신의 형상으로 창조되었다는 사실 덕분으로 모든 사람에게 알려지고 또 하나님께서 태양으로 하여금 모든 사람에게 비치게 하시고 모든 사람들에게 식량을 제공해 주시고 모든 사람을 지켜주시지만 이것은 하나님께서 자신의 택함을 받은 자와 양떼들을 위하여 예비해두신 그 특별하신 사랑과 비교하면 아무것도 아닙니다. 이것은 그들에게서 찾아볼 수 있는 어떠한 공로 때문이라고 하기보다는 그들을 자신의 자녀로 만드는 것이 하나님을 기쁘게 해드렸기 때문이라고 말해도 좋습니다.

바울은 그가 쓴 모든 서신에서 계속적으로 우리들로 하여금 하나님의 은혜와 하나님께서 모든 믿는 자에게 품으시는 사랑에 대해서 생각하게 만든다는 사실을 주의하십시오! **"은혜와 평강이 있기를 원하노라"**고 말씀하십니다. '평강' 이라는 이 말에는 우리가 전에 보았던 것처럼 모든 번영을 내포하고 있습니다. 이것을 통해서 바울은 하나님께서 우리의 유익이 될 것이라고 생각하시는 것들을 우리에게 마련해 주시고 우리에게 하나님의 부를 쏟아 부으시고 우리로 하여금 하나님의 선하심을 찬양하도록 하나님의 자비로우심을 드러내 주실 것을 간구하고 있습니다. 그렇지만 만약 우리가 하나님의 은총을 발견하지 못하면 이 세상의 모든 부유함은 우리들이 사악하게 되는 것을 도울 뿐입니다.

그러므로 바울이 여기서 말하는 순서를 눈여겨 보십시오! 바울은 늘 하나님의 은혜와 무조건적인 용서를 세상적인 번영의 증가보다 더 중하게 여겼습니다. 따라서 비록 우리가 하나님에게 우리가 필요할 것이라고 생각하시는 것들로 우리를 축복해 주시기를 간구할지라도 우리는 가장 중요한 축복, 즉 하나님의 교회의 권속이 되고 하나님의 사랑을 우리 마음속으로 확신하는 것을 잊어서는 안 됩니다. 시편 말씀과 같이 우리에게는 주님의 얼굴빛만 있으면 족합니다.

비록 하나님께서는 우리가 하나님에게 좋은 것들을 달라고 간구하는 것을 허용하실지라도 우리는 우리의 욕구를 엄격히 통제해야 합니다. 왜냐하면 하나님께서 많은 슬픈 일들을 주셔서 우리를 괴롭히실지도 모르지만 그럴 때에도 우리는 하나님의 은혜를 다른 어떤 것보다도 귀하게 여길 필요가 있기 때문입니다.

그 이외의 다른 것은 다 빼앗겨도 우리는 만족해야 합니다. 우리가 앞에서 보았던 것처럼 우리가 온갖 쾌락과 즐거움으로 에워싸여 안락한 생활을 하고 있어도 하나님께서 우리를 사랑하시고 받아주신다는 사실을 알고 있기 때문에 생기는 마음의 평안이 우리에게 없다면 우리는 불쌍한 존재가 될 것입니다. 그러므로 우리는 이 땅의 재물을 하나님의 사랑보다 더하게 하시고 또 많은 시련을 겪게 하심으로 우리들의 인내심을 시험하시면 어떻게 되겠습니까? 그렇게 되어 모든 것이 우리에게 해를 주는 것처럼 보일지라도 우리는 하나님의 사랑을 제일 중히 여겨야 합니다.

우리가 눈을 돌리는 모든 곳에는 썩어질 욕심으로 인하여 곁길로 인도되는 사람들이 보이기 때문에 우리에게는 이 교훈을 배우는 것이 매우 중요합니다! 대부분의 사람들은 그들의 선천적인 본능을 만족시키는 것들만을 욕망할 정도로 눈이 멀었습니다. 그들에게는 하나님에 대한 관심이 없습니다. 사람들은 마실 것과 먹을 것과 입을 것을 욕망합니다. 그러나 이러한 욕망은 모두 쓸모가 없고 헛될 뿐입니다. 우리는 하나님이 모든 좋은 선물을 주시는 분이시며 또 우리의 생활 필수품을 포함하여 우리가 소유하고 있는 모든 것은 하나님이 주신 선물이라는 사실에서 시작해야 합니다.

만약 우리가 하나님에게 이와 같은 것들을 달라고 요구하지 않으면 우리는 가장 가련한 정말로 가장 미개한 상태에 있게 됩니다. 하지만 대부분의 백성들은 그와 똑같은 상태에 있습니다. 어떤 사람들은 품행이 단정한 것처럼 보일지도 모르지만 실제로는 그들도 타락했습니다. 그들은 그들에게 선하고 유익이 되는 것들을 보내달라고 하나님에게 요구할지도 모릅니다. 그러나 그들이 하나님과 화해하기 위해서는 제일 먼저 가야 하는 그 샘에 대해서는 아무런 관심을 갖고 있지 않습니다. 하나님께서 그들을 살려두시고 그들에게 노를 발하시기를 자제하시며 하나님께서 그들의 육신이 열망하고 갈망하는 것들을 마련해 주실 때에도 똑같습니다!

비록 그런 사람들은 그들이 필요로 하는 것들을 하나님에게 간구하지만 본말을 전도합니다. 그들의 생활에는 하나님의 사랑이 먼저 있어야 된다고 합니다. 그래야만 그들이 하나님에게 좋은 것들로 그들을 축복해 주심을 통해서 하나님의 선하심을 나타내 달라고 마음이 내키는 대로 기도하게 된다고 합니다. 사람들은 이러한 면에서 자신을 통제하지 못합니다. 그들은 죽어질 존재들이 할 수 있는 가장 큰 요구를 합니다. 이 사람이 부를 갈망하면 저 사람은 명예를 열망합니다. 그들은 하나님께서 이미 그들에게 제공해 주신 것들로는 결코 만족을 얻지 못합니다. 그러나 비록 사람들의 요구가 가장 겸손하고 그들이 꼭 필요한 것 몇 개만을 원할지라도 그들에게는 여전히 하나님의 은혜가 필요하다는 사실을 잊고 있습니다. 이 사실은 그들도 다른 사람들보다 나을 것이 없다는 것을 보여줍니다.

그러므로 바울이 이 두 낱말을 연결시킨 데에는 그럴 만한 이유가 있다는 사실에 유의하십시오! 바울은 먼저 하나님이 우리의 아버지이시며 우리는 하나님의 자녀라는 사실을 깨닫기 위해서는 우리가 하나님의 은혜로 영접함을 받을 필요가 있다는 것을 지적했습니다. 그 다음에 하나님께서 우리를 번창케 해주시기를 바라는 소원에 대해 언급합니다. 내가 말한 바와 같이 비록 이와 같은 번영이 우리의 마음을 끓을지라도 우리는 우리에게 참 평안을 줄 수 있는 것은 하나님의 은혜뿐이라는 것을 기억하고 있어야 합니다. 만약 우리가 이 땅에서 심한 가난을 겪어야 하고 일들이 우리가 원하는대로 되어지지 않을지라도 우리는 하나님께서 우리를 사랑하신다는 사실을 알고 있는 것으로 만족해야 합니다.

그리고 나서 바울은 이 본문 말씀에서 주 예수 그리스도에 대해서 언급합니다. 왜냐하면 **만약 하나님께서 기뻐하시는 하나님의 아들이 없다면 하나님이 우리에게 긍휼을 보여주시는 것이 불가능했을 것이기 때문입니다.** 이 말씀은 마태복음 17장과 에베소서 1:5에 나옵니다. 만약 우리가 영광 중에 계시는 하나님을 보기만 해도 우리는 두려워하게 될 것입니다. 그 속에 죄악밖에 없는 연약한 피조물인 우리는 하나님께 접근할 수 없습니다.

비록 지금은 우리가 지구의 표면을 살금살금 걷고 있을지라도 우리는 가장 깊은 나라 속으로 삼키워지는 것이 당연합니다. 예수 그리스도가 계시된 것은 이러한 이유 때문입니다. 우리가 하나님의 사랑을 맛보며 하나님께서 우리에게 부어주시는 축복을 누리는 것은 오직 주님을 통해서만 이루어집니다. 결국은 바울이 히브리서 1장에서 말한 바와 같이 이와 같은 것들은 모든 것의 상속자이신 하나님의 독생자에게 속합니다(히 1:2).

따라서 하나님께서 우리에게 허락하시는 좋은 선물들은 다 우리 주 예수 그리스도에게 속하기 때문에 우리는 그것들을 누리기 위해서 예수님을 찾아야 합니다. 이제 우리는 바울이 '하나님 아버지와 주 예수 그리스도로 좇아' 라고 말한 이유를 알았습니다.

바울은 만약 우리가 하나님의 독생자를 통해서 하나님을 참되고 진실하게 찾는다면 하나님께서는 정말로 사랑을 가지시고 우리를 관찰하실 것이라는 보다 강한 확신을 우리에게 주기 위해서 "**예수 그리스도께서 우리의 죄를 위하여 자기 몸을 드리셨으니**"라는 말을 덧붙였습니다.

확실히 하나님이 우리를 받아들이는 것을 방해하는 유일한 이유는 우리가 부정하기 때문입니다. 사실 하나님의 긍휼은 하늘을 나는 제비와 우둔한 짐승들에까지 펼쳐집니다. 하나님께서는 가축들을 먹이기 위해서 식물과 그밖에 다른 초목들이 자라게 하십니다. 그것은 하나님께서 그들을 돌보신다는 증표입니다. 이와 같은 것들이 시편에서 말한 하나님의 선하심을 나타내는 표시입니다(시 104:4; 147:8). 하물며 하나님께서 자신의 형상대로 만드셨으며 자신과 자신의 특성을 많이 닮은 자들, 즉 인간을 사랑하지 않을 수 있겠습니까?

한편 하나님께서는 자신이 우리를 만드셨다는 사실 때문에 우리를 받아주시고 우리를 자신의 자녀로 삼으십니다. 그러나 반면에 우리가 부정하고 사악하게 되었기 때문에 하나님께서는 우리를 미워하시고 우리는 하나님의 원수가 됩니다. 사실은 우리가 주 예수 그리스도의 은혜로 인하여 하나님에게 받아들여질 때까지 하나님과 우리 사이에는 무서운 싸움이 벌어지고 있습니다. 그래서 바울은 우리들로 하여금 하나님의 사랑을 의심하지 않도록 우리에게 우리의 죄에 대한 기록을 지워버리시는 그리스도의 헌신을 상기시켜 줍니다. 하나님께서는 우리의 단점을 다 무시하시고 우리를 하나님의 인침을 받은 하나님의 자녀로 여기십니다. 이를 테면 이제 우리는 하나님의 자녀와 후사가 되었다는 말입니다.

더 나아가서 이와 같은 사실은 우리로 하여금 편안한 마음을 갖게 해 주고 하나님의 이름을 자유롭게 부를 수 있는 유일한 방법은 주 예수 그리스도의 희생을 우리의 영혼에 적용시키는 것이라는 것을 우리에게 가르쳐 줍니다. 이것이 예수님께서 우리의 죄를 속죄하시고 하나님으로 하여금 우리를 하나님의 자녀로 삼게 할 수 있는 바로 그 희생입니다.

먼저 우리는 주 예수 그리스도의 고난과 죽음이 주는 유익에 대해서 생각할 필요가 있습니다. 우리는 여기서 전에 하나님과 우리 사이에 있던 불화가 사라지고 하나님과 우리가 화해했다는 것을 알게 됩니다. 비록 한동안 하나님께서 우리를 미워하셨지만 지금은 하나님께서 황송하게도 우리를 자신의 사랑 속으로 받아들이십니다. 왜 그렇게 하십니까? 우리 주 예수 그리스도께서 고난과 죽음을 통해서 드린 순종으로 인하여 우리의 모든 죄와 범죄를 속죄하셨기 때문입니다.

예수님이 바치신 희생이 우리의 죄를 속죄하였습니다. 주님이 흘리신 피가 우리를 정결하게 했으며 우리가 저지른 죄의 흔적을 모두 씻어줍니다. 이것이 하나님께서 우리를 받아주실 것이라고 확신할 수 있는 이유입니다. 우리가 어떻게 해야 하나님의 이름을 부르고 하나님을 피난처로 삼을 수 있습니까? 우리의 눈을 우리 주 예수 그리스도께서 하나님에게 바친 제물에 고정시킴으로써 그렇게 할 수 있습니다. 만약 그렇게 하지 않으면 우리가 하나님의 놀라운 위엄에 대해서 생각할 때에 우리는 틀림없이 두려움을 떨쳐버리지 못하게 될 것입니다. 우리는 불쌍한 죄인이니 우리가 받아 마땅한 심판을 내릴 준비를 완료하신 우리의 재판장을 두려워하는 것 이외에 다른 무엇을 할 수 있겠습니까? 그렇지만 주 예수 그리스도께서 우리의 죄를 속량하셨으니 이제 우리는 아무런 방해를 받지 않고 하나님께 담대히 나아갈 수 있게 되었습니다. 우리는 여기서 우리 주 예수 그리스도께서 우리를 하나님 아버지께로 화해시킨 그 제물은 충분하다는 사실을 기억하고 있어야 합니다. 우리는 그것을 전적으로 믿어야 하며 우리를 구원해 줄 다른 방법을 구해서는 안됩니다.

바울은 갈라디아인들이 나쁜 길로 유혹되어서 부정하게 되었으므로 그들을 다시 순수한 진리로 되돌리려고 했습니다. 그들이 예수 그리스도를 완전히 저버리지는 않았지만 마치 의식에 관한 율법이 그들의 죄를 사면받는 데 도움이 되는 절대적인 수단인 것처럼 여전히 그 의식을 지켰습니다. 그와 똑같이 오늘날 천주교 신자들도 예수 그리스도가 이 세상의 구세주라는 것을 인정합니다. 그렇지만 그들은 각각 하나님에게 선물을 드림으로써 하나님에게 진 빚을 갚으려고 합니다.

갈라디아인들은 이미 이와 같은 죄악에 휘말려 버렸습니다. 이러한 이유로 바울은 죄가 주 예수 그리스도께서 바친 희생을 통해서만 지워질 수 있다고 그들에게 가르쳐 주었습니다. 바울은 그들이 이 사실만을 믿기를 원했습니다. 그러므로 우리도 그러한 축복을 누리기 위해서 모든 쓸데없는 욕망과 사탄이 우리 마음속에 심어놓은 모든 거짓을 물리쳐야 합니다. 사탄은 우리의 눈을 주 예수 그리스도에게서 돌리게 하며 우리로 하여금 우리의 죄를 고백함으로써 하나님에게 접근할 수 있다고 믿게 만들려고 합니다. 그러나 죄지은 흔적을 깨끗하게 하는 것은 성령의 감화를 받은 주 예수 그리스도께서 흘리신 피밖에 아무 것도 없다는 것을 우리가 깨닫고 주님의 은혜와 사랑만을 신뢰하게 될 때까지는 우리는 하나님에게 자유롭게 접근할 수 없을 것입니다. 우리는 우리의 믿음 없음과 주 예수 그리스도께 주님이 받아 마땅하신 영광을 드리지 않은 대가로 우리 생각대로 하도록 내버려두는 것이 마땅합니다.

바울은 죄에 대한 대가가 이미 다 지불되었으며 하나님께서는 더 이상 그들을 기록해 두시지 않는다는 사실을 우리들에게 상기시키기 위해서 여기서 주 예수 그리스도의 고난과 죽음에 대해서 언급했습니다. 예수 그리스도께서 **'자신을 드리셨다'** 고 한 바울의 말을 특별히 주목합시다! 그는 예수님의 사랑의 도를 알려서 우리를 감동시키기 위해서 그렇게 표현했습니다. 하나님이 우리에게 청구하셨을 대금을 대신 지불하시기 위해서 자신의 생명을 내던지셨다는 것은 예수님이 육체나 영혼을 아끼지 않으셨음을 보여줍니다. 예수님은 우리의 보증인으로서 우리 대신 하나님의 노여움을 감당하는 극심한 영혼의 고뇌를 참아내셨습니다. 예수님의 육신에 대해서 말하자면 예수님의 육신은 모든 수모와 수치와 육신이 견딜 수 있는 가장 무서운 고문을 참아내셨습니다. 앞에서 말한 바와 같이 우리를 향한 주님의 사랑은 한이 없다는 것을 보여주시기 위해서 예수님은 우리의 구원을 위해서 이러한 방법으로 자신을 낮추셨습니다.

여기서 바울은 **'하나님의 뜻'** 에 대해서 언급했습니다. 바울은 하나님께서 우리를 구원하는데 필요한 모든 것을 성취하기 위해 주 예수 그리스도를 보내셔서 하나님의 긍휼을 의도적으로 나타내셨다고 우리에게 알려줍니다. 다른 곳에 있는 성경말씀과 같이(요 3:16). **하나님께서는 세상을 이처럼 사랑하사 독생자를 아끼지 않으시고 우리를 위해서 그 분을 죽음에 내주셨습니다.** 바울은 그리스도께서 하나님에게 마음을 바꾸시도록 설득시킬 수 있을 정도로 하나님 아버지의 노여움을 풀어 드리기 위해서 이땅에 오셨다고 우리가 생각하지 않기를 바랍니다.

비록 사람들은 그런 척 하고 세상적인 의견을 들어주기 쉽지만 말입니다 그렇습니다. 하나님과의 화해는 인간의 방법으로 이루어진 것이 아니라는 것을 우리가 깨닫게 되기를 바랍니다. 그래서 바울은 비록 예수님께서 '우리의 죄를 위해서' 자신을 드렸지만 그렇게 하라고 명령하신 분은 하나님이시라고 합니다. 만약 어떤 사람이 그의 자녀 때문에 화가 났다면 그는 한 중재자에게 와달라고 요구해서 자기의 노여움을 제 3자의 주선을 통해서 진정시킬 수 있습니다. 그러나 우리 주 예수 그리스도께서 자신을 제물로 바쳤을 때 이러한 일이 일어나지 않았습니다! 그렇습니다. 예수님은 우리의 모든 죄를 씻어버리고 우리로 하여금 우리가 차단 당한 하나님에게 접근할 수 있게 하기 위해서 고난을 받으셨습니다.

그러나 바울이 한 말은 예수님이 자신의 자유의사로 오셨으며 하나님께서는 그 일에 아무런 역할을 맡지 않으셨다는 뜻이 아닙니다. 그러면 무슨 뜻이 있습니까? 우리가 조금 전에 말했던 것처럼 우리가 하나님과 화해하기 전에는 하나님께서 우리를 미워하시기도 하시고 사랑하시기도 하셨습니다. 하나님이 왜 우리를 사랑하셨습니까? 왜냐하면 우리는 하나님의 피조물이고 비록 우리가 하나님이 보시기에는 죄 때문에 만신창이가 되고 버림받고 정죄함을 받았지만 하나님은 어떤 사람도 멸망되지 않기를 바라면서 사람을 불쌍히 여기시기 때문입니다. 그래서 우리가 아담 안에서 실족해서 완전히 타락했음에도 불구하고 하나님께서는 우리를 사랑하십니다. 하지만 동시에 하나님은 모든 의로움의 원천이시며 우리 몸 속에 있는 죄악을 미워해야 하기 때문에 하나님은 우리를 미워하십니다. 이것이 예수님께서 제물을 바치셨을 때에 주 예수 그리스도의 보혈로 그 대가를 지불해야 했던 이유입니다.

그러나 우리는 이 귀중한 선물을 하나님 자신 이외에 다른 사람의 은총으로 돌려서는 안됩니다. 자신의 독생자를 보내셔서 우리를 위해서 죽음을 당하게 하신 분은 하나님이십니다. 그래서 하나님과 우리 사이에 있던 모든 적개심이 제거될 수 있었습니다. 바울이 예수 그리스도께서 '우리의 죄를 위하여 자기 몸을 드렸다' 라고 한 말에는 그런 뜻이 있음을 이해해야 합니다. 그리고 이와 같은 일은 하나님의 뜻이 없이는 일어나지 않는다는 사실을 명심합시다. 왜냐하면 하나님이 자신의 영원한 섭리로 그렇게 하기로 작정하셨기 때문입니다.

이제 우리는 먼저 주 예수 그리스도의 인성을 통해서 우리에게 보여준 은혜를 찬양해야 합니다. 만약 하나님께서 우리에게 아무런 쓸모가 없음에도 불구하고 우리를 긍휼히 받아들이시기로 결심하셨다고 선언하시어 우리의 죄를 사해주셨다고 선포하시기만 하셨어도 그것은 엄청난 일이었습니다. 그렇다 하더라도 우리는 결코 그러한 은혜에 대해서 충분한 찬송을 드릴 수 없습니다. 하나님께서는 사랑의 표시로 자신의 독생자를 우리에게 주셨습니다. 사실 하나님께서는 독생자를 통해서 자신을 우리에게 주셨으며 자신을 우리의 아버지라고 선언하셨습니다. 이와 같은 사실은 용서보다 훨씬 중요하기 때문에 비록 우리가 하나님께 경배드리고 하나님을 경배하기 위해 우리의 전 능력을 활용할 지라도 우리는 하나님이 주시는 그러한 은혜에 대해서 충분한 감사를 드릴 수 없습니다.

여기서 우리는 바울이 **'하나님의 뜻'** 에 대해서 언급한 것을 처음으로 보았습니다. 비록 하나님에게는 우리를 증오하시고 몹시 싫어하실 정당한 이유가 있으며 또 사실은 성경말씀과 같이 (롬 5:10) 우리가 하나님의 원수일지라도 하나님께서는 우리를 완전히 버리시지 않으십니다. 사실 하나님은 매우 자비로우시기 때문에 우리를 버림받은 상태로 내버려두지 않으십니다. 하나님께서는 이와 같은 사실을 직접 선포하셨을 뿐만 아니라 우리가 본 바와 같이 선물을 주십니다. 하나님의 독생자께서 우리가 필요한 것을 해결해 주십니다.

그러나 하나님께서 우리가 하나님과 화해하기 전에도 우리에게 그렇게 인자하시고 친절하셨으니 우리가 하나님과 화해하고 우리에게 확신을 주려고 복음을 우리에게 주신 지금에는 우리를 어떻게 여기시겠습니까? 우리가 믿음으로 주 예수 그리스도의 한 지체로 그 분에게 연합된 지금은 어떻습니까? 바울은 2장에서 우리가 하나님과 생사가 달려있는 치열한 싸움을 하고 있을 바로 그때에 그리스도께서 오셔서 우리의 모든 죄를 도말하셨다고 우리에게 알려주었습니다 지금 우리는 하나님에게 받아들여졌습니다. 하나님께서는 가능한 한 가장 온유한 방법으로 우리를 부르시고 인도하셨습니다. 그리고 지금도 우리가 하나님께로 나아갈 때마다 우리를 포옹하시려고 팔을 크게 벌리고 계십니다.

그러므로 우리는 하나님께서 그 사실에 대한 풍부한 확증을 주셨기 때문에 모든 의심을 떨쳐버리고 아무 두려움 없이 우리의 구원을 확신하면서 하나님의 이름을 불러야 합니다. 이것이 이 본문 말씀에서 우리가 배울 필요가 있는 내용입니다.

더 나아가서 우리는 우리의 죄 때문에 자기 몸을 바치신 주 예수 그리스도의 사랑을 주목해야 합니다. 확실히 예수님은 자신의 고난과 죽음이 우리에게 무익하게 되는 것을 허락하지 않으실 것이며 우리의 삶이 열매를 맺는데 실패함으로써 자신의 노력이 헛되게 되고 아무런 효과도 거두지 못하게 되는 것을 허락하지 않을 실 것입니다.

비록 예수님께서 고난을 한 번 당하셨지만 그 분은 우리의 영원한 대변자이시며 우리를 자신이 완수하신 사면에 동참시키도록 우리를 위해서 계속해서 대변하십니다. 이같이 되므로 우리는 모든 죄에서 깨끗이 씻음을 받아 하나님 앞에 나타날 수 있으며 하나님의 이름을 담대하게 부를 수 있습니다. 우리는 바울이 여기서 우리의 믿음을 공고히 하기 위해서 우리의 주의를 환기시켰던 것들을 많이 축적해 두어야 합니다. 그렇게 되면 우리는 낯설은 사람으로서가 아니라 하나님의 친자식으로서 하나님을 마음대로 찾아갈 수 있게 됩니다. 동시에 우리는 사탄의 기만과 사기를 거절할 필요가 있습니다. 왜냐하면 사탄의 목적은 우리가 예수님을 통해야만 은혜를 받을 수 있다는 사실을 숨겨서 우리들로 하여금 주 예수 그리스도에게서 돌이키게 하는 것입니다.

비록 사탄이 이와 같은 하나님의 은혜를 완전히 배반하게는 못하지만 그는 우리에게서 하나님의 호의를 살 수 있는 다른 방법을 제시해서 우리를 혼란스럽게 만들려고 합니다. 우리는 그런 것들을 다 뿌리치고 우리의 시선을 주 예수 그리스도에게 고정하기를 바랍니다. 예수님은 모든 것이 완전하십니다. 그러니 우리 마음속에 떠오르는 하나님의 호의를 사려는 거짓된 방법을 거절합시다. 예수님의 희생만이 우리를 정당화시켜 주며 의롭게 해줍니다. 그것은 하나님께서 지금 인자하시게도 우리를 자신에게로 끌어당기실 수 있다는 것을 의미합니다.

다시 말씀드리지만 **'하나님의 뜻'** 이라는 말에는 하나님이 거저주시는 선물에 대한 생각이 내포되어 있으며 자신의 공로를 인정하게 되는 사람들 모두를 배제합니다. 이 구절은 성경에서 그러한 뜻으로 사용되었기 때문입니다. 전에도 언급한 바와 같이 '뜻' 이라는 낱말은 모든 곳에서 '좋은 즐거움' 이라는 뜻으로 사용됩니다. 그러므로 바울은 우리의 구원과 구속의 원천은 하나님 아버지의 영원하신 계획과 섭리 안에 있다고(눅 2:14) 우리에게 알려줄 뿐만 아니라 우리가 의롭게 되었기 때문에 받는 모든 칭찬은 인간의 공로를 중요하게 여기지 않으시는 하나님의 은혜 때문이라고 상조하고 있습니다!

잠깐 생각해 봅시다. 하나님은 우리 안에서 비참한 모습 이외에 보신 것이 또 있습니까? 그렇기 때문에 하나님께서는 우리에게 자비를 베푸셔야 했습니다. **하나님께서 허락하시기 때문에 우리는 눈을 들어 하늘을 바라보고 사도 요한에게 권고한 것**과 같이(요 3:16) 하나님께서는 우리가 하나님을 사랑할 때까지 기다리시 않으십니다! 사실 우리의 마음이 죄악에 맡겨졌기 때문에 우리가 먼저 하나님을 사랑하는 것이 불가능했을 것입니다. 그런데 우리는 하나님의 원수임에도 불구하고 하나님께서는 사랑을 쏟아 부으십니다.

우리가 앞에서 본 바와 같이 주 예수 그리스도께서 오신 이유는 우리를 하나님 아버지께 화해시키기 위해서 입니다. 요컨대 그것이 바울이 이 본문 말씀을 통해서 우리에게 가르쳐 주는 내용입니다.

다음으로 예수님은 **"이 악한 세대에서 우리를 건지시려고 죽으셨다"**고 한 바울의 다음 이야기를 검토해 봅시다. 이 사실은 우리를 그렇게도 사랑하셔서 그리스도께서 하셨던 방법으로 우리를 구원해 줄 준비를 하고 계셨는지 그 이유를 밝혀줍니다. 우리가 더 이상 우리의 음탕한 생각과 죄 가운데서 살지 않고 그곳에서 구출받고 주 예수 그리스도를 알도록 부름을 받은 것도 이 때문입니다. 이것이 우리가 구원을 받게 된 유일한 원인인 반면에 그것은 확실히 하나님께서 우리를 위해서 작정해 놓으신 목적이며 목적지입니다.

우리가 구원에 대해서 이야기할 때에 우리는 다음과 같은 요소를 명심해 두어야 합니다. 우리는 먼저 하나님께서 자신의 영원한 섭리 가운데서 주 예수 그리스도를 통해서 우리를 자신에게로 끌어당기기로 결심하셨을 때에 하나님이 우리에게 베푸셨던 거저주시는 은혜를 명심해야 합니다. 이것이 우리가 구원을 받게 되는 첫 번째 원인이 됩니다.

다음에는 그와 같은 구원을 보증하는데 필요한 모든 것을 구비하고 계시는 예수 그리스도 이십니다. 왜냐하면 예수님으로 인하여 우리의 모든 죄가 도말되었기 때문입니다. 주님은 자신을 우리의 신원 보증인이 되셔서 우리의 죄를 완전히 속죄하십니다. 그래서 어떤 것도 우리가 하나님을 가까이 하는 것을 막지 못할 것입니다. 이것이 우리가 기억할 두 번째 요점입니다. 그리고 우리가 주 예수 그리스도와 하나되는 방법이 있습니다. 다시 말하면 복음의 언약을 굳게 믿고 받아들임으로써 예수님과 연합하는 것입니다. 주 예수 그리스도께서 감당하셨던 고난과 죽음은 믿지 않는 자들에게는 아무런 유익을 주지 않습니다. 사실 그들은 하나님이 지정한 방법을 거역하였기 때문에 그들의 죄가 훨씬 더 중하게 되었습니다. 만약 그들이 주 예수 그리스도의 피를 발 아래 짓밟는다면 그들의 영혼에 대한 배상금, 그리고 그들의 배은망덕한 행위는 가장 혹독한 벌을 받게 될 것입니다(히 10:29, 벧후 2:1).

만약 우리가 예수 그리스도께서 자신의 모습을 우리에게 드러내 보이시기를 바란다면 우리는 복음이 주는 언약을 믿음으로 받아들여야 합니다. 그래야만 예수님께서 자신이 우리를 위하여 사신 재물을 우리가 소유하고 누리도록 인도하실 것입니다. 예수님을 믿음으로 받아들이고 예수님과 한 몸이 된 그 분의 지체만이 이러한 재물은 소유할 수 있습니다. 요한복음 1장에 있는 말씀과 같이 하나님께서는 하나님의 독생자를 믿는 백성만을 받아들이시고 자신의 자녀로 인정하십니다(요 1:12). 그것이 우리의 구원에 대해서 기억해 두어야 할 세 번째 요점입니다.

마지막 요점은 **하나님께서는 우리를 통해서 스스로 영광을 받으신다는 사실입니다.** 바울도 로마서 3장에서 그렇게 말했습니다(롬 3:25). 바울은 그 말씀에서 하나님께서 죄사함을 통해서 우리를 하나님에게 받아드려지게 만드는 수단으로 예수 그리스도를 우리에게 주셨으며 우리들로 하여금 이 선물을 받아들일 수 있게 하기 위해서 우리에게 그 복음을 허락하셨다고 했습니다. 그리고 그는 하나님께서 '자신이 의롭다는 것을 선포하기 위해서' 이렇게 하셨으며 우리가 모든 면에서 하나님에게 빚진 자라는 것을 깨닫게 되면 하나님께 모든 찬양과 영광을 돌리는 것이 당연하다고 했습니다. 그렇지만 만약 우리가 우리의 입으로 하나님만이 구세주이시며 구원은 거저주시는 인자하심에서만 흘러나온다고 고백할 때에만 하나님이 영광을 받으시는 것이 아닙니다. 하나님께서는 우리를 통해서 하나님의 형상이 밝게 빛나게 하는 성령으로 우리가 새롭게 되었을 때와 우리가 하나님을 섬기기 위해서 헌신하려고 노력할 때에도 영광을 받으십니다. 하나님께서 **우리를 부르신 것은 우리를 속되고 부정케 함이 아니요 믿음으로 거룩케 하기 위함**이라고 성경에서 말씀하셨습니다(살전 4:7).

바울이 예수 그리스도께서 이 악한 세대에서 우리를 건지시려고 죽으셨다고 말한 데에는 상당한 이유가 있습니다. 예수님은 우리를 위하여 자기 몸을 드리셨으며 하나님 아버지 앞에서 우리의 죄에 대한 기억을 지워버리셨습니다. 왜냐하면 예수님께서는 우리가 부정하고 죄악 가운데서 살기를 바라지 않으셨기 때문입니다. 우리는 이 세상과 격리되어서 하나님의 후사로 살아가야 합니다. 우리는 하나님의 양자이며 하나님을 우리 아버지로 사랑하고 공경한다는 것이 모든 사람에게 분명하게 보일 정도의 복종심을 우리의 삶을 통해서 증명해 주어야 합니다.

우리가 '지금의 악한 세대'에서 분리되어야 한다는 말을 듣고 부끄러워서 고개를 숙여야 되는 것은 무슨 까닭입니까? 그 어귀는 태어난 그대로의 상태에 있는 인간을 시사합니다. 왜냐하면 세대 그 자체에는 선천적으로 악하거나 부패한 것을 아무것도 내포하지 않기 때문입니다. 모든 악은 우리 안에 있는 죄에서 연유됩니다. 요한이 성령의 감동으로 쓴 서신에도 있는 것처럼(요일 5:19) 세상은 악과 부정으로 가득하다는 이야기를 읽게 되는데 그 이야기는 해나 달이나 지구나 바다나 그밖에 세상에 있는 다른 것에 대한 이야기일 수 없습니다. 우리는 몹시 타락해서 이 땅에 있는 모든 것들을 오염시켰습니다. 인간이 자기의 선천적인 상태에 머물러 있는 한 속속들이 썩어서 필연적으로 하나님을 불쾌하게 해드릴 것입니다. 왜냐하면 의와 불의 사이에는 화합이 있을 수 없는 것이 확실한데 우리 몸 속에 있는 것은 불의뿐이기 때문입니다!

그러므로 우리는 바로 우리 본래의 천성을 벗어버려야 됩니다. 그렇지 않으면 우리는 결코 하나님에게 접근할 수 없습니다. 눈이 멀어서 제 멋대로 제 능력대로 제 지혜대로 자기가 가지고 있는 이것 저것으로 큰 일을 하려는 생각을 하는 자 모두에게 화가 있을지어다! 우리는 속이 부정으로 가득찬 것을 알고 있으면서도 매우 거만합니다. 그리고 우리는 매우 누추하기 때문에 불쌍히 여김을 받습니다. 우리는 우리의 처지를 부끄럽게 여겨야 함에도 불구하고 판단을 유보하고 우리의 헛된 상상력을 동원하여 우리 자신을 속이는 것처럼 보입니다. 확실히 말하지만 만약 우리가 우리 자신을 샅샅이 검사해보면 우리 몸 안에 있는 것 모두를 쉽게 '악'이라고 기록할 수 있다는 것을 알게 될 것입니다.

만약 우리가 우리의 있는 모습 그대로 하나님에게 접근하면 하나님께서는 우리를 하나님의 면전에서 멀리 떼어놓아야 할 것입니다. 이것이 우리가 이 본문 말씀에서 얻은 지식입니다. 모든 오만이 박살이 났으니 사람들이 자랑할 것은 거저주시는 하나님의 은혜밖에 없습니다. 우리는 우리가 타락한 것을 매우 부끄럽게 여겨서 하나님께서 우리에게 유죄판결을 내리시기를 기다리기보다는 우리 자신의 입으로 우리 자신을 정죄하고 자신의 재판관으로 행동해야 하는 것이 당연합니다. 이것이 우리가 이 본문 말씀에서 얻을 수 있는 것입니다.

주 예수 그리스도의 고난과 죽음이 주는 유익이 우리에게 적용되는지 또는 되지 않는지를 알아보기 위해 우리는 하나님을 경외하는 마음으로 생활할 필요가 있습니다. 왜냐하면 만약 우리가 우리의 강한 욕망을 멋대로 내버려두면 주 예수께서는 우리를 배격하실 것입니다. 우리의 구원은 전적으로 하나님의 은혜에 달려있으며 우리의 구원에 대한 확신을 얻기 위해서 우리는 아무 일도 할 수 없는 것이 사실입니다. 그럼에도 불구하고 우리는 우리 자신을 부정해야 합니다. 우리가 어떻게 생각하든 우리 주 예수 그리스도께서 오신 것은 우리들로 하여금 하나님께서 우리에게 베풀어 주신 은혜를 망령되게 할 계기를 주기 위한 것은 아닙니다. 왜냐하면 이렇게 하는 것은 하나님을 공개적으로 조롱하는 것이 되기 때문입니다.

만약 예수님께서 자신의 피로 우리를 깨끗하게 씻어 주신 다음에도 우리가 진탕 속에서 뒹군다면 우리는 온 세상을 거룩하게 해주는 가장 거룩한 피를 의도적으로 더럽히는 것이 됩니다. 이 세상은 저주의 대상이 되고 있으며 우리는 우리 자신이 썩어져서 하나님으로부터 정죄함을 받게 될 것이며 주 예수 그리스도의 피 이외는 아무것도 우리를 깨끗케 하지 못합니다. 그러니 우리가 자주 하는 것처럼 진흙탕으로 되돌아 간다는 것은 정말로 견딜 수 없는 신성 모독 죄입니다! 그러므로 주 예수 그리스도의 고난과 죽음에서 거둔 성과는 우리가 죄를 지어도 좋고 우리의 욕심과 소망대로 행해도 좋다고 허락하지 않습니다.

따라서 믿는자들은 비록 주 예수 그리스도께서 고난과 죽음을 당하심으로 그들의 죄값을 치르셨지만 그렇게 하신 데에는 그들이 자신을 부인한다는 조건이 따랐다는 사실을 알고 절대적으로 정결한 생활을 하기 위해서 헌신해야 합니다.

주 예수 그리스도께서는 **"아무든지 나를 따라 오려거든 자기를 부인하고 자기 십자가를 지고 나를 좇을 것이니라"**(마 8:32)고 말씀하셨습니다. 그러니 우리는 어떻게 해야 하며 무엇이 우리 삶의 목표가 되어야 합니까? 우리는 자신을 오염된 이 세상과 격리시키도록 노력해야 하며 더 나아가서 경건한 삶을 살므로써 우리 하나님에게 꽉 달라붙어야 합니다. 사실은 누군가가 우리를 이 세상 밖으로 끌어내지 않으면 우리는 결코 이것은 완전히 달성하지 못할 것입니다. 그렇지만 그것이 우리의 목표물이 되고 우리는 그것을 향해서 서둘러 달려가고 좀더 가까이 다가가야 합니다. 따라서 비록 믿는 자들이 하나님의 인자하심을 피난처로 삼으며 그들의 죄사함 받음을 통해서 의롭게 된다는 것을 깨달으면서 이것을 신뢰하고 있을지라도 그들도 바울이 여기서 언급한 그 목표물을 향해서 활동하는 것입니다. 말하자면 그들은 이 세상에서 분리되기 위해서 활약합니다.

우리는 이것을 둘 다 기억하고 있어야 합니다. 어리석은 사람들은 그들이 일단 주 예수 그리스도에 의해서 새 사람이 되었으니 그들은 완전하게 되어 그들의 죄를 다시는 사함받을 필요가 없다고 말하기도 합니다. 사실대로 말하자면 만약 우리가 우리는 믿음을 통해서만 의롭게 되고 또 하나님께서 긍휼히 여기시어 용서해 주시고 우리의 더러운 곳을 덮어주시지 않으시면 우리는 하나님의 마음에 들 수 없다 할 때 그들은 우리가 사람들로 하여금 복음의 기초에 머물러 있게 한다고 합니다. 그런 말을 한다는 것은 악랄하고 교만한 행위입니다.

오늘날 천주교에서는 하나님의 은혜를 이해시킬 때 그보다 더 합니다! 그러므로 만약 어느 누구라도 우리에게는 하나님의 긍휼과 우리의 죄를 사함받는 것이 필요하다는 사실을 기회로 우리를 속이거나 우리를 눈멀게 하려고 애쓴다면 우리는 그러한 유혹자와 그들의 불결한 행위를 증오해야 할 것입니다. 우리는 이 세상에는 구원받는 것을 확인시켜 주는 방법이 하나밖에 없다는 것을 깨달을 때에 다시 말하면 우리가 정죄받은 것을 깨닫고 또 주 예수 그리스도의 보혈만이 우리를 깨끗하고 정하게 해 줄 수 있다는 것에 만족하게 되면 우리는 살아가는 동안 탄식하고 신음하게 될 것입니다. 그 점이 중요합니다.

어찌되었건 우리도 이와 같은 한 가지 목표, 즉 죄악된 이 세상에서 분리된다는 목표를 가지고 있어야 됩니다. 어떻게 말입니까? 우리는 하나님께 성령으로 우리를 감동시키셔서 우리에게 주시는 은혜와 은사를 더하여 주시고 우리 육신의 정욕을 억제해 달라고 기도 드릴 필요가 있습니다. 그와 같은 싸움이 우리 안에서 일어나는 것을 느끼게 되면 우리는 그 투쟁에서 크게 활동해야 합니다. 그렇지 않으면 하나님께로 나오는데 절뚝거리게 될 것이며 도중에 여러 번 넘어질 것입니다. 우리가 넘어져서 길을 완전히 잃게 될지도 모릅니다. 우리는 항상 하나님을 실망시켜 드린다는 사실을 늘 한탄해야 됩니다. 이것이 우리가 이 악한 세대에서 구원을 받는 방법입니다.

그렇게 되었다고 해서 우리가 죄에서 완전히 자유롭게 될 것이라는 것을 의미하지는 않습니다. 하나님께서 우리로 하여금 완전하고 떳떳한 삶을 살도록 우리를 구원하셨다고 바울이 말했지만 그 말은 사람이 이 세상을 사는 동안에 그러한 결백이 어떤 사람에게나 발견할 수 있다는 뜻이 아닙니다. 왜냐하면 우리의 생각 모두가 계속해서 하나님과 원수가 되기 때문입니다. 우리 가운데서 가장 의로운 사람까지도 하나님에게 빚지고 있다고 생각하면서도 사실은 자기가 여전히 꾸물거린다는 사실을 알고 있습니다.

비록 상황이 그렇게 되었더라도 한편으로 우리는 예수 그리스도께서 이미 우리가 사탄에게 구속되는 것을 믿음을 통해서 구출해 주셨다는 사실과 예수님께서는 앞으로 닥쳐올 온갖 침략에서 우리를 보존해 주실 것이라는 것을 느끼게 될 것입니다. 하지만 만약 우리가 우리의 마음을 조사해 보고 시험해 본다면 우리가 착한 일을 하고 싶어하고 하나님에게 경배를 드리고 싶어하는 순간에 우리의 본성이 우리를 반대 방향으로 인도하고 오히려 우리로 하여금 하나님에게서 멀리 떨어져 있고 싶어하게 만듭니다. 그러므로 믿는 자들에게는 그 내부에 이와 같은 두 개의 상충되는 요소가 있습니다.

한편 성령께서 베드로를 통해서 우리에게 **경건한 생활을 하는데 헌신하라고 간구하십니다**(벧전 2:1). 그러나 반대로 많은 악한 욕심들이 우리를 억누르고 있으며 우리가 원하는 만큼 하나님에게 가까이 다가가는 것을 방해합니다. 그래서 바울은 로마서 7장에서 자신의 비참한 모습을 한탄하고 고백했습니다. 그는 거기서 자기가 하고 싶어하는 선을 행할 수 없었으며 그가 싫어하고 증오하는 죄를 전혀 피할 수도 없었습니다(롬 7:19).

그리고 여기서 언급한 구원에 대한 다른 시각도 있습니다. 주 예수 그리스도께서는 아직 우리들로 하여금 우리가 소원하는 대로 행하고 우리에게 요구되는 것을 별 힘도 안들이고 과감하게 수행할 수 있는 능력을 갖출 정도로 성령으로 우리를 새롭게 해주시지 않으셨습니다. 그보다도 우리의 구원이 우리들로 하여금 하나님에게 완전히 순종해서 헌신하게 하고 우리가 가지고 있던 악한 습관에게 등을 돌리며 우리가 완전하게 될 때까지, 즉 하나님의 형상이 우리 안에 완전히 복원될 때까지 그들을 점점 더 무시하게 되는 것을 우리의 목표로 삼게 만듭니다.

비록 갈라디아인들이 복음을 변조해서 그들의 것을 새로 만들어낸 유혹자들에게 귀를 기울이므로 부분적으로 반역했지만 사실 바울은 그들도 예수 그리스도께서 목숨을 바쳐 구해주신 믿는 자 중의 하나로 간주합니다. 바울이 그들에게 편지할 때에 그들을 하나님의 교회의 권속이라고 불렀습니다. 그는 '예수 그리스도를 버린 변절자에게' 라고 쓰지 않았습니다. 그는 그들이 잘못한 것을 지적해 주고 싶었기 때문에 그들을 구원의 희망에서 완전히 배제해 버리고 싶지가 않았습니다.

바울이 그들에게 편지를 쓴 유일한 이유는 그들을 끌어 당기며 그들의 마음을 사로잡고 그들을 다시 옳은 길로 되돌아오게 하기 위해서 입니다. 그리고 그는 그들을 참된 구원의 길로 복귀시키기를 바라기 때문에(왜냐하면 그것이 그들에게 필요한 것이기 때문에) 그리스도께서 우리를 위해서 값주고 사신 말할 수 없이 귀한 선물로 그들을 여전히 연결시키며 그들을 이 세상에서 격리시켰으며 하나님께서 자신의 자녀로 받아들이고 자신의 자녀로 인정하는 무리 중의 한 사람으로 여깁니다.

그러한 까닭으로 복음의 씨앗이 그들 가운데 뿌려졌습니다. 비록 그들이 죄에 빠졌을지라도 그들이 하나님을 완전히 버린 것은 아니며 그들이 복음을 모르는 사람도 아니었습니다. 이러한 이유로 바울은 그들을 전과 다름없이 믿는 자들로 간주했습니다. 그와 똑같이 하나님께서 우리를 하나님의 종으로 여기시는 것은 우리에게 그러한 가치가 있기 때문이 아니고 하나님의 말씀이 전에 우리에게 전해졌기 때문입니다.

그러므로 하나님께서 복음을 통해서 우리를 부르셨는데도 우리가 아무런 반응을 보이지 않는다면 더 큰 벌을 받게 될 것입니다. 그러나 우리에게 죄와 흠이 많을지라도 우리가 진정으로 하나님께로 나오기를 소망하면 하나님은 말씀으로 인해서 우리를 받아들이게 될 것입니다. 우리가 하나님의 교회라고 알려진 것은 우리에게 그렇게 불리울 권리가 있기 때문이 아닙니다.

마찬가지로 **예루살렘 이 거룩한 성으로 알려진 것은 복음이 예루살렘에서 나올 것이라고 언약되었으며 이 세상의 구세주가 태어나시기로 예정되었던 곳이였기 때문입니다** (마 4:5, 27:53). 그와 똑같은 연유로 우리는 신자로, 하나님의 자녀로, 교회의 권속으로 불리웁니다. 왜냐하면 비록 우리가 복음을 받아 마땅한 만큼 경건하고 존귀하게 다루지 않지만 복음이 우리에게 전해지고 우리는 그 복음을 믿기 때문입니다.

그럼에도 불구하고 바울은 갈라디아인들을 부드럽게만 다루지는 않았으며 갈라디아인들이 죄짓는 것을 장려하려는 의도는 없었으며 공허한 감언이설로 그들을 달래고 싶지도 않았습니다. 그러나 많은 사람들이 이런 식으로 아첨받기를 좋아합니다! 바울은 그들을 날카롭게 꾸짖었으며 심지어 그들을 어리석은 자라고 부르기도 했습니다! 우리는 어떻게 이 두 방법을 조절할 수 있습니까? 바울은 한편에서 하나님께서 교회에 베풀어주신 은혜를 강조하며 다른 한편으로 그들이 자신을 죄에서 깨끗케 하기를 바랍니다.

왜냐하면 그렇게 하는 일이 그들에게 극히 필요하기 때문입니다. 이것은 하나님께서 어떤 곳에 교회를 세우실 때에 반드시 그들이 하는 일이 모두 칭찬받을만 하고 덕이 된다고 말할 수 없다는 것을 우리에게 가르쳐 줍니다. 천주교도들이 그들의 가증스러움을 위장하기 위해서 '교회'라는 이름을 사용하는 방법을 살펴보십시오! 그것은 세상 사람들도 알고 있는 가장 악하고 극악무도한 짓입니다. 그들이 말하기를 "무슨 소리, 교회는 잘못될 수 없어! 교회는 그리스도의 신부로 진리의 기둥이니 그렇게 될 수 없다"(딤전 3:15)고 합니다.

그렇습니다. 그렇지만 이들 갈라디아 교회에 대해서 생각해 보십시오. 성령께서는 바울의 입을 통해서 무엇이라고 했습니까? 이들은 복음을 부인한 배반자들입니다. 그러므로 인간에게 너무 집착해서 심판날이 닥쳐올 때에 그들의 죄를 정죄하지 못하는 일이 일어나지 않도록 조심합시다! 모든 것은 하나님의 말씀에 따라서 처리되어야 하며 그것에 부합되지 않는 것은 모두 정죄받아야 됩니다. 왜냐하면 하나님의 권한이 약탈당해서는 안되기 때문입니다. 하나님의 말씀에 의하지 않는 것은 모두 버림을 받아야 하며 탄핵을 당해야 하며 증오를 받아야 됩니다.

더욱이 하나님께 더 가까이 다가가기 위해서 새로이 신앙생활을 시작하는 사람들을 격려해 주는 것을 잊지 맙시다. '특히 그들이 연약하거나 곁길로 빠져나갔을 때에 그렇게 해주십시다.'

하나님의 은혜를 차곡차곡 쌓아둡시다. 그렇게 해서 우리가 마침내 매일매일 우리를 오라고 부르시는 주 예수 그리스도와 같이 있기 위해서 함께 모일 때마다 그 은혜가 우리 안에서 점점 증가하고 풍성하게 되게 합시다.

3

갈라디아서 강해 설교

그리스도의 은혜로 너희를 부르신 이를 이같이 속히 떠나 다른 복음 좇는 것을 내가 이상히 여기노라 다른 복음은 없나니 다만 어떤 사람들이 너희를 요란케 하여 그리스도의 복음을 변하려 함이라 그러나 우리나 혹 하늘로부터 온 천사라도 우리가 너희에게 전한 복음 외에 다른 복음을 전하면 저주를 받을지어다(갈 1:6-8)

이제 우리는 오늘 아침에 다루었던 주제를 좀더 심도 있게 다루어 보겠습니다. 바울은 제가 말씀드린 바와 같이 갈라디아인들을 용서해 주지 않았지만 그들에게 구원의 문을 완전히 닫아 버리려고 하지도 않았습니다. 바울은 그들을 회개시키려고 했습니다. 이러한 까닭으로 그는 그들을 부른 하나님의 은혜에 대해서 말했습니다. 그러나 바울은 그들에게 아첨하지 않았으며 그보다는 그들이 지은 죄 때문에 그들을 꾸짖었습니다.

특히 그들의 변덕을 꾸짖었습니다. 그들은 그들 속으로 파고 들어와서 복음의 순수한 가르침을 왜곡하는 사기꾼들이 하는 말에 귀를 기울였기 때문입니다. 그들로 하여금 그들의 변절을 더 뼈저리게 깨닫게 하기 위해 바울은 그들이 하늘의 부르심을 그렇게 빠르고도 쉽게 저버린 데 대해서 이상히 여긴다고 했습니다. 그는 그들이 그렇게도 신속히 미혹을 당하게 된 이유가 무엇이며 우리 주 예수 그리스도를 통해서 하나님의 은혜를 느끼고 체험했던 그들이 그와 같은 상태에 오랫동안 머물러 있는 이유가 무엇인지 알고 싶어했습니다.

바울은 그들이 복귀하기를 간절히 바랬기 때문에 서두에서 그들이 복음에서 완전히 돌이켰다고 말하지 않고 오히려 하나님의 진리를 왜곡하기만을 구하는 유혹자의 유혹에 넘어졌다고 말했습니다. 복음의 기초가 되는 예수 그리스도가 하나이듯이 순수한 복음은 하나밖에 없습니다. 복음을 새롭게 창조하는 일은 우리가 할 일이 아닙니다. 참으로 우리가 우리 주 예수 그리스도에게서 받은 순수한 씨앗에 어떤 것이라도 더하려고 한다면 우리는 하나님께서 지금까지 이룩해 놓으신 것을 파괴하는 것이 됩니다. 간단히 말해 이것이 바울이 이 첫 절 말씀을 통해서 우리에게 가르쳐주는 내용입니다.

갈라디아인들이 전에 한 번도 복음이나 그들에게 전해진 예수 그리스도를 반대할 생각을 한 적이 없었기 때문에 바울이 갈라디아인들의 약점을 꾸짖는 것이 아주 무모하고 혹독했던 것처럼 보일지도 모릅니다. 그러나 바울은 사람들이 그 상황을 전망하는 방법에는 전혀 신경을 쓰지 않았습니다. 바울은 사실을 있는 그대로 보았습니다. 다시 말하면 바울은 사람들이 일단 하나님의 진리에서 멀리 떨어져 나가면 그들은 예수 그리스도를 거부하고 자신을 그리스도에게서 차단시키는 것이라고 했습니다. 이것을 이상하게 생각하는 사람들도 있을 것입니다. 많은 사람들은 빛을 어두움과 혼합하고 싶어합니다.

정말로 천주교에 존재하고 있는 혼란이 이것에 대한 좋은 보기가 됩니다. 그들은 그들이 서약했던 기독교를 지켜나간다는 취지로 여러 가지 이상한 주장을 합니다. 그러나 불구하고 그들은 모든 것을 뒤엎어 놓은 것이 분명합니다. 우상숭배가 기승을 부리고 있으며 그들은 이방인들에게도 가장 악하다고 알려진 종류의 우상을 공개적으로 숭배합니다. 그들은 각각 우리 주 예수 그리스도 대신에 자신을 구세주로 세워서 하나님에 대한 경외심을 완전히 무너뜨립니다. 그럼에도 불구하고 천주교도들은 그들이 반역자가 아니고 예수 그리스도를 버리지 않았다고 항변하고 싶어할 것입니다. 그러나 우리 주 예수 그리스도는 유령이 아니십니다. 예수님은 사람의 기분에 따라 변하는 분이 아니십니다. 간단히 말하면 예수님과 교회를 분리할 수 없습니다. 따라서 천주교도들이 무엇이라고 주장하든 그들은 예수 그리스도로부터 모든 권한을 약탈합니다.

중재자가 한 분밖에 없다면 우리의 보호자인 남자 성도들은 어떠하며 우리의 대변자인 여성 성도들은 어떻습니까? 라고 물었습니다. 만약 우리가 그들에게 우리 주 예수 그리스도께서 단 한 번으로 모든 믿는 자들을 완전히 의롭게 해 준 그리스도의 헌신에 대해서 이야기하면 '우리는 매일매일 미사를 드리고 하나님의 노여움을 진정시키기 위해서 예수 그리스도를 다시 희생제물로 드려야 되는 것 아닙니까?' 만약 우리가 그들에게 죄의 용서에 대해서 이야기하면 '우리 자신의 죄를 스스로 속죄해서 하나님의 동정을 사는 방법은 어떻습니까?' 만약 우리는 성령의 재충전의 역사로 완전하게 될 수 있고 하나님께서 우리를 변화시키실 때까지 우리는 죄와 모반으로 가득하다고 하면 '무엇이

라고요? 우리들의 솔직한 뜻은 어떻습니까?'

간단히 말하면 그들은 예수 그리스도의 이름을 자주 들먹이면서 전과 다름없이 예수님에게 구세주라는 직함을 붙여주려고 할 것입니다. 그러나 그들은 예수님의 직무를 분할해서 매물로 내놓았으며 사람들은 각각 거기에서 자신에게 돌아오는 몫을 챙길 것입니다. 그들은 또 낙원에 있는 성자와 천사들을 그들의 보호자로 생각합니다. 따라서 그들에게는 하나님 앞에 나갈 수 있는 방안이 무한히 많다고 여깁니다.

이제 우리는 성령께서 그들을 반역자라고 부르신 데에는 그만한 이유가 있다고 결론을 내려도 좋을 것 같습니다. 그들이 예수 그리스도를 버리고 예수님과의 관계를 끊어버렸기 때문입니다. 그들은 예수님의 이름을 남용하기까지 했습니다. 그러나 예수 그리스도께서는 전혀 변하지 않으셨습니다. 우리가 알고 있는 바와 같이 예수 그리스도는 한결 같으시기 때문에 바울은 고린도후서에서 **"예수 그리스도는 예하고 아니라 함이 되지 아니하였으니 저에게는 예만 되었느니라"**(고후 1:19)라고 말했습니다. 따라서 천주교도들이 기독교에 대해서 무엇이라고 지껄이든 그것은 모두 위선과 거짓에 불과합니다. 그들은 예수님의 이름을 가면이나 우상으로 그릇되고 악하게 사용합니다.

이러한 이유로 바울은 갈라디아인들이 곁길로 끌려간 데 대해서 비난했습니다. 만약 우리가 그들에게 무엇을 했느냐고 물으면 마치 그들이 필요했던 것처럼 의식을 지키려고 힘썼다고 대답할 것입니다. 하나님께서 이와 같은 의식들을 제정하신 것은 사실입니다. 물론 그렇습니다. 그렇지만 그 의식들은 옛 백성들을 위한 일시적인 규정이었습니다. 우리 주 예수 그리스도께서 이땅에 오시자 이것들은 모두 중단되어야 했습니다. 갈라디아인들이 율법의 형상과 그림자를 복음의 순수한 빛과 혼돈시키고 있었기 때문에 바울은 이것을 참지 못했으며 그들이 하나님을 배반하므로 하나님에게서 떨어져 나갔다고 말했습니다.

그러나 그보다도 더 좋지 않은 무엇인가가 있었습니다. 즉 사람들은 하나님 앞에서 자신의 의로움을 주장하여 인정받고 하나님을 섬기는 일에 자신이 환영받게 만들 수 있다고 믿음으로써 주 예수 그리스도의 은혜를 완전히 무시해 버렸습니다. 이와 같은 사기꾼들이 '옛 그림자'를 고수하는 특별한 의식을 도입해 들여왔을 때에 그것은 갈라디아인들로 하여금 그들이 하나님에게 거룩한 제사를 드리고 있다고 믿게끔 유도했습니다. 그러나 우리의 구원은 거저 얻는 것이 되어야 합니다. 그렇지 않으면 예수 그리스도께서 더 이상 아무런 소용이 없게 되기 때문입니다.

우리의 구원을 하나님께서 우리에게 주시기 때문에 우리는 그것을 그냥 거저 주시는 구원이라고 부릅니다. 그리고 우리는 음식을 공급받기 위해서 하나님께로 나오는데 그때에 우리는 부족한 것을 갈급해하는 마음만 가지고 오면 됩니다. 만약 우리가 주 예수 그리스도의 이름으로 의롭게 되기를 소원하면 우리는 불쌍한 걸인이 되어서 하나님께 접근해야 합니다. 만약 우리에게 쓸모가 조금이라도 있으면 우리에게는 하나님께로 나가고 싶은 마음이 생기지 않았을 것으로 생각합니다.

고대의 한 학자가 "우리가 먼저 가치있다고 생각한 것들 모두를 우리 기억에서 지워버리고 우리가 만신창이가 되었다고 인정하지 않고서는 우리는 우리 주 예수 그리스도를 통해서 우리에게 주겠다고 한 구원을 받을 수 없다"고 말한 데에는 일리가 있습니다. 그러므로 갈라디아인들이 예수 그리스도와 하나님 아버지에게서 떨어져 나갔다고 한 바울의 말은 전적으로 옳습니다. 그런데 또 다른 문제가 있었습니다. 그들은 기만을 당하므로 다른 사람들이 믿기를 바라는 것을 믿게 되었습니다. 그들은 노예와 같은 구속을 받는 제물이 되었습니다. 그리고 그것은 그들이 주 예수 그리스도 안에서 누려야 되는 마음의 평안을 그들에게서 빼앗아 갔습니다.

참으로 예수 그리스도의 희생적인 죽음과 고난을 통해서 얻은 화해와 함께 우리는 또한 우리가 한때 속박당했던 엄한 율법에서 해방되어야 합니다. 이것에 대한 설명은 잠시 후에 더 자세히 하겠습니다. 저는 여기서 이 문제들을 접어두고 얼마 후에 더 광범위하게 활용하겠습니다. 여러분이 아시는 대로 율법에는 **"하나님께서 명령하시는 것을 이행하지 않는 자는 모두 저주를 받을 것이다"**라는 말씀이 있습니다(신 27:26). 그렇지만 우리가 그렇게 완전한 경지에 이르는 것은 불가능합니다. 그러므로 사도행전 15장의 말씀과 같이 우리 주 예수 그리스도께서 우리의 자유를 주시고 우리가 멜 수 없는 멍에에서 자유케 하시는 것이 필요했습니다(행 15:10).

이제 우리는 바울이 갈라디아인들의 배신을 꾸짖은 이유와 그들을 하나님과 우리 주 예수 그리스도의 반역자라고 부른 까닭을 잘 알게 되었습니다. 그들은 하나님에게서 그들이 약속했던 충성심을 빼앗아 갔습니다. 이 사실을 통해 우리도 복음의 순수하고 소박한 가르침을 좌로나 우로나 치우치지 말고 굳게 지키라는 권고를 받고 있습니다. 왜냐하면 기독교인이라는 이름과 직함을 갖고 있거나 세례를 받았다는 표식을 지니고 있는 것만으로 충분치 않기 때문입니다. 우리는 계속해서 복음의 가르침을 단호히 견지해야 합니다.

앞에서 말한 바와 같이 우리 주 예수 그리스도는 자신을 부인할 수 없습니다. 우리 주 예수 그리스도는 하나님 아버지에 의해서 우리에게 알려진 그러한 방법으로 알려질 수 있을 뿐이며 우리들 나름의 예수님에 대한 추정은 잘못된 것입니다. 복음은 예수님이 오신 이유와 임무와 우리가 주님에게서 받은 유익과 주님이 우리에게 주시는 힘을 보여줍니다.

만약 우리에게 우리 주 예수 그리스도께서 계시하신 순결하고 순수한 가르침이 없다면 우리는 아무 것도 가지고 있는 것이 아닙니다.

그러나 만약 우리가 그것을 배웠다면 그것을 끝까지 유지해 나갑시다! 우리가 조금이라도 물러선다면 그것은 아주 불충한 일입니다. 정말로 우리는 저 무서운 인류의 타락, 즉 우리가 다른 사람들과 함께 유혹에 넘어가서 많은 죄와 거짓과 사탄의 속임수와 어우러져서 우리는 예수 그리스도를 전혀 알지 못했습니다. 그럼에도 하나님께서 하나님의 선하심으로 우리를 심연에서 꺼내 주셨습니다. 그러므로 우리는 꿋꿋하고 변함없는 믿음을 가져 더 이상 바람에 날리는 갈대와 같이 흔들리지 않기로 결심합시다. 그리고 우리 주 예수 그리스도의 무한하신 능력에 기초를 둔 복음에 뿌리를 든든하게 내립시다!

"하나님의 약속은 얼마든지 그리스도 안에서 예가 되니 그런즉 그로 말미암아 우리가 아멘하리라"(고후1:20). 예수님 안에는 진리가 있으며 그 진리는 그 분 안에서 성취됩니다. 그러므로 우리의 믿음이 이와 같은 사실에 단단히 의지하게 합시다! 이것이 이 구절에 담겨있는 바울의 가르침에서 우리가 마음에 담아 두어야 할 내용입니다.

바울은 갈라디아인들로 하여금 자신에 대해서 더 부끄럽게 여기도록 그들에게 은혜의 부르심에 대해서 이야기 합니다. **'너희를 부르신 이를'** 이라는 말에는 두드러진 특징이 없기 때문에 그것을 아버지 하나님과 연관시킬 수 있는 것과 같이 예수 그리스도와 연관시킬 수 있습니다. 그렇지만 우리는 바울이 말하고자 하는 내용을 이해할 수 있습니다. 그는 갈라디아인들의 기본적인 행동에 대해서 비난하고 있습니다. 왜냐하면 그들이 하나님의 선하심을 체험했었다는 사실을 고려할 때에 그들에게는 곁길로 빠져나갈 구실이 더욱 줄어들기 때문입니다. 하나님께서 우리를 부르실 때에 비록 우리를 부끄럽게 하시기 위해서 우리를 소환하시더라도 우리는 여전히 하나님의 피조물입니다.

그러므로 우리는 그 분에게 순종해야 합니다. 하나님께서 우리들과 무엇을 하기로 결정하셨든 우리는 항상 하나님의 권위에 굴복해야 합니다. '제가 여기 있습니다. 저에게서 요구하시는 것이 무엇입니까?' 라고 하나님에게 말씀드리는 것이 우리의 임무입니다. 따라서 하나님께서 우리를 부르실 때에 우리가 핑계를 댄다면 우리는 사물의 기본질서를 왜곡하는 것이 됩니다. 그러나 하나님께서는 우리를 오라고 부르실 뿐만 아니라 우리 주 예수 그리스도를 통해서 하나님의 선하심의 모든 보물을 다 우리에게 주십니다.

하나님께서는 우리에게 하나님의 자녀가 될 것을 요구하시면서 기꺼이 자신을 우리에게 주십니다. 하나님은 우리를 매우 다정하게 대하십니다. 고로 우리들로 하여금 뒤로 물러서려는 마음을 먹지 못하게 해 줍니다. 그렇지만 만약 우리가 하나님을 영접한 후에도 이리 저리로 방황하게 되면 우리에게는 변명할 여지가 더욱 없어질 것이며 제가 앞에서 시사한 바와 같이 더 혹독하고 무서운 저주를 받게 될 것입니다.

우리는 이제 바울이 갈라디아인들이 받았던 은혜에 대해서 언급한 이유를 알았습니다. 만약 우리가 복음의 순수한 가르침에서 벗어나 그 안에서 생활하지 않는다면 오늘날의 우리는 율법시대에 살았던 우리의 조상들 보다 죄가 더 많게 될 것입니다. 비록 하나님께서 율법시대에도 우리의 선조들을 구원으로 인도하셨지만 거기에는 지금 우리가 우리 주 예수 그리스도를 통해서 누리고 있는 것과 같은 그러한 공개적이고 풍성한 하나님의 인자하심이 동반되지 않았습니다. 이제 우리 자신을 살펴봅시다. 만약 하나님께서 이미 그 은혜를 우리에게 알려주셨다면 이것이 우리를 감동시키고 우리에게 용기를 주어 우리로 하여금 더 담대해지게 하고 불굴의 힘을 갖게하므로 우리가 하나님께서 우리에게 오라고 부르시는 그곳에 이르기까지 우리의 소임을 계속하기를 기원합시다.

우리가 우리 자신을 누추하고 무식한 불신자와 비교해 보면 우리의 배은망덕한 행실이 훨씬 더 분명해 집니다. 우리가 알고 있는 바와 같이 수많은 불쌍한 영혼들이 도처에서 방황하고 있습니다. 그들은 비난의 대상이 됩니다. **"무릇 율법없이 범죄한 자는 또한 율법없이 망하느니라"**(롬 2:12). 우리들에 대해서 말하자면 하나님께서는 우리에게 자신의 뜻을 친절히 가르쳐 주셨으며 복음의 가르침을 배울 기회를 주셨습니다. 우리는 그것에 전념하기만 하면 됩니다.

그러므로 제가 말했던 것처럼 만약 우리가 하나님께 온전히 헌신하기 위해서 모든 노력을 기울이지 않는다면 우리는 그들보다 심한 책망을 받게 될 것입니다. 이래서 우리의 책임이 더욱더 무거워지는 것입니다.

바울은 이와 같은 일이 갑작스럽게 일어났다는 점을 부인했습니다. 사도의 입술을 통해서 가르침을 받았던 갈라디아인들이 사도가 생존 중에 자신들의 이름을 더럽혔다는 것은 참으로 무서운 일입니다. 사실이지 복음을 받아들이고 3일 후에 그들은 그릇된 가르침과 하나님의 진리를 혼합시키는 배반을 했기 때문에 그들은 책망을 받아 마땅합니다. 그들이 만약 바울이 죽은 후 얼마동안 그 신앙을 지킨 후에 점진적으로 배반했더라도 하나님의 입장에서는 용서란 있을 수가 없습니다. 왜냐하면 **"하늘과 땅이 없어지더라도"**(눅 21:33) 우리 믿음의 기초가 되는 진리는 영원할 것이기 때문입니다.

따라서 우리의 진리는 끝까지 지속될 것입니다. 우리의 믿음은 사람의 생과 사에 의해서 좌우되어서는 안 됩니다. 그것은 천국에 고정되어야 됩니다. 그러므로 우리가 매일같이 변한다면 우리는 그에 대한 해명을 더 많이 해야 할 것이며 우리의 배은 망덕한 행위가 더욱더 두드러지게 나타날 것입니다. 사실 여기서 바울이 갈라디아인들에 대해 한 말은 오늘날 너무도 분명히 재연됩니다.

만약 복음으로 가르침을 받은 자들에게 진기함 같은 것이 없다면 3년쯤 후에는 그들은 만족하지 못하게 될 것입니다. 왜냐하면 그들의 '귀가 근질근질하게' 되기 때문입니다. 자만심이 강한 사람들은 복음에 담겨 있는 진리에 만족하지 못하기 때문에 타락하게 됩니다. 그들에게는 그들의 어리석은 상상력을 살찌우기 위해서 어떤 새로운 것이 필요하기 때문에 늘 움직이고 싶어 합니다. 다른 사람들은 복음이 그들에게 아무런 세상적인 이익을 갖다주는 것이 없다는 것을 알고 나서 불만을 토로하기 시작합니다. 그들이 처벌을 받게 될지도 모르고 그들에게 원수가 많다는 것을 발견하고 나서 되돌아 가는 사람도 있습니다.

이처럼 여러분은 얼마나 많은 사람들이 하나님을 버리는지 잘 알고 있습니다. 한 세대 다음에 또 다음 세대로 이어지는 것이 아니고 예수님의 제자처럼 보였던 자들까지도 3년 또는 10년 후에는 변해서 배반하게 됩니다.

이와 같은 현상이 우리에게도 나타나므로 우리는 이 교훈을 철저하게 지킬 필요가 있습니다. 예레미야가 유대인에게 품었던 불만에 대해서 생각해 봅시다. 그는 실제로 이렇게 말했습니다. **"먼 땅으로 가고 섬들에 건너가 보고 다른 백성들이 어떻게 하는지 자세히 살펴보아라 모든 사람은 각기 나름대로의 우상을 섬기고 있는데 그것들은 신이 아니니라"**(렘 2:10-11). 사탄은 이것을 예배라고 부르면서 그들을 속였으며 그들이 그 방법을 강하게 고집했기 때문에 그들의 마음을 전혀 바꾸지 못했습니다. 그러나 하나님께서는 자신을 여러분에게 드러내 보여 주셨으며 여러분은 하나님의 뜻을 완전하고 확실하게 알고 있으므로 여러분도 그들처럼 완강하게 되지 않기를 바랍니다.

확실히 오늘날에도 우리에 대해서 그와 똑같은 말을 할 수 있습니다. 왜냐하면 우리는 모슬렘 교도들이 얼마나 집요한지를 보아왔기 때문입니다! 비록 망신창이가 된 유대인들이 더러운 개보다 나을 것이 없지만 그들이 율법의 권위를 유지하는 데에는 매우 끈질깁니다. 천주교도들에게 대해서 말하자면 그들의 어리석음은 그들을 끔찍스럽게 만들 정도로 분명하게 드러납니다. 그래서 어린아이들까지도 그들을 심판할 수 있습니다.

그럼에도 불구하고 그들은 그들의 참담한 짓거리를 유지하기 위해 미쳐 날뛰고 있습니다. 우리 자신에 대해서 말하자면 마귀가 손가락짓을 하자마자 우리는 꾀임에 빠져버립니다. 마치 우리들 각자가 어떤 새로운 것이 있는지를 알아보기 위해서 감시하고 있는 것처럼 보입니다. 가장 작은 것도 우리를 약하게 만들고 우리를 곁길로 인도합니다. 더 멀리 가지 않아도 여기에도 죄가 많이 있습니다.

그러므로 우리는 하나님께서 그들을 우리 주 예수 그리스도의 은혜 안으로 불러들이시자 마자 곧바로 하나님에게서 뛰쳐나간 자들의 변덕스러운 마음에 대해 바울의 입을 통해서 행한 비난에 유의해야 합니다.

이 시점에서 바울은 이와 같은 일이 일어난 이유는 여러분을 괴롭히고 우리 주 예수 그리스도의 복음을 왜곡하려는 사람이 있기 때문이라고 말했습니다. 여기서 바울은 우리가 복음에 어떤 것을 첨가하는 것은 연기에 불과하다는 것을 강조했습니다. 마침내 우리는 하나님의 진리에 전혀 집착하지 못하는 불쌍한 바보들을 속이기 위해서 그와 같은 쓸데없는 생각을 품었던 자는 마귀라는 사실을 발견하게 될 것입니다. 그는 '이것은 너를 괴롭히고 있는 사람들에 불과하다' 고 말했습니다. '그것에 불과한' (nothing other)이라는 표현은 그 일 전체가 중요하지 않다는 뜻을 내포하고 있는 것이 사실입니다. 그러나 바울은 갈라디아인들에게 복음에서 율법을 분리시켜서는 안 된다고 가르친 예루살렘과 유대 사람들에게서 그들이 고난을 당했다는 것은 어리석은 일이라고 했습니다. 바울은 이렇게 말했습니다. **"예수 그리스도는 한 분밖에 안 계시다. 우리를 하나님께 인도해 주며 우리에게 믿음을 주고 우리에게 구원을 얻게 해 줄 교리도 하나밖에 없다."**

우리가 복음에 대한 순수한 지식을 갖기 원하며 유지하고 싶어하는 것은 우리를 완전하게 해 주는 방법이라는 것을 우리는 알고 있어야 됩니다. 그 이상의 것을 하려고 하는 자는 모든 것을 혼란 속으로 밀어 넣는 말썽꾸러기입니다. 이 말씀은 눈여겨볼 만한 가치가 있습니다. 우리는 그 말씀에서 만약 우리 주님께서 우리에게 주님의 학교에서 교육을 받을 특전을 주셨다면 우리는 더 이상 이리저리로 날려다닐 수 있는 약한 믿음을 가져서는 안 된다는 사실을 배웠습니다. 우리에게는 단호한 결심이 서 있어야 합니다. 그래서 우리는 **'여기에 우리의 생과 사를 주관하는 믿음이 있다'** 고 말할 수 있어야 합니다.

우리는 복음의 가르침에 공개적으로 반대하지 않는 많은 사람들과 우리들로 하여금 우리 주 예수 그리스도의 은혜에 대해서 설교해 달라고 부탁까지 하는 사람들을 많이 만나게 됩니다. 만약 우리가 그러한 사람들에게 복음 중에서 그들이 의견을 달리하고 있는 것이 무엇이냐고 물으면 그들은 '아무 것도 없습니다'라고 대답할 것입니다. 그러나 그들이 괴상한 형상으로 장식된 제단을 보게 된다면 확실히 그들은 그 주변에 떼지어 모일 것입니다! 그들은 가서 미사를 드리고 그밖에 천주교도들은 온갖 월권을 행합니다. 그것이 그들에게는 모두 똑같습니다.

만약 이 모든 것들이 그들 앞에서 잘못이라고 결정되더라도 그들은 그것이 어떠한 영향을 미친다고 생각할 수 없습니다. 잘 살펴보십시오. 그와 같은 기본행동이 그들에게 믿음이 없다는 것을 드러내 보입니다. 어떻게 말입니까? 만약 우리가 믿는 자라면 이것이 우리가 알 수 있고 느끼기까지 할 수 있는 방법입니다. 우리에게 복음에 대한 분별력이 있고 복음은 실패할 수 없는 하나님의 진리이며 우리가 그것을 따르면 그것은 우리들 곁길로 인도할 수 없다고 결론을 내릴 때에 그렇게 할 수 있습니다.

그런데 천주교도들은 그들이 부르는 대로 베일에 싸인 한 신앙을 발견했습니다. 그들이 계속해서 '나는 성모교회에 의존하고 있다. 그래서 나는 성모가 믿는 것을 굳게 믿고 있다' 고 말하는 한 비록 그 불쌍한 영혼을 아무 것도 모르고 있을지라도 이것이 그들에게 잘 어울립니다. 이들은 그들에게 믿음이 없다는 것과 구원을 받는 방법을 모른다는 것을 공개적으로 전시하는 것입니다. 우리가 예수 그리스도를 모든 축복을 전해 주시는 분으로 기꺼이 받아들일 때에 우리는 믿음을 통해서 의롭게 되고 구원을 얻는다고 기록되어 있습니다.

그러므로 주 예수 그리스도를 모르면 믿음도 있을 수 없습니다. 천주교의 지도자들과 교사들은 사탄의 가장 무서운 망령에 홀려서 지금과 같은 말을 합니다. 그런데 그들이 하는 말은 그들이 하나님을 알지 못하고 있다는 것을 입증합니다. 사실 그들은 하나님의 버림을 받은 자의 길을 따르고 있습니다. 바울이 이 복음 이외에 다른 복음이 없다고 우리에게 알려준 것은 우리로 하여금 주 예수 그리스도 안에 거하고 그 분에게 계속해서 충성을 다하기를 원하기 때문이라는 것을 잘 알아둡시다. 이제 우리는 복음이 주 예수 그리스도로부터 왔으며 주님은 그 가르침에 위배되는 것은 무엇이나 거절하신다는 사실을 알았습니다. 만약 우리가 그 정도로 성숙하게 되면 우리는 사탄과 싸우고 오늘날 이땅에 펼쳐져 있는 모든 여러 의견에 반대하기 위해서 무장을 하게 될 것입니다. 우리가 가는 길에 어떠한 고난이 닥쳐와도 우리는 흔들리지 않을 것이며 믿음의 확신이 부족하지도 않을 것입니다.

그러나 만약 우리가 흔들린다면 어린아이들처럼 한 손에 사과를 들고 있더라도 다른 사과를 받으려고 달려갈 것입니다. 그리고 나서 다른 손에 좋은 물건을 들고서 받으라고 하면 그들은 똑같은 방법으로 그것을 받으려고 할 것입니다! 그들은 첫 번째 물건을 포기하고 두 번째 물건의 주변에 모여들 것입니다. 내가 말하지만 만약 우리가 이와 같이 변덕스러우면 이것은 우리에게 믿음이 전혀 없다는 증거입니다.

그러므로 우리의 믿음과 복음 사이에 조화가 있어야 합니다. 우리가 그것에 전적으로 골몰한다면 옆으로 빗나가는 일은 일어나지 않을 것입니다. 왜냐하면 우리가 앞에서 말한 바와 같이 우리는 우리의 믿음을 거기에 내포되어 있는 내용에 고정시키기 때문입니다. 우리는 어휘를 자유자재로 구사할 수는 없습니다. 왜냐하면 주 예수 그리스도께서 자신의 양떼로 선택하신 자들의 대부분이 성경의 십분의 일도 이해하지 못하기 때문입니다! 그러나 우리가 다른 것은 모르더라도 다음과 같은 공통적인 신조가 있어야 됩니다. 첫째 자비로우셔서 우리를 양자 삼으신 하나님 아버지는 한 분이시며 우리 모두는 그 분을 믿습니다. 둘째 예수 그리스도는 한 분이시며 그 분을 통해서 모든 축복이 우리에게 전달됩니다.

셋째 우리는 성령으로 거듭났습니다. 우리 주 예수 그리스도에 관련하여 말하자면 우리는 예수님께서 우리의 대변자가 되신다는 사실도 알고 있어야 됩니다. 그리고 예수님이 없이 우리는 하나님께 접근할 수 없습니다. 우리가 주 예수 그리스도의 지체가 되지 않고서는, 즉 주 예수 그리스도께서 우리를 대신하여 우리의 중재자와 친구로서 우리의 손을 이끌어 우리를 하나님 아버지께 인도해 주시지 않으면 우리는 감히 그 분을 '우리의 아버지'라고 부르지 못합니다. 만일 우리가 이와 같은 것들을 알지 못하면 구원을 얻을 수 없습니다.

바울은 갈라디아인들이 복음은 단 하나밖에 없으며 그것은 변할 수 없다는 것을 인식하지 못하는 것을 비난했습니다. 그는 그들이 우리 주 예수 그리스도를 슬프게 해드리는 것을 원치 않습니다. 그러므로 그 분만을 마음에 두어야 됩니다. 그는 또한 하나님과 우리 주 예수 그리스도의 순수하고 소박한 복음에서 우리를 돌이키려고 애쓰는 유혹자들에 대해 경고를 합니다. 바울은 우리에게 그들을 상종하지 못할 사람으로 여기라고 가르쳐 줍니다. 왜냐하면 곧 분명하게 알게 되겠지만 그들은 주 예수 그리스도의 복음을 곡해하기 때문입니다. 우리의 구원의 반석이며 낙원의 문을 여는 열쇠인 복음이 곡해된다는 것은 얼마나 무서운 일입니까!

복음은 우리의 유일한 보물입니다. 하나님께서 우리의 왕이 되시는 길을 마련하여 우리가 하나님의 권위에 의하여 인도되고 다스려지지 않으면 우리는 천국에서 추방당하고 거기에 접근하지 못할 것입니다. 측량할 수 없는 보물이 복음에 포함되어 있습니다. 하나님은 사람과 화해하셨습니다. 하늘 문이 우리에게 열려있으며 우리 주 예수 그리스도가 우리의 기업으로 우리에게 주어졌습니다.

우리는 주님께서 우리에게 내려주신 모든 선한 일들의 동참자가 되었으며 우리의 영원한 구원을 확인 받았습니다. 이와 같은 복음이 외곡되는 것보다는 온 세상이 멸망해서 소멸되는 것이 더 나을 것입니다. 바울은 우리가 아주 성실하게 교육을 받은 후에 우리를 괴롭히려는 자들과 그들의 생각을 여기 저기 섞어 넣어서 우리에게 새로운 것을 주입시키려는 자들에 대해서 이렇게 말합니다. "이들은 사람들을 하나님의 나라와 하나님의 보좌에서 돌이키며 그 사람들은 더 이상 하나님의 다스림을 받지 못한다."

만약 하나님의 영광과 우리 자신의 구원이 우리에게 값지고 천국의 모든 축복에 한 몫 끼는 것이 우리에게 귀중하다면 하나님의 위대하심과 우리 주 예수 그리스도의 은혜와 우리의 구원까지도 위축시키려고 노력하는 악당들이 우리들에게 접근해 올 때마다 우리가 이 세상에서 가장 치명적인 괴질을 피하고 토해내는 것처럼 그들을 피하고 차단시키는 것이 당연하지 않습니까?

우리가 해야 할 일을 간단히 말씀드리겠습니다. 우리는 강한 애정으로 복음을 굳게 붙잡아야 하며 누구도 그것을 부패시키는 것을 허락해서는 안 됩니다. 우리는 어느 누구도 우리의 마음을 혼란스럽게 만드는 것을 허락해서는 안 됩니다. 비록 우리에게 말하는 사람들이 매우 유식하고 재능이 훌륭하며 인간적인 기지가 날카롭고 말을 잘 할지라도 우리는 그들을 냉혹히 거절해야 하며 우리를 순수한 복음에서 끌어내려고 온 사람들을 단호히 거절해야 합니다. 바울이 여기서 우리에게 가르쳐 주는 것이 바로 이것입니다.

이 이야기를 한 후 **"그러나 우리가 혹 하늘로부터 온 천사라도 우리가 너희에게 전한 복음 외에 다른 복음을 전하면 저주를 받을지어다"**는 말을 덧붙였습니다. 그들은 저주받은 사람이며 악마로 취급되어야 하며 사귀지 못할 자들입니다. 우리가 여기서 보는 바와 같이 바울은 우리가 흔들리지 않도록 믿음의 지조를 증진시키는 일에 최선을 다했습니다. 그는 합당한 이유가 없으면 그렇게 하지 않습니다. 우리는 우리가 얼마나 연약한지 알고 있습니다. 연약할 뿐만 아니라 그 보다도 더 나쁜 것은 우리는 헛되고 반항적입니다. 우리가 처음 하나님 말씀의 가르침을 받았을 때에 만약 우리가 진정으로 감동을 받지 못했다면 우리는 그것이 이 세상에서 가장 이상한 책이라는 것을 발견하게 됩니다.

복음의 가르침은 우리가 앞의 경우에서 본 바와 같이 늘 사람의 마음에는 미련하게 보입니다(고전 2:14). 그 이유는 무엇입니까? 우리가 어리석기 때문입니다. 우리의 마음이 방황하고 빗나가고 있으며 우리의 천성은 거짓되고 거짓되며 우리는 거의 의도적으로 기만하는 자들이기 때문입니다. 우리의 마음이 그와 같이 썩었기 때문에 만약 우리가 하나님의 말씀을 요구하지 않으며 그 말씀이 우리의 일부분이 되지 않는다고 해서 놀랄 일은 아닙니다. 우리의 유일한 활동은 하나님을 배반하는 일에 참여하는 것이기 때문입니다. 비록 우리가 하고 있는 일이 옳다고 생각하고 있지만 사실 우리는 눈먼 장님입니다. 간단히 말하면 성경에서 모든 사람은 '헛되고 거짓되다' 라고 말한 데에는 이유가 있습니다.

하나님께서 우리를 부르실 때에 우리는 반대 방향으로 움직이며 하나님께 반항합니다. 하나님께서는 우리에게 하나님께로 끌려오는 특권과 하나님의 진리야말로 우리가 확고히 지켜야 되는 것이라는 것을 깨닫게 해 주시는 특권을 허락해 주셨습니다. 하나님께서 우리가 더 이상 교활하지 않고 기꺼이 하나님께 완전히 순종하는 자가 되도록 우리를 이끄시나 우리가 매우 연약하고 변덕스럽기 때문에 마귀는 여전히 아무 때라도 우리를 곁길로 끌어낼 수 있으니 안타까울 뿐입니다.

이와 같은 일이 거룩함의 표상이었던 사람에게 일어난 것을 본 적이 있습니다. 우리는 그들이 그렇게 급격하게 변하여 옳은 길에서 벗어나는 것을 보고 깜짝 놀랍습니다. 그 원인이 무엇입니까? 제가 앞에서 말한 바와 같이 하나님이 우리 안에서 역사하시고 우리의 약한 것을 강하게 해 주시지 않으면 바른 상태를 전혀 유지할 수 없기 때문입니다.

이것이 바울이 복음의 가르침을 강압적인 방법으로 격려하는 이유입니다. 율법에 있는 의식을 지키라는 교육을 받고서 타락하게 된 갈라디아인들에 의해서 그에게 바르게 교육할 기회가 주어졌습니다. 바울은 사람의 큰 약점과 변덕스러움을 보여주는 그와 같은 실상을 보고 우리가 계획하는 것은 어느 것이나 다 무용지물이 되어야 한다고 말합니다. 그는 또한 우리가 사람들의 지식이나 기술이나 언변에 속아서는 안 된다고 하였습니다. 왜냐하면 비록 하늘 나라 천사들이라도 다른 복음을 전하면 우리는 그들을 차라리 마귀로 치부해야 합니다.

그러나 이것이 매우 이상한 것처럼 보였을 것입니다. 하늘 나라에서 온 천사들 일지라도! 그가 의미하는 것이 그 이외의 다른 것이 있겠습니까? 자신의 설교입니다. 그는 단순히 그리스도의 복음에 대해서 뿐만 아니라 자신이 그들에게 전해주었던 복음에 대해서 말했습니다. 그는 하늘의 천사보다 우월할 수 있습니까? 우선 우리는 일반적이고 막연한 의미로 복음을 찬양한다는 것을 아무런 뜻이 없다는 것은 우리는 알고 있습니다.

여러분은 복음의 가르침을 바로 알아야 됩니다. 무엇보다도 천주교도들의 어리석음을 조롱하려는 사람이 많이 있습니다. 만약 그들에게 어린아이들도 잘 알고 있는 기본 교리를 물어보면 그들은 모르고 있습니다. 이 사람이 이렇게 이야기하면 저 사람은 저렇게 말합니다. 그들 모두가 하나같이 똑같습니다. 다른 점이 없습니다. 마치 그들이 소금과 물과 겨자와 신 주스를 한 곳에 집어넣는 것과 같습니다. 그들은 우리가 복음을 전해야 되는 이유에 대해 자주 이야기 할 것입니다.

그러나 그들은 그것이 무엇인지 알지 못하고 있습니다. 그럼에도 죄를 바로잡기 위해 바울은 자신이 그들에게 전도했던 복음에 대해서 말하고 있습니다. 제가 앞에서 말한 바와 같이 이것을 통해 바울은 우리에게 전해진 교리를 정확하게 아는 것이 당연하다고 가르쳐 줍니다. 그렇게 해서 우리의 믿음이 완전히 그 위에 뿌리를 내릴 수 있게 됩니다. 이와 같이 될 때 우리는 바람에 흔들리거나 정처없이 방황하지 않고 하루에도 수백 번씩 우리의 마음이 변하지 않을 것입니다. 우리는 이 가르침을 끝까지 고수하게 될 것입니다. 간단히 말하면 이것이 우리가 기억하고 있어야 할 내용입니다.

바울은 자신의 가르침을 옹호하기 위해 매우 담대한 말투를 사용했으며 그것을 우리에게 훨씬 더 확실하게 해 주었습니다. 그는 인간적인 오만스러움이나 교만한 마음으로가 아니라 하나님의 이름으로 말했습니다. 사실 여기에는 바울이 자기자신을 자랑했다고 의심할 만한 것은 전혀 없습니다. **'그러나 우리가'** 라는 말이 이것을 증명합니다. '만약 나 자신이라도 진리를 바꾸거나 어떤 방법으로든 빗나가는 것을 말하게 되면 나를 마귀로 간주하십시오' 라고 말하므로 자신의 경우를 제일 먼저 예로 들었습니다.

여기서 바울은 자기 자신의 명성을 구하지도 않고 자신의 주장을 위해서 싸우고 있지도 않다는 것을 보여줍니다. 그래서 사람들은 그가 매우 이지적이고 현명하고 재주가 많다고 말하곤 했습니다. 그는 자신을 모든 신자들과 동등한 등급에 놓고 이렇게 말합니다.

"하나님께서 위탁하신 우리 주님의 가르침 모두를 받아들입시다. 우리는 그것에 순종합시다. 왜냐하면 비록 내가 여러분에게 이 교리를 가르쳤지만 그것은 나의 것이 아니고 변치 않으시는 하나님에게서 온 것이기 때문입니다. 만약 내가 변심한다면 결코 흔들리거나 놀라지 말고 오히려 나를 마귀로 생각하고 버림받은 자로 여기십시오! 여러분 자신에 대해서 말씀드리자면 여러분이 늘 알고 있던 그 진리에 뿌리를 내리십시오. 하나님의 아들에 대한 진리를 버리고 거기에서 떨어져 나가는 것보다는 차라리 나를 버림받은 자와 배신자로 보아주기를 바랍니다."

우리는 이것을 통해서 바울이 바라는 것이 무엇인지 알 수 있습니다. 즉 하나님의 진리가 사람들 사이에서 받아 마땅할 만큼의 존경을 받아야 한다는 것과 우리의 의식과 생각과 욕망과 감정을 억제해서 그것에 포로로 매어 놓을 정도로 경배를 받아야 한다는 것입니다. 어떠한 피조물이라도 복음에 있는 내용을 변경한다는 것은 하나님의 뜻에 어긋납니다.

왜냐하면 복음은 하나님께서 하나님의 독생자의 입을 통해서 말씀하신 것이기 때문입니다. 바울의 말처럼 그 분을 우리의 참 주님으로 모시며 우리 각자는 아무런 의심없이 그 분에게 순종해야 할 것입니다.

4

갈라디아서 강해 설교

> 그러나 우리나 혹 하늘로부터 온 천사라도 우리가 너희에게 전한 복음 외에 다른 복음을 전하면 저주를 받을지어다 우리가 전에 말하였거니와 내가 지금 다시 말하노니 만일 누구든지 너희의 받은 것 외에 다른 복음을 전하면 저주를 받을지어다 이제 내가 사람들에게 좋게 하랴 하나님께 좋게 하랴 사람들에게 기쁨을 구하랴 내가 지금까지 사람의 기쁨을 구하는 것이었다면 그리스도의 종이 아니니라(갈 1:8-10)

우리는 지난 번에 복음은 참되다는 사실을 신뢰할 필요가 있다는 것을 배웠습니다. 왜냐하면 만약 우리가 우리 자신이 흔들리도록 내버려 둔다면 우리의 '믿음'은 일시적인 것에 불과하기 때문입니다. 이것이 우리가 가져야 할 일종의 담대한 믿음입니다. 먼저 우리를 가르쳐 주시고 자신의 뜻을 우리에게 계시하신 분은 하나님이라는 것을 우리가 완전히 믿어서 좌로나 우로나 치우치는 것은 우리 자신을 의도적으로 파멸로 내던지는 것이라는 것을 우리들로 하여금 깨닫게 할 필요가 있습니다.

이러한 이유로 우리는 하나님의 말씀이 선하고 거룩하다고 믿어야 할 뿐만 아니라 그 가르침에 반대되는 것 전부와 그 가르침과 완전히 일치하지 않는 것은 어떤 것이나 증오함으로써 하나님의 말씀을 존귀하게 여겨야 합니다. 바울이 여기서 말한 '다른 복음'이라는 말에는 만약 어떤 사람이든 바울이 전했던 것과 똑같은 순결하고 단순한 복음을 전하지 않는다면 그들이 전하는 내용은 거짓이라는 뜻을 함축하고 있습니다. 그러므로 하나님에게서 나오는 가르침을 소리 높여 찬양해서 우리는 그 가르침의 가치를 제대로 평가할 뿐만 아니라 우리를 그 반대 방향으로 끌고 가는 것들 모두를 거절하도록 합시다.

더욱이 바울은 사람에 대해서만 이야기하지 않고 하늘에 있는 천사도 포함시킬 정도로 범위를 넓혔습니다! 그가 말하기를 우리는 복음에 대한 우리의 믿음을 바꾸는 것보다 차라리 그들을 저주받은 자로 간주해야 한다고 했습니다. 그가 자기 자신에 대해서 제일 먼저 이야기한 일은 옳은 일입니다. 왜냐하면 이것을 통해서 그는 자기 자신의 인격을 중요시하지 않았으며 오로지 하나님께 영광을 돌리고 하나님의 말씀이 모든 사람들에게 아무런 조건 없이 확실하게 받아들여지게 하려고 했기 때문입니다.

그러므로 바울이 그러한 선언을 하는 것은 당연합니다. 왜냐하면 만약 어떤 사람이 몇 가지 특전을 누리고 있다고 해서 자신의 가르침을 거기에서 제외시킨다면 그는 자신을 특별한 자로 만드는 것이 되기 때문입니다. 따라서 남을 가르치는 일에 관여하고 있는 사람은 자기 자신이 다른 사람들과 동등한 수준에 있으며 따라서 주 예수 그리스도의 복음에 순종하도록 되었다는 것을 깨달아야 합니다. 우리의 믿음이 세상적인 주인에게 주어져서는 안 됩니다. 왜냐하면 하나님의 아들만이 우리 생명의 주님이 될 자격이 있기 때문입니다.

바울이 천사들에 대해서 언급한 것은 흥미있는 일입니다. 여러분이 아시는 바와 같이 갈라디아에 왔던 거짓 사도들과 사기꾼들은 베드로, 야곱 그리고 요한을 자주 인용했습니다. 그러나 바울은 그들을 무시하고 이렇게 말했습니다. **"비록 그들의 모든 것이 마음에 들어 보이며 모든 사람들이 그들의 편에 섰을지라도 그런 것은 아무런 가치가 없다. 비록 그들이 천사들의 호위를 받을지라도 하나님은 말씀으로 그들을 다스리시며 모든 피조물의 권위는 무너져야 한다."** 만약 어느 누구라도 하나님의 진리에 맞서서 일어서면 하나님의 형상이 밝게 빛나고 하나님의 위대하심과 영광이 보이는 그곳에서 그는 정죄함을 받아 저주받은 자로 간주되어야 합니다.

처음 보면 바울이 다소 극단적인 것처럼 보입니다. 바울은 무슨 목적으로 모든 피조물 가운데서 하나님의 뜻을 집행하는 일에 헌신하는 천사들을 끌어들였을까요? 그것을 시편 103:20에서 간단하게 가르쳐 줍니다. 우리는 성경말씀 전체를 통해서 천사들은 하나님께 순종하는 일에만 관심을 가지고 있다는 것을 알게 됩니다. 그러니 천사들로서는 순수한 진리를 변질시키는 것이 불가능하기 때문에 바울은 천사들을 끌어들이지 말았어야 했다고 말해도 좋을 것입니다. 바울이 천사들을 부당하게 대우하고 있는 것 같지 않습니까?

어찌되었건 하나님께서는 그들에게 계속해서 하나님께 순종할 수 있고 하나님께서 명령하시는 대로 온유하게 처신할 수 있는 은혜를 주셨습니다. 마귀는 순수한 교리를 왜곡하는데 자기에게 유리하게 작용할 수 있는 것은 무엇이든지 사용하려고 노력하기 때문에 바울이 그렇게 말한 데에는 상당한 이유가 있습니다. 우리가 알고 있는 바와 같이 유사 이래로 하나님의 보냄을 받았다는 대담한 주장을 하면서도 그들이 만나는 모든 사람들을 속이고 기만하면서 하나님의 이름으로 행하는 척 하는 사기꾼들이 있어 왔습니다. 사실이지 선지자들은 이러한 방법으로 모든 사람들을 속이려고 하는 자들과 대적하여 싸우는데 많은 어려움을 겪었습니다. 선지자들은 하나님께서 그들을 통해서 말씀하시는지 또는 아닌지를 알아보기 위해서 그들을 시험해 보셨습니다. 우리는 베드로가 한 말을 알고 있습니다. 베드로는 교회를 괴롭히고 혼란을 야기시키는 거짓 선지자처럼 오늘날에도 분쟁의 씨를 뿌리려고 우리들 가운데서 활약하고 있는 많은 사탄의 앞잡이들이 있기 때문에 우리는 그에 대한 대비를 하고 있어야 한다(벧후 2:1)고 말했습니다.

하나님께서 우리가 정말로 하나님의 자녀인지 아닌지를 알아보시기 위해서 시험하기 때문에 교회는 항상 그러한 일을 당하기 쉽습니다. 위선자들이 시험을 당하게 되면 그들이 얼마나 쉽게 동요하고 있는지 눈여겨 보십시오! 그들은 매우 변덕스럽고 경솔하기 때문에 곧 허둥지둥 달아날 것입니다. 그러나 복음에 든든하고 깊게 뿌리를 내린 하나님의 자녀들은 결코 동요되지 않을 것입니다. 신명기 13:3에 나오는 말씀과 같이 하나님께서는 우리가 하나님을 사랑하는지 또는 사랑하지 않는지를 알아보기 위해서 우리를 시험해 보고 싶어하시기 때문에 사탄에게 자유를 주셔서 이와 같은 거짓 선지자들을 성장시키는 것을 허락하셨습니다(신 13:3).

우리는 하나님께서 받아 마땅하신 영광을 드리고 있으며 참되고 흔들리지 않는 절개로 하나님께 의지하고 있습니까? 마귀는 자기의 활동을 하나님의 이름으로 가리움으로 죄의 씨를 뿌려 교회를 어지럽게 만듭니다. 마귀를 굴복시키는 유일한 방법은 하나님의 말씀을 온전히 지키는 것입니다.

이방인들은 그들의 우상에게 제사할 때에 '하나님의 이름으로' 합니다. 그들은 그들이 하는 짓을 참 신앙의 일부분으로 믿었습니다. 그들에게는 이와 같은 어리석은 의식을 따르는 것이 이 땅에서 거룩해 질 수 있는 유일한 방법인 것처럼 보였습니다. 그러나 그와는 반대로 성경에서는 그들의 '신들은' 모두 마귀에 불과하다고 말씀하고 있습니다. 이 둘 사이에 어떠한 유사점이 있을 수 있습니까? 이방인들은 하나님의 이름을 그들의 우상에게 붙임으로써 하나님의 이름을 더럽히고 있었기 때문에 그러한 종교는 말살되었어야만 했습니다.

오늘날 교황과 그의 타락한 신부들 모두가 교회를 대표하고 사도들을 직접 승계하는 예수 그리스도의 대리자라고 주장합니다. 그러한 견해는 모두 사라져야 됩니다. 그렇지 않으면 우리는 어떤 신앙을 따라야 할지 모르기 때문입니다. 이것이 바울이 천사들에 관해서 언급한 이유입니다. 거기에는 다음과 같은 뜻이 있습니다. **"사람이 어떠한 권위를 가지고 있다고 주장할지라도 하나님이나 하나님의 말씀을 심판할 권리를 가지고 있는 사람은 아무도 없다. 왜냐하면 이 땅에 속한 가장 훌륭하고 가장 위대한 일도 무시당해야 하는 반면에 하나님의 말씀은 절대적인 권세가 있기 때문이다."**

이것은 죽어질 피조물인 인간에게 뿐만 아니라 천사들에게도 적용됩니다. 그러므로 만약 한 천사가 하나님에게 대적할 수 있다면(그것은 불가능하지만) 그는 저주를 받아 마땅합니다. 고로 천사들이 바울에게서 부당한 대우를 받았다고 생각하지 맙시다. 그들의 창조주께서 우리의 머리되시는 것과 같이 그들의 머리되시는 주 예수 그리스도께 예배 드리는 것 이외에 다른 어느 것에 그들의 모든 영광과 찬양을 드리겠습니까? 그러므로 만약 바울이 예수 그리스도에게 영광을 드리고 복음의 건전성을 유지하기 위해서 천사들을 이용하더라도 그들의 이름이 이러한 목적에 사용되는 한 그들은 기꺼이 거기에 따를 것입니다. 왜냐하면 그것이 그들의 주된 소망이기 때문입니다. 이러한 이유로 바울은 천사들에 대해서 언급했습니다. 바울이 한 말은 그들이 지금까지 하나님께 순종하는 일을 중단했던 일이 있다는 뜻이 아닙니다.

바울은 같은 내용을 반복하여 이렇게 말했습니다. **"만약 어느 누구라도 우리가 너희에게 전한 복음 외에 다른 복음을 전하면 저주를 받을지어다."** 여기서 우리는 먼저 하나님께서 우리들이 하나님을 존귀하게 여기며 섬기기를 바라신다는 것을 알 수 있습니다. 하나님께서는 사람들이 하고 싶어하는 것처럼 이상한 습관과 의식으로 하나님을 섬기라고 우리에게 요구하지 않으십니다. 우리가 하나님을 바르게 섬기는 방법은 하나님께서 우리에게 말씀하실 때에 하나님께서 하시는 말씀을 잘 듣고 늘 우리의 모든 욕망으로 하여금 하나님의 말씀에 사로잡히게 하여 우리 자신을 억제하는 것입니다.

하나님께서는 선지자 예레미야를 통해서 이렇게 말씀하십니다. **"내가 너희의 선조들에게 희생을 요구했느냐? 나에게 예배드리는 것이 당연함으로 내가 그들에게 요구했으며 지금은 너희에게 요구하는 것은 내가 하는 말에 귀를 기울이는 것이다"**(렘 7:22-23). 하나님께서는 이 말씀을 통해서 비록 사람들이 하나님에게 헌신하려고 열심히 노력하는 것이 하나님을 기쁘시게 해드릴 것으로 생각할지라도 사람들은 하나님께서 하시는 말씀에 귀를 기울이고 하나님에게 순종하는 법을 바로 배울 때까지는 모든 것이 더러운 걸레와 같다고 선언하십니다. 이 점은 유의할 가치가 충분히 있습니다. 그러므로 우리는 불쌍한 천주교 신자들처럼 헛된 수고를 하지 않도록 합시다.

사람들은 하나님을 섬기기 위해서 자신들이 창조되었다는 사실을 너무나도 잘 알고 있습니다. 그러나 그들은 그렇게 하는 것을 괴로워하고 커다란 고생으로 여기기 때문에 그들이 한 온갖 수고는 열매를 맺지 못하고 허사가 됩니다. 이것이 인류의 역사가 시작된 이래로 사람들 가운데서 흔히 일어나는 병이 되었는데 그렇게 된 것은 전적으로 사람들이 올바른 시점에서 시작하지 않았기 때문입니다. 그들은 그들의 생활을 하나님의 뜻에 따라 조율하지 않으며 하나님께서 명령하시는 것만을 전적으로 수행하려는 노력도 하지 않습니다.

오늘날 우리가 드리는 봉사가 하나님께 열납되도록 우리는 하나님께서 하시는 말씀을 잘 듣고 우리 자신이 전적으로 하나님의 말씀에 의해서 가르침을 받고 다스림을 받도록 해야 합니다. 그렇게 해서 우리는 우리의 생활과 생각과 행동이 하나님의 말씀에 온전히 순종하고 있다는 것을 확인해야 합니다. 하나님께서 우리에게 복음을 알게 하셨으니 우리는 얼마나 많은 은혜와 특권을 입었습니까!

그러나 내가 이미 언급한 적이 있는 저 불쌍한 천주교 신자들에 대한 생각을 해봅시다! 그들은 일찍 일어나서 이 일 저 일에 전념하고 있습니다. 그럼에도 그들이 하는 일은 헛되고 아무 소용이 없으며 시간의 낭비일 뿐만 아니라 하나님께서 보시기에 몹시 역겹습니다. 고로 하나님께서 자신의 뜻을 우리에게 드러내 보여주시는 은혜를 베풀어 주셨다는 사실에 크게 기뻐합시다. 한편 우리는 무모하게 행하기 보다는 선과 악을 구별해야 한다는 사실도 깨달읍시다. 그렇지만 우리는 우리 자신의 총명과 지혜로는 그렇게 할 수 없습니다. 하나님께서 우리를 하나님의 교습소로 인도하시고 우리를 받아 주셔야만 그것이 가능합니다. 하나님께서 말씀을 통해서 우리에게 주신 규례에 우리 자신을 순응시키는 일보다 우리의 관심을 끌 가치가 더 있는 것은 없습니다. 그것이 제일 중요한 일입니다.

또한 우리는 여기서 복음의 위대함을 볼 수 있습니다. 우리는 사람의 의견을 도입함으로써 의심의 구름이 우리 자신을 휩싸이게 해서는 안 됩니다. 오늘날 천주교 신자들이 그런 일을 합니다. 그들에게 그들을 방위할 방패가 없지만 교회가 그들의 종교회의와 그들의 고색 창연한 전통으로 방패막이를 합니다. 비록 그들의 주변에 온 세상 사람들을 규합한다고 한들 그것이 하늘에 있는 천사들의 권위에 필적할 수 있겠습니까? 확실히 그렇게 할 수 없습니다! 참으로 우리는 바울이 여기서 갈라디아인들을 비웃는 것과 같은 방법으로 천주교인들을 비웃어도 됩니다! 비록 교황과 악취가 나는 그의 성직자들 모두가 천사들이 그들의 편이나 되는 듯 의기 양양 하지만 모든 절대적인 권위를 가지고 계시며 빌립보서에 있는 말씀과 같이 **'이 땅 위에 있는 것들 뿐만 아니라 하늘에 있는 것들도 그 앞에 무릎을 꿇는 주 예수 그리스도'** 와 비교하면 아무 것도 아닙니다(빌 2:10).

그 절에 나오는 말씀은 주 예수 그리스도를 의미하며 하나님 앞에 모든 것이 무릎을 꿇겠고 모든 혀가 하나님 한 분만이 영광을 받아야 된다고 고백하게 될 것이라고 하였습니다. 우리는 이런 정도로 복음을 존중해야 합니다. 우리는 결코 사람의 권위에 영향을 받아서는 안 됩니다. 만약 우리가 이러이러한 사람이 이러이러한 것을 믿는다는 말을 듣게 되면 하나님께서 우리로 하여금 하나님에게 우리의 몸을 온전히 맡기는 은혜를 베푸셨기 때문에 우리는 그 분 안에 영원히 거하고 우리의 마음을 바꾸어서는 안 된다는 사실을 명심합시다! 이것이 우리가 이 구절에서 배울 수 있는 내용입니다.

그리고 나서 바울은 **'우리가 너희에게 전한 복음'** 이란 말씀을 통해 사람을 기쁘게 하려 하지 않고 오직 예수 그리스도를 기쁘게 하므로 하나님께 영광을 돌렸음을 암시합니다. 그는 계속해서 그가 말하는 복음은 사람에게서 나온 것이 아니며 우리가 앞에서 본 바와 같이 위로부터 그에게 계시된 것이라고 했습니다. 자기는 참되고 충성스러운 전도자였다는 사실과 복음에 대해서 대충 이야기하는 것만으로는 바울의 성이 차지 않았습니다. 왜냐하면 우리가 복음을 이해하지 못하고 많은 죄악 속에 얽혀있고 방황하는 마음을 가지고 있는 한 마귀는 우리가 복음을 귀하게 여기던 여기지 않던 그것에 신경을 쓰지 않기 때문입니다! 사람들이 '복음' 을 존귀하게 여기는 것만으로는 충분치 않습니다. 그들은 복음이 무엇이며 복음에는 무엇이 포함되어 있는지 알아야 합니다.

바울은 자신이 복음을 전파하는 일에 충성을 다했으므로 만약 어느 누구라도 복음을 변질시키려고 애쓰는 자는 비난을 받아 마땅하다고 그 이유를 우리에게 알려줍니다. 천주교인들이 이 말씀을 읽음에도 그것을 비웃기만 했다는 것은 매우 중요한 일입니다(하나님께서는 그들의 눈을 멀게 하셨으므로 그들의 총명이 어린아이들보다 나약해진 것입니다). 만약 어떤 사람이 다른 글을 써서 바울이 쓴 복음 이외에 또 다른 복음을 만들려고 한다면 바울이 쓴 복음은 이미 충분한 검증을 받았기 때문에 새로 쓴 복음은 거절되어야 합니다. 그럼에도 불구하고 천주교인들은 바울의 서신에 담겨 있는 모든 내용을 복음으로 생각조차 하지 않습니다! 오히려 그들은 바울이 복음서의 '한 해설서'를 쓴 것으로 생각합니다.

우리는 이것을 통해 저 불쌍한 짐승들에게는 영적 지각이나 이해력이 없으며 사실은 아무런 분별력도 없다는 것을 알 수 있습니다. 우리는 바울이 '자기가 전한 복음'에 대해서 언급한 것은 헛된 일이 아니었다는 사실을 분명히 깨달을 필요가 있습니다. 그것은 마치 그가 우리의 전 믿음을 쌓아 두어야 할 바로 그 가르침을 손가락으로 지적하는 것과 같습니다. 우리는 주 예수 그리스도의 양떼의 일원이 되기를 원합니까? 그렇다면 주님의 이름으로 우리에게 말한 것을 받아들이는 것만으로는 충분하지 않습니다. 우리는 요한복음 10장에 쓰여진 내용을 주의해서 살펴보아야 합니다.

즉 주님의 목소리에 귀를 기울임으로써 우리는 주님의 목소리와 낯선 사람의 목소리를 구별할 수 있습니다. 우리 모두는 하나님 한 분만이 우리가 달려가야 할 바로 그 분이라고 확고한 결론을 내려야 합니다. 어떻게 해야 우리가 선한 목자의 인도하심을 받아가며 살아나갈 수 있습니까? 사람들이 우리에게 오라고 손짓하고 또 우리를 자기들에게 끌어들이기 위해서 노력할 때에 좌로나 우로나 치우치지 않음으로써 그렇게 할 수 있습니다. 우리는 흔들리는 갈대와 같이 되지 말고 우리가 받은 가르침 안에서 항상 굳건합시다! 그러면 우리는 주님의 어린 양떼의 한 가족으로 받아들여질 것이며 그 분은 우리의 영원하신 목자가 되실 것입니다.

그리고 들은 것은 무엇이나 다 받아들이려는 어리석은 사람들처럼 되지는 맙시다. 예수 그리스도는 우리가 구원의 확신을 얻기 위해 믿어야 되는 유일하신 분이라고 그들에게 말하면 그들은 그것을 쉽게 받아들입니다. 한편 만약 우리가 그들 앞에 온갖 죄를 펼쳐 놓고 그들의 마음을 이것 저것으로 혼란스럽게 해도 그들에게는 모두 일반이고 똑같은 반응을 보이기 때문입니다. 만약 그들에게 분별력이 전혀 없다면 그들은 확실한 믿음을 갖고 있지 않은 것이 확실합니다. 우리는 예수 그리스도만이 유일하신 주인이라는 사실을 굳게 믿어야 합니다. 왜냐하면 예수 그리스도는 하나님 아버지로부터 이와 같은 직임을 부여받았을 뿐만 아니라 이 직무를 완전하게 수행하셨기 때문입니다.

만약 우리가 이 사실을 확실히 믿지 않으면 우리는 우리가 가지고 있는 모든 의견과 본능에 의해서 함몰 당하기 쉬울 것이며 그렇게 되면 우리 안에는 믿음이 전혀 없게 될 것입니다. 이러한 이유로 바울은 자신이 전한 그 복음은 주 예수께서 우리에게 하나님 아버지의 이름으로 전하라고 명령하신 바로 그 복음이며 또 주 예수께서 직접 쓰셨다고 큰 소리로 외쳤습니다.

그러므로 우리는 그 가르침에 집착할 필요가 있습니다. 바울이 '또 다른 복음'이라고 말한 것은 그가 사람들이 참 복음을 부패시키고 그 안에 이물질을 집어넣어 혼합시킨 사실에 대해서 생각하고 있었다는 것을 의미합니다. 거기에는 다음과 같은 뜻이 있습니다. 즉 '만약 어느 누구라도 복음의 교훈이 단순한 것에 만족하지 않고 그것에서 이탈해 거기에 사람이 고안한 것들을 포함해서 어떤 것이라도 더한다면 그것은 모두가 거짓말이 된다는 것입니다. 더 나아가서 우리는 독약을 피하는 것처럼 그러한 것들을 피합시다! 거짓된 가르침이 주는 독약만큼 치명적인 독약이 없기 때문입니다. 만약 사람들이 선천적으로 육체적인 해를 끼칠 수 있는 것들에 대해서 경계를 한다면 우리에게는 그 보다 훨씬 더 귀중한 영혼에 해를 끼치는 것에 대해서 그렇게 해야 하지 않겠습니까? 사람의 기만성에 중독되지 않게 하기 위해서 우리는 얼마나 많은 주의를 해야 하겠습니까?

간단히 요약해서 말하면 만약 어떤 사람이라도 주 예수 그리스도께서 주시는 가르침에 무언가 더하면 그것은 분명히 죄가 된다는 사실을 확실히 알아둡시다! 우리는 원칙적으로 이 가르침을 떠받들어야 할 뿐만 아니라 그것이 우리 마음속에서 아무런 갈등을 일으키지 않고 거하도록 해야 합니다. 다른 사람을 가르치는 책임을 맡은 모든 사람들 자신이 먼저 예수님의 제자가 되어서 교회에서 그들 자신의 생각이나 사람들의 공장에서 만든 사상을 가르치는 일이 없도록 합시다. 그 대신에 그들이 주 예수 그리스도의 참 제자라는 것을 증거하기를 바랍니다. 정말로 그들로 하여금 주 예수 그리스도의 권위를 가지고 우리를 가르치도록 합시다. 이것이 매우 중요합니다.

둘째로 우리는 복음에 무엇이 포함되어 있는지 알아야 합니다. 만약 '복음'이라는 이 말이 우리의 입에서 나왔지만 사람들이 이 말을 우리들로 하여금 속담에 있는 말대로 분필을 치즈

(Chalk is cheese)로 믿게 하는데 사용한다면 무슨 유익이 되겠습니까? 만약 우리가 단지 복음을 훌륭하다고 칭찬만을 한다든지 또는 복음을 모든 피조물이 굴복해야 할 하나님의 고결하신 진리라고 인정만 하면 우리가 거기에서 얻는 것이 무엇입니까? 우리는 복음의 본 뜻을 바로 알아야 합니다. 즉 우리는 하나님의 아들이 우리를 아버지 하나님께로 인도하고 하나님이 경배를 받아야 되는 이유를 우리에게 선포하기 위해서 이 땅으로 내려오셨다는 복음의 실체를 알아야 합니다. 또한 우리는 하나님의 뜻이 무엇인지를 알아야 합니다.

그래서 그 주변을 우리의 전 생활로 틀을 만들어 에워싸서 하나님께서 요구하시는 순종을 바칠 수 있도록 해야 합니다. 그리고 특히 우리가 자기 자신의 선행을 통해서 구원을 받고자 하는 자들이라면 우리의 처지가 얼마나 비참한가를 알아 둘 필요가 있습니다. 우리는 무식하고 허약하고 연약하며 완강하고 악한 욕심으로 꽉 차 있기 때문입니다. 간단히 말해서 우리는 사탄의 밧줄로 묶여있으며 사탄은 우리를 저주받은 짐승처럼 또 팔려가는 당나귀나 황소처럼 끌고 갑니다. 만약 우리가 이와 같은 속박과 무서운 횡포에서 자유롭게 되기를 원하면 우리는 하나님이 모든 선함의 원천이 되신다는 것을 알고 하나님 한 분에게만 접근해야 합니다.

그러나 우리는 하나님께 가까이 갈 수 없기 때문에 우리를 겸손하게 대해 주시는 주 예수 그리스도께로 갑시다. 주님의 풍성하심 가운데서 우리에게 부족되는 것을 보충합시다. 그리고 그 분을 전적으로 신임하고 그 분 이외에는 다른 피난처나 의로움이나 거룩함이나 완전함을 갖지 말고 우리 자신의 안과 밖을 비운 후에 주님께서 우리를 하나님 아버지께로 데리고 가실 것이라고 믿기를 결코 중단하지 맙시다. 우리는 주님께서 우리를 의롭게 하신 방법도 알아 둘 필요가 있습니다. 다시 말하면 우리는 예수님의 고난과 죽음을 통해서 의롭게 된 것을 알고 있을 필요가 있습니다. 따라서 우리가 기도를 드리려고 하나님께 나오려면 우리의 중보자되신 예수님을 통해서 그렇게 합시다. 그렇게 해서 예수로 말미암아 우리의 소원을 하나님 아버지께 아뢰도록 합시다.

이것이 우리가 복음에 대해서 알고 있어야 할 내용입니다. 우리의 생활을 규제해야 할 율법은 하나밖에 없으며 신앙의 신조도 하나입니다. 우리는 우리가 섬기고 경배하는 하나님을 바르게 깨달을 필요가 있습니다. 더욱이 우리는 아버지 하나님과 똑같은 형상을 하고 계시는 주 예수 그리스도를 통해서 하나님을 보아야 합니다. 우리는 예수 그리스도만을 의지해야 하며 우리의 모든 생각을 그 분에게 집중해야 하며 하나님 아버지께서 우리의 구원에 필요한 모든 것을 예수님께 주셨다는 사실을 알고 있지 않으면 안 됩니다. 예수님은 또한 성령의 능력을 통해서 우리를 인도하시고 다스리십니다. 그러므로 우리가 예수님의 능력으로 보호를 받는다면 마귀와 어떠한 악마도 우리를 해칠 수 없다는 것을 확실히 믿을 수 있게 됩니다. 이것이 우리가 복음에 대해서 알고 있어야 할 내용입니다. 만약 그렇지 않으면 여기서 한 말은 우리에게 전혀 아무런 유익이 되지 않을 것입니다.

바울은 복음에 자기들 자신의 생각을 더해서 복음이 주는 가르침을 위장하며 돌아다녔던 자들보다 자기 자신을 더 훌륭하게 여긴 데에는 타당한 이유가 있다는 것을 보여 주기 위해서 두 개의 증거를 사용했습니다. 그 첫 번째 증거는 바울은 갈라디아인들뿐만 아니라 사실은 그밖에 모든 사람들을 성실하고 순수하고 거짓 없는 사랑으로 대했다는 사실입니다. 그리고 두 번째 증거는 바울은 자기의 생각에서 나온 것은 어떤 것도 내세우지 않았으며 바울이 그들에게 가르쳤던 것들은 다 주 예수 그리스도께서 주시는 계시를 통해서 받았다는 사실입니다. 앞에서 말한 두 증거를 자세히 살펴보고 정말로 바울이 어떠한 피조물이라도 복음이 주는 가르침에 대항한다는 것은 하나님의 법에 어긋난다고 외친 것과 같이 이 가르침이 참되다고 외친 데에는 그럴 만한 근거가 있음을 인정합시다.

여기에서 한 사람의 믿음을 굳건하게 해주는 방법에 대한 대체적인 교훈이 표출됩니다. 천사들이 가시적인 모습을 하고 이 땅에 내려와서 우리에게 이야기하지는 않을 것이며 우리는 사람을 통해서 가르침을 받습니다. 그러나 내가 이미 말한 바와 같이 우리의 믿음의 터전이 되며 기초가 되는 교리는 하나님과 주 예수 그리스도에게서 온 것이라고 확고한 결론을 내려야 합니다.

우리는 그것을 어떻게 알 수 있습니까? 제가 여기서 제시하는 두 가지 사실을 보고 알 수 있습니다. 먼저 우리를 가르치는 사람들에게는 우리를 하나님께로 인도하겠다는 선한 욕망과 간절한 마음이 있어야 한다는 것을 확실히 깨달을 필요가 있습니다. 그들은 세상적인 큰 직함이나 명성을 갖추고 있지 않아도 되며 그밖에 다른 인간적인 명예를 소유하지 않아도 됩니다. 그러나 그들은 세상 사람들의 마음을 사로잡아 그들을 하나님께 복종시키기 위해 하나님께서 그들에게 걸으라고 명령하신 그 길을 따라가기만 하면 됩니다. 이것이 제일 중요합니다.

두 번째로, 열심과는 상관없이 우리는 어떤 일이 있어도 그들로 하여금 하나님께서 정해 놓으신 한도를 넘는 짓을 하지 못하도록 해야 합니다. 그들은 단순히 하나님께서 명령하신 것을 이 사람의 손에서 저 사람의 손으로 나누어주기만 하면 됩니다. 그렇게 함으로써 항상 예수 그리스도께서 하시는 말씀에 귀를 기울이고 또 예수님께서 말씀하실 때에는 그 말씀을 듣기 위해서 그밖의 모든 입은 조용히 해야 합니다. 이것이 그리스도의 가르침에 관한 지식을 얻는 방법입니다.

원점으로 돌아와서 자기는 사람의 환심을 사려하지 않고 하나님의 환심을 사려고 한다고 말했습니다. 그는 이 사실을 통해서 그가 그들을 향해서 품고 있는 애정은 세상적인 것이 아니라는 것을 보여줍니다. 그는 오로지 하나님께서 그에게 원하시는 것에 자신을 일치시키기 위해서 노력할 뿐입니다. 모든 것 위에 하나님께서 그를 부르셨으며 예수 그리스도께서 그의 주인이 되셨습니다. 그러므로 바울은 그리스도를 내세우기만을 구했으며(순진하고 무지한 백성들을 유인하려고 하는 자들과는 달리!) 그에게는 사람들의 도움이 필요치 않았습니다. 그러한 백성들은 '이 이야기를 들어보십시오. 이러이러한 사람들이 그렇다고 말했습니다' 라고 말함으로써 그들의 주장을 정당화합니다. 그렇게 해서는 안 됩니다.

우리는 하나님 한 분에게만 귀를 기울여야 됩니다. 비록 온 세상 사람들이 한결같이 우리를 하나님으로부터 끌어내기 위해서 애를 쓰더라도 확실히 백만 명의 세상 사람들을 이기는 데에는 하나님 한 분으로 충분합니다. 사실이 이러하니 우리가 여기서 배운 교훈을 잘 명심해서 그것을 더 광범위하게 활용합시다.

바울이 말하기를 그는 사람을 기쁘게 하는 일을 구하지 않는다고 했습니다. 우리가 사람을 기쁘게 하기 위해서 말하는 순간에 하나님의 진리는 부패하게 됩니다 그는 이렇게 말했습니다. **"내가 지금까지 사람의 기쁨을 구하는 것이었다면 그리스도의 종이 아니니라."** 마귀에게는 하나님의 진리를 가리우는 여러 가지 방법과 수완이 있기 때문에 사실 우리가 하나님에게서 멀리 떨어져 있는데도 우리가 여전히 하나님 곁에 있는 것처럼 보이게 만듭니다.

우리에게 그러한 지혜와 분별력이 없으면 그렇습니다. 우리로 하여금 하나님에게서 온 것과 사람에게서 온 것을 구별하는 방법을 알게 해 주시기를 바랍시다. 그렇게 해서 우리가 많은 모순된 견해와 다양한 의견에 부딪쳐도 혼돈하거나 까무러치지 않도록 합시다. 이중의 어떤 것도 우리의 신념을 바꾸지 못하게 합시다. 왜 그렇습니까? 우리는 오로지 우리의 위치가 주 안에서 확고한지 또는 그렇지 않은지에 대해 관심을 가져야 하기 때문입니다.

만약 우리의 위치가 주 안에서 확고하다면 우리는 아무런 두려움 없이 그밖의 모든 사람을 무시해도 좋습니다. 그러나 만약 우리가 믿음의 뿌리를 잘 내리지 못했다면 온갖 바람이 우리를 넘어뜨리거나 최소한 우리로 하여금 이쪽저쪽으로 흔들리게 만들 것입니다. 그러므로 하나님으로 하여금 우리를 긍휼히 여기시며 하나님의 뜻을 우리에게 보여주시기를 간구합시다! 그리고 우리를 가르치는 사람들의 마음이 어떻게 인도되고 다스려지는지에 대해서도 생각해 봅시다. 그들 자신이 하나님께 순종하고 몸소 모범을 보여서 하나님의 가르침 가운데서 우리를 인도하기를 구하고 있습니까?

"내가 지금까지 사람의 기쁨을 구하는 것이었다면 그리스도의 종이 아니니라" 라고 한 바울의 말에는 원대한 뜻이 함축되어 있습니다. 우리는 사람이 본래 어떠한 존재인지 잘 알고 있습니다. 사람은 죄악과 하나님에 대한 배반으로 가득찼습니다. 그러므로 만약 우리가 그들을 기쁘게 해주려고 하면 우리는 하나님을 저버리고 우리의 등을 돌려야 합니다. 우리가 그들로 하여금 하나님에게로 나오도록 강제적으로 시키지 않으면 그들은 반대 방향으로 가서 맹수들처럼 하나님을 걷어찰 것입니다.

우리가 하나님에게서 벗어나고 우리를 집요하게 괴롭히는 자들에게 굴복하는 것은 사람들을 만족시킬 뿐입니다. 사실은 의로운 사람들까지도 하나님께서 그들이 소망하는 것만을 해 주시기를 기대할 때가 자주 있습니다. 비록 그들이 전과 다름없이 하나님을 섬기기를 갈망할지라도 그들에게 그들 자신의 모든 생각과 색욕과 욕심을 버릴 자제력이 늘 있는 것은 아닙니다. 그렇기 때문에 모든 사람들은 때때로 이것 저것을 하고 싶어하는 유혹을 받습니다. 그러나 만약 우리가 엄격한 통제를 받지 않고 즉시 변절하게 되면 우리는 징계를 받게 될 것입니다.

바꾸어 말하면 자신의 만족을 구하지 않는 사람은 아무도 없습니다. 이 말은 만약 다른 사람을 가르치고 교회를 섬기는 책임을 맡은 사람들이 사람을 기쁘게 해주려고 애쓴다면 그들은 정말로 주 예수 그리스도를 저버리는 것이 된다는 뜻입니다.

여기에 나온 본문 말씀은 하나님의 말씀을 전하는 모든 전도자들에게 만약 그들이 그들에게 주어진 책임을 충실하게 수행하기를 원한다면 사악한 인간의 욕심에서 눈을 떼라고 권고합니다. 그들은 빗나가도 안 되고 사람들의 호감이나 명성을 구하려는 유혹을 받아서도 안 됩니다. 그리고 만약 그들이 패역자들을 하나님께 인도하기 위해서 노력하고 있다면 그들은 하나님께 드려 마땅한 영광을 드리고 주 예수 그리스도께는 고유한 권위를 드리는 방법으로 그렇게 해야 합니다.

우리가 하나님의 이름으로 이야기할 때 우리는 어떻게 해야 합니까? 우리는 사람의 본성을 총체적으로 정죄해야 할 뿐만 아니라 사람들의 양심을 각성시켜서 그들로 하여금 하나님의 엄위하심을 느끼게 만들어야 합니다. 복음은 아프게 찌르는 창과 같을 뿐만 아니라 사도가 히브리서에 기록한 것과 같이 바로 우리의 심령골수를 찌르는 날선 검과 같습니다(히 4:12).

우리는 복음의 전조등에 비추어 보지 않은 생각이나 계획을 우리 마음속에 들여서는 안 됩니다. 이같이 하는 자들은 모두 필연적으로 신세를 한탄하게 될 것이며 낙담하고 후회하게 될 것입니다. 그러나 우리는 이것을 다 무시하고 계속해서 앞으로 밀고 나아가서 사람들이 욕심내거나 듣고 싶어하는 것에 대해서 관심을 갖지 맙시다. 그러나 여기서 한 경고는 하나님의 말씀을 전도하는 자들에게만 해당되는 것이 아니고 일반적인 사람 모두에게 해당됩니다.

만약 우리가 기독교인이 되기를 소망한다면 비록 하나님의 말씀이 우리 마음에 들지 않고 또 우리의 천성에 맞지 않을지라도 계속해서 그 말씀에 귀를 기울이고 또 순종함으로써 예수님을 존귀하게 여깁시다. 따라서 어느 누구든지 설교를 들으러 나올 때에는 무엇보다도 필요한 때에 꾸지람을 받을 준비가 되어 있어야 하며 만약 그가 설교를 통해서 위로를 받지 못했다 하더라도 그것이 그에게 유익이 되었다는 사실을 깨달아야 합니다.

우리 모두는 우리의 상처가 긁히는 것과 우리가 정죄를 받는 것과 우리가 듣고 싶어하는 것에 반대되는 것을 듣게 되는 것을 꺼리지 맙시다. 그것이 바로 우리가 예수님 밑에서 훌륭한 학자가 되기를 소원하고 그 분에게 마땅히 우리를 지배하실 권리를 양도하기를 바랄 때에 우리가 자신을 준비시키는 방법입니다. 만약 우리의 본능이 우리로 하여금 그것에 반대되게 행하도록 밀어붙이는 기미가 우리에게 보이면 우리는 그만큼 더 열심히 일해야 합니다. 왜냐하면 우리는 이기주의로 인해서 눈이 멀게 될 때가 종종 있기 때문입니다.

모든 사람들은 공경받기를 바랍니다. 그렇지만 우리는 아첨과 사기에 의하지 않고서는 그렇게 될 수 없습니다. 우리 안에는 칭찬받을 만한 것이 없지 않습니까? 하나님께서 보시기에 우리 안에는 더럽고 추한 것밖에 없습니다. 우리 안에서 가장 선해 보이는 모든 미덕도 하나님께서 우리를 변화시키실 때까지는 더럽습니다. 따라서 우리의 본래 모습은 모두 깨끗이 지워져야 합니다. 그렇지 않으면 우리는 우리 자신의 불행 속에서 소멸될 것입니다. 우리가 구원을 받는 방법은 우리의 죄에서 깨끗해지는 것 이외에 다른 방법이 없습니다. 그러나 이와 같이 죄에서 깨끗해지는 일은 우리가 복음의 가르침을 통해서 강한 충동을 받고 우리가 죄인이라는 것을 인정할 때와 비록 우리가 언제나 칭찬과 아첨을 받기를 좋아하지만 우리 자신의 양심이 우리를 꾸짖을 때에만 일어납니다.

그러므로 우리를 기쁘게 해주는 이야기를 들려주기를 바라는 것보다는 우리의 죄를 드러냄으로써 오히려 부끄럽게 여기게 만들어 주기를 소원합시다. 우리의 죄를 끝까지 비밀로 간직하게 되면 우리는 죄 가운데서 죽게 됩니다. 비록 우리가 사람들에게 아첨을 받았지만 재판장이신 하나님의 심판을 받게 되면 우리는 매우 비싼 대가를 지불해야 할 것입니다. 이러한 이유로 우리는 여기서 바울이 한 말을 통해 유익을 얻을 수 있습니다. 만약 전도자들이 사람을 만족시켜 주고 기쁘게 해주기를 바란다면 그들은 결국 하나님을 저버리게 됩니다. 만약 그들이 하나님을 저버리게 되면 그밖의 사람들은 어떻게 되겠습니까? 그들이 인도될 곳은 마귀 말고 어디가 있겠습니까?

그러므로 우리가 설교를 들으러 올 때에 우리는 지금 설교를 하고 있는 사람이 자신의 권위에 의하지 않고 우리의 재판장이신 아버지 하나님께서 임명하신 우리 주 예수 그리스도의 이름으로 그렇게 하고 있다는 사실을 명심합시다. 예수 그리스도께서 어떠한 목적으로 우리를 심판하십니까? 우리들로 하여금 우리 자신의 죄를 고발하여 형을 선고받은 후에 그 죄를 용서받을 목적으로 하나님께 나오게 하기 위해서 입니다.

그런데 어떤 한 인간이 나에게 대해서 품었던 어떤 연민으로 인해 나의 죄를 덮어주려 한다면 그것이 하늘에 계시는 재판장께서도 그렇게 하실 것이라는 것을 의미합니까? 나를 가르치는 분이 나를 정죄하고 나의 잘못을 일러주어서 나로 하여금 나의 잘못을 회개하고 파멸로 이끄는 것들을 미워하는 법을 배우게 하는 것이 더 좋지 않습니까? 하나님께서 나를 받아들이기 위해 아직도 팔을 벌리고 계시며 예수 그리스도께서 나를 하나님이 즐겨 받으시는 향내나는 제물로 드리려고 하시니 내가 그것을 받아들이는 것이 당연하지 않겠습니까?

그러므로 만약 우리가 이러한 방법으로 우리 약점이 지적 당하거나 우리의 죄가 폭로되거나 우리의 영적인 건강을 위해서 우리가 해야 할 필요가 있는 것들을 가르쳐 주는 것을 참지 못한다면 그것은 우리가 틀림없이 미쳤거나 사단에 미혹됐다는 증거가 될 것입니다. 우리가 환자를 격려하려고 할 때에 어떻게 합니까? 우리는 그에게 마실 것을 아무 때에나 주려고 할지도 모릅니다. 그가 물을 마셔야 할 때에 그에게 포도주를 줄지도 모릅니다. 우리는 그에게 맛있은 음식을 먹으라고 권할 수도 있습니다. 그런데 그것이 그에게 독약과 같을지도 모릅니다!

간단히 말하자면 단순히 사람을 기쁘게 해주려고 한 노력이 오히려 그를 죽음으로 몰고 갈 수도 있다는 것입니다. 환자를 돌보는 사람이 그 환자가 요구하는 것을 다 들어주는 것과 비록 환자가 화를 내고 이를 갈고 자기가 요구하는 것을 들어주지 않았기 때문에 그 간병인을 혹평하더라도 환자로 하여금 자신의 욕구를 통제할 수 있도록 도와주는 것 중에서 어떤 것이 더 잘하는 일입니까?

그러나 병든 사람들에게 잘못된 욕망이 있는 것보다 우리들의 욕망은 확실히 그 보다 더 악합니다! 우리들의 의사가 되시는 하나님의 말씀을 우리에게 전해 주는 사람들이 우리를 해로운 것에서 보호해 주려는 노력도 하지 않고 무엇이 우리의 유익이 되는지를 우리에게 가르쳐 주지도 않는다면 우리는 어떻게 되겠습니까? 확실히 우리의 선천적인 욕심 안에 있는 우리를 격려한다는 것은 우리를 영원히 몰락시키는 길이 아닙니까? 이것이 바울이 자신의 동기에 대해서 한 이야기 중에서 우리가 배워야 할 점입니다.

그리고 나서 그는 자신의 복음을 사람에게 받지 않고 하늘의 계시를 통해서 받았다는 두 번째 증거를 제시했습니다. 그는 여기서 똑같은 사실을 확실히 했습니다. 그는 마치 베드로나 요한까지도 사람들이 귀를 기울일 의무가 있을 만큼 많은 존경을 받을 자격이 없다고 말하는 것 같았습니다. 하나님과 우리 주 예수 그리스도만이 그와 같은 영광을 받을 자격이 있습니다. 하나님께는 맞수가 있을 수 없습니다. 그러므로 만약 우리에게 믿음의 확신이 필요하면 위를 바라보는 법을 배우고 이 세상을 넘어서 인간적인 것을 떨쳐 버립시다. 인간이 아무리 우수하더라도 우리의 믿음은 피조물과 관련이 있는 것이나 낮은 이 땅에 기초를 두어서는 안 되며 그 기초를 하나님께만 두어야 합니다.

천주교 신자들은 세상 사람들보다 더 현명해지기를 원하는 우리들의 오만함과 뻔뻔스러움을 책망할 것입니다. 그것이 사실입니다. 만약 우리가 우리 자신의 지식과 우리 자신의 생각과 의견에 의지하면 우리는 지나친 자만심을 표출하는 것이 됩니다. 그러나 우리가 겸손하게 살며 하나님의 지혜를 얻기 위해서 우리는 이 세상에서 바보가 되어야 한다는 사실을 알고 우리의 모든 지혜와 이성을 접어두어야 합니다. 우리는 우리에게 알라고 허락된 것 이상의 것을 알려고 하지 말고 겸손하고 진실해야 합니다. 동시에 우리는 하나님의 말씀을 높이 찬양하여 이 세상에 속한 모든 것들을 무시할 능력을 소유할 필요가 있습니다. 이것이 하나님을 영화롭게 해 드리는 방법이기 때문입니다.

그러므로 이제 우리는 모든 십자가와 주교들, 그리고 세상의 소란, 더 나아가 자신을 하나님에게 맞서 세우려는 교황의 뿔을 무시할 수 있습니다.

우리는 그들을 무시할 수 있으며 그들을 오물과 우리의 천적인 사탄이 우리를 독살시키려고 하는 도구인 죄로 가득찬 가증스러운 것으로 간주할 수 있습니다. 우리는 하나님의 진리에 뿌리를 내리므로 그것에 반대하는 자 모두에게서 승리를 거둡시다. 우리의 믿음이 항상 하나님의 진리를 훼손하고 파멸시키기 위해서 대적하는 모두에게 승리할 것을 알고 있기 때문입니다. 만약 우리 하나님께서 우리를 강하게 해주시면 우리가 사탄의 어떠한 유혹에도 승리할 것이며 우리는 피조물로부터 나오는 것들 모두를 한 줌의 연기처럼 간단히 처리할 수 있다는 사실을 깊이 명심합시다.

5

갈라디아서 강해 설교

형제들아 내가 너희에게 알게 하노니 내가 전한 복음이 사람의 뜻을 따라 된 것이 아니라 이는 내가 사람에게서 받은 것도 아니요 배운 것도 아니요 오직 예수 그리스도의 계시로 말미암은 것이라(갈 1:11-12)

우리는 오늘 아침 하나님의 교회를 교육시키는 책임과 직무를 맡은 자들은 모두 세상 사람들의 총애와 지지를 받으려는 마음을 버려야 한다는 사실을 알게 되었습니다. 만약 그들이 그렇게 하지 않으면 그들은 그들의 책무를 충실하게 해낼 수 없을 것입니다. 왜냐하면 사람들은 항상 비위를 맞추어 주기를 바라며 그들이 지은 죄에 대해서 받아 마땅한 책망을 받는 것을 참지 못하기 때문입니다. 우리들 모두는 우리 주 예수 그리스도의 참 제자가 되기 위해서 모든 육신의 욕심을 버려야 합니다.

우리가 우리 자신의 욕망을 따르는 한 복음의 문이 우리에게 열리지 않을 것이며 우리는 그 안으로 들어갈 수 없을 것입니다. 실은 우리는 이사야 선지자가 이것과 관련해서 **"그들의 뜻에 부합되는 말만을 듣기를 바라는 자들은 하나님이 그들에게서 떠나시게 하고 있습니다"**(사 30:10-11)라고 한 말을 알고 있습니다. 그들이 그것을 인정하면서도 그들 자신이 그렇다는 것을 시인하지 않았습니다. 왜냐하면 유대에서는 모든 사람들은 하나님 즉 자신을 그들의 조상인 아브라함에게 드러내 보이시고 또 자신의 율법을 모세를 통해서 알려주신 그 하나님을 섬기고 있다고 주장했기 때문입니다. 그렇습니다. 성전에서는 제사가 드려지고 있었으며 그들은 예배의 외적인 모습을 유지하고 있었습니다. 그러나 이사야 선지는 이와 같은 것에 대해서 한 가지 결론을 내립니다.

사람들은 위로와 위안을 받고 싶어합니다. 이것 때문에 그들은 하나님의 인도를 받는 것을 감당하지 못하며 하나님께서 그들의 목에 하나님의 멍에를 메는 것을 허락하지도 않습니다. 그러니 이렇게 해야만 우리는 복음의 원리를 받아들이고 그것으로 교화될 준비를 할 수 있습니다. 그것은 우리 자신의 욕심에 굴복함으로써 이룩되는 것이 아니고 주 예수 그리스도께서 우리의 교육에 필요한 것들을 준비를 하고 있음으로 이룩됩니다. 이 외에도 우리에게 전해지는 하나님의 말씀이 우리의 가슴에 사무치게 해야 합니다. 그렇지 않으면 우리는 결코 그것으로 인해서 유익을 얻지 못할 것입니다.

제가 오늘 아침에 말한 바와 같이 복음이 날선 검으로 비유된 것은 공연한 일이 아닙니다(히 4:12). **참된 제물이 되기 위해서 우리는 모든 육신의 욕망과 하나님께서 정죄하시는 모든 것을 폐하고 우리가 하나님의 뜻에 온전히 순종하게 될 때까지 참고 기다릴 필요가 있습니다.**

우리가 앞에서 눈여겨 보았던 다음 내용을 회상해 봅시다. 모든 사람들은 큰 자나 작은 자나 허리를 굽혀야 하며 하나님의 아드님께서는 탁월하신 능력과 지배력을 가지고 계셔야 합니다. 그 분만이 목자가 되셔야 하며 우리는 양떼가 되어야 합니다. 복음을 전하는 책임을 맡은 사람들은 목자라고 불려도 좋을 것입니다. 그러나 그들이 독립적으로나 자력으로 행해도 된다거나 예수님의 통치권을 손상시켜도 된다는 것을 의미하지는 않습니다. 제 자신에 대해서 말하자면 제가 지금 여러분에게 이야기를 하면서 어떤 것이라도 제 마음대로 지껄여서는 안 되며 제 자신을 다른 사람들보다 높여서도 안 됩니다.

지금 제는 전 회중에게 연설을 하고 있습니다. 그러므로 그 말씀은 우선 제에게 적용될 것이며 다음으로는 여기에 있는 사람들에게 예외없이 적용될 것입니다. 이 세상에서 가장 고상한 사람까지도 하나님의 아들에게 마땅히 순종해야 하는 것에서 자신을 제외시키지 않을 것입니다. 우리는 앞에서 복음의 역할은 이 세상에 있는 자부심을 폐하고 사람들로 하여금 감히 자신을 높이거나 자신을 귀하게 여기지 못하게 하는 것이라는 것을 알았습니다. 더욱이 모든 사람들을 복음에 순종시키기 위해서 가장 위대하다고 생각하는 사람들 모두가 천대를 받고 완전히 궤멸되어야 합니다.

왜 바울이 자신의 가르침을 입증하려고 할 때에 그 가르침을 사람에게서 받지 않고 사람들의 학교에서 배우지도 않았으며 하나님 아버지께서 우리에게 귀를 기울이라고 지시하신 우리 주 예수 그리스도께서 받았다고 했습니까(마 3:17; 17:5).

왜냐하면 이 호칭은 특별해서 사람이나 천사에게 주어질 수 없기 때문입니다. 주 예수 그리스도의 대변자에게 주의를 기울여야 하는 것이 사실이지만(앞에서 말한 바와 같이) 그렇게 했다고 해서 그것이 주님이 직접 우리를 다스리시는 권위를 약화시키지는 않습니다. 우리가 어떠한 말을 할지라도 이것만이 우리의 구원을 보장하는 확실하고 변치않는 규칙이 되게 하십시오.

우리의 주 예수 그리스도만이 주인이시며 선생님이시니 우리는 우리 주님의 말씀을 의심을 하거나 또 이의를 제기하지 않고 받아들일 정도로 온순해야 합니다. 바울은 자신이 받아서 전한 말은 예수 그리스도에게서 비롯된 것이라고 말하는 것에 만족하지 않고 사람의 권능은 우리 믿음의 초석과 토대가 되기에는 불충분하다는 것을 보여주기 위해서 사람을 거절하고 제외시킬 것을 주장했습니다. 왜냐하면 우리가 하나님이나 하나님께서 우리를 다스릴 으뜸이 되시는 최상의 스승으로 임명하신 그 분에게로 오지 않으면 우리는 늘 모래에 쓸리기 때문입니다.

바울이 이렇게 말했으니 우리는 갈라디아 사람들이나 그 밖에 모든 사람들이 전에 이와 같은 말을 듣지 못한 것이 당연한 일로 여겨서는 안 됩니다. 그가 이렇게 말한 것은 그들이 하나님께 감사할 줄 모르고 많은 죄악된 일과 잘못된 생각에 얽매여 있었기 때문입니다. 그러므로 사도 바울은 그들을 원위치로 되돌려 놓았습니다. 그가 그렇게 한 데에는 다음과 같은 뜻이 있습니다. 사람들이 순수한 하나님의 말씀으로 온전히 다스려지기를 바랄 때까지는 그들은 영원토록 흐르는 모래에 쓸려 다닐 것입니다. 마귀가 그들이 가는 길에 재난을 보내는 순간에 그들은 혼란에 빠져들어서 그들이 갈 길을 찾지 못할 것입니다.

그러므로 우리는 먼저 우리의 믿음의 기초가 되는 가르침은 사람에게서 비롯된 것이 아니고 하나님에게서 나왔다는 사실을 확실히 알고 있어야 합니다. 비록 바울에게 주어졌던 계시가 모든 사람들에게 똑같이 주어지지 않더라도 우리 주 예수 그리스도께서는 그 복음을 자신의 피를 흘리면서 승인하셨다는 사실만으로도 우리에게는 충분합니다. 주님께서는 제자들에게 복음을 전하라고 명령하신 후에 그들이 전한 가르침은 진실된 것이기 때문에 더 이상 의심할 수 없다는 사실을 입증하셨습니다. 이것이 우리들을 굳게 세워 주고 또 사람들이 진리라고 부르는 것을 모두 받아들이지 않도록 설득시키기에 충분해야 합니다. 그러나 우리가 다음과 같은 히브리서 1장의 말씀을 통해서 사도에게서 배운 것을 기억해 둡시다. **"하나님이 이 모든 날 마지막에 아들로 우리에게 말씀하셨으니"**(히 1:2) 우리는 이 가르침이 완전하다는 것을 알게 될 것입니다.

우리가 여기서 명심해야 할 것은 바울이 여기서 말한 계시는 모든 사람에게 동등하지 않을 것입니다. 그러나 우리가 사도에게서 받은 가르침은 정말로 주 예수 그리스도에게서 왔다고 굳게 믿게 만드는 데에 도움이 됩니다. 바울은 사람에게서 나온 것을 경시함으로써 우리 주 예수 그리스도께서는 마치 어린아이에게 알파벳을 가르치시는 것처럼 우리를 가르치시지 않으신다는 사실을 암시하고 있습니다. 그리고 그 아이는 그 후에 보다 수준이 높은 선생님을 찾아가야 할 것입니다. 바꾸어 말하면 우리 주님은 우리를 반쪽만 가르치지 않으시고 철두철미하게 가르치십니다.

진실로 우리는 살든지 죽든지 우리가 하나님에게서 배운 가르침 안에 거해야 하며 사람에게 온 것은 무엇이든 다 끊어야 합니다. 왜냐하면 둘이 합쳐서 된 혼합물은 썩기 때문입니다. 베드로도 교회에서 가르치는 직분을 맡은 사람들은 하나님을 영화롭게 한다는 것을 명심하고 그들이 마음속에 품고 있는 어떠한 생각도 끌어들이지 말라고 권고했습니다. 만약 사람들이 그들의 가르침과 주 예수 그리스도의 가르침을 혼합하면 우리는 어떻게 되겠습니까?

만약 한 사람 한 사람이 자신의 작은 생각을 첨가해서 사람들의 상상으로 꽉 차 있는 복음을 갖게 되면 우리는 어떻게 되겠습니까? 그것은 아주 무서운 혼란을 야기시킬 것입니다.

그렇기 때문에 사람들과 모든 피조물들이 쓰러지고 또 가장 큰 자에서부터 가장 약한 자에 이르기까지 우리 모두가 주님에게 귀를 기울일 때까지는 주 예수 그리스도께서 우리에게 권위를 세울 수가 없습니다. 간단히 요약하면 이것이 우리가 우리 마음속에 담고 있어야 되는 내용입니다. 우리가 알고 있는 바와 같이 바울은 고린도전서에서 그가 우리 주 예수 그리스도를 전할 때에 온전한 지혜를 전했으며 또 우리는 우리의 구원에 필요한 모든 것을 주님 안에서 찾을 수 있다고 외쳤습니다(고전 2:6).

그는 또 에베소에서 **"그리스도의 사랑의 길이와 넓이를 알기 위해서 우리는 전심으로 노력해야 한다"**(엡 3:18)고 말했습니다. 우리는 우리 자신의 의미없는 생각을 품게 되어서는 안 되며 더욱이 그러한 생각을 바울이 이미 전했던 내용에 첨가하려고 해서도 안 됩니다. 우리는 이것을 통해서 자신을 사람들이 제조하고 발명한 생각과 얽혀들게 만드는 자들은 모두 가짜 그리스도를 섬기는 자들이라는 것을 알 수 있습니다. 그들은 하나님께서 부인하시는 불법적인 복음을 믿고 있습니다. 사실은 만약 우리가 우리의 유일하신 주님이신 예수님께서 가르쳐주신 내용과 사도들이 주님의 이름으로 우리에게 가르쳐준 내용을 계속해서 믿지 않으면 기독교는 존속되지 않을 것입니다. 이것이 이 본문 말씀을 통해서 우리가 알아두어야 할 내용입니다.

이 시점에서 바울은 자신의 '개종'(conversation)에 대해서 언급하고 있으며 그가 어떻게 성령으로 완전히 변화되었는지를 우리가 알게 된 곳이 여기입니다. 그에게 나타난 놀라운 변화는 하나님께서 그에게 안수하시고 또 하나님께서 은밀하고 비상한 방법으로 역사하심으로 일어났습니다. 간단히 말하면 바울이 갈라디아 사람들은 자신의 '개종' 또는 자신의 생활태도를 알고 있다고 한 말에 이것을 시사하고 있습니다. 여기에 좋은 교훈이 있습니다. 그것을 우리의 유익이 되게 사용하기 위해서 바울은 앞에서 다루었던 주제를 계속 다루고 있다는 사실을 우리는 주목합시다. 다시 말하면 우리는 어떠한 피조물에서도 우리 믿음의 기초를 둘 굳건한 기반을 찾을 수 없다는 사실을 알아둡시다.

하나님만이 그 창조자가 되셔야 합니다. 그리고 사람이 아무리 귀중한 수단과 도구가 되더라도 그들은 하나님의 승낙을 받아야 합니다. 우리는 하나님께서 그들을 보내셨으며 그들을 승인하셨으며 또 그들은 그들이 그에게서 배운 내용을 우리에게 가져다 줄 뿐이라는 것을 확실히 알고 있어야 됩니다. 그러나 만약 우리가 바울의 덕망에 대해서 잠시동안 생각해 보면 그는 확실히 사람들의 호의와 존경을 마땅히 받을만 합니다. 그러나 동시에 그는 자신이 아무 것도 아니라는 것과 그의 소유물은 모두 우리 주 예수 그리스도를 섬기는 일과 또 그가 주님에게서 배운 모든 것을 성실하게 전하는 일에 온전히 사용되기로 되어 있다고 시인하고 고백했습니다.

그러면 기독교인다운 생활을 하지 않았으며 건전한 교훈도 받지 않았으며 그밖에 그들을 내세울 만한 것이 아무 것도 없는 자들은 어떻게 되겠습니까? 만약 그들이 우리로 하여금 그들이 말하는 것을 받아들이게 하기 위해서 자신을 고위성직자라고 자칭하고 얼마간의 고결함과 우월성을 자신들의 공으로 귀착시킨다면 그들이 진정으로 바울보다 위대한 것입니까? 그렇지 않습니다. 인간의 모든 자만심은 폐해지고 억제되어서 어떤 것도 우리들이 예수 그리스도를 높여드리는 것을 막지 못할 것입니다.

세례 요한은 여자에게서 난 가장 위대한 사람이라는 간증이 되었지만(마 11:11) 자신과 그밖의 **"모든 사람들은 쇠해야 되고 예수 그리스도는 흥해야 된다"**고 했습니다(요 3:30). 더욱이 바울은 우리의 모퉁이 돌이 되시는 예수 그리스도를 늘 으뜸으로 모실 수 있도록 교회가 세워져야 한다고 말했습니다(엡 2:20, 골 1:18). 만약 우리가 예수님을 가리울 정도로 사람들을 높이려고 한다면 그 교회는 얼마나 흉악한 건물이 되겠습니까! 그로 인해서 얼마나 많은 피해를 입게 되고 얼마나 많은 혼란을 일으키겠습니까?

만약 사람의 키가 이 교회당의 종탑만큼 큰데도 불구하고 머리는 주먹만한 크기에 불과해서 양 어깨 사이에 파묻힌다면 그는 얼마나 흉칙한 괴물이 되겠습니까! 다른 사람들과 같은 크기로 되는 것이 훨씬 좋을 것입니다. 따라서 그와 똑같은 원리로 교회는 우리 주 예수 그리스도의 몸이기 때문에 머리가 되시는 그 분은 모든 사람 위로 들어올려져야 하며 우리 모두는 그 분을 우러러보며 그 분의 곁에 머물러 있어야 합니다.

천주교 신자들은 제자들을 통해야만 하나님께 접근할 수 있다는 말을 함으로써 자기 자신을 그들의 혀로 정죄하니 참으로 안타까운 일입니다. 그들은 예수 그리스도를 세상 사람들이 보지 못하도록 파묻어 버렸으며 예수님께 속한 모든 것을 강탈해 갔습니다. 사람들은 그 분만이 다스리신다(사 33:22)는 것을 증명해 주기 위해서 그 분을 율법의 창조자, 재판장, 왕으로 불러야 함에도 불구하고 그 분의 옷을 입고 있습니다. 우리는 그러한 죄를 짓지 않도록 주의합시다. 만약 우리가 조금이라도 자라기를 바란다면 우리의 뿌리와 기초를 순수한 복음에 맡깁시다. 이것에서 조금도 벗어나지 않도록 주의합시다.

바울의 개종과 관련해서 여기서 언급된 내용에 대해서 말하자면 그것은 똑같은 목표를 지향하고 있습니다. 즉 그것은 바울이 자신을 높이지 않고 하나님께서 그의 손을 잡아주셨다는 사실을 우리에게 알려주려고 하며 또 바울은 그가 전한 교리를 계시를 통해서 받았다는 것을 우리에게 알려주려고 합니다. 그러므로 그가 전한 기쁜 소식은 하나님의 입에서 나왔으므로 그것은 견고하고 변함이 없는 진리라는 것을 우리가 받아들이는 데에는 어떠한 어려움도 있을 수 없습니다. 우리가 앞에서 말한 바와 같이 사람은 그의 지식, 깊고도 심원한 지혜, 그의 명쾌한 말씨 그리고 굉장한 달변 등으로 인정을 받고 싶어합니다. 그러나 이것들은 모두 냄새가 나는 악취에 불과합니다.

하나님은 하나님의 권위를 유지하셔야 하며 우리는 그 분에게 경의를 표해야 합니다. 그리고 하나님께서는 자신의 독생자의 입을 통해서 우리에게 말씀하시기로 결정하셨기 때문에 예수 그리스도 한 분만이 온전히 자존하시는 주님이시며 선생님의 영예를 누릴 수 있게 해 주시고 우리는 예수님의 참된 양떼가 되어서 그 분의 목소리에 귀를 기울이게 해 주십시오.

주 예수 그리스도께서 우리에게서 존귀히 여김을 받으시는 것을 확실하게 해 주는 방법은 위선자가 되지 않고 그 분의 참제자가 되는 것입니다. 천주교 신자들은 예수님의 이름으로 괴상한 형상에 공개적으로 절을 합니다. 그러나 그들은 그렇게 해서 복음을 발 아래 짓밟고 있으며 복음을 모욕하고 있습니다. 안타깝게도 이 눈먼 자들은 그들이 하고 있는 짓이 옳다고 믿고 있습니다. 그러나 그들은 고린도후서에 있는 말씀(고후 3:18)과 같이 하나님의 영광과 그 위대하심을 드러내는 하나님의 말씀을 거절함으로써 우리 주 예수 그리스도의 얼굴에 침을 뱉고 있습니다.

그러므로 우리 주 예수 그리스도를 존귀하게 해 드리는 것은 많은 의식을 행사함으로써 가능한 것이 아니고 우리 자신을 주님의 가르침에 굴복시킴으로써 가능합니다. 왜냐하면 사실은 이것이 주님께서 자신을 알리시고 우리와 대면하시는 방법이기 때문입니다. 간단히 말해서 이것이 우리가 명심하고 있어야 되는 내용입니다. 그러나 바울은 자신의 개종을 설명해 주는 이야기를 통해서 너무나도 분명하게 드러난 하나님의 능력에 우리의 주의를 집중시키려고 했습니다. 그것은 전혀 사람이 할 수 있는 것이 아니었습니다. 그보다는 이 변화는 하나님께서 역사하심으로 이루어졌다는 것과 바울이 새 사람이 되었다는 사실을 우리에게 알려주기 위해서 자신의 능력을 발휘하신 분은 하나님이셨습니다.

바울이 말한 바와 같이 하나님께서 자신의 형상을 한 사람에게 복원시키는 것은 확실히 한 사람을 변화무쌍한 이 세상에 탄생시키는 것보다 더 놀라운 일입니다. 이렇게 해서 바울은 새 사람이 되었습니다. 더욱이 이 이야기는 그가 한때 하나님의 교회를 핍박하고 파괴하려고 했던 이유를 설명해 줍니다. 하나님께서 그를 변화시키실 때까지 그는 (말하자면) 악당이었습니다. 하나님께서는 노략질하는 이리를 양으로 만드셨으며, 그를 주 예수 그리스도 밑에 있는 자신의 교회의 목자로 임명하셨습니다. 이렇게 해서 우리는 바울이 하나님에 의해서 우리에게 보내졌다는 것을 알게 되었습니다. 그는 이 사실을 증명해 보이는 확실한 증거를 지니고 있습니다.

우리는 바울이 자신을 변화시키지 않았다는 사실을 알 수 있습니다. 그것은 성령의 역사였습니다. 그가 전했던 가르침 안에는 그 자신의 것은 아무 것도 없었습니다. 왜냐하면 그는 주 예수 그리스도를 섬기는 일에 헌신하고 전념하기 위해서 자신을 완전히 부인해야 했기 때문입니다. 우리가 알고 있는 바와 같이 바울은 그의 백성들에게서 존경을 받고 있었기 때문에 만약 그가 야망에 사로잡혔었다면 그는 야망을 실현하기 위해서 밀고 나갈 수 있었습니다. 거룩한 생활을 하는 것이 사람들에게서 존경을 받는 것과 관련있는 일이라면 바울이야말로 흠잡을 데가 없었습니다. 그는 안락하고 편안한 생활을 할 수 있었습니다.

그러나 그는 세상 사람들이 소망했던 모든 것과 자신이 한때 높이 샀던 것들을 빌립보서(빌 3:8)에서 말한 바와 같이 배설물과 쓰레기로 여겼습니다. 그것들은 그가 주 예수 그리스도께로 나오는 것을 막았기 때문에 그들 모두를 거절해야만 했습니다.

그러므로 바울은 위대한 학자와 천사와도 같은 거룩한 사람으로서의 명성을 버렸을 뿐만 아니라 이 세상의 평화와 안위와 생활필수품까지도 팽개쳤습니다. 하나님께서는 바울이 그의 선한 행실을 통해서 영생을 얻을 수 있다는 생각을 포기했다고 보셨습니다. 지금 바울은 전에는 그가 자만심 때문에 눈이 멀었다는 것을 깨닫고서 앞에서 말한 모든 것을 가증스러운 일로 여겨 배격했습니다. 자만심이야말로 자신이 하나님에게 상당한 가치가 있는 존재라고 생각하게 만들었으며 또한 선행을 통해서 은총을 얻을 수 있게 되기를 바라게 만들었습니다.

확실히 그는 이 모든 것들을 발 아래 짓밟아 버려야 했을 뿐만 아니라 바울 자신이 직접 말한 바와 같이 이 모든 것을 절대적으로 몹시 싫어해야만 했습니다. 이것은 우리들로 하여금 그가 사람을 무시해야 되는 이유, 특히 사도의 책무를 이행하는 자신까지도 무시해야 되는 이유에 대해서 한 말을 더욱더 확실히 믿게 만듭니다. 왜냐하면 그가 한때 귀중하게 여겼던 것 모두를 포기해야만 했기 때문입니다.

우리는 그가 자신을 하나님의 교회를 핍박하는 자였다는 사실을 고백한 것을 보고 바울은 자신에게 관대하지 않다는 것을 알았습니다. 그가 섬겼던 주 예수 그리스도의 권위와 통치권과 마찬가지로 그가 높이 받들려고 하는 것은 하나님의 영광입니다. 만약 우리가 하나님을 섬기는 일에 쓰임받기를 바란다면 우리는 참으로 우리 자신을 버려야 하며 무엇이 우리의 쾌락과 명예를 위해서 적합한가를 구해서는 안 됩니다. 우리가 우리 자신을 부인하는 지경에까지 이르지 않고서는 우리는 결코 우리를 부르신 하나님을 섬기는 일에 우리 자신을 온전히 바칠 수 없습니다.

복음을 전하는 책임을 맡은 사람들은 자신을 완전히 부인해야 합니다. 그렇지 않으면 그들에게 주어진 직무를 충실히 수행할 수 없을 것입니다. 우리는 또한 바울이 아무 것도 숨기지 않은 것을 알고 있습니다. 그는 사람들의 환대를 받을 목적으로 숨긴 것이 아무 것도 없습니다. 사실 그는 쓸데없는 변명으로 자신을 보호하기 보다는 차라리 부끄러움을 당하고 사람들에게 모욕을 당하기를 더 좋아합니다. 왜냐하면 그가 말한 바와 같이 그는 교회를 핍박했으며 그는 강도며 죄인이었으며 죄없는 사람들에게 피를 흘리게 했기 때문입니다.

그렇다고 해서 그가 거룩하고 온전한 생활을 하려고 노력하지 않았다고 하는 것은 아닙니다. 왜냐하면 그는 대단히 성실한 사람의 경상(mirror image)으로 뛰어났기 때문입니다. 사실은 그는 자신을 가리켜 **'흠이 없는 자'** 라고 했는데(빌 3:6) 그렇게 한 데에는 상당한 이유가 있었습니다. 그보다는 그에게는 사람들이 책망할 만한 흠이 없었다는 이유만으로 그는 자신이 하나님이 보시기에 의롭다고 생각할 정도로 눈이 멀었었다고 말합니다. 그러나 그는 성령으로 새롭게 되지 않은 모든 사람들처럼 위선으로 가득 찼었습니다. 비록 모든 사람이 그들을 칭찬할지라도 하나님께서 그들을 하나님의 방법으로 인도하시지 않는 한 그들을 죄악으로 가득찬 것이 확실합니다.

만약 우리가 천부적인 감각에 따라서 판단을 내린다면 우리는 선과 악을 구별하는 데 속기 쉽습니다. 우리 주 예수 그리스도께서는 이 사실을 명백하게 하시기 위해서 다음과 같이 말씀하셨습니다. **"사람 중에 높임을 받는 그것은 하나님 앞에 미움을 받는 것이니라"**(눅 6:15). 어떻든 바울은 결백하고 흠잡을 데가 없으며 경건한 생활을 하기 위해서 몸바쳤다는 사실에는 변함이 없습니다. 바울이 일단 회개했으니 자신은 선한 싸움을 싸웠으며 또 그가 바친 헌신은 칭찬을 받아 마땅하다고 말하지 않을 수 있었겠습니까? 그럼에도 불구하고 그와 반대로 그는 자신이 핍박자였으며 또 그가 바친 헌신은 아무 것도 아니라고 선언했습니다.

오늘날 우리가 말하는 하나님에게 바치는 헌신과 섬김에 대해서 무슨 말을 해야겠습니까? 이와 같은 말들이 천주교 신자들의 입에서 쉽게 튀어나오는 것은 놀라운 일입니다! 모든 것이 선한 의도로 이루어졌으며 모든 사람에게는 정열과 열심이 있으므로 (그들에게는 그렇게 보입니다) 그들은 하나님이 그들에게 빚을 지고 계시며 또 신세를 지고 계시다고 믿었습니다. 하지만 우리가 알고 있는 바와 같이 하나님께서 그들에게 그들이 바친 물건들 가운데서 그 어떤 것도 가지고 오라고 명령하신 적이 없습니다. 그들은 그들 자신의 생각에 이끌려서 그렇게 했습니다. 그들이 무슨 말을 하더라도 그것은 그들의 의견과 그들의 생각에 불과하며 그 이상이 아닙니다.

한 사람은 '나에게는 그렇게 보인다' 라고 말하면 다른 사람은 '나는 그렇게 알고 있다. 나는 그렇게 배웠다' 라고 말할 것입니다. 그런데 만약 하나님께서 이것들을 다 받아들이신다면 하나님께서는 확실히 무거운 짐을 지시게 될 것입니다. 왜냐하면 사람들이 그들의 머리로 아무리 훌륭한 것을 발명했을지라도 그것은 하나님 앞에서는 악취가 나는 쓰레기에 불과하기 때문입니다. 그런데도 사람들은 어리석게도 하나님을 섬기는 그들의 방법을 계속해서 자랑하고 있습니다. 이러한 까닭으로 그는 한곳에서는 **"그것을 누가 너희에게 요구하였느뇨?"**(사 1:12)라는 이사야 선지의 말을 인용했습니다.

'누가 너에게 이런 일을 시켰던 그로 하여금 너에게 그 대가를 치르게 하여라. 나로 말하면 나는 그것을 나의 치부책에 기록

하지 않겠다. 나는 순종을 요구하기 때문에 이것에 대한 모든 권한을 포기하겠다.' 바울은 이 말의 뜻을 잘 알고 있었습니다. 만약 그가 여기서 다른 사람에 대한 판단을 내렸다면 그것은 자신에 대한 이야기를 하는 것보다 능력과 효과가 덜했을 것입니다. 사람들이 그가 지니고 있는 것으로 여겼던 모든 신성은 위선이었다고 말해서 그는 자신을 전혀 관대하게 보아주지 않는 것을 볼 수 있습니다. 왜냐하면 그는 성난 맹수였으며 자만심으로 가득찼으며 하나님에게 반역자였기 때문입니다.

바울까지도 솔직 담백한 고백을 했으니 모든 입은 침묵해야 하며 또한 우리들이 하나님을 섬기고 있다고 여길 때에 우리는 실은 우리를 지옥의 나락으로 인도할지도 모르는 일종의 미로에서 헤매고 있었다는 것을 인정해야 하지 않습니까? 불쌍한 불신자들이 하나님을 섬기려고 노력할지라도 마귀가 그들을 파멸로 더 가까이 끌고가기 때문에 그들은 그들의 죄를 두 배로 늘리고 있습니다. 그러므로 우리의 생각에 따라서 하나님을 섬기기를 바란다면 하나님을 배반하는 자였다는 것과 우리의 생활에는 우리를 곁길로 이끌어 주었던 죄악밖에 없었다는 사실을 알아둡시다.

이렇게 했다는 것은 우리가 하나님에게 접근하고 있었다고 하기 보다는 하나님 곁을 떠나고 있었다고 말하는 것이 좋을 것입니다. 간단히 말해서 사람이 만들어낸 결과입니다. 사탄은 그렇게 해서 사람들을 죽음의 깊은 심연 속으로 밀어 넣으려고 합니다. 그러니 우리는 순종의 길로 되돌아 갑시다. 우리의 삶을 잘 정돈하는 데에는 예수님의 학교에서 가르침을 받는 것 이외에는 다른 방법이 없다는 것을 알아둡시다.

오늘날 이 세상을 지배하고 있으며 이곳에 유행하고 있는 미신은 바울 당시에 존재했던 정통보다 조금이라도 나은 점이 있습니까? 유태인의 교회에는 사악한 이단들이 많이 있었던 것이 사실입니다. 종파가 늘어나고 (가장 고집이 세고 타협할 줄 모르는) 바리새인들은 하나님을 섬기는 일에 많은 장식과 환상을 달아주었기 때문에 그것은 완전히 부패되었습니다. 그러나 사정이 어떻게 되었든 바울에게는 여전히 율법이 있었으며 성경말씀이 있었습니다. 그가 말한 전통에 대해서 말하자면 그들은 그에게는 장식물이었습니다. 그러나 동시에 그는 하나님의 말씀이었으며 불변의 진리였으며 또 세상의 끝날까지 그렇게 남아있을 모세의 율법을 계속해서 받들어 모시고 싶어했습니다. 그러나 그는 우리가 고린도서(고후 3:6)에서 본 바와 같이 그에게는 율법의 모양밖에 없었습니다.

그러나 오늘날 가장 헌신적인 천주교 신자들에게 대해서 무슨 말을 할 수 있겠습니까? 그들로 하여금 그들의 마음대로 주장하게 해 주십시오. 실제로 성경말씀이 잊혀지고 있는 것이 확실합니다. 성경말씀에 주의를 기울이는 사람이 아무도 없습니다. 그것은 그들이 성경말씀은 거절되어야 한다고 믿고 있기 때문이 아니고 이와 같은 신성모독 행위는 그들이 감당하기 어려울 것이며 그들을 무섭게 만들 것입니다. 그들이 무엇을 주장하든지 복음은 그들의 종교회의와 성모교회가 명령한 것과 비교하면 아무 것도 아니기 때문입니다. 그들은 복음과 모든 성경말씀은 밀랍으로 만든 코와 같아서 성경말씀에는 확실한 것이 아무 것도 없다고 말하는 것을 부끄러워하지도 않았습니다.

예수 그리스도께서 어떻게 가장 모욕적인 조롱을 당하셨는지 보십시오. 우리는 그들이 드러내놓고 모순된 말을 하면서 우리들로 하여금 그들이 창안한 것들을 모두 믿게 할 수 있다고 생각합니까? 그러니 만약 바울이 주 예수 그리스도를 따르지 않은 데 대해서 자기 자신의 입으로 자신을 정죄한다고 해도 하나님께서 받아들일 만한 타당한 변명이 없습니다. 이것이 우리가 이 본문말씀에서 얻어야 되는 내용입니다.

하나님께서는 바울에게 유례가 없는 은혜를 베푸셨다는 사실과 우리는 바울의 본을 통해서 우리가 순전히 하나님의 인자하심 때문에 구원을 받았다는 사실을 알게 될지도 모른다는 사실을 깨달읍시다. 더욱이 만약 우리가 안타깝게도 교리를 어기고 또 우리가 세례를 받을 때에 예수 그리스도에게 충성을 다하겠다고 한 서약을 어겼음에도 불구하고 만약 우리가 심히 혼란스러우며 이것을 고치는 데에는 풍성하신 하나님의 긍휼이 필요하다고 아무 거리낌 없이 또 아무런 거짓이 없이 고백한다면 우리는 긍휼히 받아들여질 수 있습니다.

확실히 바울은 (우리가 앞에서 말한 바와 같이) 경건하다는 이유로 명성을 떨치고 있었으며 하나님께서는 바울이 훌륭한 교육을 받았기 때문에 그의 섬김을 받아들이려고 하셨다고 말해도 좋을 것입니다. 그러나 이와 같은 모든 것들은 그를 방해하는 일 이외에도 아무 것도 할 수 없었습니다. 우리는 이미 그것을 빌립보서 3장에서 다룬 바 있었습니다. 거기서 바울은 자신의 의로움과 경건함을 포함하여 그가 한때 중하게 여겼던 모든 것들이 가증스러운 것에 불과하다는 사실을 알고 나서야 비로소 예수 그리스도와 예수님 안에 잠재하고 있는 헤아릴 수 없는 풍성하심을 깨닫게 되었다고 했습니다(빌 3:8). 이렇게 해서 우리는 하나님께서 어떻게 바울의 생애를 변화시켜 주셨는지 알게 되었습니다. 사실은 그는 디모데전서 1장에서 자신을 **'다른 사람들에게 보여주는 본보기이며 모형'** 이라고 했습니다(딤전 1:16). 예수 그리스도께서는 자신은 모든 버림받은 죄인들을 위해서 이곳에 오셨으며 또 만약 우리가 진리의 길을 따르면 우리도 받아들여진다는 것을 확실히 믿게 될 것이라고 바울을 통해서 말씀하셨습니다.

바울을 복음에 순종시키기 위해서 무엇을 했습니까? 하나님은 그의 오만함과 무엄함을 꾸짖기 위해서 하늘에서 고함치셔야만 했습니다. 하나님께서는 그의 손을 잡아 주지 않으시고 두 눈에 두꺼운 비늘이 끼게 하셨습니다. 그래서 그는 가련한 장님처럼 되었습니다. 더욱이 땅바닥에 넘어져서 어리둥절해진 바울은 자신의 지혜와 지식을 귀하게 여기는 것은 무식한 짓이라는 것을 알게 되었습니다. 바울을 새 빛 속으로 이끌어내는 데 도움이 되었던 것은 바로 이 어두움이었습니다.

왜냐하면 만약 하나님께서 바울을 그대로 내버려두셨다면 틀림없이 그는 늘 이와 같은 잘못된 생각에 사로잡혀 있었을 것이기 때문입니다. 그는 그의 머리속에 품고있는 세상적인 지혜에 주 예수 그리스도의 교훈을 계속해서 첨가했을 것입니다. 그러나 그는 장님이 되었을 것이며 그러한 상태를 계속해서 유지해 나아갔을 것입니다. 그는 대단한 명성을 얻고 있었기 때문에 이와 같은 지위를 유지하려는 유혹을 받았을 것입니다. 그러나 하나님께서는 그를 쓰러뜨리셨다가 다시 세우셨으며 그를 어린아이처럼, 아니 죽은 시체처럼 다루셨습니다.

바울을 회개시킨 방법에 대해서 생각해 보십시오. 그러면 우리는 자유의지나 헌신이나 경건함이 아무런 쓸모가 없다는 것을 알게 될 것입니다. 모든 것은 긍휼하신 하나님의 덕분으로 돌려져야 합니다. 바울은 이것에 대해서 참으로 자유스럽고 공개적인 고백을 했습니다. 그러니 만약 하나님께서 우리를 오라고 부르신다면 그것은 우리가 그것에 대해서 특별한 준비가 되어있거나 잘 무장되어 있기 때문이 아니고 하나님의 순수하신 긍휼하심으로 우리를 부르시기를 기뻐하시기 때문입니다. 우리는 그것에 대해서 더 자세히 다루게 될 것입니다. 만약 우리가 바울을 본받아 우리 주 예수 그리스도의 은혜를 받기를 소원한다면 우리도 똑같은 길을 걸어야 됩니다. 우리는 우리 속에 가치있는 것이 전혀 없다는 것과 우리에게 필요한 것은 모두 하늘에서 내려와야 된다고 시인해야 합니다. 우리를 구원해 주신 데 감사하는 찬양이 하나님 한 분에게만 드려질 수 있도록 하나님께서 우리 안에서 역사하셔야 합니다.

그렇기 때문에 바울은 **"하나님께서 복음을 전하라고 나를 기쁘게 부르셨을 때에 나는 즉시 그렇게 했으며 사람들과 의논하기 위해서 기다리지도 않았다"**는 말을 첨가했습니다.

하나님께서 그를 보내셨다는 사실과 그는 주님의 승인을 받았다는 사실만으로도 그에게는 충분했습니가. 그는 자신을 예외로 삼지 않았으며 또 그것에 대해서 이론을 제기하지 않았습니다. 그는 우리가 본 바와 같이 하나님의 도를 따르고 끈기있게 노력하기로 굳게 결심했습니다. 그것이 하나님께서 그를 성령으로 인도하고 계셨다는 확실한 증거가 됩니다. 이것이 우리가 기억해 두어야 할 내용입니다.

그러나 우리는 하나님께서 그로 하여금 복음을 전할 수 있게 하기 위해서 **"나를 나의 어머니의 태에서 분리시키시고 하나님의 은혜로 나를 부르셨다"**고 한 바울의 말을 눈여겨 보아야 합니다. 여기서 바울은 비록 그가 이러한 방법으로 부름을 받았지만 그렇게 된 것은 그가 안팎으로 어떠한 가치가 있었기 때문이 아니고 그보다는 그가 태어나기도 전에 하나님의 택하심을 받았기 때문입니다.

이러한 까닭으로 그는 '나의 어머니의 태에서' 라는 표현을 사용했습니다. 왜냐하면 그가 하나님께 바쳐진 것은 그 시점이었기 때문입니다. 그러니 어떻게 그가 자신의 능력으로 어떤 것인들 할 수 있었겠습니까? 그가 아직 태어나지도 않았으니 무엇을 할 수 있었겠습니까? 하나님의 역사가 필요했습니다. 바울이 말하기를 하나님께서 자기를 부르셨다고 했습니다. 그리고 비록 그가 그에게 주어진 특수한 임무에 대해서 말하고 있는 것이 사실이지만 그는 그보다도 대체적으로 하나님의 선하심을 찬양하고 있으며 그의 변화된 삶과 관련된 것뿐만 아니라 그보다도 우리 영혼의 영원한 구원과 관련된 모든 것들을 하나님께서 주셨다는 사실을 보여주고 있습니다.

지금은 그것에 대해서 충분히 논의할 시간이 없기 때문에 그 일부는 다음으로 미루겠습니다. 그러나 결론적으로 바울은 우리가 하나님께 순종하여 굴복하게 되는 것은 우리들 한 사람 한 사람이 앞으로 나가기 때문이 아니고 우리가 하나님을 찾지 못할 때에는 하나님께서 하늘에서 손을 뻗치셔서 우리를 끌어들이시기 때문이라는 것을 분명하게 드러내 보였다는 사실을 주목합시다.

틀림없이 사람들은 언제나 좋은 인상을 주는 방법에 대해서 생각하고 있을 것입니다. 그러나 그들은 크게 속고 있는 것입니다. 마귀는 우리로 하여금 하나님의 은혜를 받지 못하게 할 의도로 그것을 방해할 아주 교활한 방법을 사용합니다. 만약 사람들이 하나님에게 속한 것을 자기들 자신에게로 돌리기를 소원한다면 하나님께는 그들을 현재의 상태 그대로 내버려 두실 수 있는 모든 권리가 있습니다.그들은 차라리 그들 자신을 정죄하는 것이 당연합니다. 그러므로 우리에게 보이는 이 세상의 모든 선한 것들은 다 하나님의 은혜에서 나온다는 것과 우리의 덕택으로 된 것은 아무 것도 없다는 사실을 기억해 둡시다.

진정으로 이와 같이 거저 주시는 사랑을 체험하기 위해서 우리는 가치와 공로에 대한 생각을 다 버리고 먼저 하나님의 선택에 의지하고 그 다음에 하나님의 부르심에 의지합시다. 왜 우리의 마음이 복음의 지식을 통해서 밝아졌습니까? 우리의 공로에 의해서 얻은 것이 있습니까? 전혀 없습니다. 하나님께서는 에베소서에 있는 말씀과 같이(엡 1:4) **우리가 태어나기 전에 심지어 세상이 창조되기 전에 우리를 택하셨습니다.** 그러니 여기가 우리가 시작해야 할 장소입니다. 만약 우리가 헛된 자만심으로 부풀어지기를 소망하지 않는다면 (그것이 결과적으로 우리 목을 베게 만들 것입니다) 겸손하게 행하기로 결심하고 **"누가 너를 구별하였느뇨?"**(고전 4:7)라는 말씀을 명심합시다.

그가 한 말에 따르면 하나님께서는 오로지 하나님의 선하심으로 인하여 이렇게 하셨다고 했습니다. 바울이 거기서 우리를 구별하신 분은 하나님이시라고 고백한 것은 사람의 모든 권리를 폐하기 위함입니다. 우리를 선택하신 분은 하나님이시며 그것도 우리가 태어나기 전이었습니다! 하나님께서 우리를 하나님 곁으로 부르고 계신다는 사실을 충분히 드러내실 때까지 하나님의 선택은 은밀하게 이루어졌습니다. 그런데 하나님께서는 어떻게 그것을 해내십니까? 하나님의 복음으로 하십니다. 여기에는 두 배의 은혜가 있습니다. 그 가르침이 우리에게 전해진다는 것은 은혜입니다.

우리는 많은 불쌍한 영혼과 많은 눈먼 영혼들이 어두움 속에서 정처없이 방황하고 있는 이 세상의 비참한 상태를 잘 알고 있으며 거기에는 그들을 구원해 주거나 도와줄 사람이 아무도 없습니다. 그렇지만 우리에게는 우리 하나님께서 주시는 양식이 있으며 사실은 그것을 우리의 입 속에 넣어주시기까지 하십니다. 하나님께서는 이와 같은 방법으로 우리에게 특별한 은혜를 베풀지 않으십니까? 그보다도 우리는 속으로 하나님의 부름을 받고 있으며 하나님의 가르침이 진짜의 소리를 낼 수 있도록 하나님의 성령의 감화를 받습니다. 그 가르침이 하나님의 성령에 의해서 우리 마음속에 인쳐질 때에 우리는 그것이 하나님에게서 왔다는 것을 알게 될 것입니다(고후 1:22, 엡 1:13). 간단히 말하면 이사야 선지자가 말한 것처럼 우리는 하나님의 가르침을 받아야 합니다(사 54:13).

진실로 우리는 우리가 신봉하는 교훈은 사람에게서 난 것이 아니고 변치않는 하나님의 진리라는 것을 성령을 통해서 우리 마음속에 확실히 믿고 있어야 합니다. 우리는 우리의 눈이 그 가르침을 통해서 온전히 밝아지도록 이 사실을 믿어야 됩니다. 이 가르침이야말로 우리가 끝날까지 따라야 되는 교훈입니다. 이것은 또한 우리가 이 생애를 마감할 때에 우리를 천국으로 인도해 줄 것입니다.

6

갈라디아서 강해 설교

> 그러나 내 어머니의 태로부터 나를 택정하시고 은혜로 나를 부르신 이가 그 아들을 이방에 전하기 위하여 그를 내 속에 나타내시기를 기뻐하실 때에 내가 곧 혈육과 의논하지 아니하고 또 나보다 먼저 사도된 자들을 만나려고 예루살렘으로 가지 아니하고 오직 아라비아로 갔다가 다시 다메섹으로 돌아갔노라 그 후 삼 년 만에 내가 게바를 심방하려고 예루살렘에 올라가서 저와 함께 십오일을 유할새 주의 형제 야고보 외에 다른 사도들을 보지 못하였노라 보라 내가 너희에게 쓰는 것은 하나님 앞에서 거짓말이 아니로라 그 후에 내가 수리아와 길리기아 지방에 이르렀으나(갈 1: 15-21)

이제 우리는 바울이 여기서 강조하려고 하는 점을 알게 되었습니다. 즉 우리가 사람들에게 기울이는 관심과 존경심 때문에 하나님의 영광이 가리워질 정도로 그들을 높여서는 안 된다는 것입니다. 왜냐하면 우리는 때때로 하나님의 말씀을 희생시키면서까지 피조물을 지나치게 존경하는 경향이 있기 때문입니다. 비록 바울이 여기서 자신을 다른 사도들과 동일하게 여겼지만 관심을 자신에게 끌어 모으려고 하지 않고 그보다는 자신에게 맡겨진 복음이 존경을 받으면서 받아들여지기를 소망합니다. 그는 이것을 성취하기 위해서 여기서 자기 자신의 능력보다는 하나님의 은혜를 우리에게 제시합니다. 그는 그가 행한 것을 자랑하거나 이야기하지 않았는데 그렇게 하는 것이 그의 습관인 것 같습니다. 그러나 그는 일어난 변화에 대해서 이야기했는데 그 변화는 분명히 하늘에서 온 것이지 그 자신의 노력의 결과로 이룩된 것은 아닙니다.

우리는 또한 그가 이러한 방법으로 변하게 된 것은 하나님의 선하심 때문이라는 것을 그가 얼마나 거리낌없이 선언하고 있는지 주목합시다. 왜냐하면 그는 하나님의 진짜 기쁨에 대해서 말하고 있기 때문입니다.

이렇게 해서 그는 사람에 의해서 되어진 것들을 다 배제하고 있기 때문에 그가 칭찬을 받고 싶어한다고 생각할 사람은 하나도 없을 것입니다. 그는 복음에 대한 지식을 얻기 위해서 공부를 할 필요가 없었다고 말을 계속했습니다. 왜냐하면 성경에 대한 지식은 계시를 통해서 그에게 왔기 때문입니다. 그는 자신을 부르신 분은 하나님이셨다고 말합니다. 마지막으로 그가 선택을 받은 것은 그 자신의 능력 때문이 아니라고 말했습니다. 그 보다는 그가 어머니의 태 속에 있었을 때에 하나님께서 이미 그를 택정하셨다고 말했습니다. 우리는 바울이 자신을 높이려고 노력하지 않았다는 것을 알 수 있습니다. 그는 주 예수 그리스도를 알게 되고 또 복음의 가르침이 이 세상에서 큰 명성을 얻으려고 하는 자들에 의해서 쇠퇴해지지 않기를 바랬을 뿐이었습니다. 우리가 본 바와 같이 갈라디아의 말썽꾸러기들은 그들의 진짜 의도를 위장하기 위해서 그들의 명성을 이용했습니다.

바울은 그의 호칭은 사람이 준 것이 아니라는 것을 보여주었습니다. 그는 자신이 그 호칭을 쟁취했다거나 그 호칭을 가질 자격이 있다고 자랑하지도 않았습니다. 그런데 바울이 우리에게 꼭 알리고 싶어하는 것은 그가 전했던 가르침을 하나님께서 인정하시는 하나님의 은혜를 베푸셨다는 사실입니다. 우리가 바울에게서 선하신 하나님의 형상을 볼 수 있다는 데에는 아무런 의심을 할 필요가 없습니다. 이것은 우리가 함께 누리고 있는 은혜입니다.

그러므로 우리 모두는 가장 큰 자에서부터 가장 작은 자에 이르기까지 우리 자신을 겸손하게 하는 법을 배우게 될 것입니다. 비록 우리에게는 바울이 체험했던 것과 같은 계시를 받지 못했다 하더라도 우리가 복음을 알게 되었다면 그것은 우리 때문이 아니고 순전히 그렇게 되도록 정해주신 하나님의 선하심 때문입니다. 왜냐하면 우리가 어떤 사람에게 좋은 점이 있는 것을 보고 그에게 그러한 자격이 있다고 인정하여 그에게 선을 베풀지라도 바울이 여기서 말하는 방법은 우리가 갖고 있을지도 모를 모든 장점을 배제하기 때문입니다.

바울은 단지 하나님은 우리를 하나님의 자녀로 받아주시고 우리에게 복음을 알려주는 것이 하나님에게 기쁨이 된다면 비록 우리에게 아무런 가치가 없더라도 하나님의 생각과 뜻 때문에 그렇게 하셨다고 우리에게 알려줍니다. 바울이 우리에게 가르쳐 주는 것이 바로 이것입니다. 즉 믿음은 순전히 하나님의 선물이며 사람들은 그들의 행복과 그들의 구원을 발견한 복음의 빛 속으로 그들이 들어오게 된 사실에 대한 공을 자신에게 돌려서는 안 됩니다. 그렇게 하는 대신에 그들은 하나님에게 영광을 돌려야 합니다. 왜냐하면 그들은 그들을 택하시고 불러주신 하나님에게 빚진 자이기 때문입니다. 그렇게 하신 이유는 하나님의 인자하심에서만 찾을 수 있습니다.

하나님께서 우리에게 주신 모든 소명도 그렇게 된 것입니다. 우리는 사람들에게 그 일을 할 수 있는 능력이 있는 것을 보고 그들을 선택합니다. 어떤 사람은 나라를 이끌어 가는 데 적합합니다. 우리는 우리 각자에게 주신 하나님의 은사를 식별할 수 있습니다. 우리가 그렇게 하는 것이 당연합니다. 그러나 어찌되었거나 택함을 받은 자는 그의 직무를 수행하는 데 어떠한 능력을 가지고 있든지 상관없이 하나님께서 미리 그를 예정하셨다는 것을 인정해야 합니다. 그가 발전한 것은 자신이 부지런하기 때문이 아니고 그의 안에서 역사하신 하나님 때문입니다. 그렇다면 보다 발달되고 세련된 생각을 가진 사람은 그렇게 된 공이 자신에게 있다고 여기지 맙시다.

그럼에도 불구하고 왜 우리는 우리 주변에서 보는 이성이 없는 많은 피조물처럼 우둔하지 않습니까? 누가 인간을 짐승들과 그렇게도 다르게 만드셨습니까? 우리가 태어나기도 전에 우리를 택하시고 우리에게 무엇이 되라고 정해주신 분이 확실히 하나님이십니까? 다른 사람보다 더 우수한 머리를 가지고 있는 사람은 그를 이렇게 만드신 분은 하나님이시라는 것을 인정해야 합니다. 비록 우리가 성인이 되어서도 우리를 보이지 않게 도와주시고 인도해 주시는 하나님이 필요합니다.

우리가 알고 있는 바와 같이 이교도들은 그들의 자녀교육에 많은 관심을 가지고 있습니다. 그러나 그럼에도 불구하고 어떤 사람은 다른 사람들보다 더 학문에 힘쓴다는 사실을 주목하십시오. 그들이 무엇을 하던 하나님이 그들을 높은 곳으로 인도하시고 다스리십니다. 그러므로 모든 것을 하나님 덕분으로 돌려야 합니다. 이러한 까닭으로 하나님께서 하나님의 아들을 그에게 보여주셨으며 그리스도를 전하라고 그를 부르셨다고 했습니다. 바울은 하나님께서 이미 그를 다른 사람과 구별하셨기 때문에 그렇게 하셨다고 말했습니다. 하나님께서는 바울이 어디에 소용이 있을 것인가를 잘 알고 계셨기 때문에 바울을 택하셨습니다.

그러므로 그것은 우리로 하여금 겸허하게 생활하도록 인도해 주는 것이 당연합니다. 왜냐하면 비록 우리 안에 선한 것이 조금이라도 있다면 마치 그것이 우리 자신의 것인 것처럼 그것을 자랑해서는 안 됩니다. 그보다는 하나님께서 우리에게 내려진 모든 것의 장본인으로 인정을 받으셔야 하며 하나님의 선하심만이 우리가 마시는 샘물이 되셔야 합니다. 만약 이것이 우리가 하나님에게서 받은 가장 작은 은혜에까지 적용된다면 주님이 우리와 하나되셨을 때에 하나님께서 우리에게 허락하신 측량할 수 없는 은혜는 어떻게 해야 하겠습니까?

하나님께서 그렇게 귀중한 것들을 우리에게 주셨지만 그 중의 어떤 것도 우리의 행함 때문이라고 말할 수 있는 것이 있습니까? 우리가 이 본문 말씀에서 배워야 할 것은 하나님은 우리의 삶을 주관하실 권리를 유보하시고 우리의 발걸음을 인도하시는 분은 하나님이시라는 사실입니다. 하나님은 우리를 창조하신 목적을 아시고 계십니다. 복음에 있는 믿음을 통해서 우리의 마음을 감화시켜서 우리로 하여금 하나님을 아버지라고 시인하게 하는 것이 하나님을 기쁘게 해 드렸다면 우리는 하나님의 인자하심을 찬양하고 우리 자신을 하나님께 바치고 용감하게 하나님을 불러야 합니다.

만약 우리가 그렇게 했다면 그것이 우리 자신의 순수한 뜻에서 나왔다고 생각하지 맙시다. 왜냐하면 그것은 순전히 하나님께서 성령을 통해서 주신 은혜에서 나왔기 때문입니다. 모든 지혜를 간직하고 계신 주 예수 그리스도는 자신을 우리에게 드러내 보이시지 않는 한 우리가 알 수 없습니다. 예를 들면 예수님은 **"나를 보내신 아버지께서 이끌지 아니하면 아무라도 내게 올 수 없으니"**(요 6:44)라고 말씀하셨습니다. 이 말씀을 하신 예수님이 한때는 이땅에 살아 계셨습니다. 그 분은 열심히 복음을 전했습니다. 그러나 하나님께서 성령의 힘으로 사람의 마음을 움직이지 않으시면 어떤 사람도 그 분에게로 올 수 없다고 말했습니다.

우리는 육신적이며 또 우리에게는 죄를 짓는 인간적인 속성이 있기 때문에 예수 그리스도께서는 우리와 떨어져 계십니다. 그러므로 우리는 낮은 이 땅에서는 그 분을 보지 못합니다. 따라서 우리가 그 분을 육안으로는 볼 수 없으니 여기서 말하는 은혜에 이끌리지 않고서 어떻게 그 분에게로 갈 수 있겠습니까? 다시 말하지만 믿음은 하나님이 주신 선물이며 하나님 아버지께서 우리의 손을 붙잡고 우리를 주 예수 그리스도께 데려다 주시지 않는 한 그 분에게 접근할 수 없습니다. 또 어떻게 다른 사람의 마음을 사로잡고자 하는 사람들이 그들 자신의 노력만으로 그렇게 할 수 있겠습니까? 또 다른 능력으로 간섭하시는 분이 분명 하나님이십니까?

바울이 자기는 다른 사람을 끌어오는 교사와 사도로 임명받았다고 말한 것은 이 때문입니다. 어떤 사람을 불러서 복음을 전하는 책임을 맡기는 것이 하나님을 기쁘게 해 드렸을 때에 하나님께서는 그에게 특별하신 은혜를 베푸셨다는 사실을 이것을 통해서 깨닫게 되기를 바랍니다. 하나님께서 이렇게 하시는 것은 이와 같은 역할과 지위를 맡고 있는 우리들로 하여금 하나님을 경외하는 생활을 하며 어떠한 것도 우리의 공으로 돌리지 않을 뿐만 아니라 우리 모두가 하나님께서 당신의 교회에 대해서 품고계시는 사랑을 입증하는 살아있는 증인이 되게 하기 위해서였습니다.

만약 사람들이 그들의 방법을 교회 안으로 스며들게 할 수 있다면 우리는 거의 우연히 가르침을 받고 있었다고 말할 수 있었을 것입니다. 그러나 아무도 입을 열어서 예수 그리스도에 대해서 마땅히 해야 할 만큼 많은 것을 말할 수 없지만 하나님께서 우리를 가르쳐 줄 사람을 선택하셨다는 것을 알게 되었을 때에 우리는 하나님은 우리의 아버지이시며 우리를 전혀 버리지 않으셨다는 사실을 확신하게 됩니다.

이것은 복음의 진리가 우리의 마음속에 새겨지게 될 것이라는 것을 의미합니다. 그리고 우리는 이 가르침은 사람에게서 나오지 않았으며 하나님께서 보내신 것이라는 것을 알게 될 것입니다. 그러나 하나님께서 당신의 피조물을 아무리 많이 사용하실지라도 그들은 하나님께서 성령으로 통제하시는 도구에 불과합니다. 이렇게 해서 우리는 여기에서 우리에게 가르쳐주는 교훈에서 이익을 얻어야 합니다.

어머니의 태로부터 선택을 받고 구별되었다고 한 바울의 글을 통해서 우리는 하나님의 은혜에 대해서 더 많은 것을 배우게 됩니다. 이것은 바울의 말처럼 우리가 창세 전에 선택받았다는 진리에 영향을 미치지 않습니다(엡 1:4). 여기서 말하는 중요한 요점은 바울은 사람의 공으로 돌릴 수 있는 것을 모두 거절하고 있다는 것입니다. 어린아이가 그의 어머니의 태에서 떨어져 나올 때 무엇을 가지고 나옵니까? 또 어떤 위엄을 지니고 있습니까? 확실히 그는 불쌍하고 악취나는 더러운 시체입니까? 우리에게는 하나님을 기쁘시게 해 드리거나 어떠한 사랑이나 칭찬을 받을 것이 아무 것도 없는데도 하나님께서 우리를 높은 자리에 앉히셨다면 그것은 하나님께서 당신의 교회 안에 모으신 자들이 하나님의 은혜의 대상자라고 불리우는 것과 똑같이 하나님의 은혜 때문이라는 것을 우리는 알고 있습니다. 그렇기 때문에 바울은 자신의 출생에 대해서 말하고 있는 것입니다.

바울은 하나님께서 자기를 하나님 곁으로 끌어오셨을 때에 자기에게는 선한 것이 전혀 없었다는 것을 알려주고 싶어합니다. 하나님께서 그렇게 하신 것은 당신께서 하신 변치 않는 선택을 중히 여기시기 때문입니다. 하나님은 이 피조물이 이 세상에 태어날 때에 그에게 정해주셨던 그 선택을 진행시키고 계시는 것입니다(하나님께서 늘 계획하셨던 것처럼). 하나님께서 우리에게 은혜를 쏟아 부으실 때 우리는 이 원칙, 즉 하나님이 그렇게 하시는 것은 하나님의 변치 않는 섭리 때문이라는 사실을 상기해야 합니다.

우리는 하나님께서 우리를 선택하신 방법과 이유를 이해할 수 없습니다. 왜냐하면 그렇게 한다는 것은 인간의 모든 이해력을 초월하기 때문입니다. 그러나 하나님께서는 우리에게 그러한 축복을 받을 자격이 있거나 그렇게 하는 것이 타당하다는 것을 아셨기 때문에 우리를 선택하셨다고 결론을 내릴 수는 없습니다.

그렇습니다. 그렇게 하신 것은 하나님께서 우리를 창조하시거나 우리를 이 세상으로 보내기 전에 심지어 하늘과 땅이 존재하기 전에 우리의 운명이 그렇게 되도록 정해주셨기 때문입니다. 그렇기 때문에 성경에는 **"우리가 예수 그리스도께로 가기 전에 우리는 그 분에게 주어져야 한다"**고 쓰여 있습니다(요 6:35). 이러한 선물을 주시는 분은 누구십니까? 그렇게 된 것은 사람들이 그렇게 해 달라고 요구했기 때문이 아닙니다. 그러나 우리는 믿음에는 순종과 희생이 따른다는 것을 알고 있어야 합니다.

우리는 기꺼이 하나님에게 헌신해야 하며 주 예수 그리스도께서 우리를 사셨기 때문에 그 분에게 우리의 몸과 마음을 바쳐야 됩니다. 그러나 내가 말한 것과 같이 그것은 우리의 마음대로 되는 것이 아닙니다. 우리를 그러한 방향으로 이끌어주시는 분은 하나님이십니다. 하나님이 무엇 때문에 그렇게 하십니까? 그것은 우리가 이미 하나님의 자녀가 되었기 때문입니다. 우리가 어떻게 하나님의 자녀가 되었습니까? 그렇게 된 것은 우리의 몫이라고 주장할 수 있는 유업이나 권리 때문이 아니고 하나님께서 우리를 선택하셨기 때문입니다. 이렇게 해서 이 성경말씀의 뜻이 우리에게 분명하게 되었습니다.

이제 바울이 다루려고 하는 주제로 돌아갑시다. 내가 지금까지 결론을 내린 것은 비록 우리가 양자가 되었다 하더라도 우리는 자신의 능력과 공을 자랑하는 자들처럼 하나님의 영광을 빼앗지 말아야 합니다. 그러므로 그러한 오만을 모두 버리고 우리가 소유하고 있는 것은 순전히 하나님의 선하심에서 왔다고 고백합시다. 우리는 바울이 일생동안 전도했으며 지금은 서신의 형태로 남아있는 그의 가르침은 이 세상에서 비롯된 것이 아니라는 것을 온전히 이해하기 위해서 바울이 자신의 거듭남에 대해서 이야기하고 있는 것을 주목합시다. 바울은 그 가르침을 자신의 생각으로 만들어내지 않았습니다. 하나님께서 이 과제를 위해서 그를 예비하셨습니다.

우리는 그러한 큰 믿음 위에 우리의 기초를 두어야 합니다. 그렇게 하지 않으면 우리의 믿음이 사탄과 우리의 구원에 반대하는 모든 것에 승리해야 하기 때문에 우리의 믿음은 덧없는 생각에 불과하게 될 것이며 매우 동요하게 될 것입니다. 우리가 감당해야 할 싸움에 대해서 잠시 생각해 봅시다. 만약 우리가 사람을 의존한다면 우리는 어디에 있게 되겠습니까? 우리가 조금이라도 확고부동하게 되겠습니까? 우리가 매일매일 많은 유혹을 받아서 우리가 타락하여 지옥으로 떨어질 것처럼 보일 때면 우리가 하나님께 의지하고 있고 또 우리가 따르는 가르침은 하나님의 순수한 진리이며 그 가르침은 하나님의 말씀이라는 것을 알고 있을 때에만 우리는 살아 남을 수 있습니다.

그렇기 때문에 이것이 우리의 우선 과제입니다. 사실은 천주교 신자들은 사람들이 만들어 낸 것을 가지고 만족해 합니다(그들이 자주 말하는 것처럼). 그들은 교회가 믿는 것을 믿게 하면 될 것입니다. 그렇지만 마귀가 그들에게 올가미를 걸어놓고 있습니다. 그들은 암흑 속에 빠진 불쌍한 짐승과 똑같습니다. 그러나 우리로서는 우리가 하나님의 가르침을 받았다는 것과 하나님의 말씀을 따르고 있다는 것을 확실히 해 둘 필요가 있습니다.

그러므로 우리는 바울의 가르침이 전도되는 것을 듣고 바울이 바로 이 목적을 위해서 제정하신 도구로 하나님의 쓰임을 받았다는 것을 깨달을 필요가 있습니다. 우리는 이러한 방법으로 여기에 쓰여진 내용을 이해해야 합니다. 만약 바울이 어려서부터 신앙생활을 해서 그 가르침을 학교에서 배웠다면 그것은 하나님의 선물이 되었을 것입니다 그리고 우리는 그가 이와 같은 변화에 대해서 이야기할 때에 우리가 들었던 것과 같은 고백이나 간증을 듣지 못했을 것입니다. 그는 먹이를 찾아다니는 이리였었는데 양떼뿐만 아니라 목자가 되어습니다. 그는 복음의 불구대천의 원수였었는데 지금 여기서는 주 예수 그리스도를 섬기고 있습니다.

그는 불경스럽고 잔인하며 거만하고 반항적이었지만 지금은 성령에서 나오는 헌신을 볼 수 있습니다. 우리는 그에게서 온전한 겸손과 온유를 보게 됩니다. 그 변화가 매우 컸으며 갑작스럽게 일어났기 때문에 하나님께서는 우리들에게 바울을 단순한 인간으로 취급하지 말라는 것을 가르쳐 주시기 위해서 하나님의 능력을 발휘하셨다고 결론을 내릴 수밖에 없습니다.

하나님께서 하나님의 율법을 선포하려고 하실 때에 모세를 산속으로 데리고 들어가서 40일 동안이나 그곳에 머무르게 하신 것도 이 때문이었습니다. 만약 모세가 계시로 받은 말들을 그냥 지껄이기만 했더라도 그는 여전히 하나님의 참된 종의 역할을 다했을 것입니다. 그러나 별다른 감화는 주지 못했을 것입니다! 그렇습니다. 하나님께서 40일 동안 그를 산에 데리고 계셨습니다. 그래서 모세가 돌아왔을 때에 그의 얼굴은 빛나고 있었으며 그의 눈이 부셨습니다. 그는 태양의 광채를 견디지 못했던 것처럼 그 광채를 견디지 못해서 눈을 가려야만 했습니다. 율법은 모세가 만든 것이 아니라는 것과 모세는 천국에서 내려온 천사와 같고 하나님께서 특별히 그에게 이러한 임무를 부여하셨기 때문에 오히려 천사보다 품위를 높이셨다는 것을 입증했습니다. 모든 사도들도 그와 같습니다.

예수 그리스도께서는 율법과 성경말씀으로 오랜 훈련을 받고 외모가 잘 생겼고 명성이 있고 지체가 높은 자들을 제자로 삼으실 수 있었지만 그렇게 하지 않으셨습니다. 예수님께서는 가난하고 어리석고 무식한 노동자를 선택하시어 그들로 하여금 새로운 방법으로 말하게 하여 그들의 화술과 지혜의 깊이를 통해서 그들을 이 세상에서 가장 유식하고 가장 총명한 사람으로 여겨졌던 이들을 능가하게 하셨습니다.

하나님께서 그들을 그렇게 극적으로 변화시키셨기 때문에 그들의 가르침이 더 권위있게 되었습니다 바울에게도 이와 똑같은 것이 적용됩니다. 그러므로 우리가 바울이 우리에게 서신의 형태로 남겨준 내용을 읽게 되면 말씀을 하시는 분이 진짜 하나님이시며 바울은 주 예수 그리스도의 도구에 불과하다는 사실에 확신을 갖게 됩니다.

그리고 나서 그는 '나는 즉시로 혈육과 상의하지 않았다' 즉 사람과 상의하지 않고 곧바로 아라비아로 가서 3년 동안 거기에 있다가 베드로를 만나기 위해서 예루살렘으로 갔었는데 거기에서 베드로와 야고보 이외에 다른 사도들은 만나지 않았다는 말을 덧붙였습니다. 처음에는 바울이 사도들을 다소 지나치게 경멸하는 것처럼 보였을지도 모릅니다. 왜냐하면 그가 복음에 대해서 아무리 많이 알고 있을 지라도 그는 그들을 통해서 힘을 얻을 수 있었기 때문입니다. 우리가 경험을 통해서 알고 있는 바와 같이 하나님의 자녀들이 함께 모여있을 때에 생기는 일체감과 조화가 그들의 신앙심을 훨씬 더 함양시켜 줍니다.

바울은 자신에게 가장 큰복이 되었으며 전 교회의 이익이 되었을 그러한 방법조차도 멸시하는 것처럼 보입니다. 그러나 그가 반대방향으로 행하게 된 데에는 특별한 이유가 있습니다. 그 이유는 그는 어느 누구도 자신의 지식이 인간적인 방법을 통해서 얻어졌다고 생각하는 것을 원치 않았기 때문입니다. 왜냐하면 그는 아직 신앙의 기초가 완전히 확립되어 있지 않았기 때문입니다.

만약 바울이 예루살렘으로 가서 다른 사도들을 만났다면 사람들은 바울에게는 알지 못하는 것들이 있어서 그것에 대해서 논의하려고 여기에 왔다가 마침내 설복당했다고 말했을 것입니다. 따라서 사람들은 바울이 전하는 내용은 사람에게서 나왔다고 생각하게 되므로 하나님의 영광이 더 가리워졌을 것입니다. 그러나 바울은 전에 잔인 무도했으며 복음의 흔적을 완전히 지워버리려고 했으며 순교자로 하여금 피를 흘리게 만들었으며, 하나님을 모독하고 가장 가난하고 약한 자들로 하여금 강제로 예수 그리스도를 비방하도록 시켰던 자였습니다. 비록 바울이 이성을 잃고서 복음을 뒤집어 엎기 위해서는 무슨 일이든지 서슴치 않았었지만 그는 어느 누구의 말을 듣지 않고서 한 순간에 변했습니다. 더욱이 그는 눈이 보이지 않게 되었으며 땅바닥에 내동댕이쳐졌으며 말하자면 죽은 사람처럼 거기에 누워 있다가 다시 살아났습니다.

그리고 나서 그의 눈이 기적적으로 뜨이자 하나님께서는 그에게 아나니아(Anania)라는 잘 알려지지 않은 사람을 보내셨습니다. 그리고 그는 바울에게 세례를 주었으며 그에게 힘을 주었으며 그로 하여금 성령의 은사를 받도록 도와주었습니다. 그렇기 때문에 그는 아무도 예수 그리스도에 대해서 들어본 적이 없는 나라인 아라비아로 갔습니다(비록 거기에는 유대인들이 분산되어 살고 있었지만 복음이 전혀 알려지지 않았습니다). 제가 강조합니다만 바울이 이렇게 했으니 바울이 사람에게서 배운 것이 있다거나 논리나 판단력이나 그밖에 어떠한 인간적인 방법을 통해서 얻은 것이 있다고 말할 수 있는 사람이 있겠습니까? 우리는 바울이 가지고 있는 것은 모두 하나님이 주신 것이라고 인정하지 않을 수 없습니다.

이것이 그가 다른 사도들을 만나지 않았던 이유입니다. 바울이 그들을 '혈육'(flesh and blood)이라고 불러서 그들을 경멸하다시피 한 것이 사실입니다. 바울은 단지 주 예수 그리스도와 인간을 구별하려고 했던 것이지 그들이 하나님에게서 받은 은사의 품위를 손상시키려는 뜻은 없었습니다. 우리는 마땅히 이 점을 주목해야 합니다. 우리가 사람들에 대해서 이야기 할 때 요한복음 1장에서처럼 그들을 '혈과 육' (flesh and blood)으로 표현하는 것이 옳기 때문입니다. 사람은 본래 부정으로 가득 차 있습니다. 우리는 쉽사리 지혜, 힘, 의로움, 지성 등을 지나치게 중히 여기기 때문에 하나님께서는 '너희는 누구냐? 너희는 육과 혈에 불과하다'는 말씀으로 우리의 모든 자만과 부질없는 억측을 말살하십니다.

성경말씀에서는 자주 '혈육'이라는 말을 사용해서 아담의 범죄 이후에 우리가 갖고 있는 사악한 천성을 설명하고 있습니다(마 16:17, 요 3:6). 한때 우리가 지니고 있던 그 당당함은 없어졌습니다. 그와는 정반대로 우리는 완전히 무식하고 어리석게 되었습니다. 우리는 음탕한 생각으로 꽉 차 있기 때문에 하나님께서 우리를 다스려 주시지 않으면 우리는 가치있는 일을 전혀 할 수 없습니다. 이것이 '혈육' 이라는 말이 갖고 있는 뜻입니다.

만약 우리가 주 예수 그리스도를 알게 되어서 교화되었다면 그렇게 된 것은 우리의 자연적인 탄생이나 혈육을 통해서 이루어진 것이 아니라고 쓰여있습니다. 우리가 성령에 의해서 특별한 방법으로 거듭났을 때에 우리는 하나님의 자녀가 되었습니다. 만약 하나님께서 우리를 우리의 모습 그대로 내버려 두셨다면 우리는 세상과 짝하게 되었을 것입니다. 마태복음 16장에는 혈육이 예수 그리스도가 하나님의 아들이라는 것을 베드로나 그의 친구들에게 알려주지 않았다고 기록되어 있습니다(마 16:17). 그러므로 사람들을 하나님과 구별하고 또 죄악으로 가득 찼다는 것을 보여주기 위해서 사람들이 '혈육' 이라고 불려진다는 것을 알았습니다.

우리의 영혼은 죽지 않는 것이 사실이지만 성경은 우리에게서 자만심을 제거하기 위해서 우리를 이렇게 경멸해서 말씀하십니다. 사도들에 대해서 말하자면 그들은 이미 성령으로 중생했습니다. 그러므로 우리가 방금 인용했던 성경말씀에서 보는 것처럼 그들은 혈육을 초월한 존재들이었습니다. 그러나 그들을 하나님과 비교해 보면 그들의 속성에 속하는 모든 것들은 '혈육' 이라는 표현으로 요약될 수 있습니다. 왜 그렇습니까?만약 그렇게 하지 않으면 사도들은 우리가 말한 말썽꾸러기들이 그들의 사악한 행위를 감추기 위해서 그러한 것들을 사용하려고 했을 때 했던 것처럼 사도들이 외견상 귀하고 고상해 보이기 때문에 어떠한 방법으로든지 복음을 손상시킬 수 있었기 때문입니다!

만약 하나님께서 하나님에게 속한 것들을 모두 되찾아 가신다면 베드로나 요한이나 야고보에게는 그들이 다른 사람들과 똑같이 아담의 후손이며 또 죄악으로 가득하다는 사실 외에는 아무것도 남아있지 않을 것이라는 것을 바울이 우리에게 알려주고 있습니다. 따라서 우리는 하나님께서 우리에게 주신 은혜를 하나님과 하나님의 복음의 위대하심을 감추기 위해서 남용해서는 안 됩니다.

이제 우리는 왜 바울이 여기서 사도들에 대해서 이와 같은 특별한 방법으로 말했는지 그 이유를 알게 되었습니다. 우리가 이미 보았던 것처럼 그는 일찍이 만약 천국에 있는 천사라도 복음을 반박하려고 한다면 그는 마귀처럼 미움을 받게 되고 또 저주를 받은 자로 여겨져야 한다고 선포했습니다. 바울이 그러한 고상한 피조물인 천사, 즉 천국에 있는 하나님의 정사와 권세라고 불리우는 그들에 대해서 그렇게 모욕적으로 말하는 것이 당연합니까?(엡 1:21) 바울이 그들에게 잘못한 것이 전혀 없습니다.

왜냐하면 바울은 모든 절대적인 권한이 그들의 머리가 되시는 주 예수 그리스도께 있다고 여기기 때문입니다. 따라서 그들은 예수 그리스도께 종속되어야 합니다. 따라서 우리가 일백 번을 밟혀도 하나님의 이름이 드높여지고 우리 주 예수 그리스도께 통치권과 또 그 분께서 받아 마땅한 우월성이 주어지고 또 큰 자에게서나 작은 자에게서나 똑같이 존경을 받고 진정으로 믿음에 순종하여 항복을 받게 되면 우리가 모욕을 당하고 있다고 생각하지 맙시다.

이것을 보아서 우리는 저 불쌍한 천주교 신자들은 눈이 멀었다고 결론을 내릴 수 있습니다. 왜냐하면 그들은 하나님께서 예배와 섬김을 강탈해 갈 정도로 사도와 순교자들을 숭배하기 때문입니다. 당연히 하나님에게 속하고 하나님을 위해서 예비되어 있어야 할 것들이 모두 매물로 나와 있는 것처럼 보입니다. 그들은 하나님과 하나님의 피조물에 차별을 두지 않기 때문이 아닙니까?

사실상 그들은 주 예수 그리스도에게서 하나님께서 주신 책무를 강탈해 감으로써 예수님을 팔아 버립니다. 왜냐하면 그들은 예수님을 우리로 하여금 하나님 아버지에게 접근할 수 있도록 허락해 주시고 우리의 기도와 간구에 응답해 주시도록 하나님에게 요구하는 대변자로 인정하지 않고 많은 대변자와 보호자와 중재자를 두고 있기 때문입니다. 이제 그들에게는 예수 그리스도가 중요한 존재가 아닙니다. 말하자면 하나님을 뒷전으로 물리치고 하나님의 말씀이 오물처럼 여겨지는 반면에 피조물들이 사람들에게서 그러한 존경을 받고 있는 것이 보이게 되면 우리는 마귀가 모든 것을 뒤집어 놓았다는 것을 알게 됩니다. 그러므로 우리가 무엇을 하든지, 비록 우리가 사람들을 존중할지라도 하나님께서는 하나님이 받아 마땅하신 존경을 받고 계신지를 확인해 보아야 합니다.

만약 우리가 하나님을 하나님의 피조물과 비교하려고 하면 우리는 사람들이 창출한 것은 헛된 것에 불과하며 만약 그들에게 선한 것이 있다면 그것은 하나님께서 그들을 사랑하신다는 증표뿐이기 때문에 우리는 하나님에게 의뢰하고 하나님 한 분만이 높임을 받아야 한다는 사실을 기억해 둡시다. 또 우리가 하나님의 말씀에 순종하지 않고서는 우리는 하나님이 마땅히 받으셔야 할 만큼의 영광을 드릴 수 없다는 것을 알아둡시다.

하나님을 섬기기를 소망하고 있다는 것을 입증하기 위해서 많은 의식을 행하는 자들은 그들이 주님과 주님의 말씀에 순종하지 않으면 주님에게서 버림을 받을 것입니다. 바울은 복음의 권위를 위해서 싸우고 있습니다. 그는 사람들이 하나님이나 예수 그리스도에 대해서 이야기하는 것으로는 충분하지 않다고 여겼으며 모든 사람들이 복음에 담겨있는 가르침을 아무런 의심 없이 받아들이기를 원했습니다.

이 사실은 오늘날의 기독교는 타락했으며 특히 천주교에는 무서운 혼란이 일고 있다는 것을 보여줍니다. 그들이 주 예수 그리스도에 대해서 자주 이야기하고 있기는 합니다만 어떠한 방법으로 하고 있습니까? 그들이 예수님의 권능을 알고 있습니까? 그들이 하나님 아버지께서 예수님을 보내신 이유와 예수님이 우리에게 어떠한 이익을 갖다주셨는지 알고 있습니까? 그들은 이것에 대해서 아무 것도 모릅니다. 그들은 예수님을 이 세상의 구세주라고 부릅니다. 그러나 그들은 각각 자기 자신이나 그가 세운 성직자에게서 구원을 찾으려고 합니다. 이것이 그들의 처참한 상태입니다.

그러나 우리는 여기에서 우리에게 가르쳐주는 내용을 명심하고 있어야 합니다. 즉 우리가 하나님에 대해서 이야기할 때에는 모든 것은 하찮게 되어야 합니다. 그리고 (이사야 선지자가 말한 것처럼) 하나님으로 하여금 자신이 특출하시다는 것을 입증하실 수 있도록 해가 돋아도 어두우며 달이 그 빛을 비취지 말아야 합니다(사 13:10). 그리고 우리가 하나님의 말씀에 순종하지 않으면 하나님은 우리가 드리는 예배와 의식을 받지 않으시기 때문에 우리는 복음의 가르침을 다 받아들입시다. 이것이 사도들이

'혈육' (flesh and blood)으로 일컬어진 것을 통해서 우리가 알아두어야 할 내용입니다.

다음에 바울이 베드로를 만나기 위해서 예루살렘에 갔다고 했습니다. 이 말은 그가 전에 언급했던 아라비아 여행은 자만심이나 사도들을 멸시해서 한 것이 아니라는 것을 확실하게 해줍니다. 그보다는 그는 하나님의 은혜를 드러내 보이고 싶어했습니다. 그래서 이 세상의 어떤 것도 예수 그리스도께서 놀라운 기적을 행하셨다는 사실을 감추는 장막의 역할을 하지 않기를 바랬습니다. 전에 그렇게도 반항적이었던 사람이 복종하게 된 것은 기적입니다. 그래서 우리가 알고 있는 바와 같이 바울은 한편으로는 하나님의 것이었던 것은 모두 하나님에게 돌려드리고 싶어했습니다. 그러나 반면에 자신과 다른 사도들 사이에는 좋은 관계가 성립되어 있다는 것을 보여주고 싶어했습니다. 우리도 그렇게 되어야 합니다.

우리는 많은 사람들이 이와 같은 양극 중에서 어느 한쪽으로 잘못 흐르는 것을 보게 될 것입니다. 하나님의 은혜를 찬양하는 척 하면서 하나님을 모독하고 독기와 자만심으로 가득 차 있고 자신의 꿈과 환상을 무엇보다 중히 여기는 위선자들이 더러 있습니다. 만약 우리가 그들이 왜 그렇게 되었느냐고 묻는다면 어떻게 대답하겠습니까? 하나님께서는 많은 백성들에게 하나님의 은혜를 분명하게 보여주셔서 그들이 성경말씀으로 잘 교육을 받은 것처럼 보였기 때문이라고 대답할 것입니다. 또한 우리는 그들이 복음을 우리들에게 전하는 일에 열중하고 있는 것을 알고 있기 때문이라고 대답할 것입니다.

우리가 그들과 화합하지 못하는 것은 무엇 때문입니까? 아,

그것은 그들이 '나는 이 지구상에 살고 있는 사람과는 아무런 관계가 없습니다. 나는 하나님 한 분에게만 의존하고 있습니다'라고 말하기 때문입니다. 이들은 그들의 마음속에 성령을 모시고 있는 척 하고 심지어는 성령을 통해서 어떤 계시를 받은 척 하나 교회의 단합을 해치고 하나님의 은혜를 멸시하는 거만하고 방종한 사람들입니다. 그러므로 우리는 여기서 보이는 것과 같은 균형을 유지할 필요가 있습니다. 바울이 한편으로는 그가 거듭난 후에 아라비아로 갔다고 말해서 우리는 예수 그리스도가 그의 유일하신 주인이며 선생님이라는 것을 분명하게 보았습니다. 바울은 자신이 성령의 공동의 도구로서 사도들과 화합하고 싶어했다는 것을 모든 사람들이 알기를 바랬습니다. 왜냐하면 (우리가 이미 보여준 바와 같이) 만약 우리가 그렇게 연합되면 그것은 틀림없이 우리의 믿음을 향상시키는 데 큰 도움이 될 것이기 때문입니다.

하나님께 순종하는 사람들이 많기 때문에 하나님께서는 단 한 사람만을 부르지 않으십니다. 이 사실은 그들이 똑같은 성령의 인도를 받고 있으며 똑같은 소망을 갖고 있으며 똑같은 목표를 향하여 달리고 있다는 것을 우리에게 알려줍니다. 그들은 천국 생활을 유업으로 받고 싶어하기 때문에 그들은 하나님의 자녀라는 것을 보여줍니다. 그러므로 바울이 정말로 다른 사도들과 손을 잡았으며 그들과 헤어지는 것을 소원하지 않았다는 것을 우리에게 보여준 것은 옳은 일이었습니다. 왜냐하면 만약 우리가 우리의 믿음을 키우려면 그러한 도움이 필요하기 때문입니다.

그러므로 우리는 여기에서 중용을 취해서 우리로 하여금 양극 중의 어느 한쪽으로 기울지 않도록 합시다. 어떤 사람들은 매우 변덕스러워서 사소한 일로 복음의 가르침을 저버리기도 합니다. 그들은 어떤 사람이 말하는 것을 듣자마자 그 사람이 말하는 것을 다 받아들입니다. 만약 우리의 기반이 이보다 든든하지 않다면 우리는 우리의 천적인 마귀의 공격을 받아가면서 굳건하게 살아남을 수 있겠습니까? 그러니 우리는 믿음 안에서 굳건해집시다. 그리고 우리 모두는 가장 큰 자에서부터 가장 작은 자에 이르기까지 주 예수 그리스도 안에서 안식을 취합시다.

주 예수 그리스도는 우리의 머리이시기 때문에 그 분은 높임을 받아야 합니다. 그리고 이사야서에 있는 말씀처럼 그 분은 우리 모두가 찾는 기수가 될 것입니다(사 11:10). 따라서 우리는 사람의 외모를 중요시 하지 않는 법을 배워야 합니다. 왜냐하면 그렇게 하면 하나님의 아드님에게서 위대하심의 가치를 떨어뜨리기 때문입니다. 그리고 우리가 일단 우리의 선생으로 보냄을 받은 사람에게서 배우기로 결심을 하게 되면 그의 부족한 점을 보지 못할 정도로 그를 자랑하지 맙시다. 그렇게 하면 교회에 손해를 끼치게 될 것이기 때문입니다. 그 대신에 우리는 다른 사람과 서로서로 화합하여 살아가는 방법을 배웁시다. 그리고 우리가 받은 은사를 바칩시다. 우리의 믿음이 우리를 굳게 결합시키는 접착제가 되어서 우리가 하나님의 한 성전을 이룩하게 되기를 기원합니다.

우리는 하나님의 성전을 구성하는 돌이라는 데에는 상당한 이유가 있기 때문입니다. 따라서 만약 모든 사람들이 각각 분리되어서 의지할 데가 없게 되면 우리는 어떻게 되겠습니까? 그렇게 되었는데도 건물을 지을 수 있겠습니까? 그와 정반대로 파멸만이 있을 것입니다. 만약 우리가 하나님께서 우리와 함께 사시고 하나님의 거처를 우리와 함께 하시기를 진정으로 소망하신다면 하나님께 참된 예배가 드려져야 하며 우리의 이웃과 가능한 한 화목해야 합니다. 우리가 사람들과 더 친하게 되기 위해서는 하나님에게서 떨어져 있어서는 안 됩니다. 우리들 사이에서 싸움이 터질지도 모르기 때문에 우리 모두가 서로서로 불화하는 것이 더 좋지 않겠습니까? 그렇지 않습니다. 우리가 하나님과 하나가 되어있기만 하면 그 결과로 멋진 조화를 이루어낼 것입니다. 우리는 이러한 방법으로 바울이 따랐던 중용을 유지할 수 있습니다. 자신이 사도들과 연합하는 것이 하나님의 은혜를 방해하거나 복음이 주는 가르침의 품위를 손상시켰다면 바울은 그렇게 하지 않았을 것이니다. 그는 많은 어려움을 무릅쓰고 외국에서 그들의 거처를 찾아내는 일을 중단하지 않았으며 그가 하나님과 하나님의 진리를 핍박했던 자였다고 그들이 비난했을 때에 가장 견디기 어려운 시련을 잘 참아냈습니다.

바울이 다른 사도들과 연합되었다는 것을 선언하고 전 교인들의 앞에서 이것을 간증하게 되었을 때에 우리는 하나님을 섬기고 하나님의 말씀을 모든 피조물 이상으로 드높이기를 소원했다는 것을 알았을 뿐만 아니라 우리는 그가 매우 인간적이었으며 매우 겸손했다는 것을 알게 되었습니다. 그와 같이 우리는 우리 형제들과 똑같은 마음을 품고 있어야 하며 또 예수 그리스도를 머리로 하는 한 몸의 지체로써 그러한 방법으로 서로에게 복종해야 합니다.

우리는 사소한 일로 갈라지거나 분당을 만들어서도 안 되고 나머지 사람들과는 거리가 먼 부류에 속한다고 생각해서는 안 됩니다. 그 대신에 우리는 서로서로 의사를 소통하려고 노력하여 각각 우리의 이웃을 안내하도록 합시다. 우리 모두는 똑같은 목표를 향하여 달려가게 하고 서로를 격려해 주어서 사람들에게 우리 사이의 뜨거운 우정을 보여주게 되기를 소원합니다. 우리가 모든 사람과 화평할 수 없는 것이 사실입니까? 그것은 전혀 불가능합니다! 이러한 까닭으로 바울은 다른 성경말씀에서 할 수 있거든 **"너희로서는 모든 사람으로 더불어 화평하라"**고 했습니다(롬 12:8).

그는 이 말씀을 통해서 우리는 많은 사람들과 사이가 나쁘다는 것을 시사하고 있습니다. 마귀는 많은 악마를 거느리고 있으며 하나님의 말씀에 반대하는 사람의 수도 그 만큼 많습니다. 만약 우리가 복음의 순수한 가르침을 위해서 싸우기를 원한다면 우리는 그들에게 대적해야 합니다. 그러나 주 예수 그리스도에게 승복하려는 사람이 있으면 우리는 그를 즐겁게 맞아들이고 그 길을 인도해 주어야 합니다.

우리는 그 사람과 동일하게 되어야 하며 우리 자신을 그들보다 더 중요하게 여겨서 '말도 안 됩니다! 만약 내가 그와 교제하게 되면 내가 내 자신을 그의 수준으로 낮추는 것처럼 보일 것이니 안 됩니다' 라고 말하지 않도록 해야 합니다. 만약 우리가 그 정도로 거만하다면 우리에게는 화가 있을 것입니다. 그 대신에 우리는 오로지 예수 그리스도께서 우리의 머리가 되시기를 소원하며 우리는 그 분의 지체로서 그 분에게 경배드리고 한 믿음 안에서 한목소리로 그 분의 이름을 부릅시다.

7

갈라디아서 강해 설교

유대에 그리스도 안에 있는 교회들이 나를 얼굴로 알지 못하고 다만 우리를 핍박하던 자가 전에 잔해하던 그 믿음을 지금 전한다 함을 듣고 나로 말미암아 영광을 하나님께 돌리니라 십사 년 후에 내가 바나바와 함께 디도를 데리고 다시 예루살렘에 올라갔노니 계시를 인하여 올라가 내가 이방 가운데서 전파하는 복음을 저희에게 제출하되 유명한 자들에게 사사로이 한 것은 내가 달음질하는 것이나 달음질한 것이 헛되지 않게 하려 함이라(갈 1:22-2:2)

안 된　우리는 바울이 어떠한 피조물이 승인을 받지 않고서 모든 곳에서 복음을 전파했으며 자신은 하나님을 섬기고 있으며 자신의 노력이 하나님을 기쁘게 해 드리고 있다는 것을 알고 있는 것으로 만족했다는 사실을 알았습니다. 그러나 그는 또한 다른 제자들과 화목을 유지하고 긴밀한 관계를 유지하려고 애썼습니다. 왜냐하면 연약해서 쉽게 빗나가는 자들을 굳건하게 만들기 위해서는, 즉 연약한 가운데 있는 그들을 하님님의 도우심이 없이 강하게 하기 위해서는 이렇게 하는 것이 필요했기 때문입니다. 이렇게 해서 우리는 바울이 자신의 가르침을 굳게 믿고 있었으며 동시에 하나님의 자녀들을 한 곳에 모아서 그들로 하여금 믿음의 끈으로 하나가 되게 만들고 한 마음 한 영혼 한 목소리로 하나님을 영화롭게 해 드리게 하려고 노력했습니다. 우리는 여기서 바울이 앞으로 나아갈 것인지 또는 뒤로 물러서야 할 것인지에 대해서 거의 생각해 보지 않았다는 것을 알게 되었습니다. 비록 바울이 자기보다 먼저 하나님을 믿게 된 자들에게서 인정을 받지 못했지만 그의 중요한 관심사는 그가 부름을 받은 그곳에서 하나님을 섬기는 일이었습니다.

이 점이 우리가 가장 주목해야 할 대목입니다. 왜냐하면 바울은 하나님을 섬기겠다는 확고한 결심을 드러내 보이고 있기 때문입니다. 그는 사람에게서 보상을 받거나 감사를 받거나 그의 공로에 따라서 존경을 받게 되기를 기대하지 않았습니다. 그러므로 우리가 부름받은 그 직업에 만족케 되면 비록 사람들이 보고 있지 않을 때에도 계속해서 우리의 책임을 충실히 이행하고 하나님의 인정을 받았다는 것을 알고 기뻐합시다. 사람에게서 인정을 받고자 하는 자는 틀림없이 정욕으로 오염될 것이며 그들은 깨끗하고 성실한 생활을 하기가 불가능할 것입니다. 더욱이 사람들은 바울이 그렇게 된 동기를 의심했기 때문에 그에게는 불굴의 의지가 필요했습니다(사 9:26).

누군가 한 말에 의하면 믿는 자들은 바울을 의심했으며 그가 예루살렘에 갔을 때에 그들은 그를 피했다고 했습니다. 자신이 이들에게 끼일 수 없다는 것은 바울에게 가장 슬픈 시련이었습니다. 우리가 알고 있는 바와 같이 그가 처음으로 다메섹에 들어가려고 했을 때 문이 닫혀 있었으며 그는 광주리를 타고 내려가야만 했습니다.

그가 예수 그리스도를 믿기로 마음을 바꾸는 순간 가혹한 박해의 고통을 받았습니다. 그후에 그는 아라비아로 가서 거기서 그의 임무를 충실하게 완수했습니다. 그때에 그는 믿는 자들과 우애와 동료의식을 갖게 되기를 기대했습니까? 이것도 그에게는 불가능했습니다. 그들은 맹수에게 하는 것처럼 그를 기피했습니다!

그는 일찍이 복음을 반대하는 자들에게서 칭찬과 존경을 받았었습니다. 그런데 지금 유대 백성들 가운데서는 아무도 그를 교회에 앉히려고 하지 않았습니다. 만약 그의 관심이 세상적인 것에 집착되어 있었다면 그는 그러한 태도에 격분하여 그로 하여금 그 모든 것을 포기하게 만들 수 있었을 것입니다. 그러나 (비록 사람들이 그가 기울인 노력에 대해서 고마워하지 않았을 지라도) 그는 오로지 하나님을 섬기는 일에 자신을 헌신했기 때문에 그는 그 일을 끝까지 계속하기로 굳게 다짐했으며 의의 길에서 벗어나지 않았습니다. 오늘날 교회 안에서도 순수하고 경건한 열정에서 나오는 것들을 인정하는 사람의 수가 매우 적기 때문에 그러한 본보기는 우리에게 많은 도전을 줄 것입니다. 어떤 사람들은 세상 일에 실증이 나 있기 때문에 자신의 신용을 떨어뜨리고 있으며 다른 사람들은 매우 시무룩해서 어떤 일로도 그들을 기쁘게 해줄 수 없으며 또 어떤 사람들은 사악한 비방합니다.

사람들이 항상 어떠한 방법으로든지 우리를 멸망시키려고 한다는 사실을 우리가 알고 있다면 우리는 하나님께서 우리가 가기를 바라시는 그 길을 계속해서 밀고 나아가기 위해서 하나님께 헌신하게 될 것이며 우리 자신의 연약함을 구실로 삼지 않게 될 것입니다. 사실은 바울은 우리를 앞서가면서 우리에게 그의 손을 잡으라고 합니다, 바울은 우리와 똑같이 연약했습니다. 그러나 하나님께서는 성령을 통해서 그를 강하게 하셨기 때문에 그는 모든 장애를 극복할 수 있었습니다. 그러니 우리가 허약하다는 것을 인식하고 하나님께 그러한 담대함으로 우리를 무장시켜 달라고 간구해서 하나님을 향한 우리의 책무를 이행하지 못하는 일이 없도록 합시다.

사람들이 우리를 욕하는 정도나 다른 사람들이 우리를 비난하는 정도나 또 다른 사람들이 우리를 무시하고 우리의 모든 노력을 경시하는 정도에 구애받지 말고 그렇게 합시다. 비록 우리가 그들에게 유익을 주기 위해서 노력했을 때에도 그렇게 합시다. 그러므로 그렇게 하는 것이 많은 노력의 낭비이며 아무런 성과가 없는 것처럼 보일지라도 하나님께서 우리의 수고를 받아 주시고 인정해 주신다는 사실에 만족합시다. 이것이 우리가 이 본문 말씀을 통해서 알아두어야 할 내용입니다.

무엇보다도 우리는 유명해지고 싶어하거나 이 세상에서 굉장한 영향력을 끼치려고 해서는 안 됩니다. 왜냐하면 아무리 우리가 힘써 노력할지라도 바울보다 더 훌륭하게 될 수 없기 때문입니다. 그가 복음을 전파할 때마다 그는 천국으로 들어올려진 사람 같았습니다. 비록 그가 고린도후서에서 언급한 그 체험은 한번만 일어났지만 그 열매는 그가 살아있는 동안 계속해서 나타났습니다(고후 12:2). 그러나 그가 이러한 방법으로 복음을 전파한 후에도 그는 유대에 있는 모든 교회에서는 '알려지지 않은 사람' (unknown)으로 취급되었습니다. 그가 한 모든 사역이 무시를 당했으므로 그는 크게 성공하지 못했던 것처럼 보일지도 모릅니다. 그러나 그는 하나님께서 그를 통해서 멀리 떨어져있던 자들을 모아주신 것에 만족했습니다. 이렇게 해서 그는 사람들 가운데서 유명해지려고 하지 않았으며 명성과 권위를 얻으려고 하지 않았습니다.

그는 '그리스도 안에 있는 유대교회'(the churchs of judaea were in Christ)라는 말을 인용하면서 이와 같은 자격을 첨가하고 있습니다. 그들에게는 언약이 주어졌기 때문에 그들이 실제로 그리스도를 부인하고 새 삶을 거절하지 않는 한 그들이 완전히 버림받지는 않았기 때문입니다. 하나님께서 아브라함의 혈통을 택하신 것처럼 우리 주 예수 그리스도께서는 하나님이 이렇게 양자 삼으신 사람들을 보살펴 주시기 위해서 이 세상에 오셨습니다.

사도행전 2장에 있는 말씀과 같이 우리 주 예수 그리스도께서는 그 언약들이 속하는 유대인들을 배척하지 않으셨습니다. 하나님의 참 교회는 여전히 그들 가운데 남아 있었습니다. 결국 그들의 할례는 사람이 만들어낸 것이 아니었습니다. 비록 그들이 하나님을 참되게 섬기는 것을 방해할 정도로 많은 죄와 사악한 짓들을 도입해서 자신의 품위를 떨어뜨렸으며 참 믿음을 부패시켰을지라도 이 백성은 여전히 하나님의 식솔이며 양떼로 알려졌습니다. 그러므로 자신을 예수 그리스도와 완전히 차단시킴으로써 그들의 불신앙을 선포하지 않은 이 백성들은 여기서 바울에 의해서 '교회'로 일컬어졌습니다.

그러나 그들은 예수 그리스도 안에서 거듭나지 않았기 때문에 완전한 교회는 아니었습니다. 예수 그리스도께서는 가까이 있는 자들과 멀리 떨어져 있는 자들을 하나님과 화해시키기 위해서 이 세상에 보내졌을 때에 온 세상이 새롭게 되었습니다(엡 2:17). 이미 율법을 받은 이스라엘 백성들처럼 가까운 곳에 있었던 자들과 하늘 나라에 참여하지 못했던 이방인들처럼 멀리 떨어져 있던 자들은 미신과 우상을 숭배하는 짓 때문에 하나님께서 불쌍한 짐승으로 남겨 두셨습니다. 그러나 예수 그리스도께서 그들을 모두 모이게 하시고 전에 흩어져 있던 그들 모두 재결합시키기 위해서 오셨습니다.

이것에서 우리는 율법이 설경말씀을 통해서 분명하게 된 것처럼 이스라엘 백성들을 복음으로 인도해 주어야 했다는 사실을 알게 되었습니다. 우리에게는 이것을 알고 있는 것이 매우 중요합니다. 그래서 우리는 율법에 담겨있는 내용은 모두 우리와 관련이 없다고 생각하지 않습니다. 율법에 나오는 의식들이 지금은 더 이상 행해지지 않지만 분명한 것은 율법의 진리와 실체는 아직도 남아있습니다. 그렇기 때문에 오늘날 우리가 아브라함의 자녀와 모세의 제자가 되지 않고서는 참된 신자가 될 수 없습니다. 이것은 우리가 아브라함의 비호를 받아야 한다는 것을 의미하지 않으며 떼어놓을 수 없는 것들, 즉 율법과 복음을 결합시켜야 합니다.

더 나아가서 오늘날 우리가 '예수 그리스도 안에'(in Jesus Christ) 있지 않으면 하나님이 보시기에 '교회'로 여겨질 수 없다는 사실을 알고 있어야 합니다(사실은 이 세상에 있는 어떠한 집합체도 그러한 영광스러운 호칭으로 불리울 자격이 있다고 주장할 수 없습니다). 왜냐하면 예수 그리스도는 머리이시며 우리로 하여금 아버지 하나님과 하나되게 만드시기 때문입니다. 우리는 예수님을 통해서 하늘나라에 들어갑니다. 사실은 예수 그리스도를 알지 못하는 자는 비록 그들이 세례를 받고 자신을 기독교 신자라고 부르며 그 수가 아무리 많을지라도 썩은 시체와 같기 때문입니다. 이것이 우리가 이 말씀과 관련해서 깨달아야 할 내용입니다.

다음에 바울은 전에 복음을 핍박했던 그가 지금은 그것을 전파하고 있으며 하나님께서는 이것을 통해서 영광을 받으신다고 말했습니다. 다시 말하지만 이 사실은 바울이 자신을 칭찬하는 말을 하지 않고 교회의 원수였으며 교회를 박해했던 자신을 저주하고 있다는 것을 보여줍니다. 바울은 사람들의 입에 오르내리는 내용을 말하지만 그는 사실을 있는 그대로 반복했습니다. 이와 같이 해서 그는 자신의 비난거리와 부끄러움이 될 것들을 감추려 하지 않았습니다.

모든 사람들은 바울이 그의 힘을 다하여 불쌍한 신자들을 핍박하고 무고한 피를 흘리게 하고 약한 자들로 하여금 하나님을 모독하게 한 데 대해서 비난할 수 있습니다. 그러나 그는 기꺼이 이와 같은 비난이 자신에게 쏟아지게 했습니다. 확실히 바울이 이러한 고백을 할 때마다 그의 사악했던 행동을 크게 괴로워했습니다. 어떻든 바울은 자신에게는 사도라 칭함을 받을 자격이 없다고 했습니다(고전 15:9). 그는 과거에 하나님께 반역한 죄 때문에 항상 가슴 아파하고 있습니다. 그는 악한 욕망에 미혹되었을 뿐만 아니라 복음에 반대하는 일에 완전히 열을 올리고 있었습니다. 그러나 그가 무엇을 하든 하나님께 영광이 되는 일에 대해서 언급하기를 등한히 하기보다는 아주 겸손하게 자신의 죄를 인정하기를 좋아했습니다. 그러므로 우리도 우리가 지은 죄에 대해서 완전히 알고 있어야 하겠습니다.

만약 그것이 하나님의 영광을 위한 것이라면 사람들 앞에서 비굴해지는 것을 두려워하지 않도록 합시다. 필요할 때면 사람들 앞에서 불명예스러운 표적을 지니게 된 것에 불만을 품지 맙시다. 그렇게 함으로써 하나님이 영광을 받게 될 것입니다. 이렇게 함으로써 우리의 죄가 하나님에 의해서 덮여지고 기록되지도 않고 기억되지도 않을 것입니다.

그러므로 바울이 지난 날에 기독교를 파멸시켰다는 것이 쉽게 믿어졌다면 다음과 같은 요점을 기억해 둡시다. 우리는 복음 속에 담겨있는 교의가 언제나 사탄과 모든 행악자의 노력을 무찔러 버릴 것으로 믿고 있습니다. 그러므로 바울이 일종의 노도와 같은 광란에 사로잡혔을 때에도 기독교를 완전히 말살시키거나 폐하는 것이 그에게는 불가능했습니다. 왜냐하면 기독교는 하나님의 변치않은 진리 위에 기초를 두고 있기 때문입니다. 그것은 사람의 의견에 좌우되는 것이 아닙니다.

그러나 여기서 바울은 그가 궤멸시키려고 했던 보통사람들의 연약함에 대해서 생각하고 있습니다. 바울이 사도행전에서 말하는 바와 같이 그는 기독교인들을 핍박했을 뿐만 아니라 **'그들로 하여금 하나님을 모독하게 시켰다'** 고 말했습니다(사 26:11).

만약 오늘날 많은 사람들이 박해를 받게 되면 자신의 피나 목숨을 아끼려고 하지 않고 우리 주 예수 그리스도의 이름을 고백하는 사람도 있을 것입니다. 반면에 다른 사람들은 믿음을 철회함으로써 이 비참한 생명을 되찾으려고 하는 자도 있을 것입니다. 그러한 자들은 온 힘을 다해서 자신을 하늘나라에서 밀어내 사탄이 쳐놓은 그물 속으로 자신을 밀어 넣게 될 것입니다. 그들은 압제자와 원수의 손을 피하기 위해서 영원한 죽음 속으로 황

급히 뛰어듭니다. 성령께서는 바울이 이와 같은 잔인한 짓을 한 데 대해서 정죄하셨습니다. 왜냐하면 그는 자만심과 하나님에 대한 반항심으로 가득했을 뿐만 아니라 많은 사람들로 하여금 강제로 복음 속에 있는 약속을 철회하고 버리게 만들었기 때문입니다.

그는 이렇게 행동했으며 이것은 우리에게 교훈이 되어야 할 것입니다. 왜냐하면 비록 말씀이 손상을 받지 않고 우리가 말씀에 해를 가할 수 없고 우리가 심히 연약할지라도 우리는 우리의 행동을 통해서 그 믿음을 해칠 수 있기 때문입니다. 만약 제가 하나님의 원수들을 만족하게 해 주기 위해서 타협을 하거나 진리를 감추거나 숨기는 것이 조금이라도 있다면 저는 저의 믿음을 포기하는 것이 될 것입니다. 그러나 하나님의 말씀은 (제가 앞에서 말한 바와 같이) 품위를 유지하고 계시겠으나 사람의 잘못으로 인하여 백성들을 뿔뿔이 흩어지게 하는 경우가 자주 있습니다.

만약 우리가 매우 충성스러운 사람이라고 여겼던 사람이 모든 것을 부정하는 말을 하는 것을 듣게 되면 많은 불쌍한 영혼들은 어떻게 해야 할지를 몰라서 흔들릴 것입니다. 우리가 사람을 신임해서는 안 된다는 것이 사실이지만 다른 사람들의 훌륭한 본을 통해서 그들의 믿음이 강건하게 되는 사람들이 많습니다. 만약 어떤 사람이 그들이 가는 길 위에 걸림돌을 놓아둔다면 그들의 방향을 완전히 바꾸거나 그렇지 않으면 크게 놀라서 어떤 방향으로 돌아야 할지 모를 것입니다. 이렇게 될 것을 알고 있는 우리는 우리자신을 하나님께 맡깁시다.

마귀에게는 오늘날 모든 것을 혼란 속으로 몰아놓으려고 힘쓰는 많은 악마가 있으며 그들은 기독교를 핍박하는 일만을 하였습니다. 더 나아가서 우리를 강건하게 해 주시고 우리의 원수들이 지금보다도 더 강렬하게 우리를 공격해 올지라도 그들을 당황하게 만들 인내심을 달라고 간구합시다. 우리 모두는 자기만을 아는 사람이 되지 말고 이리의 입 속에 들어가 있는 많은 불쌍한 영혼을 돌보아 줍시다. 그들은 괴롭힘과 위협을 당할 것이며 그들의 주장을 취소하게 만들기 위한 노력이 기울여질 것입니다. 만약 우리의 불쌍한 형제들이 이러한 방법으로 공격을 받게 되면 우리에게는 최소한 하나님께서 그들을 도와주시고 사탄과 그 추종자들이 그들을 향해서 어떠한 모략을 해올지라도 결코 항복하지 않을 승승장구하는 불굴의 믿음을 그들에게 주시라고 기도드릴 수 있는 사람이 있어야 됩니다.

그러므로 우리는 바울이 믿는 자들을 폐하고 멸절시켰다고 한 이 말씀에 특별한 주의를 기울여야 할 것입니다. 왜냐하면 비록 하나님께서는 항상 당신의 진리를 보존하고 계시지만 사람들의 믿음이 흔들리기 때문에 길을 잃습니다.

아주 적은 사람들만이 그들에게 요구되는 지조를 지키고 있기 때문에 우리는 강건하게 되어질 필요가 있습니다. 우리가 이것으로 인해서 크게 놀라지 않기를 바랍니다. 왜냐하면 이것이 유사 이래로 흔히 있었던 일이기 때문입니다. 그러나 바울의 설교는 그 권능이 감소되었습니까? 전에는 바울과 잘 어울렸으며 손과 장갑의 관계처럼 친했던 그의 친구 가운데도 그와 완전히 절교하는 자들도 있었습니다(예수 그리스도가 그 주인이시기 때문에). 기독교는 약해지지 않았습니다! 오늘날에도 비슷하여 많은 불쌍한 친구들은 자신이 패배당한 것을 알고서 모든 것을 포기

합니다. 그러나 우리가 많은 충절을 기대하지 않았던 사람들은 곤경을 당할 때 참아냅니다. 우리는 모든 사람들이 멸망을 향하여 달려갈지라도 우리 하나님께 의지하는 법을 배움으로써 유익을 얻읍시다. 우리의 기초는 건전하고 튼튼하다는 사실을 기억해 둡시다.

그리고 나서 바울은 믿는 자들에게 '나를 통해서 하나님을 영화롭게 했다' 는 말을 했습니다. 거기에는 하나님 한 분만이 변화를 이룩하실 수 있다는 뜻이 내포되어 있습니다. 모든 것은 그는 사기꾼이 아니었으며 일시적인 기분때문에 그렇게 외쳤다거나 성급하거나 건방지다거나 인간적인 충동에 자극을 받았다는 비난을 받을 수가 없었다는 한 가지 사실에 귀착하게 됩니다. 그를 인도하고 안내했던 분은 하나님이십니다. 믿는 자들은 하나님께서 바울의 생활에 얼마나 많은 변화를 일으키셨는지를 보는 것만으로도 그를 통해서 하나님을 영화롭게 해드렸습니다.

바울과 같은 사람이 새롭게 되어서 성난 이리가 변하여 한 마리의 양이 되었고 마침내는 목자가 되었다는 것은 정말로 하나님께서 이룩하신 기적입니다! 이것이 제일 중요합니다. 즉 하나님께서 어떤 사람에게 은혜를 쏟아부으실 때에는 그 분량이 아무리 많을지라도 그는 자신을 높여서는 안 되고 그 영광은 그 영광의 주인이 되시며 그것을 받아 마땅하신 분에게 드려야 된다는 것을 확실히 알고 있어야 됩니다. 그러므로 우리는 겸손의 원리를 잘 지킵시다.

하나님께서 어떠한 은사를 우리에게 주시더라도 남에게서 인정을 받거나 우리의 이웃보다 더 많은 존경을 받으려고 하지 맙시다. 하나님께서는 언제나 탁월하게 되시기를 기원하고 하나님의 은혜가 다른 사람에게 임하는 것을 보게 되면 우리 모두는 하나님에게 영광을 돌리는 방법을 배우게 되기를 기원합시다. 이것이 매우 중요합니다. 모든 사람들은 가장 큰 자가 되기를 바라기 때문에 유사 이래로 사람들 사이에는 심한 증오심이 있었으며 각자는 자기의 친구를 시기하게 되었습니다. 하나님께서 우리를 어루만져 주시고 우리로 하여금 겸손하게 해 주시지 않는 한 확실히 우리 모두는 우리의 친구들 보다 큰 자가 되기를 바라고 있습니다.

모든 시기와 분쟁이 이와 같은 야망에서 비롯되었으며 모든 멸시와 불평 불만과 비난도 그와 같습니다. 이와 반대로 만약 우리가 여기서 우리에게 제시된 그 원칙을 굳게 지킨다면 하나님의 은혜가 다른 사람에게 임하는 징후를 보게 되며 우리는 차츰차츰 하나님께 영광을 돌리는 방법을 배우게 될 것입니다. 왜냐하면 우리가 하나님께서 존귀히 여기시는 사람을 시기하고 그에게서 보이는 은사와 은혜를 부정하려고 하며 피조물인 사람에게 잘못을 저지를 뿐만 아니라 바로 그 은혜의 주인이신 하나님께 잘못하는 것이기 때문입니다.

나는 교회를 세울 수 있는 사람을 만나게 될지도 모릅니다. 하나님께서는 그에게 그러한 은사를 주셨기 때문에 우리는 그의 수고를 통해서 유익을 얻을 수 있습니다. 그러나 그가 과도하게 전진하거나 내가 배경 속으로 너무 많이 딸려 들어가야 할지도 모른다는 두려움 때문에 나는 중상과 그밖에 다른 사악한 방법으로 하나님께서 그를 통해서 이룩하신 것들을 감추고 평가절하하려고 합니다. 그것은 마치 내가 의도적으로 하나님의 모든 은사를 은폐시켜서 그들로 하여금 멸시를 받게 하는 것과 똑같습니다. 만약 이것이 내가 앞에서 설명한 그 저주받을 야심에서 나오지 않았다면 어디에서 나왔겠습니까? 따라서 만약 우리가 이러한 방법으로 우리 자신을 선동한다면 항상 분쟁과 불평이 있게 마련입니다. 간단히 말하면 그것은 하나님을 노엽게 만들고 일종의 불화를 일으키게 될 것입니다. 우리는 누구에게 잘못하는 것입니까?

나는 나의 이웃을 평가절하 함으로써 그에게 잘못을 범하고 또한 하나님을 모독하는 것이 됩니다. 우리가 어떤 사람의 은사나 미덕을 무시할 때에는 반드시 하나님을 모독하게 됩니다. 왜냐하면 그렇게 하는 것은 하나님을 심히 노하게 하기 때문입니다. 왜 그렇습니까? 하나님께서는 하나님의 모든 은사를 통해서 알려지시기를 바라시기 때문입니다. 하나님께서 우리에게 임재하시면 우리는 반드시 그 분에게 경배를 드려야 합니다. 그러므로 만약 우리가 어떤 사람에게서 성령이 역사하시는 증거를 보고서 그들을 짓밟아 버리거나 그들에게 침을 뱉거나 그들을 싫어한다면 이것은 우리가 온 힘을 다하여 하나님의 위엄을 훼손시키려는 짓이 아닙니까? 비록 우리가 그렇다고 시인하지 않을지라도 그 사실을 바꾸지는 못합니다.

하나님께서 바울 안에서 역사하시는 것을 보고 그를 통해서 하나님에게 영광을 돌린 믿는 자들과 관련해서 여기서 한 말을 우리는 음미해 보아야 합니다. 우리는 이것을 통해서 하나님께서 우리에게 그러한 은사를 허락하실 때에 우리는 그 영광의 주인이 되시는 하나님께 영광을 돌려야 된다는 경고를 받고 있습니다. 왜냐하면 그렇게 하는 것은 피조물에게 죄를 짓거나 상하게 하는 것이 아니고 하나님에게서 하나님의 것이 되어 마땅한 것을 속여서 빼앗고 강탈함으로써 우리는 하나님께 대적하게 되기 때문입니다.

우리는 오늘날 전보다 더 흉악한 죄악이 저질러지는 것을 보게 되기 때문에 이 교훈을 더욱더 굳게 지킬 필요가 있습니다. 하나님의 은사가 전 교인의 복리에 유익이 되기 때문에 그들을 높이 평가하는 사람이 우리들 가운데서 몇이나 됩니까? 마귀가 강한 통제력을 갖고 있기 때문에 우리로 하여금 감사하지 못하게 만들며 그렇게 함으로써 우리로 하여금 우리가 기뻐할 하나님이 주시는 은사의 열매를 만끽하지 못하게 합니다.

만약 우리에게 공정하고 솔직한 마음이 있다면 우리는 확실히 다른 사람들의 훌륭한 본을 통해서 유익을 얻게 될 것입니다. 만약 어떤 사람이 하나님에게서 은혜를 받았다면 우리는 우리의 영혼에 유익을 주기 위해서 그들을 활용하려고 할 것입니다. 그러나 우리는 우리의 심술궂은 마음 때문에 우리 앞에 놓여있는 유익한 것들을 누리지 못하도록 문을 닫아버립니다. 사실은 우리들로 하여금 태양이 빛나는 일이 없을 것이라고 믿게 만들려고 애쓸 정도로 심술 궂은 사람들도 더러 있습니다! 그들의 하나님의 이름이 다른 사람의 본으로 인해서 영광을 받는 것을 보게 되면 몹시 화를 내고 초조해 합니다. 그들은 '왜 그가 그러한 특전을 누려야 합니까?' 라고 묻습니다.

하나님께서 당신의 뜻에 따라서 사람들에게 은혜를 부어주실 때에 그들은 마치 우리가 우리 자신을 낮추거나 하나님께 그 분이 받아 마땅하신 영광을 돌리지 않아도 되는 것처럼 행합니다. 어떤 자들은 몹시 사악하기 때문에 하나님께서 은사를 주신 사람들과 교회를 세우기 위해서 노력하는 사람들을 받아들이기 보다는 하나님을 권좌에서 몰아내고 싶어합니다.

우리는 하나님께서 그들을 통해서 영광을 받고 싶어하시는 것을 알고 있으니 그들을 환영해야 마땅하지 않습니까? 이렇게 해서 여러분은 오늘날 사람들이 얼마나 악의와 독소로 가득차 있는지 알게 되었습니다. 사정이 이러니 우리는 여기서 우리에게 가르쳐진 내용을 모든 힘을 다하여 더 굳게 지킵시다. 즉 우리는 모든 유익이 오로지 하나님의 선하심에서 나온다는 것과 하나님이 모든 선한 속성의 창조자라는 것을 알고 우리에게 주어지는 모든 유익을 통해서 하나님께서 영광을 받으시도록 해드립시다. 모든 피조물 속에 있는 칭찬받을 만한 것은 다 하나님의 덕분으로 된 것입니다. 그러므로 우리는 모든 것을 통해서 하나님을 영화롭게 해드리는 법을 배웁시다.

이 시점에서 그는 다시 예루살렘으로 가서 가장 권위 있는 자들과 교제를 해서 전에 했던 일이 허사가 되지 않도록 했다는 말을 덧붙였습니다. 우리는 여기서 바울이 우리 주 예수 그리스도의 나라를 확장시키는 적당한 방법을 찾기 위해서 노력했지만 그의 욕망이 충족되지 못한 것을 보게 됩니다. 그는 복음이 마음껏 흐르게 하기 위해서 모든 장애물을 제거하려고 했습니다. 오늘 본 바와 같이 그는 허황된 망상에 이끌려 다니지 않았습니다. 그러나 어떤 사악한 사람들은 그가 사도들에게서 무엇인가를 배우기 위해서 그들 주변을 맴돌고 있다고 비난할지도 모른다고 생각했습니다. 그는 사람들이 그렇게 생각하는 것도 무리가 아니라는 것을 알고 있었지만 다른 사도들과 연합하려고 하는 그의 목적을 포기하지 않았습니다.

나는 그가 어떤 특정한 사람 하나와 친숙해지려고 하지는 않았다고 생각합니다. 왜냐하면 그는 모든 사도들이 그를 받아 주기를 바랬기 때문입니다. 가장 확실한 것은 바울이 예루살렘에 갔을 때 그렇게 한 것은 사도들 중에서 누가 가장 훌륭한 선생인가를 알아보기 위해서가 아니고 그들 모두로 하여금 하나님을 섬기고 복음을 전파하는 일에 그들의 충성심을 서로서로 나타내게 하기 위해서 였다는 사실입니다. 그것이 바울이 그곳에 갔던 이유입니다.

우리는 여기서 그의 겸손함을 보지 않습니까? 교회가 열매를 맺고 믿음 안에서 성장하는 한, 사도들이 그를 사도로 인정해 줄 확신이 있는 한 그는 어떠한 고난도 감수할 준비를 하고 있었습니다. 그리고 우리는 그가 겸손했던 것과 함께 열렬했던 것을 보게 됩니다. 그는 많은 나라를 '뛰어다녔습니다.' 그는 아라비아로 가서 그 나라의 방방곡곡을 돌아다녔습니다. 그가 태어났던 씨리시아(Cilicia)로 갔으며 다음에 시리아(Syria)로 갔습니다. 그리고 다시 예루살렘으로 돌아와서 처음으로 온 유대땅을 두루 돌아다녔습니다.

그는 아무런 위안을 받지 않고서 이와 같은 전도여행을 다 해냈습니다. 만약 이 여행을 통해서 우리 주 예수 그리스도의 나라가 확장되고 교회가 그가 기울인 노력으로 인해서 얼마 간의 결실을 거두어 들이게 되면 그는 살기보다는 죽고 싶어했다는 것을 입증했습니다.

그러한 본을 보았으니 우리는 게으름을 떨쳐버리고 우리로 하여금 우리의 죄중에서 상하지 않게 해달라고 하나님께 요청하기 위해서 많은 용기를 내는 방법을 배우도록 합시다. 대신에 기회가 도래하고 필요할 때가 되면 하나님을 섬기는 일에 우리를 깨워주시고 우리에게 은혜를 베풀어 달라고 요구합시다. 동시에 바울은 하나님의 영광과 우리의 행복을 위해서 매우 열성적으로 활약했기 때문에 우리는 계속해서 그가 전파한 교리를 굳게 지키도록 합시다. 왜냐하면 만약 그가 사기꾼이었다면 확실히 그는 세상적인 사람의 방법을 취할 수 있었기 때문입니다. 그러나 그가 돌아왔을 때 그를 찾는 사람이 아무도 없었고 거절을 당했지만 그는 믿는 자들과 친구가 되고 연합되고자 했습니다.

그의 노력과 수고를 알아주는 사람이 아무도 없었으며 그가 자신을 아낌없이 바쳤다는 것을 아무도 몰랐습니다. 이것은 그가 하나님과 동행했으며 성령이 모든 분야에서 그를 인도하셨다는 사실을 확실하게 해줍니다.

이제 바울은 그가 뛰어다닌 것이 헛되게 하지 않기 위해서 명성이 있고 크게 존경을 받고 있는 사람과 친교를 맺었다고 했습니다. 그렇지만 그가 어떤 특정한 살아있는 사람의 호감을 사지 못했다고 해서 그가 실패했다고 하는 것은 아닙니다. 그는 만약 하나님께서 많은 불쌍한 영혼들을 이러한 방법으로 부르시어 그들에게 복음에 대해서 완전하고 확실하게 알려주시지 않으면 그들이 불신자로 남아있게 될 것이라고 생각했습니다. 제가 얼마 전에 말한 바와 같이 우리가 우리의 믿음 때문이 아니라 우리의 연약함 때문에 비틀거릴 때 우리의 믿음이 산산이 무너질 수 있습니다.

따라서 만약 우리가 그 가르침에서 우리가 얻을 수 있는 만큼의 유익을 얻지 못하면 복음을 전파하고 출판하는 자들의 수고가 헛되게 됩니다(즉 만약 하나님께서 그러한 노력을 축복하시고 창대케 하시지 않으면). 바울이 '어떠한 방법으로든지 내가 뛰어다니고 또 내가 뛰어다녔던 일이 헛되지 않기 위해' 라고 말한 것은 (다시 말하면 물론 하나님께서 그의 사역을 축복해 주시지 않으면) 복음을 전하는 자들이 그들의 노력을 낭비하고 있다는 뜻이 아닙니다. 왜냐하면 복음을 전한다는 것은 비록 세상사람들이 그것으로 말미암아 죽음과 저주만을 받게 되더라도 항상 하나님께서 열납하시는 제사가 되기 때문입니다.

고린도후서에서 '우리는 하나님의 향기다' 라고 말했습니다. 비록 불신자들은 우리가 하나님께 드리는 제물이 악취가 나고 그들 자신들이 부정한 속성 때문에 복음에 해로운 독이 들어있다고 생각할지라도 하나님께서는 언제나 그것을 받아 주십니다. 따라서 바울은 이 본문 말씀에서 마치 하나님께서 그를 웃음거리로 만드셨거나 그의 복음전파가 아무런 유익을 주지 못했던 것처럼 그가 뛰어다녔던 일이 헛되게 되었다고 말하지 않았습니다. 그 대신에 바울은 자신이 지도했던 자들과 그의 생명이 다하는 날까지 가르쳐주고 싶은 사람들에 대해서 생각해 보았습니다. 그는 만약 그들이 자신과 우리 주 예수 그리스도께서 지명하신 것으로 알려진 사도들 사이에 돈독한 유대관계가 형성되고 있는 것을 보지 못하면 그들이 은혜를 받지 못하게 된다는 것을 알고 있었습니다.

여기서 사람의 도움을 받지 않고 복음을 믿게 된 사람들을 참된 신자로 여겨야 할 것인지 또는 그렇게 하지 않을 것인지 당황하게 될지도 모릅니다. 여기에 대한 해답은 간단합니다. 하나님의 말씀만이 우리의 믿음을 판단할 자격이 있습니다. 만약 우리에게 우리의 믿음이 어디에 기초를 두고 있으며 어떻게 하면 그것이 완전하게 될 수 있느냐고 묻는다면 하나님의 말씀으로라고 대답할 것입니다. 그렇습니까? 말씀과 함께 하는 맹세가 있지 않습니까? 우리는 몹시 연약하기 때문에 도움을 받아야 합니다. 그리고 하나님께서 하신 서약이 있습니다. 이 모든 것은 하나님의 말씀 위에 있습니다. 정말로 거기에는 말할 수 없는 풍성함이 있습니다!

그러나 하나님께서는 우리가 넘어지고 또 하나님의 능력에 의지하지 못할 정도로 연약하게 되었을 때에 우리를 이러한 방법으로 도와주십니다. 하나님의 의도는 이러한 방법으로도 우리를 다시 일으키시는 것입니다. 마찬가지로 하나님의 종들 사이에 화합이 유지되는 것을 보게 되면 그것은 확실히 우리에게는 많은 유익과 선한 간증이 될 것입니다. 더욱이 순교자의 피가 우리에게는 큰 도움이 될 것이며 우리를 강건하게 해 줄 것입니다. 참으로 이와 같은 것들은 우리가 보기에 하나님의 가르침을 더 권위있게 만드는 보증의 역할을 합니다. 이것들은 우리들을 믿음 안에서 유지시켜 주고 강건하게 해 주기 위해서 우리를 믿음으로 더 근접시키는 데 도움을 주는 것들입니다.

이와 똑같은 원리가 기적에도 적용됩니다. 기적 자체가 우리에게 하나님의 말씀에 대한 믿음을 주지 않지만 우리로 하여금 그것에 대한 대비를 하게 해줍니다. 하나님께서는 우리를 완전히 깨우쳐 주시고 우리로 하여금 하나님의 말씀을 더욱 존중히 여기게 하기 위해서 당신의 권능을 나타내십니다. 이와 같은 기적도 보증의 역할을 합니다.

우리가 복음을 믿게 되면 우리의 믿음이 아무리 불안할지라도 하나님께서는 그러한 방법을 통해서 우리에게 커다란 힘을 주십니다. 이것은 바울이 한 말과 관련이 있습니다. 만약 사람들이 많은 권위를 가지고 있는 사람들과 의견이 달라서 혼란스럽게 되면 어떻게 되겠습니까? 불쌍한 자들이 정신이 혼란하여 '아아! 이것이 무엇이냐?' 라고 말하게끔 되는 것은 차치하고서라도 무슨 생각을 했겠습니까? 우리는 어떠한 방향으로 돌아야 할지 모릅니다. 만약 우리에게 길을 안내해 줄 사람들 가운데 분쟁이 있어서 그들이 제각기 다른 방향으로 우리를 끈다면 어떻게 우리가 그것이 참되다고 믿을 수 있겠습니까?

이렇게 해서 많은 순진한 사람들이 실망하게 됩니다. 이러한 이유로 바울은 베드로와 요한과 야고보를 만나고 싶어했습니다. 바울은 모든 사람들이 그를 받아들였다는 사실과 그가 전파했던 복음은 다른 가르침이 아니고 예수 그리스도께서 당신의 제자들에게 가르치셨으며 그들에게 세상 끝까지 전파하라고 명령하셨던 것과 똑같은 복음이라는 것을 증언하려고 했습니다.

우리는 이것을 통해서 하나님께서 바울의 열성과 겸손과 관대함과 단호함 이외에 여기서 말하는 사도들 간의 화합이 우리의 믿음을 강하게 해 주는 또 다른 요소가 될 것이라고 예상하셨음을 알게 됩니다. 우리는 연약하고 불완전하기 때문에 하나님께서 우리에게 주시는 모든 수단을 활용할 필요가 있습니다. 우리는 하나님의 자녀들과 화목하게 지내도록 노력해서 서로가 대적하기 보다는 자기의 이웃을 도와주어야 합니다. 불쌍하고 무지하고 연약한 친구들로 하여금 뒷걸음질 치게 하는 악한 감정을 가진 자에게 화가 있을지어다.

동시에 우리는 복음을 전파하는 책임을 맡은 사람들이 모욕을 당하거나 사람들이 그들을 믿어야 할지 또는 믿지 말아야 할지 모를 정도로 의심을 받게 될 때 생기는 죄에 대해서도 알아 둡시다. 사람들은 다른 땅에 복음을 전파함으로써 예수님의 나라를 발전시키고 그들의 사역을 통해서 많은 백성들을 교화시키기 위해서 하나님께서 정말로 그들을 선택하셨는지 의심합니다. 그러한 소동들을 일으키는 자에게 화가 있을 것입니다.

우리는 하나님을 섬기는 사람들과 화합하기 위해서 가능한 한 모든 노력을 기울입시다. 교회를 세우는 능력을 은사로 받은 사람들과 직무를 부여받은 사람들을 도와 줍시다. 그들의 노력이 우리의 유익과 우리 이웃의 유익을 위해서 열매를 맺도록 그들에게 도움을 줍시다. 이렇게 해서 하나님은 점점 더 많은 영광을 받게 되실 것이며 우리는 그 분을 한 마음과 한 목소리로 우리의 아버지라고 부를 수 있게 될 것입니다.

8

갈라디아서 강해 설교

그러나 나와 함께 있는 헬라인 디도라도 억지로 할례를 받게 아니하였으니 이는 가만히 들어온 거짓 형제 까닭이라 저희가 가만히 들어온 것은 그리스도 예수 안에서 우리의 가진 자유를 엿보고 우리를 종으로 삼고자 함이로되 우리가 일시라도 복종치 아니하였으니 이는 복음의 진리로 너희 가운데 항상 있게 하려 함이라(갈 2:3-5)

우리는 우리의 일생동안 마귀가 우리의 영혼에 무서운 원수가 된다는 것을 여러 번 체험합니다. 마귀는 복음이 자연스럽게 흐르는 것을 막기 위해서 부단히 노력하고 있으며 앞으로도 그렇게 하기 위해서 모든 가능한 수단을 다 동원할 것입니다. 이것은 우리들로 하여금 하나님께서 성경의 가르침을 우리 모두의 복리와 기쁨과 행복의 원천으로 지정하셨다는 사실에 관심을 갖게 합니다. 마귀는 성경의 가르침에는 사람들이 구원을 받는데 필요한 모든 것이 내포되어 있다는 것을 알지 못하고서는 구태여 그것에 관여하려고 하지 않을 것입니다. 비록 마귀가 하나님의 영광을 가리기 위해서 노력을 할지라도 그렇게 하지 못합니다. 왜냐하면 '사람의 구원과 하나님의 영광' 은 불과분의 관계가 있기 때문입니다.

고맙게도 하나님께서는 다음과 같은 원칙을 정해주셨습니다. 즉 하나님께서는 우리를 당신에게로 끌어들이기 위해서 우리 가운데 거하시며 우리는 하나님에게 의지하고 하나님 안에 거함으로써 최상의 유익을 얻게 된다는 것입니다. 그러므로 사탄은 주 예수 그리스도의 복음에 대항하여 전쟁을 선포하기 위해서 수많은 원수들을 키우고 있습니다. 사탄은 이것뿐만 아니라 방해자를 우리 속으로 침투시켜서 안에서 대적하게 하려고 합니다.

이와 같은 사정은 유사 이래로 변함이 없기 때문에 바울이 여기에서 설명하는 예에서도 볼 수 있습니다. 우리가 알고 있는 바와 같이 모든 사람이 바울을 위협했으며 또 전력을 다해서 복음이 전파되는 것을 억제했던 이교도들과 믿지 않는 자들의 반대 때문에 그는 많은 노력을 했으며 많은 고난을 겪었습니다.

설상가상으로 그는 몰래 기어드는 사기꾼들도 있다고 했습니다. 그가 사용한 희랍어로는 그들이 몰래 그렇게 했다는 것을 시사해 주고 있지만 우리는 그것을 한 단어로는 적절하게 표현할 수 없습니다. 그는 염탐꾼들이 복음의 진리를 무너뜨리려는 목적으로 믿는 자 사이에 은밀히 침입해 들어갔다고 했습니다. 이 악당들은 주 예수 그리스도의 가르침을 드러내 놓고 반대하지 않았습니다. 반대로 그들은 기독교 신자라는 이름과 직분을 갖고 있었습니다.

동시에 그들은 (그들의 말대로) 이것도 아니고 저것도 아니며 오로지 그들의 구미에 맞는 혼합물에 불과한 반쪽 복음(half-gospel)을 갖고 싶어했을 뿐이었습니다. 그와 똑같은 경향이 오늘날에도 남아있어서 이 세상에는 자신에게 맞는 종교를 창안하려는 사람들이 많이 있습니다. 그들은 하나님의 순수한 진리에서 얼마를 떼어다가 거짓과 기만에 혼합시킵니다. 바울이 살아있던 당시에도 그러한 자유주의자가 있었다는 것을 주목하십시오. 이것이 바울이 여기서 우리에게 경고하고 있는 내용입니다.

그러나 그는 잠시라도 그들에게 복종치 않았으며 그렇게 해서 복음의 자유와 진리가 지속되었습니다. 이것이 여기서 말하는 내용을 요약한 것입니다. 먼저 우리는 우리의 내부에 있는 적에 대항하기 위해서 무장하고 대비하고 있어야 합니다. 왜냐하면 그들은 우리로 하여금 더 이상 확실하게 알고 있는 것이 아무 것도 없게 만들어서 모든 것을 혼란하게 만들 정도로 복음의 내용을 혼란스럽게 하고 부패하게 만들려고 애쓰고 있기 때문입니다. 이것은 처음 있는 일이 아니기 때문에 이런 일이 일어났다고 해서 놀라서는 안 됩니다. 만약 하나님께서 바울이 살아있던 당시에 믿는 자들의 충성심을 시험해 보셨다면 분명히 하나님께서 오늘날에도 우리를 시험해 보실 것이라는 사실을 알아둡시다.

실은 우리 가운데는 파벌과 반론이 있기 마련입니다. 그래서 하나님에 대한 지속적인 순종을 통해서 살아있는 뿌리를 내리고 있는 자들이 나타나고 알려질 것입니다.

그러한 사람들은 그들 자신이 타락하거나 부정하게 되는 것을 허락하지 않는 한 그들이 확실히 주 예수 그리스도의 학교에서 유익을 얻었다는 것을 입증하는 표시를 지니고 있을 것입니다. 이러한 까닭으로 우리 주님께서는 불화를 심고 순수한 가르침을 왜곡하려고 노력하는 방해자를 수용하십니다. 주님은 이것을 막는 것이 좋다고 생각되시면 쉽게 그렇게 하실 수 있으십니다. 그러나 대신에 그렇게 하는 것이 우리의 믿음을 시험해 볼 수 있기 때문에 사탄에게 자유를 주십니다. 우리가 가는 길에 많은 시험이 닥칠지라도 우리는 좌로나 우로나 치우치지 맙시다. 그보다는 만약 우리가 하나님의 말씀에 온전히 뿌리를 내리고 있으면 우리는 타락할 수가 없다는 것을 알고 있기 때문에 우리에게 보여준 그 길을 막고 나아가도록 합시다.

만약 우리의 믿음이 변하지 않았다면 그것은 우리의 믿음에 좋은 시련이 되었을 것입니다. 그러나 그러한 건달들은 목숨을 위협하는 괴질과 같고 또 완전히 곁길로 나가서 복음을 멸시한다고 공공연하게 외치고 다니는 자들보다 더 해롭다는 것을 인식하고서 그들에게 대항합시다. 그 가운데서 우리들 사이로 끼어 드는 자들이 훨씬 간악하기 때문에 우리는 그들에게 용감히 대항해야 합니다. 만약 우리가 그 싸움을 포기한다면 머지않아 큰 혼란이 일어나게 되어서 사람들은 더 이상 흑백을 구별할 수 없게 될 것이 확실합니다. 그러므로 우리는 이와 같은 과제를 이룩하기 위해서 전념합시다.

이제 바울이 여기서 말하는 사람은 어떠한 사람인지 생각해 봅시다. 바울은 저희가 남몰래 들어온 것은 그리스도 예수 안에서 우리가 가진 자유를 엿보기 위해서라고 했습니다. 그는 의식적인 행사와 관련된 자유에 대해서 말하고 있습니다. 왜냐하면 (전에 언급했으며 앞으로도 그것에 대해서 자세하게 말하겠지만) 율법 아래에서는 하나님께서 우리의 선조들로 하여금 주 예수 그리스도의 오심을 여러 형태로 기다리게 하셨기 때문입니다. 그러므로 이러한 부수적인 조건을 다 갖춘 제물들인 (이 모든 것의 참된 완성이신) 우리 주 예수 그리스도께서 아직 나타나지 않았습니다. 우리의 선조들은 그러한 망령의 지배와 인도를 받았습니다. 이러한 까닭으로 바울은 그들을 후견인과 청지기 아래 있는 어린아이들에게 비유했습니다(갈 4:1-2).

옛날 우리 조상들이 율법에 있는 의식을 지켰다는 것은 선하고 옳은 일이었습니다. 왜냐하면 그들은 구세주에 대한 언약을 굳게 믿고 있었기 때문입니다. 이것은 또한 그 제사가 모세가 시내산 꼭대기에서 보았던 그 형식에 따라 드려진 이유를 설명해 줍니다. 확실히 이 모형은 주 예수 그리스도와 그 분의 은혜를 상징하는 영적인 예배였으며 그 은혜가 지금은 복음을 통해서 우리에게 내려집니다. 사실 우리 주 예수 그리스도께서는 그러한 모형과 영상이 더 이상 존재하지 않게 하기 위해서 오셨습니다. 이러한 까닭으로 그가 십자가에 달려 돌아가셨을 때에 성전의 휘장이 두 쪽으로 갈라져서 하나님께서는 우리가 더 대담하게 하나님께 가까이 오기를 바라신다는 것을 보여 주었습니다.

바울은 이 본문 말씀을 통해서 우리는 우리 주 예수 그리스도 안에서 자유를 누리고 있으며 더 이상 율법시대에 존재했던 일종의 종의 관계를 따르지 않게 되었다고 했습니다. 그는 골로새서에서 말한 것처럼 할례를 예로 들어서 이야기를 계속했습니다(2:11). 그러므로 우리가 할례를 받았다면 그것은 사람의 손으로 된 것이 아니고 성령의 능력을 통해서 우리 안에서 역사하시는 주 예수 그리스도에 의해서 된 것입니다. 우리에게는 유대인을 위해서 제정된 할례 대신에 같은 의미가 있는 세례가 있습니다.

즉 우리는 그것을 통해서 새로운 피조물이 되고 하나님을 온전히 섬기기로 다짐하게 됩니다. 이렇게 해서 우리는 우리 주 예수 그리스도께서 우리를 위해서 그 값을 치르시고 방면하신 것을 알게 되었습니다. 율법의 의식은 다 지나가고 우리는 더이상 그것을 따를 필요가 없으며 또한 그것도 우리를 얽매어 놓지 못합니다.

얼핏 보면 이 모든 것에는 특별한 의미가 없다고 말할지도 모릅니다. 우리가 세례도 받고 할례도 받았다고 해서 달라지는 것이 있습니까? 만약 우리가 우리 주 예수 그리스도만이 율법을 이행하시고 완성하신 분이라는 것을 인정하면서 그 형식을 여전히 유지하고 있다면 어떻게 되겠습니까? 먼저 마치 우리가 율법 아래 있는 것처럼 의식을 지킨다는 것은 주 예수 그리스도의 영광을 가리우는 것이 될 것입니다. 왜냐하면 **'율법은 모세로 말미암아 주신 것이요 은혜와 진리는 예수 그리스도로 말미암아 온 것이다'** 라고 기록되었기 때문입니다. 그것은 요한복음 1장에 쓰여있습니다(1:17). 따라서 만약 우리가 우리에게 주어진 자유를 사용하지 않는다면 우리는 그 분에게서 그 분이 받아 마땅한 영광을 빼앗는 것이 됩니다.

우리의 주 예수 그리스도가 우리에게 보내졌으며 그 분을 통해서 옛적에 예시되었던 것들 모두를 우리가 갖게 되었기 때문에 우리에게 보내졌으며 그 분을 통해서 옛적에 예시되었던 것들 모두를 우리가 갖게 되었기 때문에 우리는 오늘날 우리의 옛 선조들보다 더 좋고 더 많은 축복을 누리고 있다는 것을 알고 있어야 합니다. 따라서 우리는 율법에 있는 의식을 시행함으로써 주 예수 그리스도께 죄를 짓게 됩니다. 이것이 가장 중요합니다.

두 번째로, 우리 주님은 **'의로운 해'** (말 4:2)라고 불리우기 때문에 우리는 우리의 눈을 들어 예수 그리스도를 우리에게 계시하는 그 진리를 바라보아야 하며 그렇게 해서 우리는 그 분을 대면할 수 있게 되고 마침내는 고린도후서에 있는 말씀과 같이 하나님 아버지를 만나게 됩니다(고후 3:15). 더욱이 우리가 율법에 있는 의식을 우리 주 예수 그리스도와 관련이 없는 것으로 생각한다면, 다시 말하면 우리가 율법에 있는 의식을 예수 그리스도에게서 분리시킨다면 그들은 사람들에게 채무관계와 유죄판결과 사망을 가져다 줄 것입니다. 이러한 까닭으로 바울은 골로새서 2장에서 우리를 거스리고 우리를 대적하는 **'의문(儀文)에 쓴 증서'를 도말하시고 제하여 버리사 십자가에 못 박으셨다**고 강조했습니다(골 2:14).

왜냐하면 그러한 의식이 오늘날까지 이행되고 있다면 우리는 그들을 통해서 우리가 하나님이 보시기에 영원히 죽어 마땅하다는 것을 깨닫게 될 것이기 때문입니다. 왜 그렇습니까? 그 불쌍한 짐승들이 살해되는 것은 그들에게 그러한 잘못이 있어서가 아니고 모든 것은 죽어 마땅하다는 것을 사람에게 생생하게 보여주기 위해서 입니다. 그러므로 만약 오늘날에도 그러한 제물이 드려진다면 우리도 똑같은 사형대 앞에 서게 될 것입니다. 그러나 우리는 주 예수 그리스도를 통해서 자유로운 몸이 되었습니다. 바울이 말하는 바와 같이 여기에 죽음을 뛰어넘는 승리가 있습니다.

세 번째로, 우리의 옛 선조들에게 율법이 주어졌지만 그들이 모든 죄사함을 받고 자유롭게 된 것은 오로지 하나님의 은혜 때문이라는 것을 알고 있었습니다. 따라서 만약 오늘날 우리가 의식을 지켜야 되는 필요성을 강조하게 된다면 그것은 사도행전 15장에 있는 말씀과 같이 우리가 감당할 수 없는 멍에가 될 것입니다(사 15:10). 왜냐하면 의식을 유지한다는 것은 우리들 모두로 하여금 절망 속에서 익사하게 만들 것이기 때문입니다. 사람들은 하나님께서 엄하고 꾸준하게 지키라고 명령하셨던 것들을 할 수 있습니까? 전혀 그렇게 할 수 없습니다. 왜냐하면 하나님께서 우리에게 요청하시고 요구하시는 것들은 모두 우리의 능력이 미치지 못하는 것들이기 때문입니다. 만약 우리가 한 가지 일에서라도 실패하게 되면 우리의 무거운 죄가 우리를 가루로 만들 것입니다. 이러한 이유로 여기서 말하는 '자유'가 대단히 중요합니다. 결국 우리가 율법과 관련하여 더 이상 구속의 멍에를 메고 있지 않는다는 것을 모르고 있는 한 우리는 우리의 구원에 대한 확신을 가질 수도 없으며 하나님을 자유롭게 부를 수도 없습니다.

우리는 곧 또 다른 문제에 부딪치게 됩니다. 즉 믿는 자들로 하여금 그러한 의식을 지키게 만들고 싶어하는 자들은 그렇게 함으로써 그들의 행동이 정당화되고 하나님의 호감을 받게 될 것이라는 사악하고 그릇된 환상을 갖고 있었다는 사실입니다. 이것은 주 예수 그리스도의 죽음과 대속의 권능을 부인하는 것입니다. 이렇게 해서 우리는 바울이 율법에 있는 의식을 강력하게 반대한 데에는 상당한 이유가 있었다는 것을 알게 되었습니다. 그는 의식이 믿는 자들을 몹시 구속했기 때문에 그것이 더이상 지켜지는 것을 바라지 않았습니다.

우리는 오늘날 천주교 신자들과 그와 비슷한 불화관계에 있기 때문에 이것을 눈여겨 볼 필요가 있습니다. 사실 그들은 바울이 말하는 사기꾼만큼 그럴 듯하지 못합니다. 비록 그들이 마귀의 종으로서 복음의 진리를 왜곡하려고 했지만 최소한 그들 자신의 생각이나 전통을 전파하려고 하는 것이 아니라고 말할 수 있었습니다. 그들은 율법은 지켜져야 된다고 말함으로써 하나님의 권위를 수용한다고 했으며 그것이 그들의 분명한 변명이었습니다. 그런데 천주교 신자들에게는 그러한 기반이 없습니다.

그들이 행하는 모든 의식은 사람들의 뜻에 따라 된 것입니다. 그들은 여기 저기를 꿰어 맞추어서 작은 유태교를 만들었지만 어떠한 근거에 제일 많이 의지하고 있는지가 분명하지 않은 혼합물에 불과합니다. 그것에 대한 대답이야 어떻든 오늘날 천주교에서 지키는 모든 의식은 사람들에 의해서 추가되었다는 것이 분명합니다. 우리가 그들에게 반대하면 우리가 사소한 일로 커다란 소문만 일으킨다고 합니다. 이와 같이 미지근한 사람들이 양쪽을 만족하게 해 주는 가짜 복음을 만들기를 바래서 끼어듭니다. 그들은 마치 우리가 선동적인 것처럼 우리를 꾸짖으며 우리가 꼼꼼해서 이 땅 위에 엄청나게 많은 말썽을 일으키고 있다고 합니다.

'여러분이 여기에 있지도 않고 저기에 있지도 않은 의식에 대해서 그렇게 많은 논의를 하는 것이 옳습니까?' 라는 그들의 질문을 통해서 그것을 증명할 수 있습니다. 그렇습니다. 실은 하나님께서는 우리 주 예수 그리스도께서 이 땅에 오시자 (당신에게서 비롯되었사오며 당신의 직접적인 명령으로 생기게 된) 그 율법을 폐하시려고 하셨습니다. 그러니 하나님께서는 사람들이 무모하게 새로운 의식을 도입하려고 하는 것을 보시고 어떻게 생각하셨겠습니까? 만약 하나님께서 자신의 의식을 폐하시려고 했는데도 사람들이 고집을 부려서 그들이 만든 의식을 도입하려고 했다면 그것은 우리들로 하여금 하나님은 현명하지 못하다고 믿게 하려는 것과 같지 않습니까? 그것은 흉악한 신성모독입니다.

우리는 하나님께서 오늘날 의식을 더 이상 지키지 않게 하시려는 이유를 알았습니다. 그것은 우리 주 예수 그리스도의 은혜를 더 넓게 더 분명하게 알리시기 위해서 입니다. 왜냐하면 그분이 '의로운 해' 이기 때문입니다(말 4:32). 바울이 말한 바와 같이 그리스도는 모든 그림자의 몸이며 실체이기 때문에 모든 그림자가 물러갈 것입니다. 이러한 이유로 사실은 그 예표가 과거지사로 사라지게 되는 것이 불가피했다는 것을 우리는 알 수 있습니다.

천주교도들의 의식은 주 예수 그리스도의 영광을 가리우는 일만을 하는 것이 분명합니다. 사실은 그 의식들이 많은 구속력을 갖도록 만들어졌기 때문에 만약 그들을 지키지 않으면 용서받지 못할 죄를 짓는 것이 됩니다. 이외에 그들의 의식에 따르면 한 번의 세례만으로는 충분치 않으며 사람에게는 아침저녁으로 새롭게 씻어줄 성수가 필요하다는 것을 시사해 주는 것 같습니다. 이와 같이 아무런 가치가 없으며 우스꽝스러운 관습을 모으면 거기에는 항상 불쌍한 영혼들을 구속해 놓는 무엇인가가 있는 것이 분명해 집니다. 이것이 묵인되어야 합니까?

그들에게는 꽉 끼이는 멍에가 매워졌기 때문에 그 불쌍한 친구는 그것으로 인하여 목졸라 죽임을 당할 것입니다. 그들은 주 예수 그리스도의 죽음과 구속을 통해서 얻는 자유를 박탈당했습니다. 그러므로 우리는 의식과 관련하여 천주교의 횡포에 맞서 싸워야 할 필요가 얼마나 다급하고 얼마나 절실한지 알 수 있습니다. 왜냐하면 그들은 그렇게 하찮은 것으로 즐기면서 우리 주 예수 그리스도께는 그 분이 받아 마땅하신 영광성을 드리지 않기 때문입니다. 더욱이 그들은 그들이 말하는 '하나님의 섬김'

(Serving God)을 통해서 호감을 얻을 수 있다고 굳게 믿고 있기 때문에 그들의 알량한 양심이 항상 불안한 상태로 있게 합니다. 그들에게는 이것이 사람을 의롭게 하고 구원을 얻게 하는 방법인 것처럼 보입니다.

우리는 바울이 그 당시에 중요한 싸움을 싸우고 있었다는 것을 알게 되었습니다. 오늘날 우리는 이와 똑같은 문제로 싸움을 싸우고 있으며 우리는 침묵을 지키고 있어서는 안 됩니다. 침묵을 지킨다는 것은 하나님과 사람을 다 배반하는 것입니다. 우리는 그러한 사악한 횡포와 모든 허영심과 사탄의 거짓과 미혹에 빠지게 되며 또 그것을 왜곡해서 우리들로 하여금 더 이상 무엇이 순수한 진리이며 무엇이 순수한 진리가 아닌지를 알지 못하게 만듭니다. 우리는 항상 이것을 명심하고 있어야 합니다. 따라서 바울이 그러한 사람들에게 잠시라도 복종치 않았다는 것은 내가 조금 전에 설명했던 내용을 더욱더 확실하게 해줍니다.

사람들과 화목하고 우애있게 지낸다는 것은 좋은 일입니다. 이것이 사실입니다. 우리는 우리의 힘을 다하여 이것들을 추구해야 합니다. 동시에 하나님의 진리는 우리에게 매우 중요하기 때문에 우리가 그것을 증진시키기 위해서 온 세상을 불태워버려야 할지라도 우리는 기꺼이 그렇게 할 것입니다! 그렇습니다. 우리는 있는 힘을 다하여 평화를 추구해야 합니다. 우리는 우리 자신과 우리의 소유를 희생해서라도 우리의 원수와 화평하고 그들을 관용하도록 노력하며 인내를 통해서 그들의 마음을 사로잡읍시다. 평화를 추구하는 데에는 그런 것들이 필요합니다.

그러나 만약 하나님의 진리가 무시당하거나 남용되면 더 이상 이것이 적용되지 않습니다. 만약 하나님께서 인정을 받지 못하시거나 받아 마땅하신 찬양을 받지 못하거나 하나님의 말씀이 온전히 그 순수성을 유지하지 못하게 된다면 사람들이 구하는 평화는 항상 하나님의 저주를 받게 될 것입니다. 왜냐하면 그렇게 한다는 것은 틀림없이 우리 굴레의 매듭이 되기 때문입니다.

만약 우리가 하나님을 기쁘시게 해드리고 또 모든 것이 우리의 유익을 위해서 함께 역사하기를 바란다면 확실히 우리를 함께 묶어 주실 분은 하나님이십니다. 하나님께서는 '우리의 화평'(our peace)이라고 부르시는 당신의 아들을 우리에게 주셨으니 우리는 모두 그에게 굴복합니다(엡 2:14). 그러므로 만약 우리가 참되고 거룩한 화평을 누리고 싶다면 이렇게 되어야 합니다. 우리는 한 몸이 되어 우리의 머리 되시는 예수님께 순종해야 됩니다. 왜냐하면 이 세상에는 교회가 하나밖에 없기 때문입니다. 그러나 만약 다른 사람들이 그러한 조건으로 화평을 받아들이기보다는 우리를 유혹해서 예수 그리스도에게서 떼어놓는다면 우리는 우리에게 쏟아지는 이 세상의 모든 분노와 격분과 증오를 감수해야 할 것입니다. 그러나 사람들의 비난을 두려워하지는 맙시다.

오늘날 우리가 커다란 논쟁을 일으켰다는 오해를 받을지도 모르지만 어떠한 조치를 취할 수 있겠습니까? 만약 우리가 참된 복음 안에서 거하지 않는다면 우리에게는 화가 있을 것입니다. 천주교도들은 이렇게 하지 않고 반대로 오늘날까지도 반역상태에 있기 때문에 우리는 부득이 그들과 싸워야 합니다. 결국 그들은 우리로 하여금 하나님께서 예수 그리스도를 통해서 우리에게 주신 화평에 등을 돌리게 합니다(우리가 보았던 것과 같이 예수님은 그러한 호칭까지 가지고 계십니다).

사람들이 우리의 목숨을 노릴 때에 우리는 엘리야가 아합에게 했던 대답으로 무장되어 있어야 합니다. 그는 '이스라엘을 괴롭게 하는 자여 네냐?' 라는 질문을 받았습니다(왕상 18:17). 엘리야 선지자는 백성들을 순수한 율법으로 이끌어 가려고 했으며 그들이 꾀했던 미신과 우상숭배에 반대했기 때문에 오늘날 우리가 당하는 만큼의 많은 비난을 받았습니다. 왕은 엘리야가 말썽과 선동과 반역을 불러일으키기 위해서 왔다고 믿었습니다(이 세상의 지배자들은 하나님이 숭배를 받고 섬김을 받는 것에는 아랑곳하지 않고 그들의 죄악된 행실에 빠지고 싶어합니다! 그들의 지위를 유지할 수 있다면 그 이외의 어떤 것도 그들에게는 전혀 중요하지 않습니다).

그러나 선지자는 **'그것은 너와 너의 아버지의 집이다'** 라는 말로 그에게 대답했습니다. 하나님의 뜻에 따라 행하기를 거역하고 하나님에게 필요한 만큼의 섬김을 드리지 않은 자들은 그들입니다. 모든 반란과 분쟁과 불화는 그들 때문에 일어납니다(제가 앞에서 말한 바와 같이). 사람들이 화합하여 연합하려고 할 때에는 하나님께서 당신의 정당한 지위를 박탈당하지 않도록 해야 합니다. 바울이 여기서 자신이 교회에 가만히 들어온 거짓 형제에게 잠시라도 복종치 않았다고 한 말 속에는 우리가 명심해 두어야 할 몇 가지 사항이 있습니다. 왜냐하면 그들은 그들의 그릇된 생각을 복음 속에 집어넣어서 복음을 왜곡하려고 하기 때문입니다. 참으로 가장 중요한 것은 하나님의 진리가 알려져야 된다는 것입니다.

우리가 사람들에게 복종하기를 거절하기 때문에 그들이 우리가 거만하고 방종하다는 소문을 퍼뜨려서 우리를 중상하는 것을 두려워하지 맙시다. 우리가 화평에 대해서 공부할 때에 말했던 것처럼 순종한다는 것은 칭찬받을 일입니다. 그러나 동시에 하나님이 어느 누구보다도 순종을 받으셔야 합니다. 만약 우리가 사람들의 종이 되고 그들이 주는 멍에를 메기 위해서 공개적으로 하나님을 무시하고 얕본다면 우리는 어떻게 되겠습니까? 이러한 이유로 우리는 하나님에게 등을 돌리고 하나님의 말씀을 짓밟아 버리지 않고서는 천주교 신자들에게 동조하거나 그들에게 복종할 수 없습니다(그렇게 되면 우리는 더 이상 하나님의 말씀을 존경하지 않게 된다는 말입니다).

천주교 신자들은 우리에게 어떠한 요구를 합니까? 그들은 우리들로 하여금 그들이 날조한 것 모두를 받아 들이기를 바라는 반면에 하나님의 말씀을 포기하고 주 예수 그리스도를 버리기를 바랍니다. 물론 그들이 바로 이런 말을 쓰거나 하나님에게서 하나님의 영광을, 예수 그리스도에게서는 그 분의 탁월하신 능력을 박탈하려고 한다고 말하지 않을 것입니다. 그렇습니다. 그들은 이러한 말을 공개적으로 떠들어대지는 않을 것입니다. 바울과 싸웠던 사기꾼들과 똑같이 그들은 기독교 신자가 되고 싶다고 공헌했지만 그들은 전체를 철저하게 검토해야 합니다. 천주교도들은 우리가 그들의 전통을 받아들이기를 바랍니다.

우리가 알고 있는 바와 같이 사실상 그들은 주 예수 그리스도가 보이지 않게 합니다. 모든 것이 부패되었으며 그들의 전통은 모든 것이 부패되었으며 그들의 전통은 모두 전면에 나타나는 사탄의 망상이기 때문에 더 이상 확실한 것이 없으며 무엇을 믿어야 할지 모릅니다. 그러한 이유로 사람에게 순종한다는 것은 하나님과 원수가 된다는 사실에는 의심의 여지가 없습니다. 따라서 우리는 최선을 다해서 그들에게 대항해야 합니다. 우리가 지닐 수 있는 가장 위대한 미덕은 우리의 생각이 그들과 일치하지 않는 데 있습니다. 그 대신에 우리는 그러한 것들을 모두 더러운 배설물처럼 경멸해야 하며 하나님의 권위를 인정해야 합니다. 우리는 우리의 머리되시며 우리를 주관하시는 주 예수 그리스도께서 하시는 말씀에 귀를 기울여야 됩니다. **가장 큰 자에서 가장 작은 자에게 이르기까지 우리 모두는 그 분의 인도하심에 순종해야 합니다.** 우리가 해야 할 것은 그 분이 하시는 말씀을 잘 듣고 복음을 굳게 믿는 것 이외에 아무 것도 없습니다. 이것이 바울이 여기서 한 말과 관련해서 기억해 두어야 할 내용입니다.

만약 우리가 온유하고 온순한 사람을 찾고 있다면 확실히 바울이 바로 그런 사람일 것입니다. 바울이야말로 친절하고 온화한 사람의 경상(mirror image)과 같은 사람입니다. 다시 말하지만 만약 우리가 겸손한 사람을 찾고 싶다면 자신을 작은 자 중에서도 가장 작은 자라고 한 바울보다 더 겸손한 사람을 찾을 수 있겠습니까? 그러나 동시에 그는 순수한 복음의 가르침을 위해서 항쟁했으며 이렇게 하는 것이 이 땅 위에 있는 모든 영혼에 분노를 일으키게 하든 말든 아랑곳하지 않았습니다. 사실은 그가 갈라디아 교회와 그밖에 다른 곳에 일고 있는 소요로 인하여 비난을 받건 말건 그에게는 관심이 없었습니다.

그는 자기에게 그러한 일에 대한 책임을 물을 수도 있고 자신이 배타적이고 극히 방종한 사람이라는 비난을 받을 수도 있지만 그것을 두려워하지 않는다고 말했습니다. 오늘날 우리도 이와 같이 되어야 합니다. 그렇습니다. 우리는 가능한 한 온순한 사람이 됩시다. 우리가 소유하고 있는 모든 것을 양보하고 우리의 명예와 명성과 같은 이 세상의 좋은 것들을 위해서 더 이상 싸우지 맙시다. 우리 자신을 위해서 다툼을 일으키기보다는 모든 모욕과 손해를 감수합시다. 그러나 우리는 하나님의 진리를 위하여 끝까지 투쟁합시다. 만약 사람들이 우리를 증오하여 봉기하거나 우리를 약화시키려고 함으로써 우리를 경멸하더라도 우리는 이것 때문에 어떠한 분쟁도 유발해서는 안 됩니다.

그러나 만약 그들이 우리의 하나님께 순종하는 것을 방해해서 우리로 하여금 사람의 포악한 통치에 머리를 숙이게 만든다면 우리는 변치말고 끝까지 그것에 대항하는 당당한 용기를 보여줍시다. 이 세상의 고상한 것들 모두를 무시해 버리고 주 예수 그리스도를 버리지 맙시다. 그 분이 우리를 다스리셔야 하며 동시에 우리는 그 분에게 굴복해야 합니다.

간단히 말하면 우리는 이렇게 해서 이 본문 말씀에 담겨 있는 내용을 실천할 수 있습니다. 우리가 살고 있는 시대는 우리로 하여금 그렇게 하도록 감동시켜야 합니다. 오늘날 우리는 박해를 받을 뿐만 아니라 (왜냐하면 우리는 모두 하나님의 불쌍한 종들을 살해하기 위해서 불이 붙여진 것을 보았기 때문입니다) 복음의 진리를 왜곡시키기 위해서 적그리스도에 의해서 고용된 사악한 사람들은 마치 우리가 파괴적인 반역자인 것처럼 우리를 비난하고 저주할 것 같습니다.

그들은 우리가 그들의 전통을 거부하기 때문에 우리가 자만으로 가득차 있다고 말할 것입니다. 그들은 이와 같은 사악한 방법으로 우리를 비난합니까? 만약 우리가 복음의 진리를 지켜서 예수 그리스도 대신에 피조물이 우리를 다스리는 것을 허락하지 않는다면 바울이 말한 바와 똑같이 이 모든 것을 참아가면서 비난을 받읍시다. 왜냐하면 모든 무릎이 그 분에게 꿇게 될 것이며 모든 사람들이 그 분을 경배해야 하기 때문입니다.

바울이 '복음의 진리' 에 대해서 말하고 있다는 사실은 매우 의미있는 일이며 우리에게 매우 실질적인 교훈을 가르쳐줍니다. 그는 '복음을 부지하기 위해서 어느 누구에게도 복종하지 않았습니다' 라고 말할 수도 있었을 것입니다. 그러나 그 대신에 그가 '복음의 진리' 에 대해서 말하는 까닭은 그가 진짜 복음과 가짜 복음을 구별하기 때문이 아니고, 사람에 관해서 말하고 있으며 복음의 온전한 진리가 우리 가운데 남아있어야 한다고 말하고 있기 때문입니다. 왜 그렇습니까? 왜냐하면 사람이 아무리 기독교 신자다워 보일지라도 그들에게는 다른 것을 기독교와 혼합시키려는 버릇이 있기 때문입니다.

사실이지 이 세상에는 하나님 한 분만의 인도를 받는 것에 만족하지 못하는 불안한 영혼이 많이 있습니다. 모든 사람들은 나름대로의 공헌을 하고 싶어합니다. 이렇게 해서 오늘날 천주교가 혼란스러운 상태에 이르게 되었습니다. 우리는 어떻게 그들이 경박한 짓과 통탄할 추행을 그렇게도 많이 고안할 수 있었는지 이상하게 여깁니다. 그러나 그것은 사람들이 하나님께 순종하는 것에 만족할 수 없어서 여기 저기에 그들 나름대로의 변덕과 망상을 덧붙여 놓았습니다.

바울이 고린도후서에서 우리 주 예수 그리스도 안에 있는 '진실함과 깨끗함' (Simplicity)에 대해서 말한 것과 똑같이 '복음의 진리' (the truth of the gospel)에 대해서 말한 것은 주로 이때문입니다(고후 11:3). 그렇다면 예수 그리스도 안에 있는

'진실함과 깨끗함' 이란 무엇입니까? 그것은 사람들이 첨부하고자 하는 것을 다 제외시킵니다. 앞에서 말한 바와 같이 사람에게는 그들이 마음속에 품고 있는 것을 도입하려는 어리석은 욕망이 있습니다. 바울은 우리가 주 예수 그리스도 안에 있는 진실함과 깨끗함을 고수해야 하는 이유를 설명해 줍니다. 사람들이 복음을 전한다고 하면서도 (소위) 자기 나름대로의 여러 가지 색깔의 종교를 구성하려고 하는 한 그것은 더 이상 진실한 복음이라고 할 수 없습니다.

많은 그릇된 가르침이 섞여 있기 때문입니다. 그러므로 우리는 바울이 이와 같은 말을 사용해 우리 자신을 기독교 신자라고 칭해서 하나님의 말씀과 주 예수 그리스도의 가르침을 지키는 것으로는 충분치 않다고 경고하고 있는 (그보다는 성령께서 그를 통해서 우리에게 경고하고 계시다는) 사실을 주목해야 합니다. 우리는 그것을 철저히 지켜야 하며 다른 어떤 것도 첨가되는 것을 허용해서는 안 됩니다. 아주 작은 양의 효모가 밀가루 반죽을 부패시킬 수 있는 것과 똑같이 사람들이 그들의 머리를 써서 생각해 낸 것을 인정한다면 그것 전체가 부패하게 될 것입니다. 이렇기 때문에 복음이 주는 교리는 순수해야 합니다. 거기에는 어떤 것도 포함시킬 뻔뻔스러움과 그렇게 할 기회가 주어져서는 안 됩니다.

그렇게 하기 보다 우리는 우리 주 예수 그리스도께서 계시하신 내용에 만족하고 그 분의 진실한 제자가 되기를 구해야 합니다. 이 말은 우리는 입을 다물고 있어야 하며 경망스럽게 그 분의 가르침에 반대하는 책임을 져서는 안 된다는 뜻입니다. 우리는 '내 생각은 이렇습니다' 또는 '이것이 가장 좋을 것이라고 생각합니다' 라고 큰소리로 말해서도 안 됩니다. 그보다는 우리는 주 예수 그리스도께서 가르쳐 주신 것을 그냥 받아들여야 합니다. 왜냐하면 예수 그리스도는 전적으로 우리의 영혼을 다스리실 권능을 가지고 계시기 때문입니다. 이것이 우리가 '복음의 진리' 가 뜻하는 내용을 이해하는 방법입니다.

오늘날에는 많은 사람들이 고의로 진리와 비진리를 혼합하기 때문에 우리가 바울의 가르침을 실천하는 것이 더욱더 중요합니다. 이러한 방법으로 그들은 그들에게 가장 적합하고 세상 사람들이 가장 쉽게 받아들일 형태의 종교를 선택할 수 있습니다. 사실이지 매우 엄격해서 교리의 어느 한 점도 삭제되는 것을 용납하지 않는 천주교 신자들이 많이 있습니다. 그들은 하나만 떨어져 나가도 그들의 포악한 조직 전체가 무너져 내리게 될 것으로 믿고 있습니다. 우리는 그들이 믿는 것을 아무런 의심없이 받아들여야 한다고 말하니 그들에게는 횡포와 폭력이외에 어떤 버팀목이 있습니까? 그러므로 교황을 전적으로 지지하는 자들은 그들이 언제나 끝까지 개혁이 일어나기를 보고 싶어하는 사람들이 많이 있기 때문에 그들은 교황과 마호멧과 예수 그리스도를 하나로 섞어 놓아서 우리가 더 이상 그들을 식별할 수 없게 되었습니다!

만약 그들이 온 세상 사람들로 하여금 조화롭게 하나로 뭉치게 할 수 있다고 한들 그것은 그들에게는 아무런 상관이 없습니다. 그들에게는 하나님을 존경하는 마음이 전혀 없습니다. 이것이 오늘날 모든 것이 매우 뒤죽박죽으로 되고 혼란스럽게 된 이유를 설명해 줍니다. 따라서 자유주의라고 알려진 가증스러운 일이 생겼습니다. 그들에게는 모든 면에서 천주교에 동의할 마음이 없기 때문에 그들은 모든 극단론자들 간에 타협을 이룰 수 있다면 더 좋을 것이라고 생각합니다.

오늘까지도 많은 사람들은 우리가 동반하기를 바랍니다. 그렇습니다. 그들은 거기에는 지나침이 있었다는 것과 이것들은 교정되어야 할 필요가 있다는 것을 인정합니다. 그러나 뿌리는 전과 다름없이 그대로 남아있는 반면에 그들은 작은 잎이나 가지를 치는 것에 만족합니다. 따라서 하나님의 복음은 천주교에서 지키는 미신으로 인해서 여전히 빛을 잃게 될 수 있습니다. 그리고 여기에 모든 자유주의를 저주하고 이것들은 불쌍한 영혼들을 영원한 죽음으로 인도해 주기 위해서 보내진 사탄의 계교와 기만과 사기라는 것을 보여주는 성령이 있습니다.

더욱이 이것은 주 예수 그리스도의 영광을 가리웁니다. 우리는 우리 주변의 상황이 우리로 하여금 이 가르침을 실천하도록 요구합니다. 하나님의 적들이 우리가 그들에게 동의하지 않는다고 우리를 비방할 우리 모두가 주 예수 그리스도의 말씀과 가르침에 순종할 때에 그 분께서 우리를 하나로 연합해 주십니다. 우리는 주 예수 그리스도의 정당한 권능을 삭감해서는 안 됩니다. 사람들은 그들에게 합당한 지위를 부여해야 합니다. 그들은 '보십시오! 우리가 중용을 택해서 나머지 사람들과 떨어지고 싶지 않다고 말하는 것이 이와 같이 싸워서 기독교를 산산조각나게 하는 것보다 더 좋지 않습니까?' 라고 말할지도 모릅니다.

그러나 그것은 누가 논쟁에서 승리하거나 모든 사람이 그것을 자기의 이웃에게 뽐내는 것이 문제가 아니고 중요한 것은 하나님의 말씀을 온전히 지키는 것이라고 대답합시다. 그렇게 하지 않으면 우리가 '화합' (concord)을 무엇이라고 부르던 그것은 하나님이 보시기에는 가증스러운 일이 될 것입니다. 왜 그렇습니까? 그 밖에 모든 것이 혼란하고 혼돈하게 되는 것이 매우 귀중하고 거룩하신 하나님의 말씀이 어떤 방법으로든지 부패하게 되는 것보다도 나을 것입니다. 정말로 하늘과 땅이 함께 뒤집어지는 것이 그러한 일이 일어나도록 허용하는 것보다 나을 것입니다.

그러므로 우리는 진리의 적이 우리에게 가하는 공격에 저항할 뿐만 아니라 매우 온유하고 겸손해짐으로써 이 가르침을 굳건하게 지켜서 그 가르침이 우리의 유익이 되게 합시다. 이것은 하나님의 말씀과 주 예수 그리스도의 가르침으로 인도되고 다스려지는 것을 의미합니다. 우리는 사람에게 속아서 곁길로 가거나 그들의 명성과 권위에 홀리거나 그들의 위협에 당황하지 않으며 또한 이 세상에 있는 모든 자만과 방종으로도 그렇게 되지 않도록 강하게 되기를 기원합시다. 그 대신에 우리는 계속해서 우리 주 예수 그리스도에게 헌신합시다. 그리고 만약 누구라도 새로운것을 가지고 우리에게 접근해 오면 그렇게 하는 목적과 그들이 우리를 끌고 가려는 목적지가 어디인지 잘 살펴 봅시다.

사탄에게는 많은 묘한 계략과 추종자들이 있기 때문에 우리로서는 예수 그리스도를 알고서 그 분의 인도하심을 받는 지혜를 가집시다. 예수 그리스도 안에는 무성하심이 있기 때문에 그 분만이 우리의 목표이며 목적이 되어야 합니다. 그러므로 우리는 우리의 필요한 것을 공급받기 위해서 그 분에게 접근해도 됩니다. 우리들이 예수 그리스도께로 가는 것을 방해하는 것들은 모두 멸절되기를 기원합니다.

9

갈라디아서 강해 설교

유명하다는 이들 중에 (본래 어떤 이들이든지 내게 상관이 없으며 하나님은 사람의 외모를 취하지 아니하시나니) 저 유명한 이들은 내게 더하여 준 것이 없고 도리어 내가 무할례자에게 복음 전함을 맡기를 베드로가 할례자에게 맡음과 같이 한 것을 보고 베드로에게 역사하사 그를 할례자의 사도로 삼으신 이가 또한 내게 역사하사 나를 이방인에게 사도로 삼으셨느니라(갈 2:6-8)

우리는 오늘 아침에 사람들이 하나님의 진리에 그들의 생각을 더하는 순간 그릇되고 부패한 복음이 생겨난다는 사실을 배웠습니다. 이 사실이 우리들로 하여금 순종하게 만들어서 우리 중에 아무도 감히 우리가 하나님께 받은 것에 어떤 것도 더하지 못하게 해야 할 것입니다. 간단히 말하자면 하나님의 가르침은 완전하고 완벽합니다. 우리가 하나님의 말씀에 무엇이라도 첨부하게 되면 그것은 하나님을 크게 모독하는 짓이 될 것입니다. 왜냐하면 우리는 마치 하나님께서 마지못해 구원의 도를 선포하신 것처럼 하나님을 비난할 것이기 때문입니다. 그러므로 우리는 복음의 가르침 안에 거합시다. 우리에게는 그렇게 하는 것으로 충분합니다. 따라서 어느 누구라도 거기에 추가하려고 한다면 비록 그렇게 하는 것이 큰 의미가 없는 것처럼 보일지라도 우리는 그들을 혐오해야 합니다. 마귀는 이와 같은 구실을 자주 만들어서 미미하고 무의미한 일들이 우리들을 혼란스럽게 하도록 합니다. 우리 어떠한 환경에서라도 모든 사람을 제쳐놓고 하나님의 말씀에 귀를 기울인다는 것은 매우 중요합니다! 바울은 디도가 할례 받는 문제를 쉽게 지나쳐 버릴 수 있었지만 이 문제에 관한 한 타협하려 하지 않았습니다. 그는 우리에게 그 이유를 알려줍니다. 그렇게 한 것은 이방인들은 그러한 의무를 지키지 않아도 된다는 것을 확인시켜 주기 위해서였습니다. 어떤 사람들은 그들에게 그러한 짐을 지우려고 했습니다.

우리는 그가 디모데에게 할례를 준 데 대해서 아무런 양심의 가책도 받지 않았다고 읽었습니다. 처음에는 이 두 가지 경우가 우리에게는 똑같은 것처럼 보일지도 모릅니다. 따라서 바울이 모순투성이고 변덕스러운 사람인 것처럼 보였을 것입니다. 어려서부터 모세의 율법으로 양육된 사람과 양육되지 않은 두 이방인이 있었습니다. 그러나 유대인들은 할례를 받지 않은 사람들을 용납하지 않았습니다. 왜냐하면 그들은 이와 같은 의식을 받지 않은 사람들은 불결하다고 생각했기 때문입니다. 바울은 두 사람 중에서 한 사람에게만 할례를 행하고 나머지 한 사람에게는 그렇게 하지 않았습니다. 그가 그렇게 할 것이라고 누가 생각했겠습니까? 그러나 모든 것을 곰곰이 생각해 보면 우리는 바울이 디도에게 할례를 행하기를 거절한 이유와 디모데에게 할례를 행한 이유를 알게 될 것입니다.

그 당시에 할례 자체는 무방했습니다. 그것은 그들의 '성수'

(holy water)를 통해서 세례를 더럽히는 오늘날의 천주교의 우상 숭배와 같지 않았습니다. 세례는 우리가 살아있는 동안은 물론 죽은 후에도 우리를 만족시켜 주는 '씻음' (washing)이 되어야 합니다. 하나님께서는 우리가 우리 주 예수 그리스도의 피를 통해서 영적인 씻음을 받았다는 것 이외의 다른 징표를 주시려고 하시지 않으십니다. 그러므로 우리는 이것으로 만족해야 합니다. 그런데 성수에 대해서 무슨 말을 할까요? 확실히 이것은 수많은 세례에 대해서 말하고 있습니다. 미사에 대해서 말하자면 그것은 심히 사악하고 엄청난 신성모독 행위이기 때문에 누구든지 거기에 접근하게 되면 우리 주 예수 그리스도의 죽음을 부인하지 않을 수 없게 되고 그렇게 함으로서 자신을 더럽히게 됩니다.

그러나 할례는 이와 같은 부류와는 같지 않습니다. 왜냐하면 그것은 그 당시에도 행해지고 있었기 때문입니다. 그것은 주 예수 그리스도께서 이 땅에 오셨을 때 폐해졌지만 유대인들에게는 그들이 복음의 자유에 대해서 온전한 교육을 받았을 때까지 그것을 지키는 것이 허용되었습니다. 바울은 디모데에게 할례를 행했습니다. 그 이유는 무엇입니까? 만약 그가 그렇게 하지 않았다면 크게 상처를 받게 될 연약한 신자들이 많이 있다는 것을 그는 알고 있었기 때문입니다.

그들은 여전히 율법에 나오는 의식을 지켜야 된다고 믿고 있었습니다. 왜냐하면 아직도 복음에 대한 지식이 많지 않았기 때문입니다. 우리는 서로 서로에게 굴복해야 하며 사람이 우리들로 하여금 그렇게 하도록 시킨다고 기록되어 있습니다. 만약 모든 사람들이 자기가 옳다고 생각하는 것을 해서 이웃 사람에게 고통을 준다면 그것은 옳지 않습니다.

우리는 다른 사람의 요구에 우리 자신을 적응시킬 필요가 있으며 그렇게 해서 어떤 사람도 필요없이 성나게 만들지 말아야 합니다. 그러므로 바울은 자신을 부인했으며 또 무지하고 연약한 사람들의 필요에 대해서 생각해 보게 되었습니다. 때가 지나면 그들은 가르침을 받게 될 것입니다. 그러나 바울은 디도의 경우에 사람들이 유대인들로 하여금 율법을 미신적으로 지키게 하기 위해서 이방인에게 구속의 멍에를 메게 만들었습니다. 그렇기 때문에 바울은 그것에 반대했습니다. 우리는 본질적으로 선하지도 않고 약하지도 않은 사람들을 환경에 따라 구별하여 처리하는 것이 합법적일 뿐만 아니라 필요하다는 것을 알게 되었습니다. 예를 들면 만약 어떤 사람이 복음을 믿으려고 하는 것을 방해하고 있다는 것을 알고 있거나 아직 성숙되지 못한 사람이 피해를 입고 있다고 인식하고 있을 때 우리는 합법적인 조치를 삼가야 합니다.

앞에서 본 것과 같이 우리는 무엇이 다른 사람의 이익을 위해서 도움이 되며 가장 적당한지 늘 생각해야 합니다. 그러나 만약 우리가 어떤 사람이 심성을 추구하는 과정에서 선하지도 않고 약하지도 않은 어떤 일을 크게 중요시 하거나 불쌍한 영혼들을 속박하기 위해서 그것을 의무사항으로 하는 것을 보게 되면 우리는 우리의 온 힘을 다하여 그것에 반대해야 합니다.

예를 들면 우리가 고기를 먹든 생선을 먹든 그것은 상관이 없는 일입니다. 왜냐하면 하나님께서는 그것을 먹지 말라고 금하시지도 또 그것을 먹으라고 명령하시지도 않으셨기 때문입니다. 그러한 한 무지한 친구가 우리들이 고기 먹는 것을 보고 그것이 천주교의 전통을 따르는 것인지 또는 하나님의 계명을 따르는 것인지도 모르고 화를 냈다면 그가 더 많은 교육을 받게 될 때까지 그가 고기를 먹는 것은 사형을 받아야 되는 중죄라고 생각했을 것입니다.

만약 우리가 사람들의 마음을 사로잡아서 그들로 하여금 복음에 순종하도록 유도하려면 우리는 그들의 감정을 해치게 만드는 모든 요인을 피해야 합니다. 우리가 우리의 관습을 이해하지 못하는 유태인들을 상대할 때에도 그렇게 해야 합니다. 우리가 그들과 교제하는 동안에는 우리는 얼마 동안은 그들이 금지된 것이라고 생각하는 것들을 삼가야 합니다. 왜냐하면 만약 그들에게 우리가 예외없이 어떠한 고기도 먹을 수 있는 이유를 미리 알려주지 않으면 그들은 하나님의 말씀의 권위로 무장되어 있기 때문에 그들에게는 우리를 심판할 마땅한 이유가 있다고 생각할 것입니다. 그러나 천주교 신자들이 그들에게는 고기를 먹는 것이 금지된 금요일과 토요일 또는 금식일과 그밖의 다른 날에 고기를 먹는 것을 삼가해 달라고 우리에게 요구했을 때 그 요구를 들어준다면 우리는 복음에 반역하는 것이 됩니다.

우리는 항복하기 보다는 이백 번 죽는 것이 나을 것입니다! 왜 그렇습니까? 왜냐하면 우리는 주 예수 그리스도께서 우리를 위해서 값을 치루신 자유를 고려해야 하기 때문입니다. 만약 누구라도 '무엇이라고요? 우리가 모든 사람들에게 대항하여 고기를 먹는 것과 같은 사소한 문제에 고집을 부려도 좋다는 말입니까?' 라고 묻는다면 그것은 단순히 고기를 먹느냐 먹지 않느냐의 문제가 아니라 사람의 뜻에 따라서 행하는 것보다는 하나님에게 순종하여 하나님께서 허락하신 것을 행하는 것이 더 좋다는 것을 알고 있느냐는 문제라고 나는 대답할 것입니다.

사람들이 자신의 변덕과 망상에 따라 그렇게 하기로 결심했다는 이유만으로 하나님께서 말씀으로 허락하신 것이 정죄받을 수 있습니까? 그렇게 한다는 것은 하나님에게 속하고 당연히 하나님의 소유인 것을 하나님에게서 빼앗아 피조물에게 줌으로써 하나님의 권위를 손상시킨다는 것을 우리는 확실히 알 수 있습니까? 더욱이 불쌍한 영혼에게 부과된 그러한 임무는 주 예수 그리스도에게서 그 분의 영광을 약탈하는 데 일익을 합니다. 만약 그 분께서 우리들을 율법의 의식에서 해방시키기 위해서 그러한 자유를 손에 넣으셨다면 제가 말한 것처럼 이것이 우리들로 하여금 사람이 만들어 낸 모든 것을 던져버리고 폐해야 되는 더 큰 이유가 됩니다. 그러므로 이와 같은 이차적인 문제에 있어서 우리는 남을 교화시키겠다는 욕망으로 자극을 받아야 된다는 사실을 알아둡시다.

따라서 우리들이 행하든지 자제하든지 다 합법적일지라도 우리가 다른 사람을 대할 때에는 우리를 억제해야 합니다. 거기에는 우리의 이웃을 교화시키기 위한 목적으로 우리의 자유를 행사하는 것을 억제하기 위해 자신을 통제하려는 의지를 포함하고 있습니다. 동시에 우리는 하나님의 진리에 불순종해서 그것을 죄와 혼합해서 다른 사람들을 혼란스럽게 만들거나 여기 이 땅에서의 우리의 삶이 인도될 방법과, 우리의 목적이 평화와 단결을 유지하는 것이라 할지라도 어떤 법을 따라야 할 것인가에 대해서 확신을 갖고 있지 못하게 해서는 안 됩니다. 그보다는 우리는 우리의 능력을 최대한으로 발휘해서 바울이 여기서 말하는 자유를 굳게 지켜야 합니다. 이것이 우리가 기억해야 할 내용입니다.

그는 많은 존경을 받던 사도들까지도 '나에게 아무 것도 더한 것이 없다' 라는 말로 이야기를 계속했으며 그는 베드로, 요한, 야고보의 이름을 댔는데 참으로 그들은 다른 사람들보다 더 많은 존경을 받고 있었습니다. 그는 그들까지도 그가 가르치고 있었던 가르침을 받아들이고 인정해 주었다고 말했습니다. 그러나 하나님은 사람을 차별대우 하지 않는 분이시기 때문에 베드로나 야고보나 요한의 명성에 대해서는 관심이 없다는 말을 첨가했습니다. 얼핏보아서 바울은 여기서 자신과 자신의 권위와 가치를 확립시키고 있는 것처럼 보입니다. 과거에는 많은 사람들, 특히 전에 복음에 대해서 들어본 적이 있으나 사실은 배신자였던 자들이 그를 혹평했습니다. 그들은 주 예수 그리스도에 반대하는 배교자가 되었다는 사실을 감추기 위해서 다른 사람들을 손가락질 합니다.

그들은 어떻게 그렇게 합니까? 우리가 아는 바와 같이 사도들은 그들 중에 누가 가장 큰 자인가에 대해서 언쟁을 해서 망신을 당했습니다(눅 22:24-26). 이 사실을 통해서 그들은 선생님의 가르침을 이해하지 못했다는 것을 보여줍니다. 왜냐하면 선생님께서는 그들에게 그들 중에서 가장 큰 자가 가장 작은 자가 되기 위해서는 겸손하라고 지도하셨기 때문입니다. 그러나 실제로 바울 자신이 말하는 것처럼 그는 여기서 자신이 다른 제자들보다 더 훌륭하다고 말하고 있지 않다는 것을 알고 있어야 합니다.

이것은 바울이 이러한 방법으로 자랑한 데에는 틀림없이 특별한 의미가 있다는 것을 의미합니다. 그가 그렇게 한 것은 사도들을 분열시켜서 복음을 위조하고 부패시키는 반면에 자신이 사도들의 친한 친구이며 추종자라고 주장하는 악당들 때문이었습니다. 오늘날과 똑같이 많은 사람들은 뻔뻔스럽게도 선한 생활을 하고 있는 척하면서 하나님의 종의 이름을 오용하며 (우리가 하는 말처럼) 목청을 높여 거짓말하기를 두려워하지 않습니다.

사실은 그들이 문제의 그 사람에게서 배우지 않은 것에 대해서 말하고 있으면서도 '네, 저는 그것을 그 사람에게서 배웠습니다' 라고 말합니다. 그들은 이러한 일들이 논의되는 것을 들었다는 바로 그 도시의 이름을 말할 수 있을 정도로 뻔뻔스러울 것입니다. 그러나 자세히 조사해 보면 우리는 정반대 되는 결과를 발견하게 될 것입니다. 따라서 바울이 사람의 권능은 주 예수 그리스도의 통치권을 침식하거나 그 분의 말씀이 받아 마땅한 경외를 강탈하기에는 충분치 못하다는 것을 옳게 보여주었습니다.

첫째로 우리가 주목할 것은 바울은 베드로, 야고보, 요한과 매우 화목했기 때문에 그들에게 반대하지 않았다는 사실입니다. 두 번째로 우리가 볼 수 있는 것은 바울은 자신에 대해서는 관심이 없었으며 그 대신에 하나님에게서 비롯된 것들, 예를 들면 그가 사도로 임명받았으며 지정받았다는 사실을 고수했다는 사실입니다. 이것은 우리에게 그가 야망을 이루기 위해서 밀고 나아가지 않았으며 그가 사도가 된 것은 우연이 아니었으며 그로 하여금 이 일을 하도록 선택하신 분이 하나님이라는 것을 잘 가르쳐 줍니다. 그는 그의 책임으로 맡겨진 그 가르침, 즉 하나님과 주 예수 그리스도에 대한 진리를 전파했습니다. 우리가 바울이 자신의 지위와 관련해서 무엇을 정당하게 주장할 수 있는가에 대해서 생각해 보면 그것은 어떠한 조소문의 혀를 붙잡아 매어 놓기에 충분하며 동시에 우리로 하여금 계속해서 그 분의 가르침을 더욱더 고수하도록 격려해 줍니다.

비록 오늘날에는 자신의 합법적인 사도의 신분을 부인해서 그의 품위를 손상시킬 정도로 무엄한 사람이 거의 없지만 이 교훈은 아직까지도 우리에게 유익이 됩니다. 어떠한 방법으로 말입니까? 앞에서 바울이 우리에게 경고한 것처럼 비록 하늘에 있는 천사들이라도 일어나서 우리 주 예수 그리스도께서 가르치셨던 것과 틀린 복음을 전하게 되면 우리는 그들을 저주받은 자로 간주해야 합니다. 오늘날 우리에게는 이것이 매우 중요합니다. 그것은 우리가 사탄과 모든 불신과 모든 책략과 자만과 우리를 순수한 믿음에서 유인하는 데 사용하려고 하는 방법을 극복할 수 있다는 것을 계시해 줍니다.

여러분에게 말씀드리지만 우리는 그들 모두를 이길 수 있습니다. 어떻게 이길 수 있습니까? 하나님의 말씀 그 자체에는 많은 권능이 있기 때문에 방패처럼 오늘날 사람들이 우리를 연약하게 만들기 위한 기도로 우리를 향해서 발하는 모든 공격을 막아 줄 것입니다. 얼마나 많은 연약한 영혼이 바로 이와 같은 방법으로 곁길로 인도되었습니까? 누군가가 그들에게 '이 세상에서 가장 현명하고 가장 지식이 많은 사람들 즉 고위 성직자와 교회를 이끌어 가는 사람들 그리고 왕과 왕자들 이 사람들은 여러 세대동안 받아들여졌던 믿음을 고수하고 있으며 오랜 기간을 통해서 이룩된 전통에 따라서 살아가고 있습니다' 라고 말했습니다. 그러한 불쌍한 영혼들은 눈이 가리워져서 이것에 완전히 버려져 이제는 더 이상 귀중하게 여겨지거나 존중을 받지 못합니다.

한편 이와 같은 거짓말쟁이들이 선수를 쳐서 사람들이 그들의 우상을 만들어서 가증스럽게도 하나님 대신에 그들을 숭배하고 있습니다.

오늘의 실정이 이와 같기 때문에 바울이 여기서 우리에게 가르쳐 준 교훈으로 무장되어 있는 것이 얼마나 중요한가를 잘 알 수 있습니다.

즉 하나님께서는 우리가 하나님의 말씀을 아무런 반대도 없이 받아들이기를 원하십니다. 왜냐하면 주 예수 그리스도께서 이 땅에 내려오셨을 때 우리의 주님으로 임명되셨기 때문입니다. 그러므로 우리는 모두 주님이 하시는 말씀을 잘 듣고 우리에게 계시하신 내용에 더함이나 보탬이 없이 주님이 하시는 말씀을 좇아 생활해야 합니다. 사실은 그 분 안에서 모든 지혜가 완성되기 때문입니다. 그러니 우리가 그것을 손에 넣게 되면 우리는 인간이 갖고 싶어하는 자랑스러운 자격을 모두 무시하게 됩니다. 그래서 누군가가 우리에게 이 세상에서 가장 위대하고 가장 현명하며 가장 강력한 사람들은 이러이러한 방법으로 살아간다고 말하면 우리는 그럴지도 모릅니다.

그러나 이것들에 대해서 잘 생각해 보면 하나님과 비교해서 그것이 얼마만큼의 가치가 있겠습니까? 우리가 하나님 앞에 나오게 되면 모든 피조물들은 창백하게 되어 하찮게 된다' 고 대답할 수 있게 될 것입니다. 하나님께서는 자신의 말씀을 우리가 하나님을 사랑하는지 또는 사랑하지 않는지를 알아보는 잣대로 사용하십니다. 만약 우리가 위대한 하나님의 말씀에서 무엇인가가 나오는 것을 보게 되면 우리는 하나님의 거룩하신 입에서 나오는 모든 것에 동의하는 것이 순리입니다. 이 말씀을 복음에서 발견할 수 있습니다. 그러므로 우리가 일단 하나님에게 순종할 필요를 인정하게 되면 하나님의 뜻을 발견하기 위해서 육지나 바다를 돌아다닐 필요가 없습니다.

왜냐하면 우리는 그것을 율법과 예언서와 복음서에 확실하게 기록해 두었기 때문입니다. 그러니 성령님께서 하나님의 가르침이 세상 끝날까지 그대로 남아 있기를 소원하는 데에는 상당한 이유가 있었다는 것을 알았습니다. 더욱이 우리가 모든 바람에 이리저리로 날리지 않으려면 하나님에게 의지하는 법을 배워야 합니다. 우리가 알고 있는 바와 같이 마귀는 우리를 이쪽저쪽으로 끌고 가기 위해서 회오리바람이나 폭풍우와 같은 많은 폭풍을 불러 일으킵니다.

그러나 만약 우리가 하나님 안에 뿌리를 내리는 법을 배울 수만 있다면 우리는 끝까지 견뎌낼 수 있을 것입니다. 왜냐하면 우리가 우리 믿음 기초를 요한이나 베드로에 둔다면 그들은 연약한 피조물이며 우리가 아는 바와 같이 사람은 거짓말을 하기 쉽고 자만하기 쉽기 때문에 우리의 기초는 불완전할 것입니다. 그러므로 우리에게는 이 세상에 있는 어느 것보다도 더 신뢰할 수 있고 더 단단한 기초와 기반이 필요합니다. 우리는 하나님께서 주 예수 그리스도의 인성을 통해서 우리를 가르치셨다는 사실과 사람은 하나님의 도구에 불과하다는 것을 깨닫게 되면 우리를 높은 곳까지 이끌어 주십니다.

우리는 사도들이 바울의 말에 아무 말도 더하지 않았다고 한 가르침을 이러한 방법으로 활용해서 우리의 유익이 되게 해야 합니다. 바울이 한 말은 그가 사도들을 경멸했다거나 그들을 통해서 유익을 얻는 것을 원치 않았다는 뜻이 아닙니다. 왜냐하면 그는 그들을 통해서 유익을 얻게 되기를 간절히 소원했으며 가능한 한 모든 방법으로 그것을 구했으며 앞에서 본 것과 같이 가장 비겁한 사람에게서 가르침을 받는 것까지도 경멸하지 않았습니다. 그보다는 그가 전했던 하나님의 말씀에 대한 신뢰를 더 강화하려고 노력했습니다.

그러므로 그는 모든 지혜롭고 유명한 자들과 교회에서 가장 많은 존경을 받고 있는 사람들이 하나님 말씀의 권위에 굴복해야 한다고 생각했습니다. 그리스도께서는 탁월하셔야 합니다. 그래야만 우리가 그리스도를 우러러보게 되고 사람에게 의지하지 않게 됩니다. 우리는 모두 똑같은 믿음에 뿌리를 내려서 우리 모두는 예수님이 하나님 아버지의 뜻을 선포하기 위해서 우리에게로 파송되셨으며 우리가 하나님에게서 받은 것들을 어떤 방법으로든지 의심하는 것은 합당치 않다고 말할 수 있게 되기를 바랍니다. 이것이 오늘날 우리의 의무입니다.

바울이 계속한 말에 대해서 말하자면 (하나님은 사람들을 차별하지 않으시기 때문에 사도들이 전에 무슨 일을 했던 사람들이었는지는 그에게 중요하지 않습니다) 그는 이 말을 통해서 다른 사도들이 이미 복음을 전하고 있을 때에 그가 예수 그리스도를 믿지 않았다는 이유만으로 요한이나 베드로보다 못하다고 생각해서는 안 된다는 것을 보여주고 있습니다.

왜냐하면 첫째를 가장 훌륭하다고 여기는 것이 세상적인 방법이기 때문입니다. 따라서 바울은 사람들이 자신의 가르침에 대해서 관심을 가져서는 안 된다고 했습니다. 그러나 그가 이렇게 말했다고 해서 우리는 우리 자신의 천성을 완전히 알려고 하지 않아도 된다거나 우리가 계속해서 겸손해질 필요가 없다는 것을 의미하지 않습니다.

또 우리는 하나님께서 베드로와 요한에게 쏟아 부으신 은혜를 멸시해야 한다는 뜻도 아닙니다. 왜냐하면 그들은 정말로 우리의 존경을 받을 만하기 때문입니다. 다른 성경 말씀에서 보는 바와 같이 바울은 자신을 **'만삭되지 못하여 난 자'** 라고 불렀으며 자신은 **'사도라 칭함을 받기에 감당치 못한다'** 고 말했습니다(고전 15:8-9). 그러므로 바울은 방탕하고 난폭한 생활을 한 난봉꾼이나 주정뱅이이면서도 이러한 말을 입 밖에 내지 않았던 많은 위선자와 파렴치한 자들과는 같지 않습니다. 그러한 사람들은 '내가 전에 어떠한 사람이었는지 더 이상 묻지 마십시오' 라고 간청합니다.

우리는 다른 사람의 심판을 받을 때까지 기다려서는 안 됩니다. 왜냐하면 바울이 강조한 것처럼 우리는 각각 자신을 심판해야 하기 때문입니다(고전 11:28). 우리가 거의 무감각한 짐승같은 불쌍한 불신자였었다는 사실에 대해서 생각할 때마다 우리는 천했던 우리 자신을 부끄럽게 여기는 것이 당연합니다. 바울은 자신이 어떤 종류의 인간이었는지를 잘 알고 있었기 때문에 자신을 증오하고 복음이 전파되는 것을 저지했던 자신을 부끄럽게 여겼으며 동시에 그는 요한과 야고보에게서 나타나는 미덕에 대한 칭찬을 아끼지 않았습니다.

베드로와 요한이 복음 때문에 채찍질 당하고 있을 때 바울은 여전히 살인자로 남아 있었으며 자신의 행위가 정당하다고 생각했습니다. 그러나 하나님께서 한 순간에 그를 드높여서 그로 하여금 교회의 공동 이익을 위해서 받은 선물을 활용하는 데 어떠한 방법으로도 방해하지 않는다는 것을 확인시켜 주셨기 때문에 그가 변해서 우리가 앞에서 설명한 그러한 사람이 되었습니다.

그러면 거기에서 우리가 배워야 할 내용을 말씀드려 보겠습니다. 만약 우리 생애의 말기에 복음에 의해서 부름을 받게되면 우리는 항상 우리가 우리의 삶을 몹시 욕되게 보냈다는 것을 탄식해야 합니다.

우리는 우리가 하나님께서 받은 모든 유익에 대해서 우리의 생명을 바쳐서 하나님 아버지께 경배를 드렸어야 했던 것을 모르고 불쌍한 들짐승과 같은 생활을 했기 때문에 우리가 우는 것도 당연합니다. 우리는 이것에 대해서 가책을 받아야 합니다. 더욱이 한 악한 자가 개종하는 것을 볼 때마다 우리는 이 변화가 하나님께서 이룩하시는 기적이라는 것을 인식하고 있어야 합니다. 왜냐하면 하나님께로 나올 희망이 전혀 없는 짐승 같았던 그가 변하여 주 예수 그리스도에게 자발적으로 순종하는 어린 양처럼 되었다면 그것은 하나님의 손이 역사하고 계시다는 것을 시사해 주기 때문입니다. 그러므로 우리가 과거의 모습을 기억하고 있다는 것은 매우 중요합니다.

그리고 우리는 이것으로 우리 자신을 심판해야 합니다. 만약 어떤 사람이 하나님을 뒤늦게 찾아왔다면 그에게 다른 사람에게 10년 동안에 주었던 것보다 더 많은 힘과 축복을 하루에 주는 것이 하나님을 기쁘게 해드렸기 때문에 우리는 그를 거절해서는 안 됩니다. 왜냐하면 이 사람은 우리의 교화를 위해서 사용될 수 있기 때문입니다. 우리는 '그리고 이 친구는 2, 3년 전에 어떠한 사람이었습니까? 그는 보잘것없는 사람이였어' 라고 대화하는 것을 자주 듣게 됩니다. 그러나 우리 주님께서는 그 사람을 통해서 자신을 드러내신다는 것을 알아둡시다. 더욱이 하나님의 은혜가 우리의 생활에서 나타난다는 것을 알아둡시다.

더욱이 하나님의 은혜가 사람의 생활에서 유익이 없는 때가 있어서는 안되기 때문에 우리는 하나님의 은혜가 하나님의 자녀의 유익과 행복에 활용되도록 허용해야 합니다. 따라서 우리가 알고 있는 바와 같이 우리는 사람의 과거 생활을 중요하게 여겨서는 안되며 만약 그렇게 한다면 우리는 그를 경멸하는 것이 됩니다. 결국 하나님께서는 그에게 일시적인 자유를 허용하심으로 아마 그를 겸손하게 하셨을 것입니다.

만약 하나님께서 그렇게 하시지 않으셨다면 그는 선과 악을 구별하지 못하는 무지 가운데서 방탕하고 칭찬을 받을 만한 덕이 없는 생활을 계속했을 것입니다. 그러나 하나님께서는 그를 처형을 기다리고 있는 훌륭한 증인으로 삼으셔서 그러한 사람의 섬김을 받으려고 하신다는 것을 우리에게 보여주십니다. 그러므로 우리는 하나님께서 우리에게 보내시는 사람 모두와 하나님께서 자신을 우리에게 나타내기 위해서 선택하시는 모든 방법을 수용해야 합니다.

우리가 이것을 기억하고 있는 것이 매우 중요합니다. 왜냐하면 오늘날의 우리의 입장에서 보면 여기 이 세상에는 우리가 무시해도 될 만한 것이 아무 것도 없기 때문입니다. '하나님은 사람을 차별하지 않으신다'라고 한 바울의 말에 대해서 생각해 보면 그 말은 하나님은 외모나 우리가 중히 여기는 경향이 있는 것 같은 것에 관심을 갖지 않으신다는 뜻입니다. 하나님께서는 당신이 선택하신 사람에게 하나님의 은혜를 마음대로 부어주시며 그 은혜를 당신께서 선택하신 방법으로 나누어 주십니다.

많은 사람들은 이 말이 무엇을 의미하는지를 잘 모르고서 성령이 의미하는 것과 반대로 생각하고 있습니다. 이러한 까닭으로 하나님은 모든 사람을 차별하지 않으실 것이며 하나님의 속성상 차별을 둔다면 비난을 받을 수 있다고 생각하는 바보도 많이 있습니다. 이렇게 해서 그들은 하나님이 마음대로 은혜를 선택해서 내리시는 것에 대해서 혼란을 일으키게 됩니다.

그들은 하나님께서는 모든 인류를 향하여 팔을 벌리고 계시며 만약 하나님께서 선택을 하시게 된다면 그 선택은 어느 누구도 제외시키지 않은 모든 사람의 전체적인 선택이 되어야 한다고 생각합니다. 그들은 마치 하나님의 은혜가 테니스공처럼 공중을 날아 다니고 있기 때문에 우리는 우리의 손을 뻗어서 그것을 잡아 우리의 소용이 되도록 이용하기만 하면 되는 것으로 여깁니다. 다시 말하면 마치 이 모든 것이 우리의 의지에 달려 있는 것으로 생각합니다. 많은 사람들이 그러한 가르침을 받아들여 '사람을 외모로 받아들인다' 는 말이 무슨 뜻인지를 전혀 모르고 있다는 것을 잘 드러내고 있습니다.

그러나 여기서 성경은 만약 어떤 특정한 사람을 선택하여 그에게 성령의 은사와 은혜를 쏟아 부으심으로 그를 영광스러운 지위로 들어올리는 것이 하나님에게 기쁨이 된다면 하나님은 하나님의 은혜를 억제하시지 않을 것이라고 말합니다. 그 사람이 백인이든 흑인이든 늙었건 젊었건 정직하건 정직하지 않건 부자건 가난하건 사람들이 그를 좋아하건 싫어하건 그가 잘생겼건 못생겼건 그것은 하나님에게는 중요하지 않습니다. 하나님께서는 그러한 사소한 일을 염두에 두시지 않으십니다. 왜냐하면 만약 하나님께서 우리 안에서 선한 것이 나타날 때까지 기다리시게 되면 우리 모두는 본래의 우리 모습을 하고 있을 것이기 때문입니다. 이것이 바울이 하나님은 사람을 차별대우 하지 않는 분이라고 한 말의 뜻입니다.

이제 이 말씀에서 우리가 배워야 할 교훈을 모아봅시다. 첫째로 (우리가 이미 다루었던 것처럼) 우리는 하나님의 은사가 우리에게 주어졌을 때 그들을 받아들여서 그들을 선하게 사용하는 방법을 배워야 합니다. 많은 사람들이 그들을 거절하고 이런저런 구실을 대면서 그들의 배은망덕한 행위를 정당화하는 것처럼 그 은사를 거절해서는 안 됩니다. 어떤 사람들은 그들이 고참이라는 것을 구실로 삼으며 다른 사람에게 잘못이 있다고 비난합니다. 그러나 이 사실이 우리가 하나님이 보내신 자들 밑에서 이익을 얻는 것을 못하게 막지 않게 되기를 바랍니다.

이 사실은 그들이 기독교인이 된 지가 3일밖에 되지 않았어도 그것이 적용되며 그들은 용감하거나 용맹스러운 업적을 아무 것도 이룩하지 않았기 때문에 사람들 앞에서 자랑할 것이 아무 것도 없습니다. 주 예수 그리스도께서 그들에게 우리의 교육을 위해서 유용하게 선물로 주시는 은사를 거절하는 것은 단지 용서받지 못할 인간을 거절하는 것이 아니라는 것을 알고 우리 모두는 겸손해 집시다. 왜냐하면 만약 우리가 머리를 숙여 하나님으로부터 내려온 것들을 받아들이지 않는다면 (하나님은 그러한 은사의 원천이시기 때문에) 하나님께서 주시고 싶어하시는 모든 것과 하나님께서 이미 우리의 손에 쥐어주신 좋은 것들을 완전히 약탈당해도 할 말이 없기 때문입니다. 우리는 이것을 기억하기 위해서 최선을 다합시다.

더욱이 우리가 하나님께로 나아갈 때에는 우리에게 가치있는 것이 조금이라도 있다고 생각해서는 안 된다는 것을 배워야 합니다. 이 세상에서 높은 자리에 있는 자와 큰 자나 부유한 자는 모든 자만심을 던져버리고 그것이 하나님 앞에서는 아무 것도 아니라는 것을 깨달아야 합니다.

가난한 자와 몹시 불행한 자들은 비록 사람들이 그들을 경멸할지라도 그들은 버림받지 않았다는 사실을 알고 있어야 합니다. 높은 지위에 있는 큰 자로 하여금 자기가 가지고 있는 것은 모두 하나님의 인자하심으로 인하여 거저주신 것이라는 것을 깨닫고 자신이 낮아지게 된 것을 기뻐하게 하라고 한 야고보의 말을 활용합시다. 마찬가지로 가난하고 비천한 위치에 있는 자들로 하여금 하나님께서 우리를 하나님의 자녀로 받아들이시기를 기뻐하셨기 때문에 하나님께서는 그를 양자 삼으셔서 이 세상의 왕보다도 훨씬 더 높고 귀한 자리에 앉히셨다는 사실에 기뻐하십시오.

하나님께서는 우리의 마음을 중히 여기시는 것이 사실입니다. 따라서 사람들은 외모나 외적인 것에서 기쁨을 찾지만 하나님께서는 우리 마음의 진심을 감찰하십니다. 하지만 그러한 진심을 하나님께서 우리 안에 넣어 주셨습니다. 만약 하나님께서 아담의 후손들에 대해서 고찰해 보신다면 시편 14장 3절 말씀과 같이 그들이 다 타락한 것을 아시게 될 것입니다. 우리는 태어나면서부터 죄악 가운데서 썩어가고 있습니다. 그러므로 하나님으로 하여금 우리를 받아들이시게 하거나 우리를 남보다 더 높이시도록 감동시킬 수 있는 것이 아무 것도 없습니다. 그보다 하나님의 인자하심을 나타내는 기념물입니다. 따라서 하나님께서 우리를 받아들이신 것은 우리에게 그만한 가치가 있기 때문이 아니라는 것을 우리는 고백해야 합니다.

그러나 하나님께서 우리를 당신의 자녀로 택하시고 성령을 통해서 우리로 하여금 하나님이 가시는 길을 가게 하신 것은 우리의 진실한 마음을 보였기 때문입니다. 모든 하나님의 자녀들이 가지고 있는 모든 은사는 하나님이 인자하시다는 것을 증명하는 많은 간증이 됩니다. 왜냐하면 하나님이 우리에게 매우 풍성하시기 때문입니다. 사도행전 10:34과 그 밖에 다른 곳에 나오는 '사람을 차별대우 한다' (respect of persons)는 성경말씀은 부와 명예와 신분과 지위 등의 외모나 외적인 것에 대해서 언급하고 있습니다. 그런 것들은 사람들로 하여금 그들이 하나님에게 얼마만큼의 쓸모와 가치가 있다고 생각하게 만드는 망상입니다. 그러나 우리가 이미 말했던 것과 같이 우리가 하나님에게 순종하기로 하는 한 주님은 중심을 보시고 우리의 외모에 관심을 갖지 않으신다고 기록되어 있습니다(삼상 16:7). 이것이 우리가 기억하고 있어야 할 요점입니다.

그리고 나서 바울은 사도들이 그를 그들의 동료로 받아들였으며 그를 친구로 삼겠다고 확약했다고 했는데 이것은 바울이 전했던 복음은 사도들이 가르쳤던 내용과 완전히 일치했으며 바울과 사도들이 다같이 똑같은 주 예수 그리스도를 섬기고 있다는 것을 증명해 주었습니다. 그리고 바울은 사도들이 모두 합하여 자신을 이방인, 즉 율법으로 양육되지 않고 출생이나 혈통이 이스라엘 백성이 아닌 자들에게 파송받은 사도로 인정해 주었다는 말을 첨가했습니다. 바울이 사도들을 설득시키기 위해서 싸울 필요가 없었다고 한 말을 주목하십시오. 왜냐하면 그들은 그를 그들의 동역자로 환영했으며 바울은 그들을 경멸하지 않았기 때문입니다.

우리가 보았던 것처럼 바울이 예루살렘으로 왔을 때 그는 하나님께서 그를 임명하신 것을 알고 있었으며 그에게는 확실하고 오해의 여지가 없는 계시 주어졌습니다. 그는 제3 천국으로 들어올려 졌습니다. 하지만 바울로 하여금 두려워하면서도 사도들을 만나기 위해서 예루살렘까지 여행을 하는 모험을 하게 한 것은 자만심이 아니었으며 그 자만심은 앞으로 아무 쓸모가 없게 될 것입니다. 그 대신에 그는 자신에게 특별한 자질이 없으나 그리스도에 대한 가쁜 소식을 온 세상에 전하고 싶어하며 모든 백성들이 그 분에게 경배를 드리고 믿게 되기를 바란다는 것을 모든 사람들이 알게 되기를 바랬습니다.

바울은 베드로와 요한과 그밖의 다른 제자들이 전했던 예수님과 다른 예수님을 전한 것이 아니고 똑같은 예수님을 전했습니다. 우리는 바울이 뒤로 물러서서 다른 사도들과 떨어져 있는 것을 보고 그는 그의 가르침을 다른 사도들의 가르침과 일치시키고 싶어하지 않는다고 말할 수도 있었겠지만 그가 그들과 연합하기 위해서 온 것을 보면 그는 자신이 어떠한 환상이나 자만심에 사로잡혀 있지 않다는 것을 입증해 주었습니다. 다시 말하지만 그렇기 때문에 그는 사도들이 자신을 그들의 일원으로 영입해 주었다고 말했습니다.

그러므로 바울은 자신이 다른 제자들보다 우수하다고 주장하지 않습니다. 그보다는 그들 모두가 주 예수 그리스도를 섬기고 있으며 또 이 사실에 자신을 다른 제자들과 동등하게 만든다는 것을 우리에게 인식시키기를 바랍니다. 그러므로 우리는 바울이 가르친 복음의 기쁜 소식을 의심을 품고 대해서는 안되며 마치 그것이 베드로나 요한의 입을 통해서 온 것과 똑같이 취급해야 합니다. 바울이 이러한 문제를 다룰 때 그는 자신을 드러내지 않고 예수 그리스도를 드러냈습니다. 우리는 말하는 사람이 베드로이건 요한이건 야고보이건 상관없이 하나님의 아드님은 우리의 주인이라는 것과 그 분이 나 자신을 통해서 말씀하시던 다른 사람을 통해서 말씀하시던 상관없이 그 분의 말씀을 받아들여야 한다는 것을 명심합시다.

바울은 우리가 이 세상에 있는 작은 자나 큰 자를 존경하는 것을 바라지 않는 것과 똑같이 우리가 그를 존경하는 것을 바라지 않습니다. 그러므로 우리는 바울이 한 이 말을 보고서 바울은 어떠한 상황이나 어떠한 처지에서도 자신에 대해서는 모든 것을 잊고 있었으며 자신의 이익을 구하지 않았다는 사실을 기억해 둡시다. 그보다 그는 예수 그리스도께서 받아 마땅한 영광을 받으시고 그 분의 말씀이 경건하게 다루어지는 것을 보고 흡족해 했습니다.

두 번째 요점에 대해서 말하자면 바울이 이방인들에게 파송된 사도로 인정받았다는 것은 하나님께서 바울과 바나바를 이방인들에게 복음을 전할 목적으로 따로 세우셨기 때문에 그들은 사도로 임명되었다고 한 누가의 말을 실증해 줍니다(행 13:2). 하나님께서 취소할 수 없는 소명을 주셨기 때문에 이 생각은 사람에게서 온 것이 아닙니다. 바울 자신이 맡겠다고 자청한 그 직분은 다른 사도들에게 주어진 것보다 결코 못하지 않습니다. 다른 사도들은 바울이 자신의 이익에 연연하지 않으며 무모하게 행동하지 않는다는 것을 알고 있었기 때문에 그들은 그가 진실로 하나님의 보냄을 받은 자이며 그의 부름을 사람이 결정한 것이 아니라는 것을 거리낌없이 인정했습니다.

그들은 그가 진실로 하나님의 보냄을 받은 자이며 그의 부름은 사람이 결정한 것이 아니라는 것을 알 수 있었기 때문에 그의 부름을 부인하는 것을 꿈도 꾸지 못했습니다. 이것은 우리들이 순종함으로써 하나님의 말씀이 우리들로 하여금 우리 자신의 상상과 욕망과 욕심을 따르지 못하도록 억제해 주는 고삐와 멍에가 되어야 한다는 것을 더 분명하게 가르쳐 줍니다. 우리는 우리자신이 주 예수 그리스도의 손에 이끌리고 다스려지도록 해야 합니다. 바울이 하나님의 임명을 받았기 때문에 사도들이 그를 거절하는 것이 옳지 않았다면 우리들은 어떻습니까? 하나님께서 당신의 교회를 위해서 제정하신 규칙과 규례가 속박이 되는 것을 우리가 수용하지 못한다면 그것은 천인공노할 무서운 방종이 됩니다!

우리가 우리의 기분에 이끌려 직업을 변경할 때나 우리의 어리석은 마음의 명령에 따라 용기를 내거나 실망할 때도 그렇습니다. 교회 안에서 그러한 말썽을 일으키는 죄를 짓는다는 것은 하나님을 무시하고 하늘에서 태양을 떼어내려는 것과 똑같습니다. 우리가 명심할 것은 교회의 규율은 하나님이 제정하셨으며 이중의 어떤 것도 변경하려고 하는 자는 마귀와 같은 자만심으로 가득 차 있는 자입니다.

끝으로 이러한 방법으로 자신을 높이는 자는 비틀거리다가 넘어져서 자신을 멸망시키기 쉽습니다. 더욱이 바울이 이방인들에게 파송되었다는 것을 읽고 이것은 우리 주 예수 그리스도께서 제자들에게 **"그러므로 너희는 가서 모든 족속으로 제자를 삼으라"**고 말씀하시면서 명령하셨던 내용을 어떠한 방법으로든지 바꾸지 않았다는 것을 주목합시다. 얼핏보면 환경이 변하고 있거나 바울은 이쪽으로 파송되었고 베드로는 저쪽으로 파송되었다는 사실 때문에 불화가 일고 있는 것처럼 보일지도 모릅니다. 그러나 모든 것이 잘 맞아 떨어졌습니다. 왜냐하면 우리 주님께서는 모든 사도들을 개별적으로 만나서 '베드로, 너는 모든 나라와 이 땅의 방방곡곡을 돌아다니면서 내 복음을 전하고 요한, 너도 그와 같이 할 것이며' 라고 말씀하지 않으셨습니다. 다른 사도들에게도 그렇게 하라고 말씀하시지 않으셨습니다.

주님은 **"나는 너희들 모두를 임명하노니 가서 나의 복음을 온 땅에 전하라"**라고 말씀하셨으며 이와 같이 전체적인 명령을 내리셨다는 것은 어떤 사람은 어떤 지역에 갈 수 없고 또 다른 사람은 또 다른 지역에 갈 수 없다는 것을 의미하지 않습니다(그렇게 하는 것이 그들의 생과 사에 관련된 문제라 할지라도 그들은 진정 그렇게 하려고 했습니다). 바울에게는 유대인이 많지 않은 가장 먼 지역으로 가라는 특별한 명령이 주어졌습니다. 바울은 어디로 가든 그는 유태인의 회중에서 복음을 가르쳤기 때문에 그는 유대인의 사도가 되었습니다. 하지만 그는 이방인들을 위한 사도로 분류되었습니다. 그는 하나님이 알려지지 않았고 건전한 가르침의 서광이 없고 율법이 없고 참 종교가 없는 모든 나라로 복음을 들고 갔습니다.

우리는 이것을 마음에 두고 (교황의 말에 따르면) 베드로는 로마의 주교였다는 사실에 근거하여 오늘 교황이 갖추고 있다고 주장하는 신통력의 정도에 대해서 생각해 봅시다. 베드로가 로마에 있었으며 로마의 주교가 되었다는 말은 완전히 꾸민 이야기라는 것이 분명합니다. 그것은 그들의 변덕스러운 가르침의 일면이기도 합니다. 만약 우리가 그때까지 우리가 말해 왔던 내용에 따라 그 문제를 곧이곧대로 받아들인다면 베드로는 특별히 유대인을 섬기라는 부름을 받았습니다.

그렇게 되면 자신을 베드로의 후계자라고 주장하는 교황은 유대인의 주교가 되어야 하며 그의 교황직은 거기에서 시작하여 거기에서 끝나야 합니다. 바울에 대해서 말하자면 그는 로마의 주교가 아니었던 것이 무엇보다도 확실합니다. 왜냐하면 그가 죄수로 그곳에 끌려갔을 때 이외에는 거기에 간 적이 없었기 때문입니다. 우리는 그가 거기에 체류했었는지 또는 안 했었는지 모릅니다. 그러나 그가 죽은 곳이 그 곳일 가능성이 많습니다. 따라서 교황은 자기가 바울의 후계자라고 자랑할 수도 없습니다.

하지만 만약 로마 시가 그와 같은 강도들의 소굴이 아니었고 하나님의 종들이 살해된 곳이 그곳이 아니었다면 그 도시는 매우 품위있고 영광스러운 지위를 누렸을 것입니다! 그러므로 베드로가 유대인에게 파송되는 사도로 임명되었다는 것과 바울은 이방인들에게 파송되었다는 것을 우리에게 알려준다는 사실에 특별히 주목합시다. 왜냐하면 이 말씀은 즉각 우리에게 도전을 주며 우리는 더욱 용기를 얻어 그것을 활용하여 우리의 이익이 되도록 해야 하기 때문입니다. 참으로 우리는 다른 사도들의 가르침도 굳게 지켜야 합니다. 왜냐하면 주 예수 그리스도께서 말씀하실 때에는 그 말씀을 베드로의 입을 통해서 하셨건 요한의 입을 통해서 하셨건 상관없이 그 말씀을 잘 지켜야 하기 때문입니다.

그들은 모두 성령의 도구이기 때문에 한 사도를 다른 사도보다 더 좋아해서는 안 됩니다. 그러나 무엇보다도 바울이 직접 우리를 대놓고 말할 때에 그 말은 우리를 찌르는 바울과 같아서 우리는 즉각적으로 행동해야 합니다. 하나님께서 바울을 부르시어 하나님의 교회와 차단된 불쌍한 이방인들 가운데서 사역하라고 시키신 사실과 하나님께서 바울을 통해서 그들을 끌어오시기로 결심하신 사실은 우리에게는 커다란 도전이 되어야 합니다. 하나님께서는 불쌍한 불신자들을 그들이 살아왔던 어두운 그늘에서 끌어내려고 노력하셨습니다. 육으로는 유대인의 후손이 아닌 우리들을 위해서 자신을 바치는 것이 하나님의 중요한 목표였습니다. 동시에 예수 그리스도께서는 당신이 베드로와 바울과 야고보와 요한과 그밖에 다른 사도들 중에서 어느 누구를 통해서 말씀하시건 상관없이 우리는 그 말씀을 잘 듣기를 바라신다는 사실을 명심합시다.

우리는 하나님 아버지께서 우리에게 보내신 주님으로 만족해서 지혜의 완성을 이룩하도록 합시다. 우리는 또한 바울, 요한, 야고보와 그밖에 다른 사도들의 저서와 같은 하나님이 선택하신 방법을 통해서 우리가 배운 내용에도 주의를 기울입시다. 왜냐하면 그들은 모두 우리를 하나님에게 이끌어주기 때문입니다. 우리는 우리 주 예수님은 그들을 통해서 우리를 부르시고 계시다는 것을 알고 그들이 가르쳐 주는 것만을 받아들이고 그밖의 모든 것에는 눈을 감아야 합니다. 우리가 베드로, 요한, 야고보, 바울이 가르친 교훈을 아무리 열심히 따를지라도 그 교훈은 하나로 향해야 합니다. 즉 우리를 기쁨과 좋은 일이 풍성하신 우리 주 예수 그리스도와 연합시켜서 주님과 하나되게 하는 데로 향하게 합니다. 그렇게 해서 우리는 주님만을 자랑하게 될 것입니다.

10

갈라디아서 강해 설교

게바가 안디옥에 이르렀을 때에 책망할 일이 있기로 내가 저를 면책하였노라 야고보에게서 온 어떤 이들이 이르기 전에 게바가 이방인과 함께 먹다가 저희가 오매 그가 할례자들을 두려워하여 떠나 물러가매 남은 유대인들도 저와 같이 외식하므로 바나바도 저희의 외식에 유혹되었느니라 그러므로 나는 저희가 복음의 진리를 따라 바로 행하지 아니함을 보고 모든 자 앞에서 게바에게 이르되 네가 유대인으로 이방인을 좇고 유대인답게 살지 아니하면서 어찌하여 억지로 이방인을 유대인답게 살게 하려느냐 하였노라(갈 2:11-14)

우리는 바울의 가르침은 율법의 의식이 폐해졌다는 사실에 기초를 두고 있다는 것을 보았습니다. 그러나 그에게 반대했던 자들에게는 그렇게 해야했던 상당한 이유가 있는 것처럼 보입니다. 그들의 말을 빌리자면 율법은 하나님이 주신 것이기 때문에 그렇고 또 하나님이 율법의 저자이시기에 어떠한 방법으로라도 율법을 바꾼다는 것은 율법에 어긋난다고 했습니다. 그렇지만 그들은 옛 백성들에게 주어진 목적에 대해서 생각해 볼 필요가 있습니다. 하나님은 변함이 없으시고 하나님의 말씀은 영원토록 살아 움직이는 것이 사실이지만 하나님이 그들로 하여금 옳다고 여기는 것을 하도록 시키신다는 것을 의미하지는 않습니다. 의식은 이스라엘 백성들의 필요를 충족시켜주는 일시적인 조치였습니다.

우리가 이미 다루었던 이 문제를 먼 안목으로 바라 보면 다음과 같습니다. 예수 그리스도께서 오시기 전에는 믿는 자들이 약속된 구세주를 기다리는 동안에 그들에게 힘을 주고 그들을 인도해 주던 어떤 모형과 그림자(types and shadows)가 있었습니다. 이것을 보아서 우리는 하나님께서는 그 의식들이 영원히 지속되게 하거나 영원한 것이 되게 하려고 하시지 않으시고 그 당시만을 위해서 제정하셨다고 결론을 내려도 좋을 것입니다. 그 의식들은 그 사람들에게 지금 우리가 우리 주 예수 그리스도 안에서 소유하고 있는 것의 증표의 역할을 했으며 예수님은 율법시대에 있었던 그림자의 몸체이며 실체입니다. 이것이 우리가 믿어야 할 내용입니다.

우리는 몽상에 빠져있는 자들이 주장하는 것처럼 하나님이 변화하셨다고 주장해서는 안 됩니다. 하나님께서 여름을 겨울로 바꾸시는 것을 보고 마음이 변하셨다고 말해도 됩니까? 우리는 일 년 중의 여러 계절에 대해서 잘 알고 있습니다. 잔디밭이 파랗게 되고 나뭇잎이 돋아나며 나무에는 과일이 맺습니다. 그러나 겨울이 되면 모든 것이 죽습니다. 그렇습니다.(이미 우리가 말한 바와 같이) 하나님께서는 인간을 위해서 율법을 주셨습니다. 그러나 이스라엘 백성들에게는 지금 복음을 통해서 볼 수 있는 계시가 없었기 때문에 그들에게 의식의 모양을 한 시각적인 보조물이 필요했습니다. 그렇기 때문에 그들에게는 의식이 필요했습니다. 그러나 오늘날 우리는 하나님께서 언약하신 것들이 성취된 것을 볼 수 있기 때문에 의식은 더 이상 필요치 않습니다. 그러므로 우리는 그때의 이스라엘 백성들보다 훨씬 더 많은 특전을 누리고 있습니다.

바울은 이 본문 말씀에서 우리는 새로운 자유(liberty)를 얻게 되었다고 한 자신의 선언을 변론합니다. 이러한 까닭으로 그는 베드로를 책망해야 했습니다. 하나님께서 우리의 옛 선조들에게 지웠던 멍에는 우리 주 예수 그리스도께서 오셨을 때에 벗겨졌기 때문입니다. 만약 기독교 신자들이 이스라엘 백성들이 지켰던 것과 똑같은 의식을 지키기로 되었다면 베드로는 확실히 전력을 기울여서 그가 취한 행동을 변호했을 것입니다. 그런데도 자신이 책망 받는 것을 허락했으며 자신의 잘못을 고백했습니다. 베드로는 이렇게 해서 사도들의 옛날 모형과 그림자는 주 예수 그리스도의 오심으로 인하여 중단되고 폐지되어야 한다는 것을 알고 있었습니다.

바울은 그 당시의 상황을 이렇게 설명합니다. 그는 안디옥에서 베드로를 책망했는데 베드로는 이방인들과 함께 거기에 살고 있었습니다(그들은 신자는 아니었지만 복음을 들으러 온 개종한 자들이었습니다). 베드로는 그들과 함께 살고 있었으며 그들을 교회의 권속으로 여겼습니다. 그때에 야고보가 보낸 유대인들이 예루살렘에서 왔습니다. 베드로는 그들이 자신에 대해서 좋지 않은 소문을 퍼트릴지도 모른다고 생각하여 뒤로 물러나서 그와 이방인들이 똑 같은 복음을 믿고 있으면서도 그들과 개인적인 교제가 전혀 없는 척 했습니다. 사람들은 그가 그들과 친교를 맺음으로써 자기자신을 모독하고 있다고 생각할 것을 염려하여 그는 그들을 모르는 사람처럼 대했습니다. 참으로 무서운 가식이었습니다! 그는 이렇게 함으로써 교회에 파벌을 조성했습니다. 다른 곳에 있는 성경말씀과 같이 주 예수 그리스도는 이스라엘 백성만을 위해서 오신 것이 아닙니다. **그 분은 온 세상 사람들을 구원하기 위한 하나님의 빛이시며 우리를 갈라놓았던 담을 허무셨습니다**(엡 2:14). 그러므로 만약 전에 교회에서 제명되어 교회에서 멀리 떠났던 자들이 다시 교회 안으로 불러들여졌다면 베드로는 사실상 하나님의 은혜를 인정하지 않는 것이 됩니다.

우리가 알고 있는 바와 같이 교회의 단결이 매우 중요합니다! 교회의 단결을 깨뜨리는 자는 용서할 수 없습니다. 베드로는 주 예수 그리스도의 지체였으며 하나님의 자녀였던 유태인과 이방인과의 유대를 파괴하는 죄를 지었습니다. 우리는 똑같은 주님과 똑같은 구세주를 모시고 있으며 우리가 하늘나라로 영접될 때까지 우리 모두는 그 분의 종으로서 그 분의 이름으로 모여있습니다. 그런데 베드로는 하나님의 식구를 유태인만으로 제한하려고 했던 것 같습니다. 그는 또다른 제 2의 죄를 지었습니다. 그는 주 예수 그리스도의 은혜를 인정하지 않았습니다. 왜냐하면 예수님은 전에 있던 모든 모형과 그림자를 완전히 성취하기 위해서 오셨기 때문입니다.

만약 오늘날 우리가 율법시대처럼 제물을 바쳐야 한다면 우리는 우리를 대속하실 수 있는 주 예수 그리스도의 피를 통해서 우리가 정결케 된다는 것을 알지 못할 것입니다. 예수님만이 우리의 죄를 속하실 수 있습니다, 왜냐하면 예수님은 온전히 의로운 삶을 사셨기 때문입니다. 우리는 이것에 대해서 아무 것도 모를 것입니다. 베드로의 잘못은 매우 심각했습니다. 왜냐하면 그는 주 예수 그리스도가 보이는 것을 가려주고 예수 그리스도가 알려지는 것을 막는 장막을 다시 끌어들이고 있었기 때문입니다.

베드로의 세 번째 잘못은 유대인의 잘못을 조장한 것입니다. 우리는 무지하고 연약한 자를 참아주어야 하며 비록 그들이 잘못했더라도 지나치게 책망해서는 안 됩니다. 그들의 잘못은 점진적으로 개선될 것입니다. 하지만 무식한 것을 묵인하는 것처럼 보이게 해서 그것을 조장하고 장려하는 것은 무서운 죄입니다. 베드로가 동족의 환심을 사려고 이방인과의 교제를 피함으로써 그는 유대인들에게 잘못된 태도를 조장시켰습니다. 왜냐하면 그는 그렇게 함으로서 이방인들은 정말로 부정하고 더럽다는 암시를 주고 있었기 때문입니다. 이와 같이 해서 그는 이미 너무 널리퍼진 악을 더 확신시켰습니다. 이러한 까닭으로 바울은 베드로가 책망을 받아 마땅하다고 말했습니다.

우리가 기억해 두어야할 것은 지난 날에는 이와 같은 일 모두가 사전 조종에 의해서 일어났다고 생각하는 사람들도 있었다는 것입니다. 그들은 베드로가 자신의 동포들을 만족하게 해 주기가 매우 어려웠다고 불평을 했으며 또 바울의 공개적인 비난에 은근히 동의했다고 말했습니다. 하지만 이것은 있을 수 없는 일입니다! 바울은 베드로가 책망을 받아 마땅하다고 강조했으며 베드로가 곧고 좁은 길을 걷고 있지 않은 것이 보이면 어떤 행동을 취하기로 마음먹었다고 말했습니다. 이 말은 거기에는 비밀협정이나 약속이 없었다는 것을 밝혀 줍니다. 그보다 바울은 그에게 허용된 자유를 베드로를 책망하는 데 사용했을 뿐입니다.

비록 그는 베드로를 예수 그리스도의 사도로 대단히 존경했지만 책망하기를 중단하지 않았습니다. 이 성경말씀은 우리의 자유가 매우 중요하다는 것을 가르쳐 주고 있습니다. 이것은 우리의 행동에 미치는 일일뿐만 아니라 우리의 양심에 관계되고 하나님과의 화평과도 관계되는 문제이기도 합니다. 만약 그것이 돼지고기를 먹어야 하느냐 먹지 말아야 하느냐 라는 문제라면 (그것은 율법에 있는 것 중의 하나입니다) 그것은 사소한 문제이기 때문에 못보고 지나쳐 버렸을지도 모릅니다.

오늘날 이와 똑같은 원리가 제2의 천성에 대한 문제에도 적용됩니다. 그러나 우리가 말했던 것처럼 우리는 그 문제의 본질로 들어가야 합니다. 어린아이들에게는 다스리는 자가 있지만 자유를 누릴 수 없는 것과 똑같이 그림자는 학교 교장 선생의 역할을 했습니다. 그러나 믿음을 강조하는 주 예수 그리스도의 강림으로 유대인을 지도할 방법이 더 이상 필요치 않았습니다. 그러므로 바울은 외적인 문제로 싸우지 않았습니다. 왜냐하면 그는 의도적으로 그러한 충돌을 모두 피했기 때문입니다. 그보다 백성들이 율법의 참 특성을 깨닫게 되기를 바랬습니다. 율법이 영원히 지속되지는 않을 것이나 주 예수 그리스도께서 오실 때까지 시행될 것입니다.

여기에서 우리는 유대인들로 하여금 돼지고기를 먹는 것을 삼가게 하거나 여러 형태의 축제를 지키게 하는 것은, 그 자체가 하나님을 섬기는 일에는 그렇게 중요하지 않으나 사람들로 하여금 예수 그리스도 안에서 믿음을 발휘하는 일을 도와 주도록 계획되었다는 것을 알 수 있습니다. 따라서 의식 자체에는 나누어 줄 만한 특별한 힘이 있는 것이 아닙니다. 그들은 영적인 성취에 주의를 끌뿐이었습니다. 하나님께서 그들을 세우신 것이 헛되지 않았으며 하나님의 교회에 유익이 되었다는 것을 확실히 알 수 있습니다. 만약 우리가 의식을 예수 그리스도와 분리시키면 그들에게는 아이들의 장난감 이상의 가치는 없습니다.

그러나 우리가 신자들을 인도해 주는 그 분에 대해서 생각하면 그것들의 가치가 크다는 것을 인정하게 될 것입니다. 만약 우리가 의식을 중요시하는 율법을 이해하게 되면 비록 율법이 더 이상 지켜지지 않더라도 복음을 통해서 우리에게 가르쳐주는 내용을 더 잘 이해할 수 있습니다. 오늘날에도 그들에게서 많은 이익을 얻어낼 수 있습니다. 왜 그렇습니까? 제사장만이 지성소에 들어갈 수 있으며 거기에 들어갈 때에는 반드시 제물을 가지고 들어갔다고 기록되어 있습니다(출 30:10, 레 6:2-3). 이 사실에서 우리는 사람이나 천사는 하나님에게 접근할 자격이 없다는 것과, 주 예수 그리스도께서 우리를 위하여 직접 문을 열어주시지 않으셨다면 우리는 모두 멸절되었을 것이라는 것을 알게 되었습니다. 이것이 제일 중요합니다.

두 번째는 만약 피흘림이 없었다면 우리는 하나님을 기쁘게 해 드릴 수 없으며 우리에게 하나님을 부를 만한 배짱이나 자유가 없다는 것을 명심해야 합니다. 이것은 주 예수 그리스도의 수난과 죽음을 통해서 성취되었으며 주님은 그 대가로 우리의 은총과 은혜를 확보해 주셨습니다. **우리의 기도는 모두 주님의 이름으로 드려져야 합니다.** 그렇지 않으면 하나님께서는 우리의 기도를 들어주지 않을 것입니다. 율법책에도 지성소와 마찬가지로 피가 뿌려졌다고 씌어있습니다(출 24:8, 히 9:19). 우리는 이 사실을 통해서 만약 주 예수 그리스도에 의해서 거룩하게 되지 않으면 모든 것이 부정하다는 사실을 알게 되었습니다. 더욱이 주 예수 그리스도의 인치심을 받지 못하면 우리는 그들에 대한 확인을 받을 수 없습니다.

또한 우리의 죄가 사함을 받게 되면 하나님은 우리를 의롭고 죄가 없다고 인정해 주신다는 것을 우리가 읽었지만, 주 예수 그리스도의 피가 우리 앞에 없으면 그와 같은 언약은 효과가 없으며 우리에게 유익이 되지 못합니다(말하자면). 하나님의 말씀은 주 예수 그리스도의 피로 빨갛게 쓰였다고 해도 될 것입니다. 이렇게 해서 우리는 오늘날 율법을 통해서 유익을 얻는 방법에 대해서 대충 살펴보았습니다.

그러나 지금은 이와 같은 의식이 폐해졌습니다. 비록 그것이 지금까지 시행되더라도 우리는 그것을 통해서 우리가 지금 받고 있는 것과 같은 훌륭한 가르침을 받지 못할 것입니다. 왜냐하면 우리는 천하고 타락하기 쉬운 것에 의지하고 싶어하기 때문입니다. 그러나 만약 히브리서에서 모세에게 명령하셨고 또 스데반이 아주 분명하게 말한 하늘에 있는 모형에 대해서 우리가 이해하고 있다면 하나님이 그러한 의식을 제정하신 이유를 알게 될 것입니다(출 25:40, 행 7:44, 히 8:5). 우리가 깨달아야 할 중요한 것은 여기서 전혀 문제가 되지 않은 일에 대해서 이야기하고 있지 않다는 것입니다. 우리는 이와 같은 의식들이 옛 조상들을 도와준 방법과 주 예수 그리스도께서 오시자 하나님이 그들을 폐하신 이유를 알아둘 필요가 있습니다.

이후로도 우리는 바울과 베드로가 친구임였으며 또 베드로가 맡은 위엄있고 고상한 직분 때문에 바울이 그 잘못을 못 본 체 할 수도 있었음에도 불구하고 베드로를 용서하지 않았다는 것을 알 수 있습니다. 바울은 그 문제로 베드로를 날카롭게 꾸짖었습니다. 만약 이것이 작고 가벼운 일이었다면 바울은 그러한 논쟁을 벌이지 않았을 것이라고 생각합니다. 그런데 그렇게 했으니 이것이 매우 중요한 문제라는 것이 입증되었습니다.

만약 하나님의 진리가 손상되거나 어떤 사람이라도 순수한 복음에서 돌이킨다면 우리는 그러한 일과 그러한 사람을 용서해서는 안 된다는 경고를 받아왔습니다. 비록 온 세상이 산산히 무너지더라도 우리는 흔들림 없이 꾸준하게, 또 어떠한 방법으로든지 아무에게도 굴복하지 않고 하나님이 주장하신 것을 지켜야 합니다. 만약 사람이 저지른 잘못 중에서 관대하게 처리해야 할 것이 있다면 그것은 베드로가 저지른 잘못입니다. 왜냐하면 주 예수 그리스도께서 그에게 그러한 직분을 감당할 수 있도록 은혜를 풍성히 쏟아 부으셨기 때문입니다.

바울은 쉽게 베드로와 행동을 같이 할 수도 있었지만 그는 베드로의 죄를 그냥 넘겨버릴 수 없다는 것을 알았습니다. 이것은 우리에게 본이 되어야 합니다. 그러므로 우리는 하나님의 진리를 은밀하게 손상시키는 사람의 잘못을 못 본 체 하지 말고 두려워하지 말고 싸워야 합니다.

이 교훈은 오늘날에도 우리에게 가장 유익이 되어야 합니다. 왜냐하면 극단적인 조치를 피하려는 사람들이 많이 있기 때문입니다. 비록 그들의 주변에 악습과 부패가 득실거리고 있는 것을 보면서도 그들은 중용을 지키기를 더 좋아하며 화평과 조화를 이루려고 합니다(사실은 두 편 사이에 어떠한 갈등이라도 일어나게 되면 그들은 대단히 혼란스러운 상태에 놓이게 됩니다). 그러한 사람들은 모든 분쟁을 해결하기 위해서 양편이 타협하여 하나가 되기를 소망합니다. 하나님께서 자신의 주장을 변덕스러운 사람에게 맡기시겠습니까? 우리가 하나님에게 반항하기 위해서 모이면서도 번창할 수 있습니까? 오늘날 우리는 완고한 천주교 신자들에게 대항하여 싸우라는 부름을 받았습니다. 그들은 복음의 진리를 타락시켰으며 왜곡했고 속였으며, 그들의 높은 직함으로 우리의 눈을 가렸으며 가면으로 진리를 은폐했습니다.

우리가 '거룩한 가톨릭교회' (the holy Catholic Church) 또는 '거룩한 교황청' (the holy Christendom Apostolic See) 또는 '교회의 감독제도' (Prelacy) 또는 '기독교계' 또는 '교회의 위계적 정치' (the Ecclesiastical Hierarchy)와 같은 용어를 듣고서 그것에 휩쓸려 넘어지지 맙시다. 왜 그렇습니까? 하나님은 우리 편이시며 복음에 대한 진리를 방위하는 것이 매우 귀중하기 때문에 당신의 대의를 위해서 우리들로 하여금 어떠한 피조물이라도 용서해 주지 않으십니다.

천사들은 가능하면 우리를 순수한 복음에서 돌이키게 하려고 노력하기 때문에 바울이 우리에게 그들을 가증스럽게 여기라고 말한 것도 이것 때문입니다. 그렇다면 왜 우리는 자신의 생각을 더해서 복음의 순수성을 손상시키는 사람을 기쁘게 해 주어야 합니까? 이것뿐만 아니라 그들은 그들의 과오를 옹호하기 위해서 주 예수 그리스도를 종으로 취하기도 합니다. 우리가 그러한 사람들에게 양보해야 합니까? 그렇게 타협하는 자에게는 화가 있을 것입니다. 왜냐하면 그것은 언제나 하나님의 저주를 받는 대상이 될 것이기 때문입니다.

그러므로 우리가 지지하는 주장이 하나님에게서 비롯되었다는 것을 일단 확신하게 되면 위대하거나 고상한 척 하는 어떠한 세상적인 허식이라 할지라도 우리를 정돈에서 벗어나지 못하게 할 것입니다. 이것이 우리가 배워야 할 내용입니다. 굳건하고 변치않는 마음을 가집시다.

더 나아가서 천주교 신자들이 정말로 얼마나 어리석은지 눈여겨보십시오. 왜냐하면 이 악당들에게는 자신을 모든 벌에서 제외시키려는 뻔뻔스러움이 있기 때문입니다. 교황은 자신이 베드로의 후계자라고 주장해서 자신을 찬양하려고 합니다. 그러면서도 이러한 벌을 자기 자신에게 적용시키는 것은 부당하다고 합니다. 그렇다면 그는 어디에서 그러한 면제부를 받았습니까?

만약 그가 베드로의 역할을 대신한다고 주장한다면 여기에 있는 이 본문 말씀에서는 그와 정반대되는 상황을 볼 수 있습니다. 베드로는 책망을 받았으며 그것을 감수했습니다. 그는 자신이 잘못했다는 것을 인정했기 때문에 기꺼이 자신을 책망했습니다. 이 사실은 우리들로 하여금 우리가 어떠한 방법으로 왜곡하려고 해도 하나님의 말씀의 지배를 받지 않는 고관자리가 없다는 결론을 내리게 합니다.

그러나 교황은 우리들로 하여금 우리 주 예수 그리스도께서 (목사들을 대신해서) 당신의 교회에 '우상'(idols)을 세웠으며 목사들은 누구의 반대도 받지 않고 모든 것을 부패시키고 위조하기 위해서 가르치고 책망하는 것이 허용되었다고 믿게 만들려고 합니다. 만약 사실이 그렇다면 하나님의 교회가 돼지우리보다 나을 것이 없을 것입니다. 교회는 돌이킬 수 없는 죄악으로 오염될 것입니다.

그러므로 이 사실을 잘 주목해 봅시다. 하나님은 당신의 교회에 속한 어느 누구라도 하나님의 말씀이 자연스럽게 전도되는 것을 막지 못할 것입니다. 왜냐하면 하나님의 말씀은 어느 정도

뛰어난 자들도 통제해야 하기 때문입니다. 우리는 하나님 아버지에게서 권한을 받은 주 예수 그리스도의 말씀을 잘 들어야 합니다. 정말로 우리 모두는 예수님 주변에 모여야 합니다. 그런데도 그렇게 하지 않으려는 구실을 찾으려고 해서는 안 됩니다. 이것이 베드로와 관련해서 배워야 되는 내용입니다.

또한 우리의 죄가 꾸짖음을 받아야 되는 방법에 대해서 알아봅시다. 그것은 공개적으로 되어야지 은밀하게 해서는 안 됩니다. 그것은 우리의 주목을 받을 만큼 중요합니다. 많은 사람들은 수치스러운 짓을 해서 모든 것을 혼란스럽게 만들고 사람들의 기분을 상하게 하고서도 그들이 속아서 그런 잘못을 저질렀다는 말을 다른 사람에게 하고 싶어합니다. 이것이 현대의 공통된 심리입니다. 어떤 사람이 '우리는 은밀하게 서로를 책망해야 한다고 하지 않았습니까?(마 18:15) 그러니 실수했다고 해서 공개적으로 모욕을 당하는 것은 옳지 않습니다' 라고 말했습니다. 그렇습니다. 만약 그의 죄가 교회 안에서 분란을 일으키지 않는다면 그 말이 맞습니다.

우리 주 예수 그리스도께서는 그 구별을 다음과 같이 지으셨습니다. 즉 만약 어떤 사람이 죄를 지은 것을 내가 알고 있으면 은밀하게 그를 꾸짖어야 합니다. 그러나 그가 죄를 지었다는 것이 파다하게 소문이 나서 만약 그냥 내버려 두면 나쁜 본을 남기게 될 것 같으면 우리에게는 더 이상 그죄인의 귀에 대고 속삭여야 할 의무가 없습니다. 그 책망은 죄의 정도에 따라 달라야 합니다. 그래서 다른 사람들로 하여금 그것에서 가르침을 받게 해야 합니다. 이것은 회중 전체에게 뿐만 아니라 고위직에 있는 사람에게도 적용됩니다. 왜냐하면 고위직에 있는 사람들은 다른 사람들에게 좋은 본을 보여주어야 하기 때문입니다.

바울은 디모데서에서 **죄를 지은 자는 비록 그들이 양떼를 가르치고 인도할 책임을 지고 있는 목사일지라도 모든 사람 앞에서 꾸짖음을 받아야 된다**고 했습니다(딤전 5:20). 그는 이것을 베드로에게 시행했습니다! 베드로가 저지른 잘못은 교회 내에서 커다란 혼란의 원인이 될 수 있는 심각한 것이었습니다. 왜냐하면 그것은 복음을 몰래 손상시키고 있으며 많은 성도들의 믿음이 아직 연약했기 때문이었습니다. 바울은 베드로가 꾸중을 들을 필요가 있다는 것을 알고 있었기 때문에 그렇게 했습니다. 이 점을 명심합시다.

우리가 배워야 할 것은 베드로의 겸손입니다. 예수 그리스도께서는 베드로에게는 시몬이라는 본래의 이름외에 그의 강한 믿음 때문에 베드로라고 불리울 것이라고 말씀하셨습니다. 그는 사도들 중에서도 뛰어났지만 자신이 죄를 지은 것을 깨닫고서 고개를 숙였으며 그는 그렇게 명예로운 높은 지위에 올랐다는 사실을 위안으로 삼지 않았습니다. 하나님의 말씀이 우리를 징계하기 위해서 준비되었기 때문에 베드로는 우리들을 늘 말씀에 복종시키려고 힘썼습니다. 만약 우리가 그렇게 하지 않으면 우리는 사람의 자만심을 괴멸하시는 그 분에게 반항하는 것이 됩니다. 베드로는 사람이 죄를 지었을 때에 할 수 있는 가장 선한 일은 징계에 순종하는 것이라고 말했습니다. 그래서 그는 사도 바울의 책망에 승복했습니다.

우리가 이와 같은 여러 가지 교훈으로 교육을 받게 되면 많은 유익을 얻었다는 것을 알게 됩니다. 먼저 우리가 알고 있는 바와 같이 세상 사람들과 화목하는 것이 매우 중요합니다(세상 사람들이 우리에게 아첨하기 때문에 우리 가운데서 많은 사람들은 자신이 죄를 지은 것을 모릅니다). 만약 우리가 이웃을 너그럽게 대해 주지 않으면 친구가 없어질 것으로 생각하기 때문에 우리도 그렇게 합니다.

죄를 지은 자를 꾸짖는다는 말에는 온유하다는 것과 그들을 친절한 방법으로 되돌리려고 늘 노력하고 있다는 뜻이 있는 것처럼 거기에는 칭찬 받을 만한 관용이 있기 마련입니다. 우리는 지나치게 엄해서는 안 됩니다. 어떤 잘못은 못 본 체 할 수 있으며 죄를 늘 폭로하지는 마십시오. 만약 우리가 계속해서 다른 사람들을 꾸짖으려고만 한다면 우리는 그들을 화나게 만들 뿐입니다. 많은 사람들은 그들이 공격할 수 있는 것을 찾기 위해서 계속해서 배회하고 있습니다. 그들의 경건성은 이 사람은 우롱하고 저 사람은 꾸짖는 것에 불과합니다.

간단히 말해서 이런 사람들은 이 세상에서 흠잡기를 제일 좋아하는 자들입니다! 우리는 그러한 태도를 갖지 않도록 해야 하며 다른 사람들을 책망하게 되기를 늘 기대하고 있어서는 안 됩니다. 그러나 오늘날 우리를 에워싸고 있는 아첨은 우리가 치명적인 병을 피하는 것처럼 피해야 합니다. 그러니 이웃을 사랑하기 위해서 우리는 바울이 여기서 한 것처럼 그에게 거리낌없이 말해야 합니다. 특히 하나님의 진리가 문제가 되었을 때는 그렇게 해야 합니다.

우리는 어떤 사람도 두려워 해서는 안 됩니다. 왜냐하면 하나님에 대한 열심이 틀림없이 우리 몸 속에서 솟아나서 우리를 압도할 것이기 때문입니다. 비록 그렇게 함으로써 우리가 비판을 받고 온갖 중상과 비방을 받게 되더라도 싸워야 합니다. 복음의 진리를 거절한 그 불충한 위선에 대해서는 용서가 없습니다. 그러므로 우리는 바울이 여기서 보여준 본을 따라야 합니다. 즉 바울이 자신의 동료인 베드로에게 한 일은 우리에게 법과 규례의 역할을 해야 합니다. 우리는 사람들이 하나님의 말씀을 잘 듣고 하나님의 진리를 거짓으로 여기지 않기를 바라고 있으며 또한 아무도 하나님의 진리를 방해하거나 그것에 누룩을 더하지 않기를 바란다는 것을 확언해야 합니다. 하나님의 진리는 순결하고 순수하게 남아있어야 합니다.

더 나아가서 이 세상에서 위대하다고 여겨지는 자들은 책망을 받게 되면 그것에 순종하고 또 매우 겸손하고 온유하게 응해야 합니다. 왜냐하면 하나님이 그들을 높이셨다고 해도 권능이 쇠퇴한 것은 아니며 항상 우리를 다스릴 절대적인 권한이 있기 때문입니다. 그리고 하나님은 말씀을 통해서 그 권한을 행사하십니다.

그러므로 우리 가운데서 가장 큰 자까지도 고개를 숙여야 하며 또 그들 자신이 책망을 받지 않을 높은 지위에 있다고 믿을 때 엄청난 혼란이 일어난다는 사실을 깨달아야 합니다. 그들이 책망을 받지 않을 높은 지위에 있다고 믿는 것은 하나님의 말씀에서 우리를 다스릴 권한을 박탈하는 것이 됩니다. 그러므로 이 가르침을 마음속에 깊이 새겨두는 것이 절대로 필요합니다. 오늘날 사람들이 어리석게도 하나님에게 무모하게 대항하는 것을 보게 되는데 그렇게 되지 않도록 노력합시다. 그렇게 하면 우리는 기습을 당하지 않을 것입니다.

우리는 우리가 신봉하고 싸워야 할 목적을 확실히 알아둘 필요가 있습니다. 교황과 그의 신부들이 있는 역겨운 소굴을 철저히 경멸합시다. 악취를 풍기는 그러한 악당들이 우리에게 아무런 영향을 주지 못하게 되기를 바랍니다.

왜냐하면 그들은 자신을 주 예수 그리스도보다 더 높이 올리기 때문입니다. 그들은 주님의 이름을 이용하여 그들의 비행을 주님의 이름 뒤에 숨기려고 하지만 실은 복음을 발로 짓밟아 버리고 심지어는 그것을 묻어 버리려고 합니다. 그들은 진리와 죄를 섞어서 이상한 혼합물을 만들기 때문에 어떤 것이 옳은 것인지 알고 있는 사람이 한 사람도 없습니다. 그들은 악마에 붙잡혀서 그렇게 되었으므로 우리는 무장하고 끝까지 싸우기를 두려워하지 맙시다.

싸움의 목적에 대해서 말하자면 우리의 목적이 그 당시 바울의 목적보다 더 호의적인 것처럼 보입니다. 목적이 하나고 같으며 똑같은 근원에서 나온 것이 사실이지만 바울은 하나님께서 직접 제정하신 의식에 대해서 반대했습니다. 왜 그렇게 했습니까? 복음이 아직 그들에게는 애매했고 주 예수 그리스도의 은혜가 가리워 졌으며 그 대신에 그들은 사람의 공을 강조하기 시작한 것이 그 이유입니다. 하나님께서 그들에게 율법을 주신 목적을 이해하지 못했습니다.

오늘날 우리도 똑같은 이유로 천주교에서 일어난 가증스러운 일에 대항해서 싸우고 있습니다. 그리고 그들의 가르침은 사탄과 사람이 만든 것이라는 것이 또 다른 이유입니다. 사람들이 자신의 욕망에 따라 다스리게 되면 모든 것이 헛되고 거짓되게 된다는 것을 우리는 확실히 알고 있습니다. 왜냐하면 그들은 하나님에게 순종하지 않았기 때문입니다. 따라서 우리 주 예수 그리스도께서 사람들의 높은 직함은 사탄의 미혹에 불과하므로 그들을 두려워하지 말라고 하셨으니 우리는 더욱더 용감하게 싸우십시다. 이것이 우리가 배워야 할 내용을 요약한 것입니다.

다음에 우리가 주목할 것은 바울이 베드로와 그의 친구들이 복음의 진리에 따라 올바르게 행하지 않는 것을 보고 베드로를 꾸짖은 사실입니다. 바울이 그들을 꾸짖은 것은 그들의 죄가 이미 널리 퍼져있는 것을 보았기 때문입니다. 만약 그들이 그러한 위선적인 행동을 계속하도록 내버려 둔다면 치유책을 마련하기가 너무 늦었을 것입니다.

여기에는 우리가 마땅히 주목해야 할 요점이 두 개 있습니다. '복음의 진리' (the truth of the Gospel)라는 어귀에 대해서 말하자면 그것은 복음의 순수성을 유지하는 것을 의미합니다. 바울은 '그들은 복음에 따라 올바르게 행치 않았다' 라고 말할 수도 있었지만 '진리' (truth)라는 말을 사용했습니다(그는 전에도 이와 같은 표현을 사용했습니다). 그가 이렇게 말한 것은 그들이 (Christianity)라는 말을 자주 입에 오르내리면 하나님이 보시기에 그들을 의롭게 여기실 것이라고 생각했기 때문입니다.

오늘날의 천주교에는 그와 똑같은 현상이 있습니다. 그들은 '복음' (gospel)이라는 말을 아주 소중하게 여깁니다. 그러나 그들의 복음은 거기에 덧붙인 장식 때문에 불법적인 것이 되었습니다. 그들은 그들의 취향에 맞는 것을 첨가함으로써 그 복음을 알아볼 수 없게 만들었습니다.

그들은 매우 방자해서 예수 그리스도를 그들의 녹을 받는 몸종처럼 다루고 있습니다. 그들은 마치 그들이 천국에서 온 것처럼 큰소리칩니다! 그들은 복음에는 기독교의 기본상식만이 들어있다거나 복음은 기독교에 대한 안내서에 불과하기 때문에 아주

신비한 것들과 중요한 것들이 그들의 협의체나 교황청을 통해서 밝혀졌다고 말하는 것을 부끄러워하지도 않았습니다.

이와 같이 그들은 주 예수 그리스도를 다시 십자가에 못박는 것처럼 예수님을 모독합니다. 예수님 위에는 우리를 완전한 상태로 이끌어 줄 수 있는 교황이 있지만 예수님은 우리에게 ABC를 가르쳐주는 선생님에 불과하다고 말하는 것보다 예수님을 더 노엽게 만드는 것은 없습니다!

사실은 그것과 정반대입니다. 따라서 복음이라는 말은 천주교도들과 그들의 많은 미신에 동의해 줄 것을 바라는 자유주의자들에 의해서 아무 거리낌없이 남용되고 있습니다. 후자는 그들의 허위와 잘못을 계속할 수 있는 복음의 아주 작은 부분을 갖게 된 것에 만족합니다. 그러한 사람들은 주 예수 그리스도의 순수한 가르침을 흐리게 하는 역할을 했습니다. 그렇기 때문에 바울은 특별히 '복음의 진리' (the truth of the gospel)를 강조했습니다. 그는 우리들이 복음의 반쪽이 아니고 전부를 받아들이기를 바랍니다.

바울은 우리가 하나님의 아들이신 예수님이 가르치신 내용에 더하거나 빼는 것을 원치 않으며 그 대신에 예수님께서 자신의 입을 열어 복음의 진리에 대해서 직접 말씀하시고 선포하셨다는 사실에 만족하기 바랍니다. 우리로서는 귀를 기울여서 예수님께서 우리에게 하시는 말씀을 경청합시다. 우리들 중에는 '이것이 좋겠다' 라고 말하거나 '우리가 필요한 것은 이것이다' 라고 말하는 사람이 없기를 바랍니다.

우리는 순수한 복음의 원리를 매우 숭상해서 우리 가운데서 어느 누구도 그 중의 어떤 것도 감히 바꾸어서는 안 되며 우리 모두가 그것을 기꺼이 받아들이 않으면 안 됩니다. 이것이 우리의 주의를 끌고 있는 중요한 요점입니다. 요약해서 말하자면 우리는 주 예수 그리스도의 진실한 제자로서 견뎌내는 법을 배워야 합니다.

만약 어느 누구라도 우리를 사람이 만들어낸 가르침과 허구에 빠지게 하기 위해서 우리를 조금이라도 빗나가게 하려고 한다면 우리가 해야할 일은 그들에게 계속해서 반항하는 것입니다. 왜 그렇습니까? 복음의 순수성을 유지하게 하는 것이 바울의 유일한 목표였기 때문입니다. 오늘날 우리는 이와 같은 점에서 바울을 따라갑시다. 그러면 우리는 실패하지 않을 것입니다. 이것이 가장 중요한 교훈입니다.

다음으로 죄를 묵인하기 때문에 그 죄가 깊어지고 퍼진다면 우리는 그것에 대한 처리도 해야 한다는 사실에 유념해야 합니다. 만약 병이 깊이 뿌리를 내렸을 때 그것에 대응한다면 너무 늦을 것입니다. 하나님의 진리에 자신의 생각을 더함으로써 하나님의 진리를 더럽히는 자들이 많은 사람들을 끌어 모아서 그들을 따라오게 한다면 우리가 무장해서 싸울 때가 바로 이때입니다. 만약 우리가 그 문제를 관대하게 다룬다면 그 결과로 일어나는 교회의 붕괴에 대한 책임을 지게 될 것입니다. 만약 우리가 냉정하고 무관심하다가 그것에 대응하기로 결심했다면 하나님께서는 우리에게 은혜를 내리지 않을 것입니다.

그러므로 악이 자라서 널리 퍼지게 되면, 다시 말하면 한 사람이 다른 사람을 부정하게 만들게 되면 그들에게 맹렬하게 반항해야 합니다. 그렇지 않으면 독초가 자라서 곡식의 성장을 멈추게 만들 것입니다.

우리는 제 때에 독초를 뽑아 버려야 합니다. 이것은 순수한 복음의 가르침을 부정하게 만드는 죄에뿐만 아니라 모든 부정과 악에 적용되어야 합니다. 그러나 그것이 이단이나 모든 것을 왜곡하여 진리를 곡해하는 사악한 짓이라면 우리는 배를 주먹으로 맞거나 목이 찔렸을 때처럼 반응해야 합니다.

교회의 생명과 복지가 순수한 하나님의 말씀에 있지 않다면 어디에 있겠습니까? 만약 어떤 사람이 와서 식사시간에 먹을 고기에 독약을 뿌렸다면 그것을 묵인하겠습니까? 그렇게 하지 못할 것입니다. 이와 똑같은 이유가 복음에도 적용됩니다. 우리는 항상 복음의 순수성을 지키기 위해서 싸울 준비를 하고 있어야 하며 그것이 어떠한 방법으로든지 부정하게 되는 것을 허용해서는 안 됩니다. 그러므로 죄가 만연하게 되면 우리는 그것을 적절한 때에 제게 해버려야 됩니다.

왜냐하면 만약 그것을 묵인하거나 웃음거리로 만들었다가 제거하려고 한다면 하나님께서 우리에게 문을 닫아버리셨다는 것과 사탄이 이겼다는 것에 알고 놀랄 것입니다. 만약 우리가 교회의 지체를 썩게 만들고 곪게 만드는 병이 교회안에서 생기는 것을 보는 순간에 그것을 치유할 준비를 하고 있지 않으면 우리는 우리의 그러한 비겁함과 냉정함에 대해서 그와 같은 보답을 받는것이 당연합니다.

이제 우리가 이 본문 말씀에서 배워야 할 내용을 요약해 보겠습니다. 첫 번째로 우리는 자유주의 자들의 가르침을 받아드릴 정도로 어리석게 되거나 경박해지지 말아야 합니다. 가장 두드러진 잘못이 고쳐지는 한 우리가 만족해하는 것이 당연하다는 말이 있습니다. 우리는 복음의 순수성과 그 복음의 고결성이 제

모습을 회복할 때까지 중단해서는 안 됩니다.

두 번째로 악이 발판을 구축하는 것을 볼 때마다 나쁜 길에 빠진 자들의 환심을 사서 그들을 다시 하나님에게로 인도해 주어야 합니다. 우리는 또한 다른 사람들을 파멸로 이끄는 자들과 진리를 왜곡하려고 하는 자들을 방해해야 합니다. 참으로 우리는 그러한 자들을 책망해야 합니다. 하나님에게 열심을 품은 사람들은 모두 자신들이 그들의 불구재천의 원수라고 선포합시다. 우리들로 하여금 그렇게 하지 못하도록 제지하는 것은 다 던져 버려야 합니다.

만약 그것이 가족이나 친구나 이 세상에서 가장 친근한 관계가 있는 사람 일지라도 그렇게 해야 합니다. 만약 주 예수 그리스도의 피를 주고 산 영혼들이 유혹을 받아 멸망하고 영원히 길을 잃게 되었을 때와 기반을 잘 구축했던 것들이 무너지게 될 때에 그러한 것들은 무시되어야 합니다. 그렇지 않으면 우리는 완전히 혼란한 상태에 빠져서 복음이 예수 그리스도에게서 나왔다는 것을 아무도 모르게 될 것입니다.

차츰차츰 마귀의 방법이 일상 생활의 일과가 될 것이며 마귀가 일단 우리의 느슨해진 고삐를 잡기만 하면 우리를 자기마음대로 끌고 다닐 것입니다. 만약 죄악이 이러한 지경에 까지 자라게 되면 우리 모두는 이세상에 있는 모든 친구와 사귀고 피조물을 기쁘게 해주고 만족스럽게 해주기 보다는 하나님을 섬기기 위해서 싸우는 것을 더 좋아한다는 것을 보여줌으로서 죄가 퍼지는 것을 막아야 합니다.

하나님을 노엽게 해드리기 보다는 장님이 되거나 한쪽 눈을 빼버립시다. 하나님의 진리와 영광이 우리에게는 매우 귀중하게 되어서 그이외의 모든 것은 그들과 비교해서 아무 쓸모가 없게 되기를 바랍니다. 우리는 이러한 방법으로 이가르침을 활용해야 합니다.

11

갈라디아서 강해 설교

그러므로 나는 저희가 복음의 진리를 따라 바로 행하지 아니함을 보고 모든 자 앞에서 게바에게 이르되 네가 유대인으로서 이방을 좇고 유대인답게 살지 아니하면서 어찌하여 억지로 이방인을 유대인답게 살게 하려느냐 하였노라 우리는 본래 유대인이요 이방 죄인이 아니로되 사람이 의롭게 되는 것은 율법의 행위에서 난 것이 아니요 오직 예수 그리스도를 믿음으로 말미암는 줄 아는 고로 우리도 그리스도 예수를 믿나니 이는 우리가 율법의 행위에서 아니고 그리스도를 믿음으로서 의롭다 함을 얻을 육체가 없느니라 (갈 2:14-16)

흔히 사용되는 속담 가운데 '우리는 우리가 설교한 내용을 실천해야 한다'는 말이 있습니다. 우리 자신에게는 아무런 부담을 주지 않으면서 다른 사람의 어깨에 무거운 짐을 지운다는 것은 공정하지도 않고 합당하지도 않기 때문입니다. 그러므로 예수님께서는 서기관들과 바리새인들이 자신들에게는 그들이 원하는 것은 무엇이든지 해도 좋다고 허락하면서도 가난한 자들에게 무거운 짐을 지우는 것을 아무렇지도 않게 생각하는 것을 보시고 그들을 꾸짖으셨습니다.

그들이 자신들에게는 너그럽고 관대하지만 다른 사람에게는 혹독하고 엄격하다는 것은 주로 그들의 위선 때문입니다. 그러므로 우리가 이웃에게 그들의 의무를 다하도록 독려하려면 우리가 먼저 실천하는 것이 옳고 합당한 방법이 될 것입니다. 다른 사람이 저지른 가벼운 죄는 용서해 주지 않으면서 자신이 지은 모든 중죄를 용서받기를 바란다면 (중한 죄를 짓고서도 회개하기를 거절한다면) 자신이 위선을 행하고 있다는 것을 모든 사람들에게 분명하게 보여주는 것이 됩니다.

우리가 지킬 수 없는 기준을 다른 사람에게 요구하는 때가 자주 있습니다. 이와 같은 일이 베드로에게 있었습니다. 그는 이방인들에게 의식에 관한 율법을 지키라고 하면서 자신은 그렇게 하지 않았습니다. 베드로가 그렇게 한 것은 자신이 하나님이 보시기에는 의롭다고 믿고서 자신에게는 하고 싶은 대로 할 수 있는 재량권을 부여하고 다른 사람들은 노예로 묶어 놓기를 바랬던 것 같지는 않습니다. 그렇습니다. 그는 자기의 백성인 유대인들을 기쁘게 해주기를 갈망했기 때문에 그 기준을 배로 강화했다고 하는 편이 좋겠습니다.

말하자면 전에 그는 율법에 있는 의식을 지키지 않음으로서 이방인으로 사는 것에 만족했습니다(바울은 하나님을 믿지 않는 자들이나 하나님을 거절했던 자들에 대해서 말하고 있는 것이 아니고 복음을 알게 되고 하나님을 섬기기를 원했던 이방인들에게 대해서 언급하고 있는 것입니다). 베드로는 자신이 유대인임에도 불구하고 그들의 생활 방식을 따랐습니다. 그러므로 자신이 감당할 수 있는 것 보다 더 혹독한 통제를 이방인에게 가한다는 것은 엄청난 죄였습니다. 그가 그렇게 한 것은 자신 때문이 아니고 오늘날 모든 사람들에게서 호감을 얻고 어느 누구와도 사이가 나빠지지 않기를 바라는 사람들처럼 두 가지 역할을 동시에 하고 싶어했기 때문입니다. 따라서 베드로를 책망하고 온 교인들 앞에서 그를 부끄럽게 한 데에는 상당한 이유가 있다는 것이 분명해 졌습니다. 또 우리는 그가 자신의 죄를 시인했다는 것을 알아두어야 합니다. 우리는 그것을 그가 보여준 겸손을 통해서 알 수 있습니다.

우리 가운데에는 완전한 지혜를 가지고 있는 사람이 아무도 없기 때문에 타락하거나 심한 과오를 저지를 가능성이 없는 사람이 아무도 없다는 사실을 알아둡시다. 비록 우리가 큰 죄를 짓는 데서 자유로울지라도 인간의 여림 때문에 실족케 할지도 모릅니다. 사실은 우리가 질책을 받을 때에도 우리 가운데서 많은 사람들은 모반과 자만으로 가득하기 때문에 우리는 성을 내기 쉽습니다. 도전을 받게 되면 우리는 악의를 삼켜버리거나 뻔뻔스럽게 그것을 뱉어 버립니다.

우리는 베드로가 여기서 우리에게 보여준 본을 통해서 우리가 아무리 경건하고 지혜롭고 덕망이 있더라도 실족할 수 있다는 사실을 알아둡시다. 또한 이 본이 우리에게 가르쳐주는 교훈을 끝까지 잘 듣고 유익하게 활용하고 또 우리를 책망하고 질책하는데 상당한 이유가 있다는 것을 알게되면 두려워하지 말고 고개를 숙입시다. 이것이 여기에 나온 성경 말씀을 통해서 우리가 배워야 할 가장 중요한 점입니다. 그러나 베드로는 많은 존경을 받는 직위에 임명되었으며 하나님의 교회와 앞으로 지어질 성전의 가장 중요한 기둥 중의 하나였습니다. 그는 축복을 받았으며 그의 동료들처럼 성령을 받았습니다.

비록 그가 전에 주님을 부인한 적이 있었지만 예수님께서는 **"내 양을 먹이라 내 어린 양을 돌보아 주어라"**(요 21:15)라고 말씀하시어 그를 복원시켜 주셨으며 그가 지은 죄에 대한 기억을 완전히 지워버리셨습니다. 그러나 그는 곧고 좁은 길을 늘 지키지 못하고 여기서와 같이 그것에서 벗어난 적도 있었습니다. 따라서 우리는 하나님의 학교에서 많은 것을 배웠기 때문에 더 이상 실패할 위험에 처하지 않을 것이라는 생각으로 우리 자신을 속이지 않도록 그 만큼 더 주의를 해야 합니다. 우리 자신으로 하여금 그러한 억측을 하지 못하게 하고 경계를 계속해서 우리가 사탄의 간계에 빠지거나 사탄의 매복소가 되지 않도록 합시다. 더 나아가서 우리는 사람들을 기쁘게 해 주는 일에 신중합시다. 왜냐하면 베드로 자신이 바로 이와 똑같은 올무에 걸렸었기 때문입니다.

그러나 베드로의 마음은 반대 방향으로 향하고 있었으니 그는 하나님의 이름을 영화롭게 하는 데 온전히 몰입되기를 소망했습니다. 그는 예수 그리스도의 이름을 더 이상 전하지 말라는 명령을 받고서는 용감하게 대항했습니다. 그가 **"우리는 사람보다는 하나님에게 순종해야 한다"**(행 4:19; 5:29)고 말할 때에는 정말로 한 천사의 위엄을 입고서 말했습니다. 그는 행렬을 지어서 모여있는 백성들의 지도자들 앞에서 그렇게 말했는데 그 때의 광경은 베드로나 동료인 요한과 같이 가난한 사람을 겁먹게 했을 것입니다. 하지만 (그는 자신을 지배할 권한이 있다고 주장하는 자들보다는 하나님에게 순종하겠다)고 해답했지만 후에 그는 여전히 이 교재에서 설명한 대로 길을 잃게 되었습니다. 만약 어느 누구라도 우리를 타락하게 만들려고 애쓰면 여기서 우리에게 보여준 보기를 통해서 경고를 받아야 합니다. 그래서 우리 모두는 우리 자신을 살펴보고 이 세상 사람들의 호감을 사기 위해서 방황하는 것을 허락하지 않는 방법을 배웁시다. 비록 우리에게 합당한 구실이 있다고 생각하거나 다른 사람을 기쁘게 해 주기를 원하는 것이 우리를 해롭게 하지 않을 것이라고 믿을지라도 우리는 무엇보다도 우리가 받은 소명과 하나님께서 우리에게 하라고 명령하신 것을 명심합시다.

우리는 우리 주위에 있는 것에 관심을 두지 말고 모든 것을 하나님의 뜻에 따르겠다는 한 가지 목표만을 지녀야 합니다. 우리는 그렇게 함으로써 사탄과 세상의 꾐과 유혹을 피할 수 있으며, 하나님께서 우리에게 원하시는 것이 무엇인가를 진지하게 생각하고 하나님에게 우리를 성령으로 안내하시고 인도해 달라고 간구함으로써 피조물들을 기쁘게 해 주려는 행위를 중단할 수 있습니다. 더욱이 우리는 우리가 맡은 소명의 한계에 대해서 생각해 볼 필요가 있으며 또 우리가 맡은 직무의 한계를 초월하는 것을 해 보려고 마음 먹어서는 안 됩니다. 만약 그렇게 하지 않으면 베드로가 여기서 당한 것과 같이 모든 일에 속임을 당할 것입니다.

우리 자신을 베드로와 비교해 보면 이론상으로 그는 실족되는 것을 우리 보다 더 잘 막을 수 있었어야 했습니다. 그런데도 그는 모욕을 당해야 했습니다. 우리는 그의 실수를 통해서 우리도 모든 자만심을 버려야 된다는 사실을 배우게 되었습니다. 우리 자신의 생각은 변덕스럽다고 선언함으로써 우리는 더 이상 영리하다고 생각하지 않게 될 것입니다. 우리 자신을 하나님의 말씀에 일치시키는 데 우리의 모든 지혜가 있기 때문입니다.

이제 바울이 취한 조치에 대해서 생각해 봅시다. 그는 그 문제에 더 깊숙이 파고 들어가서 '우리는 선천적으로 유대인이며 이방인과 같은 죄인이 아니다' 라고 말했습니다. 우리가 아는 바와 같이 우리는 '율법을 지킴' 으로써 의롭게 될 수 없습니다. 왜냐하면 하나님께 가납될 수 있는 유일한 방법은 주 예수 그리스도의 은혜를 통해서 이루어지기 때문이다. 그러므로 우리는 율법을 통해서 성취되는 의로움에 등을 돌리고 하나님께서 예수님으로 인하여 우리를 은혜로 받아 주실 때에만 우리는 구원을 받을 수 있다는 사실을 알게 되었습니다.

만약 우리 유대인들이 우리가 구원을 받은 것은 우리 자신의 공로 때문이라는 생각을 말끔히 씻어 버렸다면 이방인들도 그와 같이 해야 하지 않습니까? 확실히 유대인과 이방인들이 다 하나님의 거저 주시는 사랑 때문에 하나님과 화해하게 되었습니다. **"자기에게 어떤 것을 소유할 권리나 상속권이 있다고 주장할 수 있는 사람은 아무도 없다"**고 바울이 말했습니다. 여기서 바울은 앞에서 말한 바와 같이 율법과 복음을 혼합시키는 자들에게 일침을 가하고 있습니다. 베드로는 이러한 부류에 속하지 않습니다. 왜냐하면 그는 하나님에게 접근할 수 있는 유일한 방법은 하나님께서 주 예수 그리스도를 통해서 우리에게 보여주신 긍휼을 통해서 이루어진다는 것을 확실히 알고 있었기 때문입니다.

우리가 본 바와 같이 바울은 자신의 생각을 베드로에게 이미 알려 주었으며 교리에 관한 한 그들의 생각은 완전히 일치했습니다. 이렇게 해서 베드로는 주 예수 그리스도의 수난과 죽음을 부정하는 죄를 짓지는 않았습니다. 베드로는 그러한 주장을 증오했을 것입니다. 그는 그보다는 자만하는 죄를 지었습니다. 그 결과로 유대인들로 하여금 공적을 중히 여기는 어리석은 죄를 짓게 만들었습니다. 물론 그렇게 하는 것이 그의 의도는 아니었습니다. 그러나 그를 용서해 주기에는 충분치 않습니다. 우리가 악을 지원해 줄 의향이 없다고 일백 번을 되풀이해서 말할지라도 우리에게 자만심이 조금이라도 있다면 하나님이 보시기에는 죄인이 될 것이며 모든 사람들 앞에서는 정죄함을 받을 것입니다.

앞에서 본 바와 같이 베드로는 교리 문제에 있어서는 바울과 의견이 같았습니다. 두 사람은 하나님에게로 나가서 하나님의 은혜와 은총을 입는 유일한 방법은 우리가 하나님의 저주를 받아 마땅하다고 인정하는 것이라고 합의했습니다. 만약 우리가 주 예수 그리스도의 이름으로 하나님에게 나가면 하나님은 인자하시기 때문에 우리를 받아 주실 것이라고 그들은 생각했습니다. 베드로는 이 사실을 잘 알고 있었기 때문에 주저하지 않고 이 사실을 가르쳤습니다. 더욱이 그는 의식에 관한 율법을 계속해서 지킨다는 것은 옳지 않다는 것을 알고 있었습니다.

그가 하나님의 아드님이 자신의 고난과 죽음을 통해서 우리에게 그러한 재량권을 주셨다는 사실을 먼저 이해하지 못했다면 율법에서 해방되는 재량권을 자신에게 부여하지 않았을 것입니다. 그러나 그는 그의 민족들이 얼마나 자부심이 강하고 고집이 센지를 잘 알고 있으면서도 그들을 기쁘게 해 주는데 지나치게 열중했습니다. 그는 죄짓기를 좋아하는 그들의 천성을 만족시켜 주려고만 했습니다. 바울은 그의 친구 베드로에게 많은 존경심을 보여 주지는 않았지만 그를 복음에 대해서 아무 것도 모르는 사기꾼으로 취급하지는 않았습니다. 그 대신에 바울은 베드로에게 이렇게 경고했습니다.

"이것이 어디로 인도하게 될지 또 그것이 어떠한 결과를 낳게 될지 유의하십시오. 율법에 나오는 의식을 지키는 목적이 무엇입니까? 우리가 그것을 통해서 어느 정도 경건하게 될 수 있으며 그것이 우리의 영혼 구원에 절대적입니까? 우리가 할례나 그 밖에 율법에 나오는 의식들을 지키기만 하면 하나님의 은혜를 받게 되거나 우리의 죄를 사함받게 됩니까? 만약 백성들의 생각이 이렇다면 그들은 주 예수 그리스도의 죽음과 수난을 평가 절하하는 것이 될 것이며 베드로 당신은 그들의 망상을 조장하는 것이 됩니다. 이렇게 되면 당신은 어떻게 되겠습니까?"

바울에게는 베드로의 주장을 존중할 마음이 없었습니다. - 그는 복음의 문을 좁히고 있는 사람들의 자만심을 억누르기 위해서 현안 문제를 다루고 있을 뿐이라는 사실을 주목하십시오. 이러한 문제는 교회가 급격히 성장하고 있었을 때 일어났습니다.

이 문제는 하루에, 심지어는 4일이 지나도 다 다룰 수 없습니다. 그러므로 바울이 계속적인 의식 행사를 중단시키기 위해서 그렇게도 열렬히 노력했던 이유를 확실히 알아보기 위해서 몇가지 특수한 경우만을 다루겠습니다. 그 문제는 우리의 영혼 구원과 관련이 있습니다. 우리가 하나님의 학교에서 배워야할 가장 중요한 내용은 하나님을 영화롭게 해드리는 것 다음으로 사람이 구원받는 방법에 대한 것입니다. 만약 이 둘을 비교한다면 하나님을 섬기는 것이 항상 우리 영혼의 이익에 우선해야 할 것입니다. (비록 후자는 우리가 드리는 섬김에 비례해서 증가하겠지만) 이 둘은 분리시킬 수 없습니다.

하나님은 이 사실을 통해서 우리에게 향하신 하나님의 무한하신 사랑의 본질을 보여 주십니다. 즉 어떤 것이라도 하나님을 영화롭게 하는 데 도움이 된다면 그것은 또한 우리의 영적인 상태에도 유익이 된다는 것이 입증될 것입니다. 하나님이 우리를 매우 사랑하시고 우리에게 은혜를 베푸셨기 때문에 우리는 우리 자신에 대해서 잊고 우리 자신을 하나님에게 헌신함으로써 우리가 맡은 역할을 다해야 합니다.

바꾸어 말하면 우리의 신앙 생활에는 두 가지 중요한 요소가 있는데 첫 번째는 하나님께서는 섬김과 영광을 받으셔야 되는 것을 인정하는 것입니다. 그리고 두 번째는 우리 자신을 하나님에게 소개해서 하나님의 자녀로 받아들여지는 동시에 인정받는 방법을 이해하고 하나님을 아버지로 모시는 것입니다. 그렇게 되면 우리는 우리의 영혼이 구원받았다는 확정을 얻게될 것입니다. 이 두 가지 요소는 다 바울이 여기서 다루는 내용에 포함되어 있습니다. 이 말씀은 하나님이 섬김을 받는 방법에 대해서 설명해 주고 있으며 하나님께서 우리에게 요구하시는 희생, 즉 겸손한 고백에 대한 정의를 내리고 있습니다. 또한 하나님께서 의식에 관한 율법을 명하셨을 때 하나님은 우리로 하여금 그러한 외적인 것에 집착하게 만들려고 의도하지는 않으셨습니다.

하나님은 다른 목적을 기대하셨습니다. 다시 말하면 하나님은 이스라엘 백성들이 인내하고 그들의 가난과 비극을 인정하고 육신의 모든 죄를 벗어버리기를 바라셨습니다. 정말로 하나님의 계획은 그들을 주 예수 그리스도께로 인도해서 그들로 하여금 그 분을 믿고 구원을 얻기 위해서 그 분에게 의지하게 하는 것이었습니다. 따라서 마치 의식이 절대적으로 필요하며 그것을 지키지 않는 것은 죄가 되는 것처럼 의식을 지키려고 애쓰는 자들은 하나님의 뜻에 어긋나고 하나님의 의도와 반대되는 예배 형식을 만들고 있었습니다. 그러므로 그런 자들은 거짓 선생이며 율법의 참 뜻을 왜곡하고 있습니다. 이것이 그들이 저지른 가장 큰 죄입니다.

두 번째 죄는 사람들로 하여금 자신을 높이고 그들이 이룩한 업적을 자랑하도록 지도하고 있다는 것입니다. 이렇게 하는 것은 하나님에게 영광이 되지 못합니다. 만약 우리가 작은 공이라도 그것을 우리에게로 돌린다면 우리는 당연히 하나님에게 속하는 것들을 하나님에게서 강탈하고 약탈하는 것이 됩니다. 우리가 조그마한 의로움을 소유하지 않고서도 자신에게 덕망이 있다고 착각하는 것은 엄청난 신성 모독입니다. 우리의 업적을 통해서 구원을 얻을 수 있다고 믿는 것은 바로 지옥문으로 들어가는 것입니다. 왜냐하면 그렇게 하는 것은 우리의 모든 의로움을 발견할 수 있는 주 예수 그리스도의 죽음과 수난을 부정하는 것이 되기 때문입니다.

마귀는 우리들로 하여금 거짓말을 믿게 만들 수 있습니다. 그런데 그렇게 하는 것은 우리를 영원한 죽음으로 인도해 줄 것입니다. 바울도 하나님 앞에서 의롭게 되는 방법, 즉 하나님에게 열납될 수 있는 방법을 다루었다는 사실을 주목하십시오. 이것이 우리가 배워야할 가장 중요한 교훈입니다. 이것을 알지 못하면 이른바 모든 종교는 헛되고 위선에 불과할 것입니다. 바울은 합당한 이유가 있었기 때문에 이 문제에 뛰어 들었습니다. 많은 사람들은 이렇게 생각할 것입니다. '무엇이라구! 지금 의식에 대한 율법에 대해서 논의하고 있는데 왜 바울은 의로움과 사람의 구원과 죄사함 같은 문제를 거론해서 논쟁 속으로 뛰어 듭니까? 왜 그는 전 율법을 들먹입니까?' 하지만 율법에 나오는 의식 중의 하나에 대해서만 말하더라도 그것은 율법 전체의 역할과 기능에 대해서 논하는 것이 됩니다.

거기에 대한 예를 하나 들어보겠습니다. 오늘날 우리는 천주교에서 믿는 미신이나 사람이 만든 것을 신봉해서는 안 된다고 가르칩니다. 우리는 금요일에 고기를 먹지 말라고 금하는 것 등의 이런 저런 문제에 대해서 언급할 뿐만 아니라 그 주제에 대해서 전체적으로 다룹니다. 즉 사람이 양심적인 사람에게 율법을 강요해서 그들을 폭군의 노예로 전락시키는 것이 옳은 일인지 또는 옳지 않은 일인지에 대해서 논의합니다. **하나님만이 율법을 세우신 분이라고 불리울 권리**가 있으며 교회의 어느 누구도 이와 같이 존귀한 지위를 빼앗지 못합니다(사 33:22).

우리의 영혼은 오로지 하나님의 말씀만으로 다스림을 받기 때문에 교황은 물론 지위의 고하를 막론하고 어느 누구에게도 어떠한 법률을 강요하거나 우리가 하나님에게서 받은 교리에 어긋나는 것을 전할 권한이 없다고 결론을 내릴 수 있습니다. 따라서 여기서 제기된 특수한 문제 모두에는 똑같은 원칙이 적용되기 때문에 우리는 이와 같은 보다 총괄적인 토의를 전개하게 됩니다. 만약 우리가 생선을 먹을 것이냐 고기를 먹을 것이냐에 대해서 토론을 벌인다면 그것은 어리석은 일일 것입니다. 왜냐하면 각자는 자신의 건강상태나 무엇을 구할 수 있느냐에 따라서 먹을 것을 결정하기 때문입니다. 이것은 우리 영혼의 구원이나 우리 마음의 평안에 아무런 영향을 끼치지 않습니다. 그러나 만약 우리가 살아있는 피조물이 다른 피조물에게 법률을 강요할 정도로 자신을 높여야 되느냐 또는 그렇지 않느냐와 관련된 보다 광범위한 문제를 다루게 되면 이 문제는 충분히 설명될 수 있으며 확실한 결정을 내릴 수 있습니다.

사람들은 '우리 아버지' 라고 중얼거리거나 천주교에서 말하는 여공(supererogation:우리에게 요구하는 이상의 선행을 한다는 뜻임)을 행하기 위해서 성지 순례를 함으로써 그들이 죄에서 구원받을 수 있다고 합니다. 그들은 이렇게 하면 그들이 지은 모든 죄를 배상함으로써 구원을 받게 될 것이라고 믿고 있습니다. 그러나 만약 우리가 그 문제의 근본적인 원인에 접근하지 못하고 그들과 성지 순례에 대해서 논쟁을 벌인다면 그것은 냉랭하고 아무런 성과를 거두지 못하는 토론이 될 것입니다. 그보다 우리는 주 예수 그리스도께서 십자가에 달리셔서 고난을 받으시고 죽으셨을 때 우리의 모든 죄가 사해졌다는 것을 알아야 하며 또 하나님께서는 우리가 수행할 수 있는 모든 것을 거절하시지만 우리에게는 순종함으로써 하나님을 섬길 것이 요구된다는 것을 인식해야 합니다.

이렇게 하는 것이 그 문제의 근본 원인을 해결하는 방법이며 이렇게 해서 우리는 반박할 수 없는 결론을 얻게 될 것입니다. 이것이 바로 바울이 문제에 접근했던 방법입니다. 그는 유대인들이 돼지고기를 먹는 것이나 이런 저런 의식과 관련하여 믿고 있는 사실에 관심을 가졌을 뿐만 아니라 그들이 그런 것들을 믿고 있던 이유에 대해서 생각해 보았습니다. 그들은 율법을 준수하는 것이 구원에 극히 중대하다고 주장했습니다. 이것이 바울에게는 견딜 수 없는 양심의 속박이었습니다. 또 그들이 주 예수 그리스도께서 우리를 위해서 부여해 주신 자유를 부인하고 있다는 사실을 알게 되었습니다. 이것이 그로 하여금 전체적인 토의를 전개하도록 만든 두 번째 이유입니다. 그러나 그는 여기서 중요한 실수를 저지르게 됩니다. 의식을 지킬 것을 주장하는 자들은 이러한 짓이 하나님에게 받아들여지며 매우 값진 것이기 때문에 그들은 이것들을 통해서 의로움과 구원을 얻게 된다고 믿었다는 사실입니다. 간단히 말하면 그들은 의식을 칭찬받을 만한 행위로 여겼습니다.

그러므로 바울은 사람들이 그들의 행위 때문에 하나님 앞에서 의롭게 된다는 것은 불가능하다고 선언합니다. 우리는 바울의 반대자들이 율법에 있는 의식을 지켜야 하며, 예수 그리스도께서 오시기 전과 마찬가지로 계속해서 하나님에게 제물을 바쳐야 하며, 구약성서의 제도를 지켜야 한다고 주장했는데도 그가 의롭게 되는 문제를 개괄적으로 다루는 이유를 이해할 수 있게 되었습니다. 율법에 나오는 의식만을 배제하는 것이지 도덕적인 선행을 배제하는 것이 아니라고 천주교 신자들이 말하는 것을 보면 그들이 얼마나 어리석은지 알게 됩니다. 그렇지만 그들이 그렇게 어리석게 된 것은 그들 자신의 탓은 아닙니다.

마귀는 각 시대마다 그의 부하들을 파견해서 사람들을 속여 왔습니다. 그러한 까닭으로 우리는 사람의 권위의 지배를 받아서는 안 됩니다. 특히 그들에게 경건함이나 하나님을 경외하는 마음이 없을 때에 더욱 그렇습니다. 그들이 지식이 많던 많지 않던 그것은 상관이 없습니다. 거룩하신 하나님의 말씀을 왜곡했던 '초대 교회의 선조들'(the Early Church Fathers)처럼 하나님을 전혀 두려워하지 않았던 위선적인 성직자들이 많이 있습니다. 그들은 사탄의 꾀임에 빠졌습니다. 그러나 사람들은 안타깝게도 매우 무식해서 그것을 알지 못했습니다. 여기서 그러한 사람들에게 우리가 율법을 지킴으로써, 즉 할례를 받거나 어떤 고기를 먹지 않거나 또는 어떤 의식을 지킴으로써 (비록 바울은 그 중의 어느 하나도 지적하지는 않았지만) 의롭게 되지 않는다는 사실을 알려 주었습니다.

바울은 우리의 공적보다는 하나님의 은혜를 강조합니다. 간단히 말해서 그는 우리가 하나님에게 드릴 수 있는 것이 아무 것도 없으며 하나님께 열납되는 것이 문제라고 우리에게 알려줍니다. 그것이 바울의 주장입니다. 만약 우리가 이 구절에 담겨 있는 바울의 생각을 이해하지 못하면 이 서한이 주는 나머지 가르침이 우리에게는 아무런 의미가 없습니다. 공로와는 아무런 상관없이 의롭게 된다는 것을 여러 번 솔직하고 분명하게 로마서 3장에 말했다는 사실을 꼭 기억해 두십시오. 우리가 죄사함을 통해서 의롭게 되고 우리의 '행위'로 의롭게 되지 않는다고(롬 3:28) 분명하고 확실한 설명을 합니다. 그가 거기서 '율법을 행함으로써'라고 말하지 않고 그 말을 생략한 것은 모든 입을 다물게 하고 진리를 왜곡할 가능성을 피하기 위해서였습니다. 그가 '율법을 행함'이라는 말을 사용한 데는 상당한 이유가 있습니다.

그는 그렇게 해서 사람들이 하나님의 은혜를 받고 또 하나님이 보시기에 의롭게 되기 위해서 하는 모든 행위를 헐뜯으려고 했습니다. 비록 **사람이 하나님의 규례를 지키면 그는 그로 인하여 살리라**(레 18:5)고 율법에 약속하셨지만 만약 우리에게 천사의 재능이 있다면 하나님은 어떤 방법으로든지 우리에 대한 의무를 지지 않으셨을 것입니다. 그러므로 우리의 행위로 하나님의 은혜를 받을 수 있다고 주장한다면 우리가 하나님을 섬긴 대가로 임금이나 보수를 받을 자격이 있다고 요구할 수 없습니다. 왜냐하면 우리에게는 하나님의 마음을 살 수 있는 것이 아무 것도 없기 때문입니다. 그런데 우리의 행위가 하나님을 만족하게 해 드릴 수 있었던 것처럼 보장받을 수 있게 된다는 것은 어떤 까닭입니까? 그렇게 된 것은 하나님께서 그렇게 하시기로 약속하셨기 때문입니다. 하나님께서는 '만약 사람이 율법을 지킨다면 그들로 인해서 살게 될 것이다' 라는 언약을 우리와 맺으셨습니다.

그러므로 우리가 율법을 완전히 지킬 수 있다면 확실히 우리는 하나님이 보시기에 의롭게 될 것이며 구원받게 될 것입니다. 그렇게 된 것은 우리 자신에게 어떠한 가치가 있기 때문이 아니고 하나님께서 우리와 맺은 언약 때문입니다. 사람들이 가지고 있다고 주장하는 모든 의로움은 이 약속과 관련이 있습니다. 그러한 까닭으로 바울은 '율법의 행함' 이라는 말을 자주 반복했습니다. 왜냐하면 그 이외의 다른 어떤 행위도 하나님께 열납되거나 어떠한 보답을 받는다고 보장해 줄 수 없기 때문입니다. 이것이 중요합니다. 우리는 또한 죄를 짓기 때문에 도저히 그렇게 의롭게 될 수 없다는 것을 깨달았습니다. 그러므로 하나님께서는 우리가 율법을 지키면 구원을 받게 될 것이라고 선언하지만 모든 사람이 정죄함을 받을 것임을 알려주시고 계십니다.

왜 그렇게 하십니까? 자신을 사면할 수 있는 사람은 아무도 없기 때문입니다. 우선 바울은 유대인들의 반대를 무릅쓰고 이 교회를 자세하게 설명합니다. 그런데 유대인들은 거만했고 아무 것도 아닌 자만심으로 가득했습니다. 그리고 그들은 율법을 지켰기 때문에 하나님에게는 그들을 구원해 줄 책임이 있다고 생각합니다. 바울은 "그렇지 않다. 그것은 아무런 뜻이 없다"고 말했습니다. 그가 그렇게 말한 이유를 곧 알게 될 것입니다. 그 이외에도 그는 예배의식에 이의를 제기했습니다. 왜냐하면 하나님께서는 그들을 선의 화신(paragons of virtue)으로 보여주실 것으로 여겼으며, 그들이 구원을 받은 것에 대해서 칭찬을 받고 싶어했던 위선자들은 사소한 일로 분주해서 그 문제의 근원이 되는 그들 자신의 양심에 자극을 주지 못했기 때문입니다.

그들은 자신의 공로를 강조하고 그들의 공로로 낙원에 이를 수 있다고 하는 오늘날의 천주교 신자들과 너무나 같습니다. 그들이 하는 말에 따르면 비록 우리가 죄인일지라도 여전히 우리의 죄 값을 치름으로써 하나님 앞에서 우리의 죄를 사함받을 방도가 있다고 합니다. 그들이 무슨 말을 하고 있습니까? 교사라고 불리우는 이와 같은 자들이 사람들을 우상으로 세워서 그들을 경배할 때와 그들이 자신의 자유 의사와 선행과 공로와 가치를 강조하는 연설을 할 때에 그들은 무엇을 전하고 있습니까?

그들은 순결한 생활을 하며 우리의 이웃을 냉대하지 말고 욕심이 없는 생활을 하며, 우리가 가지고 있는 것으로 만족하며 역경에 처했을 때에 인내하며 어떠한 불의와 모욕을 당할 지라도 견디어 내며, 자신을 부인함으로써 주 예수 그리스도의 제자라는 것을 보여주라고 우리에게 권고하고 있습니까? 그렇지 않습니다. 그 가운데 이런 것은 하나도 없고 그 대신에 그들은 선행에 대해서 말하고 있습니다. 이것을 통해서 그들은 우리가 미사에 참석하는 일에 충실해야 한다고 말하고 있으며, 그들은 성당에 들어가기 전에 성수(holy water)를 마시며 손으로 십자를 여러 번 긋고, 이런 저런 기둥 앞에서 무릎을 꿇고 괴상한 형상에 절하며 성지순례를 하며 미사를 드리며, 죽은 자들이나 어중이 떠중이를 위해서 돈은 줍니다. 자신의 공로를 통해서 의롭게 되려고 했던 위선자들은 그렇게 되는 것이 모두 어리석은 일이며 아무런 뜻이 없다고 믿고 있습니다.

그것들은 그들을 경건하고 완전하게 해 줄 것이기 때문에 그들에게는 그것들이 조롱을 받아서는 안 되는 것처럼 보입니다. 그들은 절을 많이 하고 십자가를 여러 번 긋고 의례적인 몸짓을 여러 번 하면 하나님께서 만족해 할 것이라고 믿고 있습니다. 그러나 우리는 그러한 돈으로 하나님의 은혜를 보상할 수 없습니다. 왜냐하면 하나님의 율법은 영적이기 때문입니다. 하나님은 외모에 관심이 없으십니다. 그러나 그것은 사람의 눈을 아주 반짝이게 합니다. 우리 자신이 만든 의식을 중요시하게 되면 하나님께서는 우리를 거절하십니다.

사람들은 항상 하나님에게 순종하는 일에 헌신하기를 피하려고 하기 때문에 이 점은 우리가 주목해야 합니다. 그들이 헌납이라고 불리우는 이와 같은 어리석은 짓을 하면 그 방법을 통해서 그들 자신을 구원했기 때문에 그들은 죄가 없게 되고 그들의 죄가 모두 잊혀질 것이라고 생각합니다. 우리가 기억해야 할 것은 바울은 하나님을 자유로이 섬기는 것이 어떤 것인지를 알지 못했던 사람들을 비방했다는 사실입니다. 하나님을 섬기는 것이 하나님께서 그들에게 요구하시는 것임을 그들은 전혀 몰랐습니다. 이것이 오늘날 존재하고 있는 무수한 위선적인 천주교 신자들의 슬픈 처지입니다.

추기경과 주교는 물론 (우리 모두가 알고 있는 바와 같이 그들의 악취는 모든 사람에게 퍼졌습니다) 천주교의 신봉자로서 다른 사람에게 가르쳐 주려고 힘쓰고 있는 사람들 모두가 그렇습니다. 이 사람들은 확실히 하나님을 무시하는 자들입니다. 그들은 자신들에 대해서 진지하게 검토해보고 싶은 마음이 일어나지 않았거나 양심의 가책을 받아본 적이 전혀 없습니다. 말하자면 그들의 연구는 모두 불쌍한 영혼들을 지옥에 가두어 두는 것과 그들의 지혜에 대해서 칭찬을 받을 것을 기대하여 다른 사람에게 도덕을 가르치는 것에 관해서였습니다. 그러나 그들에 대해서 말하자면 그들은 양심의 가책을 전혀 받지 못했습니다. 그들은 공적에 대해서 아무런 거리낌 없이 말하지만 그들이 주장하는 원리를 자신의 생활에는 적용하지 않습니다.

그들이 가지고 있는 것은 아기들의 장난감과 같은 시시한 물건에 불과하며 그들은 그것으로 하나님을 기쁘게 해 드릴 수 있다고 생각하고 있습니다. 바울은 의식에 관련된 율법을 존속시키는 것에 대해서 처음으로 반대 의견을 제기했습니다. 그 당시에는 그것이 현안 문제였습니다. 사실이지 우리는 하나님에게 거지처럼 나와서 가난과 배고픔을 고백해야 합니다. 그리고 유대인들은 성찬식을 칭찬할 만한 것으로 여김으로써 항상 그 본질을 왜곡했다는 사실을 주목하십시오. 그렇게 하는 것은 우리가 알고 있어야 할 방법에 반대가 되었습니다.

하나님께서 성찬식을 제정하시지 않으셨기 때문에 만약 사람들이 그 의식을 계속해서 지키고 싶어하면 그들은 의롭다고 여겨지는 덕을 얻었을 것입니다. 하나님께서는 그들이 하나님 안에서 의를 찾아야 된다는 것을 가르쳐 주시기 위해서 그렇게 하셨습니다. 예를 들면 유대인들이 할례를 받게 될 때 하나님께서는 이와 같은 가시적인 방법을 통해서 사람에게서 나온 것은 모두 썩었으며 우리는 죄에서 차단되어야 할 필요가 있다는 것을 그들에게 보여 주십니다.

유대인들은 이와 같은 가시적인 징후를 통해서 사람의 본질은 하나님이 보시기에 악하며 하나님께서 우리 안에 깨끗한 것이 조금이라도 있는지 찾아 보셨지만 찾지 못하셨다는 것을 이해하였을 것입니다. 그럼에도 불구하고 하나님께서는 사람 가운데서 일어날 구세주를 통해서 그들을 구원해 주시겠다는 약속을 하셨습니다. 그 분은 다윗의 혈통에서 나올 것입니다. 하나님께서는 이와 같은 것들을 가시적인 방법인 할례를 통해서 가르쳐 주셨습니다. 따라서 유대인들은 자신들의 처지와 관련해서는 낙담하고, 자신들이 악하다는 것을 깨달아야 하며 그들이 갖고 있지 않은 모든 것을 예수 그리스도 안에서 찾아야 합니다. 몸을 깨끗이 하는 의식도 그와 같습니다. 유대인들이 이러한 방법으로 그들의 몸을 씻는 것은 그들의 몸 속에는 더러운 것 밖에 없다는 것을 보여 주기 위해서입니다.

그들은 무엇으로 닦고 있습니까? 물로 닦고 있습니까? 아닙니다. 그들은 우리 주 예수 그리스도의 피로 닦고 있습니다. 들짐승이 희생을 당하게 되면 그들이 죽음을 당해 마땅하다고 인정하게 됩니다. 짐승들에게는 죄가 없습니다. 그들은 사람들의 죄를 대신하기 위해서 죽임을 당했습니다. 이것은 사람들은 모두 하나님의 저주를 받고 있다는 것을 반영해 주는 거울의 역할을 합니다. 하지만 사람들은 그러한 방법으로 자신을 겸손히 하고 하나님을 찾아가야 하며 그들은 희생을 통해서 하나님에게 되사신 바가 되었으되 이와 같은 그림자가 아닌 앞으로 나타나실 참된 희생을 통해서 그렇게 되었다고 선포하였습니다. 그들은 할례를 받고 나서는 하나님은 그들에게 빚지고 계시다고 믿었으며, 그들의 희생을 드리고 나서는 자신들이 거룩하다고 생각했으며 이 사실을 자랑했습니다.

하지만 선지자들은 그와 같은 위선을 두 가지 이유로 비난했습니다. 먼저 선지자들은 위선자들이 모든 의식을 다 지킬지라도 그들은 아무 것도 하지 못했으며 모든 것이 헛되었다(호 6:6)고 선언했습니다. 하나님은 이 말씀에서 **"나는 인애를 원하고 제사를 원치 않는다"**고 말씀하셨습니다. 하나님은 참으로 겸손해짐으로써 하나님을 기쁘게 해드리는 방법을 알려주셨습니다. 어린양이나 황소를 가지고 오려고 몰두함으로써 하나님을 기쁘게 해드릴 수 없었습니다. 왜냐하면 이것은 아무 의미가 없기 때문입니다(미 6:8).

만약 우리가 하나님을 섬기고 싶어한다면 우리의 이웃이 보는 앞에서 공정하게 행하고 정정당당한 삶을 살아야 합니다. 또 여호와께서 예레미야서에서 하신 말씀을 눈여겨 보십시오. **"내가 번제나 희생에 대하여 말하지 아니하며 명하지 아니하고 오직 내가 이것으로 그들에게 명하여 이르기를 너희는 내 목소리를 들으라 너희는 나의 명한 모든 길로 행하라"**(렘 7:22-23). 그리고 다시 다른 곳에는 '여호와는 신실한 자를 사랑하신다' 고 하셨습니다.

선지자들은 의식을 보류했었지만 그들을 탄핵했습니다. 그것 자체에는 하나님을 향한 투명한 마음이 없으며 우리의 동료들 앞에서 당당한 처신을 하지 못하면 아무런 가치가 없습니다. 이것이 선지자들이 가르쳐 주었던 내용입니다.

두 번째로 만약 그들이 할 수 있던 것을 다했을지라도 그들은 여전히 하나님에게 빚지고 있다고 가르쳐 주었습니다. 그들은 하나님께서 그들을 부르고 계시다는 것과 그들에게 자비를 베풀어 주시고 예약된 구세주를 통해서 그들이 지은 모든 죄를 다 용서해 주시고 사면해 주시겠다고 약속하신 것을 알고 있었어야 했습니다(렘 31:34).

우리가 알고 있는 바와 같이 의식은 어떤 중요한 조건을 갖추고 있지 않는 한 아무런 의미가 없습니다. 예를 들면 우리는 우리 이웃을 냉대하고 괴롭히고 해롭게 하고 아프게 해서는 안 되며 깨끗한 마음을 가지고 정숙하고 순결한 생활을 해야 합니다. 바울은 율법의 그림자가 필요하지도 않았으며 꼭 있어야 되는 것도 아니었으며, 율법을 단지 주어진 그대로 지키면 사실은 아무 가치가 없다고 우리에게 알려 주었습니다.

그들에게는 한 가지 중요한 목적, 즉 우리의 영혼이 온전히 안식할 주 예수 그리스도를 통해서 우리에게 쏟아 부어진 은혜에 대해서 주의를 환기시키려는 의도가 있었습니다. 오늘날 이것이 우리의 가슴과 마음속에 깊이 새겨져 있어야 합니다. 우리가 주 예수 그리스도께서 제정하신 성찬식을 우리 자신에게 활용하는 방법을 발견하기만 했어도 많은 유익을 얻게 될 것입니다. 우리가 세례를 받았기 때문에 우리의 죄가 사해졌다고 예상하지만 사실 우리는 하나님께서 우리의 이익을 위해서 만드신 규례를 모독하고 있다는 사실을 명심합시다.

내가 하는 말이 무슨 뜻이냐구요? 세례를 받는다는 것은 우리 몸 속이 오물과 죄로 가득 차 있다는 것을 우리에게 알려주는 것입니다. 우리가 손, 얼굴, 몸을 닦을 때 먼지를 씻어 버리려는 목적이외에 또 다른 목적이 있습니까? 세례는 우리를 깨끗이 씻어

준다는 의미입니다. 따라서 우리가 세례를 받으러 오거나 아이들에게 세례를 받게 하려고 데려 온다는 것은 우리 아이들은 이미 어머니의 태에서부터 실족한 죄인이었다고 선언하는 것이 됩니다. 그들은 죄인입니다. 그러므로 그들은 씻겨져야 합니다. 그러나 그들 스스로의 힘으로는 할 수 없습니다. 그들은 예수 그리스도를 통해서 그렇게 될 수 있습니다.

아이들이 이 세상에 태어나자 마자 죄에 오염되었다면 계속해서 우리 하나님에게 죄를 짓고 있으며 욥기에 있는 말씀과 같이 고기가 물을 마시는 것처럼 죄를 짓는 우리들은 일러 무엇하겠습니까?(욥 15:16)

우리가 성찬(the Lord' s Supper)을 받는 데에는 어떤 뜻이 있습니까? 하나님의 칭찬을 받으려고 성찬 예배를 드립니까? 그렇지 않습니다. 우리는 외부에서 생명을 찾으려고 하는 죽은 자와 같다고 고백해야 합니다. 우리 주 예수 그리스도의 살은 우리의 음식물이 되어야 하며 그 분의 피는 우리의 음료가 되어야 합니다. 우리는 우리에게 필요한 모든 것을 그 분 안에서 구할 수 있습니다. 따라서 성찬식은 우리들을 쓸데없는 자만심으로 부풀게 해서는 안 되고 우리로 하여금 겸손해지도록 해야 합니다.

그러므로 우리는 자만심을 버리고 하나님의 무한한 풍성하심 가운데서 이룩하시고 우리의 필요에 따라 은혜를 내려주시는 섭리를 알아보기만 하면 됩니다. 성찬식은 하나님께서 우리로 하여금 우리의 죄를 따갑게 느끼게 하기 위해서 우리의 죄에 대해서 경고하시는 방법입니다. 하나님께서는 우리가 죄인이라는 것을 단지 입술이나 마음이 내키지 않는 방법이나 심지어는 의식을 통해서 시인하는 것을 원치 않으십니다. 그보다는 하나님께서는 우리가 하나님을 노엽게 해드렸기 때문에 우리가 비탄해하며 하나님의 무서운 노여움을 두려워하여 속으로 벌벌 떨면서 주 예수 그리스도께서 우리에게 나타나실 때까지 안식을 찾지 못하게 되기를 바라십니다.

우리 각자는 이 만찬석으로 다가가면서 참으로 예수 그리스도에게 뿌리를 내리고 있는지 확인해 보고 또 우리를 하나님의 은혜에서 떼어놓기 위해서 사탄이 우리 앞에 쳐 놓은 헛된 환상과 거짓을 다 제거했는지 확인합시다.

한편 예수 그리스도의 죽음과 대속의 공로를 통해서 예수 그리스도를 받아들이고 우리의 속죄와 구원이 그 분을 통해서 이루어졌음을 인정합시다. 더욱이 우리 주 예수 그리스도께서 우리를 불러서 당신의 권속으로 삼으셨기 때문에 우리 모두는 연합하여 하나가 됩시다. 우리는 한 마음 한 목소리로 하나님에게 영광을 돌리고 우리의 이웃과 정말로 화목하게 삽시다.

그러므로 우리는 떨어지지 않을 것이라는 것(그렇게 한다는 것은 예수 그리스도 자신을 분리시키는 것이 될 것입니다)을 세상 사람들에게 보여줌으로써 우리 상호간의 사랑을 드러내 보입시다. 또한 하나님께서 우리를 하나로 만드시어 우리가 그 분 안에서 살고 그 분이 우리 안에서 사시도록 해드리고 또한 우리로 하여금 무엇보다도 하나님을 존귀하게 여기고 또 섬기며 기회가 있을 때마다 우리의 이웃을 섬기도록 우리를 성령으로 인도해 주시기를 기원합시다.

12

갈라디아서 강해 설교

우리는 본래 유대인이요 이방 죄인이 아니로되 사람이 의롭게 되는 것은 율법의 행위에서 난 것이 아니요 오직 예수 그리스도를 믿음으로 말미암는줄 아는고로 우리도 그리스도 예수를 믿나니 이는 우리가 율법의 행위에서 아니고 그리스도를 믿음으로서 의롭다함을 얻으려함이라 율법의 행위로서는 의롭다 함을 얻을 육체가 없느니라

(갈 2:15-16)

우리는 지금까지 바울이 주 예수 그리스도께서 이 땅에 오시기 전에 실행되었던 의식 형식과 그림자를 주제로 해서 말할 때에 왜 사람이 율법 전체를 온전히 지키지 않으면 그는 의롭게 되거나 하나님에게 용납될 수 없다고 일반적인 결론을 내렸는지 그 이유에 대해서 설명했습니다. 먼저 우리는 이것을 두 개의 별개 문제로 여겨도 좋을 것입니다. 하지만 우리가 말하는 바와 같이 바울은 우리 자신의 공으로 하나님의 호감을 살 수 있다고 믿는 것이 어리석다는 것을 폭로하기 위해서 우리를 밑바닥까지 끌고가야 했습니다. 우리는 이미 바울이 '율법'이라는 말을 첨부한 이유에 대해서 토론을 했습니다. 선한 사람은 하나님의 호감

과 지지를 받을 수 있다는 말이 아무리 많은 호응을 받고 있을지라도 사람들은 그러한 일에서 매우 심각한 과오를 저지르게 됩니다. 다시 말하면 우리가 무엇을 하던지 우리는 하나님의 은혜를 얻을 수는 없습니다. 왜냐하면 하나님은 우리의 능력 가운데에서도 가장 최상의 것을 받아야 하시기 때문입니다. 하나님께서 **누구든지 율법을 지키는 자는 다 생명을 얻고 구원을 받게될 것이라**(레 18:5)고 말씀하신 것처럼 하나님께서 우리에게 하신 약조를 지키지 않으면 우리로서는 내세울 수 있는 공이 아무 것도 없습니다. 하나님께서 이런 말씀을 하셨을 때에 하나님에게는 우리를 구원해 주시는 대가로 우리의 무조건적인 순종을 받아들일 준비가 되어 있었습니다.

그러나 사실은 거기에는 우리는 우리의 공으로 호감을 얻을 수 있다는 뜻이 함축되어 있지는 않습니다. 왜냐하면 우리 가운데에는 자기의 의무를 다한 사람이 하나도 없기 때문입니다. 따라서 하나님께서 그 대책을 세우시지 않으셨다면 다시 말하면 하나님께서 우리가 의롭지 못함에도 불구하고 우리의 죄를 용서해주시고 우리를 의롭다고 영접해 주시지 않으면 그 언약은 효력을 상실하게 되고 효력이 없기 때문에 어느 누구에게도 적용되지 않을 것입니다. 우리가 율법을 지킴으로서 의롭게 되는 것이 아니라고 한 바울의 말에는 비록 하나님은 율법을 지키는 자를 의롭게 여기시겠다고 약속하셨지만 우리가 은혜를 달라고 주장하는 것은 온전히 우리의 잘못이라는 뜻이 있습니다. 왜냐하면 율법을 완전하게 지키는 사람은 아무도 없기 때문입니다.

우리 모두는 하나님 앞에 죄인이 되어서 그 판결문을 우리의 목에 걸고 있어야 한다는 사실을 깨달아야 합니다. 이 사실을 좀

더 분명하게 표현하기 위해서 바울은 유대인과 이방인을 비교했습니다. 그들이 '본래 유대인이며 이방 죄인이 아니로되' 그들은 주 예수 그리스도에 있는 믿음을 통해서만 하나님께 영접될 수 있다는 것을 알고 있었습니다. 비록 모든 사람들이 아담으로 인하여 죄를 지어서 개인적으로 자랑할 점이 아무 것도 없는데도 유대인들에게는 하나님이 그들을 당신의 자녀로 양자 삼으시고 그들을 당신의 종이라고 부를 정도의 특전이 주어진 것처럼 보였습니다. 이것이 바로 유대인들이 잘못된 점입니다.

성경에 나오는 '무할례'(the uncircumcision)라는 말은 아담에서부터 우리에게 이어 내려오고, 또 우리 어머니의 태안에 있을 때부터 우리 모두를 죄인으로 만든 더러움을 뜻합니다. 그런데도 유대인들은 하나님께서 그들을 인류에게 내리는 저주에서 해방시켜 주셨다고 믿고 자만했습니다. 하나님께서 유대인을 택하시어 당신의 백성과 후사로 삼으신 것은 그들에게 큰 영광이며 세상의 모든 것보다 귀히 여겨야 할 것이 사실이지만 그들은 그들 자체에는 아무런 가치가 없다는 것을 겸손하게 시인해야 합니다. 사실은 우리가 하나님의 은혜를 체험하게 되면 그러한 건방진 태도를 취하게 됩니다. 유대인들도 그와 같아서 대부분이 그들이 다른 어떤 민족보다도 우수하다고 오해하고 있습니다. 그들은 하나님이 하나님으로 하여금 그들을 다른 자들보다 더 좋아하게 만드는 무엇인가를 그들에게서 찾아내셨다고 생각했습니다.

이와 같은 방자함이 사악한 배은 망덕을 동반했습니다. 그들은 그들이 하나님께 받은 모든 은혜를 하나님의 덕으로 돌리지 않고 마치 그들에게는 이방인들보다 구원을 받을 자격이 더 많다고 여기고 있습니다. 그와 같은 모든 건방진 행동을 불식시키기 위해서 바울은 그의 논증을 이렇게 시작했습니다. '본래 유대인인 우리는' 라고 한 말에는 '그렇습니다. 우리는 하나님께서 그들을 당신의 교회 안으로 받아들이지 않으셨던 이방인들 보다 더 많은 은총을 받은 것이 사실입니다' 라는 뜻이 들어있습니다. 그러나 그가 이렇게 말한 것은 사실은 유대인들에게 자만해질 수 있는 계기를 주려고 한 것이 아니었으며 그들에게 그들이 자만할 근거가 없다는 것을 가르쳐 주기 위해서 그들이 하나님에게서 거저 받은 것들을 그들 앞에 펼쳐 놓고 있는 것입니다. 바울은 로마서에서 두 가지 이야기를 했는데 얼핏 보면 그들이 모순된 것처럼 보이지만 사실은 완전히 일치됩니다.

한편으로 그는 이렇게 묻고 또 이렇게 대답합니다. '우리에게는 이방인들보다 많은 특전이 주어지지 않았습니까?' '주어졌습니다. 우리는 하나님의 백성으로 택함을 받았으며 우리가 하나님의 자녀라는 증표로서 할례를 우리에게 주셨습니다. 하나님께서는 우리와 언약을 하셨으며 우리에게 구세주를 보내시겠다고 약속하셨습니다. 따라서 하나님께서 우리에게 부어주신 은혜에 대해서 생각해보면 우리가 정말로 축복을 받았으며 다른 백성들보다 훨씬 높임을 받았다는 것을 알게 되었습니다.'

여기서 바울은 그들에게 향하신 하나님의 선하심을 찬양하고 있습니다. 하지만 얼마 후에 똑같은 질문을 합니다(유대인에게는 나은 점이 있습니까?). 그러나 '아무 것도 없습니다' (롬 3:9-10). '왜냐하면 우리는 모두 하나님의 저주를 받고 있기 때문입니다. 만약 이방인들이 벌을 받게 된다면 우리는 그들이 받는 벌을 두 배로 받아야 할 것입니다. 왜냐하면 그들은 알지 못했다는 변명을 할 수 있기 때문입니다. 그렇지만 비록 그들이 교리에 대해서 어떠한 교육이나 훈련을 받지 않았을지라도 그들은 하나님을 피할 수 없으며 멸망할 것입니다. 하나님께서 우리에게 가르쳐 주셨는데도 우리는 죄짓기와 하나님의 의로운 율법을 거역하기를 중단하지 않았기 때문에 우리가 율법에 의해서 벌을 받는 것이 당연합니다. 그러니 지금 우리는 이방인들이나 불신자들보다 더 크고 깊은 죄악에 빠져 있습니다' 라고 그가 말했습니다.

따라서 유대인이 이방인과 다른 것은 그들이 더 귀하고 더 의롭기 때문이 아니고 단지 하나님께서 그들을 아무 대가도 받지 않으시고 택하셨기 때문입니다. 따라서 아이들의 천성에 대해서 말하자면 믿는 자들에게 태어난 아이들이 이방인이나 회교도들의 아이들보다 나을 것이 없습니다. 우리 모두는 하나님께 벌을 받은 부패하고 저주받은 집단의 일원입니다. 그러므로 우리 중의 어느 누구도 자신을 높이거나 자신을 우리의 친구들보다 더 귀하다고 생각하지 말아야 합니다.

그러나 바울은 우리의 아이들은 거룩하게 되며 그들은 불신자나 이방인에게 태어나는 아이들과 같은 방법으로 더럽혀지지 않는다고 했습니다(고전 7:14). 그 말에는 모순이 있는 것처럼 보입니다. 그러나 우리의 천성에 대해서 말하자면 우리는 그리스도 한 분만을 제외하고는 모두 오염되고 썩었기 때문에 그 전체는 앞뒤가 잘 맞습니다. 그런데 초자연적인 선물이라고 하는 것이었는데 그것은 하나님께서 믿는 자의 자녀들을 하나님께 헌신시키고 또 하나님께서 그들을 당신의 자녀로 인정하시고 받아들이시는 특전입니다. 이러한 까닭으로 오늘날 교회의 권속들은 하나님의 백성과 선택받은 자로 간주되는데 그것은 율법 시대에 유대인들이 나머지 세상 사람들과 구별되었던 것과 같습니다.

그렇기 때문에 바울은 '우리는 유대인이며 이방 죄인이 아니다' 라고 말했습니다. 그가 '죄인' 이라고 한 자들은 범죄 행위를 계속하면서 하나님의 은혜를 받지 못하여 죄사함 받지 못한 자를 의미합니다. 사실은 할례 자체는 하나님께서 아브라함의 식솔들과 그의 후손을 하나님의 혈통으로 받아들이셨다는 사실을 상징하는 징표이며 증거입니다. 옛날에는 이것으로 유대인과 믿지 않는 자를 구별했습니다. 비록 그들이 아담의 후손이라는 동등한 지위를 누리고 있지만 하나님께서는 어떤 자들은 택하고 어떤 자는 이방인으로 남겨 놓으십니다. 만약 그 이유를 물으면 유대인 자신이 어떤 면에도 특출한 점이 없기 때문에 그것은 오로지 하나님의 은혜 때문이라고 밖에 대답할 수 없습니다.

바울이 여기서 전개하고 있는 논리에 대해서 알아봅시다. 그는 **'사람은 율법을 행함으로서 의롭게 되지 않고 예수 그리스도를 믿음으로 의롭게 된다'** 고 말했습니다. 바울은 이 말씀을 통해서 그들이 하나님에게서 어떠한 은혜를 받더라도 그들은 사람이나 자기들 자신을 마음대로 믿어서는 안 된다는 것을 보여줍니다. 그들은 아낌없이 거저 주시는 하나님 안에서 피난처를 구해야 하며 구원은 이미 실족한 자들을 지옥에서 구출하기 위해서 오신 예수 그리스도 한 분에만 있다는 것을 깨달아야 합니다. 이 사실은 **"오셔서 먼 데 있는 너희에게 평안을 전하고 가까운 데 있는 자들에게 평안을 전하셨으니"**(엡 2:17) 라고 하신 다른 성경 말씀에서 확인되었습니다. 예수 그리스도께서 그 평안이 되십니다. 왜냐하면 하나님께서는 그 분을 통해서 우리를 사랑하실 수 있으시며 또 우리를 긍휼히 여기실 수 있으시기 때문입니다.

이것은 이방인들과 같이 전에 멀리 떨어져 나갔던 자들 뿐만 아니라 전에 위엄 있고 고귀했던 아브라함의 자녀들에게도 똑같았습니다(왜냐하면 평안은 본래 그들의 것이 아니기 때문입니다). 바울은 기독교로 개종한 유대인들은 그들이 율법을 지킴으로서 의롭게 될 수 없으며 주 예수 그리스도의 믿음만으로 의롭게 된다는 것을 알고 있었다고 말했습니다. 바울은 우리가 실제로 모든 인간적인 장점을 포기하지 않으면 은혜로 의롭게 될 수 없다는 것을 보여주기 위해서 둘을 비교했습니다. 이것은 우리의 주의를 끌 만한 가치가 있습니다.

사실은 천주교 신자들도 믿음으로 의롭게 된다고 공언합니다. 그러나 그것은 반만이 진실이며 나머지가 전체를 망쳐 버립니다. 확실히 그들은 만약 예수님이 중재자가 되지 못하고 또 그 사람이 그 분에게 구원을 의뢰하지 않으면 사람은 하나님 앞에서 의롭게 여겨질 수 없다는 사실을 믿고 있습니다. 천주교 신자들도 이 사실을 너무나 잘 알고 있습니다. 그런데 그들은 '우리는 믿음으로 의롭게 됩니다. 그러나 믿음만으로 의롭게 되는 것은 아닙니다' 라는 말을 자주 합니다.

그들은 이 점에 대해서 이의를 말하며 우리는 이 문제에 대해서 견해가 다르며 그것이 대단히 중요합니다. 그러나 바울은 '믿음만으로' 라는 말을 사용해서 그들의 어리석음을 나타내 보였습니다. 왜냐하면 그 말에는 사람들이 하나님을 기쁘게 해 드리기 위해서 가지고 오는 것들은 거절당한다는 뜻이 함축되어 있기 때문입니다. 그러므로 모든 문이 굳게 닫혔으며 바울의 말과 같이 하나님께로 올 수 있는 길은 믿음뿐입니다. 율법은 만약 우리가 하나님께서 우리에게 요구하시는 것을 이룩하게 되면 우리는 선한 종이라는 것이 알려져서 약속하셨던 상품을 우리에게 주실 것이라는 것을 전제로 하고 있습니다. 반면에 믿음은 가난하고 방황하며 저주받은 심령일 것과 예수 그리스도 안에서 우리에게 그렇게도 절박하게 필요한 것을 찾아야 한다는 것이 전제가 됩니다.

한 가지 예를 들어보겠습니다. 음식을 찾고 있는 사람과 거처를 찾고 있는 사람이 있다고 합시다. 한 사람은 부를 가지고 있으며 자기의 재력에 상응하는 대우를 받고 싶어합니다. 그들은 둘 다 먹을 것을 달라고 합니다. 그런데 두 번째 사람은 가난해서, 그에게는 동전 한 푼도 없어서 동냥을 합니다. 그들 두 사람에게는 공통점이 있습니다. 그들은 둘 다 음식을 구하고 있습니다. 그런데 첫 번째 사람은 식당 주인을 기쁘게 해 줄 돈이 있습니다. 따라서 배불리 먹고 마시고 융성한 대접을 받고 난 후에 주인은 그 밥값을 받고서 기뻐할 것이며 그가 주인에게 빚지고 있다고 생각하지 않습니다. 왜 그렇게 생각합니까? 그는 만족을 했으며 그것을 통해서 수지도 맞추었습니다. 그러나 동냥을 하는 불쌍한 사람의 생명은 그 사람에게 음식과 거처를 제공해 줄 수 있는 사람에게 달려 있습니다.

그와 똑같이 만약 우리가 율법을 통해서 의롭게 되기를 구한다면 우리에게는 그렇게 될 만한 자격이 있어야 합니다. 그렇게 되면 하나님께서는 우리에게서 받으시고 우리는 하나님께 받게 될 것입니다. 그러한 일이 가능합니까? 전혀 가능하지 않습니다. 그러므로 우리는 율법을 통해서는 의롭게 될 수 없으며 또 만약 우리가 하나님을 우리의 채무자로 만들 수 있다고 믿고 있다면 우리는 하나님의 노여움을 살 뿐이라고 결론을 내려야 합니다.

마치 믿음은 우리에게서 나오는 덕이 아닌 것처럼 우리는 겸손하게 나와서 우리는 구원을 거저 주는 선물이 아니고서는 얻을 수 없다고 고백해야 합니다. 이러한 까닭으로 율법이 믿음과 반대가 되었습니다. 바울은 자신의 공로 때문에 하나님께 열납될 수 있다고 주장하는 자들 모두는 주 예수 그리스도의 은혜에 등을 돌리는 것이 된다고 우리에게 알려 줍니다. **우리는 후에 그것에 대해서 더 자세히 배우게 될 것입니다.** 사람들이 다음과 같은 반론을 제기할지도 모릅니다. 율법은 하나님께서 주신 것이기 때문에 하나님께로부터 나온 믿음에 대립될 수 없다고 말입니다.

이 문제에 대한 해답은 간단합니다. 하나님께서 낮과 밤을, 물과 불을, 차가운 것과 뜨거운 것을 만드셨습니다. 확실히 낮이 밤'이 반대되는 것이 아닙니다. 그 보다는 하나님은 선하시고 지혜로우시기 때문에 그들이 적당한 순서로 나타나도록 조정하셨기 때문에 낮으로는 일을 할 수 있는 햇빛을 갖게 되고 밤에는 해가 숨어버려서 사람들이 휴식을 취하도록 하셨다고 말할 수 있을 것입니다.

그러므로 낮이 밤과 다르기는 하지만 그들 사이에 불화가 있는 것은 아닙니다. 똑같은 원리가 불과 물에도 적용됩니다. 모든 피조물에는 나름대로의 고유한 기능이 있습니다. - 그리고 불과 물은 서로 서로를 잘 보완해 줍니다. 그렇지만 만약 우리가 그들을 한데 섞으려고 한다면 그들은 정말로 충돌할 것입니다! 율법과 복음도 그와 똑같습니다. 우리가 복음으로 의롭게 되는 것과 똑같이 율법으로도 의롭게 된다고 믿고 있는 사람들은 모든 것을 혼란스럽게 만들고 있습니다. 그것은 마치 하늘과 땅을 함께 산산조각으로 부수는 것과 같습니다. 간단히 말하면 우리는 공로에 의해서 일정량의 하나님의 은혜를 얻을 수 있지만 주 예수 그리스도의 도움도 필요합니다. 만약 우리가 율법의 실체와 율법이 주어진 이유에 대해서 곰곰히 생각해 보면 복음이나 믿음에는 아무런 모순이 없으며 그들 사이에는 완전한 조화를 이루고 있다는 것을 발견하게 될 것입니다. 믿음과 율법이 둘 다 하나님께로부터 나왔다는 것은 사실입니다. 그러나 왜 하나님께서 애초에 그들을 둘 다 제정하셨는지 그 이유를 이해하기란 그렇게 쉽지 않습니다.

우리는 오로지 주 예수 그리스도를 믿음으로써 의롭게 될 수 있다고 한 바울의 말에 대해서 다시 생각해 봅시다. 그는 하나님에 의해서 의롭다고 규정되는 것은 하나님께서 보시기에 의롭다고 여겨지는 것을 의미한다고 했습니다. 이 말은 우리가 어떻게 구원을 받았는지 그 문제 전체를 다루고 있기 때문에 우리는 그 뜻을 알아 둘 필요가 있습니다. 만약 우리가 이 세상에서 오랫동안 살아왔으면서 누군가가 우리를 찾아와서 구원의 방법을 물어왔는데도 우리가 어떻게 대답할 바를 모르고 있다면 우리는 정말로 처량한 존재가 될 것입니다. 많은 어리석은 자들은 어떻게 해야 하나님께 가납되는지도 모르는 채 하나님께서 주시는 빵을 먹고 마음껏 즐겼습니다.

이러한 까닭으로 우리는 바울이 여기에서 우리에게 하는 말에 더욱더 많은 주의를 기울여야 합니다. 그는 우리의 죄가 용서되었다고 합니다. 어떻게 그렇게 되었습니까? 우리가 이미 의롭게 되어서 - 죄가 없게 되었습니까? 전혀 그렇게 된 것은 아닌 데도 하나님께서 우리를 받아 주셨습니다. '의롭다고 규정됨' 이라는 말은 우리가 하나님의 자녀가 되고 하나님이 우리의 아버지가 되셨을 때에 하나님께서 우리에게 내리시는 은혜입니다.

'의롭게 한다' (justify)는 말을 사용하는 것이 적절하지 않은 것처럼 보이는데 왜 성경에서는 그 말을 사용하느냐고 우리가 물어 볼지도 모릅니다. 하나님께서는 우리를 사랑하시고 우리를 긍휼히 여기시며 우리의 아버지와 구세주가 되시기를 소원하신다고 말해도 무리가 아니니 왜 이러한 표현을 사용하지 않겠습니까? 성경이 그것에 대해서 언급한 데에는 상당한 이유가 있습니다.

만약 우리가 구원을 가장 근본적인 각도에서 분석해 보면 우리는 우리 주 예수 그리스도의 은혜로 구원을 받게 되었다고 말하게 될 것입니다. 그러나 이 말에는 우리의 상태가 원래 비참하고 또 우리가 활용할 필요가 있는 대책에 대해서 알고 있다는 것을 의미하지 않습니다. 우리가 주 예수 그리스도를 믿기 위해서는 우리가 온전히 버림을 받게 된 것은 우리 자신의 죄악은 물론 아담이 지은 죄 때문이라는 사실을 인정해야 합니다. 우리는 당연히 이 사실을 우리 자신의 힘으로 발견했어야 합니다. 우리는 하나님과 바른 관계를 유지할 필요가 있다는 것을 알지 못하고서는 우리의 죄가 하나님이 보시는 앞에서 우리를 정죄한다는 사실을 결코 이해하지 못할 것입니다. 바꾸어 말하면 만약 우리가 '우리는 은혜와 믿음으로 구원을 받았습니다' 라는 말만 해서는 우리는 하나님의 의로우심을 알지 못할 것입니다.

하나님은 최고의 정의를 구현하고 계시기 때문에 자신을 부정하실 수 없습니다. 하나님은 더할 수 없이 깨끗하시고 완전하시기 때문에 악한 것을 몹시 미워하십니다. 그런데 우리는 완전히 썩었으며 우리 안에 있는 것은 악함뿐입니다. 따라서 하나님께서는 우리를 미워하셔야 합니다. 그러나 만약 하나님께서 우리를 미워하시면 우리는 저주를 받게 되기 때문에 우리에게는 화가 있을 것입니다.

우리가 하나님을 기쁘시게 해 드리기 전에 의롭게 되어야 하는 것은 이 때문입니다. 우리는 우리의 죄와 허물에서 깨끗하게 되어야 한다는 뜻입니다. 그렇게 되지 않으면 우리는 하나님의 은혜에 대해서 감사할 줄 모릅니다. 만약 우리가 우리 자신이 죄인이라는 것을 인정하게 되면 우리는 하나님이 죄를 미워하신다는 사실을 깨닫게 될 것입니다. 그러나 하나님께서는 죄를 미워하시지만 우리를 영적으로 깨끗하게 해 주시는 주 예수 그리스도의 피를 통해서 우리의 죄를 사해주시고 그 죄에서 우리를 깨끗하고 정결하게 해 주심으로서 우리를 구원할 길을 마련해 주셨습니다.

하나님께서는 우리를 맞아들이기 위해서 우리를 깨끗하게 씻어 주십니다. 그러므로 우리는 하나님의 사랑을 함께 받으면서 우리의 구원을 확신하게 됩니다. 이러한 까닭으로 성경에서는 '의롭다고 규정됨' (justification)이라는 말을 사용하고 있습니다. 천주교 신자들은 어리석은 짐승들처럼 그 의미에 대해서 논쟁을 벌일지도 모릅니다. '무엇이라고요! 믿음으로 의롭게 된다고요? 믿음은 사람을 완전하게 해주지 못합니다. 그런데 어떻게 그것이 우리를 의롭게 해 줄 수 있습니까?' 라고 말할 것입니다.

그들은 성경에서 의롭다고 규정된다는 말은 우리의 죄를 감당하시며 예수 그리스도의 이름을 통해서 우리의 죄를 지워 버리시는 하나님을 의미한다는 것을 알지 못합니다. 다른 사람들이 무엇이라 말하던 상관없이 하나님께서 우리의 죄를 경감해 주시고 용서해 주시면 우리는 하나님 앞에서 의롭다고 여겨집니다. 사실은 바울은 이것에 대해서 로마서 4장에서 다음과 같이 말합니다. **"일한 것이 없이 하나님께 의로 여기심을 받는 사람의 행복에 대하여 다윗의 말한 바 그 불법을 사하심을 받고 그 죄를 가리우심을 받는 자는 복이 있다"**(롬 4:6-7, 시 32:1).

그리고 고린도후서에서는 다음과 같이 말합니다. **'하나님이 죄를 알지도 못하신 자로 우리를 대신하여 죄를 삼으신 것은**(이 말씀은 우리가 우리의 죄 때문에 받아야 할 모든 벌을 그 분이 다 받았다는 뜻입니다) **우리로 하여금 저의 안에서 하나님의 의가 되게 하려 하심이니라'** (고후 5:21). 따라서 그 분의 순종이 너무나도 완전했기 때문에 우리의 죄를 깨끗이 하고 지워버리기에 충분해서 우리가 그 분의 인격과 육체에 결합되어 하나가 되어 의롭다고 여겨집니다.

우리의 관심을 '믿음' (faith)이라는 말에 돌리면 바울은 여기서 그들은 예수 그리스도를 '믿었다' (believed)고 했습니다. 만약 우리가 한 바보에게 믿음(faith)이 무엇이라고 생각하느냐고 물어보면 그는 당연히 '신앙' (belief)이라고 대답할 것입니다. 그러나 그는 이 두 단어의 뜻을 정확하게 알지 못하고 있을 것입니다. 우리는 그러한 바보들처럼 무식한 것에 만족합니까? 우리는 먼저 주 예수님은 우리의 믿음과 신앙의 대상이 되신다는 사실을 지적합시다. 믿음을 통해서 구원이 이루어집니까? 그렇습니다. 만약 우리가 주 예수 그리스도를 믿으면 구원을 얻게 됩니다. 왜 주 예수 그리스도가 우리의 믿음을 맡겨야 되는 분으로 우리 앞에 서 계신지 그 이유에 대해서 잠시 생각해 봅시다. 그것은 단지 의롭게 되기 위해서 필요한 모든 것을 그 분에게서 찾을 수 있기 때문입니다.

우리가 앞에서 말한 바와 같이 하나님께서 우리의 죄를 용서해 주시고 그들을 더 이상 기억하지 않으실 때에 우리는 하나님 앞에서 의롭다고 여겨집니다. 만약 우리를 정결케하기 위해서 흘리신 주 예수 그리스도의 피가 없다면 이러한 일이 어떻게 일어나겠습니까? 예수 그리스도는 수난과 죽음을 통해서 우리의 죄를 배상하셨으며 우리를 향하신 하나님의 분노를 진정시켰습니다. 우리는 하나님의 독생자이신 예수 그리스도의 헌신이외에 다른 변상 수단을 찾아서는 안 됩니다. **하나님의 사랑을 받는 아들이라고 불리우는 분이 그 분이십니다**(마 3:17).

그러므로 우리는 그 분 안에서 사랑을 받게될 것입니다. 그는 의로운 분이라고 불리우기 때문에 우리는 그 분의 의로움의 동참자가 될 것입니다. 또 그는 **거룩한 분이라고 불리우기 때문에**(눅 1:35) 우리도 그 분 안에서 거룩하게 될 것입니다. 이러한 이유로 우리가 '믿음'에 대해서 생각할 때에 우리의 관심은 주 예수 그리스도에게로 기울여져야 됩니다.

그러나 천주교 신자들은 그 문제에 대해서 **그들 자신의 의견을 형성해서 그들의 주장을 통해서 그들은** 믿는다는 것이 무엇인지를 체험해 보지 못했다는 것을 밝혀 줍니다. '무엇이라구! 사람이 믿음만으로 의롭게 되는 것이 가능합니까?' 라고 그들이 물어올 것입니다. 이것이 사실이며 야고보는 이 논리를 이용했습니다(약 2:20). 그러나 우리가 보는 바와 같이 그는 자신들이 기독교 신자들이며 믿음을 갖고 있다고 하면서 열매를 맺은 것이 없는 자들을 조롱했습니다. 천주교 신자들은 그보다 더해서 그들은 믿음은 하나님을 믿는 것이며 우리 믿음의 주체는 하나님이시라고 합니다. 그들은 이와 같은 한계점에 머물러 무지 속에서 잠들어 있으며 그들이 완전히 무지하면서도 그들의 말대로 자신을 훌륭한 기독교 신자와 훌륭한 천주교 신자라고 부르기를 주저하지 않습니다.

그러므로 우리는 그들이 분별력과 지능이 부족하여 성경에 내포되어 있는 교리에 대항하여 싸운다해도 또 그들이 끈질긴 고집으로 사람은 믿음만으로 구원을 받을 수 없다고 해도 놀라서는 안 됩니다. 그들은 믿음이 무엇인지 알지도 못합니다. 그러니 만약 우리가 예수 그리스도를 믿지 않으면 우리는 믿음이 정말로 어떤 것인지 알 수 없다고 한 바울의 말을 마음 속 깊이 명심해야 합니다.

예수님 없이는 우리는 죄의 사면과 하나님께 접근하는 방법과 우리의 믿음을 하나님께 맡기는 방법이나 하나님을 부르는 방법을 알 수 없습니다. 또 우리는 마음의 평안을 갖는 것과 영생의 소망을 갖는다는 것이 어떤 것인지 알지 못할 것입니다. 이 모든 것은 우리가 예수 그리스도에게 소개되고 우리가 그 분을 믿게 되고 우리의 모든 것을 그 분에게 쏟아 부을 때에 성취됩니다. 우리가 불쌍한 존재이며 하나님께서 보시기에 가증스럽다고 인정하여 주 예수 그리스도 안에서 그 해법을 구할 때에 이러한 종류의 믿음이 은혜를 가져다 줍니다. 예수 그리스도께서는 우리를 우리가 살아왔던 저주에서 구원해 주시기 위해서 자신을 바치셨으며 우리를 자신의 피로 씻어주셨다는 사실을 받아들여야 합니다. 예수 그리스도께서는 순종하심으로 우리의 모든 죄를 말살시키셨습니다. 그래서 우리는 하나님께서 우리를 하나님의 자녀로 인정하시고 영접해 주신다는 사실을 확실히 믿을 수 있게 되었습니다.

바울은 자신과 기독교로 개종한 모든 유대인들이 주 예수 그리스도를 믿음으로써 구원을 받았다고 말한 후에 '율법으로는 어떠한 사람도 의롭게 될 수 없다' 는 말을 첨가했습니다. 우리는 이것을 그의 백성들에게 적용시킨 것을 알고 있지만 그는 여기서 그것을 온 세상 사람들에게 광범하게 적용시켰습니다. 그가 '어떠한 인류도 ~ 할 수 없다' (no flesh)고 한 말에는 구원받는 방법에 있어서는 유대인이나 이방인이나 차별이 없다는 뜻을 함축하고 있습니다. 비록 유대인이 할례를 받아 하나님의 후사로 선택을 받고 하나님에 의해서 성화되었더라도 순수하신 하나님의 은혜가 없이는 그들이 구원을 받을 수 있다는 희망을 가질 수 없습니다.

그들이 이방인과 똑같은 수준에 놓여 똑같은 신분을 갖고 있다는 사실을 알아 두십시오. 바울은 사람들이 그들 자신의 덕과 관련해서 가질 수 있는 모든 자만심을 배제하려고 했습니다. 사실은 우리 가운데서 많은 사람들은 우리들 자신이 매우 타락하였기 때문에 우리는 어떠한 영광도 우리 자신의 공으로 돌릴 수 없습니다. 술주정뱅이나 방탕자나 온갖 죄악된 짓에 골몰하는 자들은 자신을 높이거나 또 하나님으로 하여금 그들의 공로나 선행을 통해서 그들을 구원해 주시도록 설득할 수 있다고 자랑하기를 너무나도 부끄럽게 여깁니다. 사실 그들은 그들의 신분이 천한 것을 부끄럽게 여겼기 때문에 자신을 다른 사람에게 숨깁니다. 사람들 앞에서 그들의 '거룩함' (holiness)을 자랑하는 고집쟁이들은 마음이 매우 강퍅하게 되어서 자신들은 낙원에 들어갈 자격이 있다고 - 마치 하나님이 그들에게 빚을 지고 있는 것처럼 생각하게 만듭니다!

말할 수 없이 타락하고 야심과 탐욕과 죄악 등으로 가득찬 위선자들은 그들의 속임수와 위장 때문에 하나님께서는 그들이 저지르는 죄를 발견하지 못하시고, 그들이 이룩한 공로 때문에 그들을 받아들일 것이라고 확신하고 있습니다. 선술집에서 성당까지 뛰어가서 정규적으로 미사에 참석하고 면죄부와 같은 것들을 돈을 주고 사는 자들과 함께 금식을 하고 축제를 벌리는 자들은 헛된 자부심으로 부풀어 있으며 하나님께서 그들에게 무엇인가를 빚지고 있다고 믿고 있습니다.

바울은 '어떠한 인간도 ~ 할 수 없다' (no flesh)라고 말하며 우리 자신을 어떤 사람은 의롭고 어떤 사람은 의롭지 않다고 서로 서로를 구별하는 것은 무의미하다고 선언합니다. 우리는 우리가 행할 수 있는 가장 훌륭한 선행일지라도 하나님께서 보시기에는 더러운 걸레에 불과하다는 것을 알고서 모두 겸손하게 우리 자신을 판단해야 합니다. 어떤 사람이 아무도 해롭게 한 적이 없으며 또 온갖 죄악을 뿌리칠 수 있었으며 또 순결하고 근실했기 때문에 우리들이 판단하기에는 완전히 의로운 사람일지라도 - 간단히 말하면 그가 천사와 같다는 말을 들을지라도 - 그의 속에는 부정한 것 밖에 없습니다. 어떻게 그런 말을 할 수 있습니까? 반짝인다고 해서 다 금은 아니다라는 속담과 같이 우리는 외모를 보고서 판단해서는 안 됩니다.

우리는 먼저 그 속을 조사해 보지 않고 어떤 것이 죄고 어떤 것이 덕인지 판단할 수 없습니다. 만약 사람이 어떤 물건이 자기의 소유가 된 것은 하나님의 은혜 때문이라고 여기지 않는다면 그는 사람들에게서 그들의 영광을 도둑질하는 것이 아니고 하나님에게서 하나님의 영광을 도둑질하는 것이 됩니다. 따라서 사람들이 그를 아무리 칭찬하고 기릴지라도 그는 자만심과 야망으로 가득하게 되고 주 예수 그리스도를 알게 되는 것 이외의 어떤 것도 그를 겸손하게 하지 못합니다.

그러므로 외적으로 신앙심이 깊은 것처럼 보이는 자들도 하나님 앞에서는 정죄를 받을 것입니다. 그러므로 바울은 사람들로 하여금 그들 자신의 공을 믿지 못하게 하려고 했습니다. 그리고 그 이상의 것이 있습니다. 그가 한 '어떠한 인간도 ~ 할 수 없다' (no flesh)라는 말에는 하나님의 버림을 받은 사람들과 성령으로 새롭게 되지 않은 사람들만 의미하는 것이 아니고 신자들도 포함하고 있습니다.

비록 하나님께서 우리로 하여금 복음을 알도록 인도해 주시고 또 우리를 주 예수 그리스도의 몸 속으로 접붙이신 후에 하나님의 영이 우리 안에 거하실 지라도 - 말하자면 하나님의 영이 우리 안에 거하실 지라도 우리는 본래 '인간' (flesh)이기 때문에 우리 모두가 그 말에 포함됩니다. 따라서 '어떠한 인간도 의롭게 되지 않는다' (no flesh shall be justified)라고 한 바울의 말에는 믿지 않는 자들은 아담 안에서 계속해서 저주를 받게 되고 믿는 자들도 항상 불완전하고 많은 죄와 흠을 가지고 있기 때문에 다른 사람들만큼의 저주를 받습니다.

사실은 이 저주는 전체적인 것입니다. 율법을 행함으로서 의롭게 되려고 하는 자는 누구나 자신에게 죄가 있다는 것을 항상 깨닫게 될 것입니다. – 지금까지 존재했던 가장 거룩한 사람까지도 그렇게 될 것입니다. 아브라함이나 모든 덕이 풍성한 다윗이나 에스겔이나 세 의인이라고 부르는 노아, 욥 그리고 다니엘을 (겔 14:14) 예로 들어봅시다. 그들은 모두 하나님 앞에서 은혜로 의롭게 될 수 있었던 같은 부류에 속하는 사람들입니다. 이제 우리가 주장하는 것이 무엇인지 물어 보겠습니다.

자신의 공이나 소위 '공로'(meritorious works)로 의롭게 될 것이라고 한 자들은 마귀에 의해서 지나친 자만심을 나타내도록 유도되지 않았습니까? 누가 다윗이나 노아나 아브라함이나 다니엘과 겨룰 수 있겠습니까? 확실히 하나님의 학교에서 공부를 잘했던 사람들과 자신을 하나님에게 온전히 드리려는 참된 열성으로 불타고 있는 사람들까지도 다윗이 세운 본은 물론 노아나 다니엘이 보여 준 기준에 이르기에는 너무나 부족하다는 것을 확실히 믿고 있습니다!

그러므로 이것을 알고 있는 우리들은 성령께서 우리들로 하여금 우리에게는 단 한 방울의 의로움이 없다는 것을 확실히 깨닫게 하기 위해서 자신을 지나치게 높이는 자들을 무너뜨리고 계시는 것을 볼 수 있습니다. 그러므로 우리는 우리의 구원에 관한 모든 것을 주 예수 그리스도의 은혜 가운데서 구하게 됩니다. 이제 우리는 '어떠한 인간도 의롭게 되지 않을 것이다'(no flesh shall be justified)라고 한 말이 함축하고 있는 뜻을 알게 되었습니다. 즉 바울은 우리의 본성에 관한한 우리의 외모가 어떻던 우리는 속으로는 악할 뿐이라고 했습니다. 우리가 세상 사람들에게서 많은 칭찬과 존경을 받고 있고 부질없는 아첨자들에 둘러 싸여 있을지도 모릅니다.

그러나 하나님께서 우리를 변화시키시기 위해서 우리 안에서 역사하실 때까지 우리는 오물로 가득차 있습니다. 사실은 사람들이 귀하게 여기는 모든 덕은 사람들을 파멸로 인도하며 그들을 지옥 속으로 몰아 넣는 악에 불과합니다. 하나님의 은혜로 새롭게 된 자들과 하나님께서 사랑하시고 소중히 여기시는 것들을 행함으로써 그 분에게서 순종하는 법을 배운 자들까지도 하나님께 빚진 것을 청산할 수 있는 것을 가지고 하나님에게로 나올 수 없습니다. 그들은 항상 하나님께 빚을 지고 있습니다. 왜냐하면 그들은 모든 좋은 선물을 하나님에게서 받았기 때문입니다.

그리고 그러한 사람들도 죄와 약점 때문에 부패했습니다. 따라서 우리는 우리의 의로움에 대한 믿음을 벗어버려야 합니다. 왜냐하면 우리는 가장 큰 자에서부터 가장 작은 자에 이르기까지 모두 죄가 있다는 선고를 받았기 때문입니다. 만약 우리가 율법으로 의롭게 되기를 구한다면 우리는 크게 속임을 당하는 것이 됩니다. - 우리는 결코 그것을 발견하지 못할 것이기 때문입니다. 이제 우리는 자신의 영적인 필요를 인정하는 자들에게는 주 예수 그리스도가 피난처와 같다고 한 말의 뜻을 훨씬 더 분명하게 이해할 수 있게 되었습니다.

이러한 까닭으로 그리스도께서 다음과 같은 말씀을 하셨습니다. **"수고하고 무거운 짐 진자들아 다 내게로 오라 내가 너희를 쉬게 하리라 … 그러면 너희 마음이 쉼을 얻으리니"** (마 11:28-29). 그리고 다른 성경 말씀에서는 그 분은 **"가난한 자에게 아름다운 소식을 전하게 하려 … 포로된 자에게 자**

유를 갇힌 자에게 놓임을 전파하기" 위해서 파송되었다고 했습니다(사 61:1).

그러므로 죄짓는 것을 즐겨하는 자는 결코 주 예수 그리스도께로 나올 수 없습니다. 그들은 믿음을 가지고 있다고 자랑할 지도 모릅니다. 하나님을 업신여기는 자들은 더 할 수 없이 거룩한 이 말을 더럽힙니다. 모든 사람은 기독교 신자로 여겨지기를 소원합니다. 그들이 얼마나 타락되었느냐와는 상관없이 그들은 다른 어떤 사람만큼 많은 믿음을 가지고 있다고 말할 것입니다.

그러나 이러한 식으로 말하는 사람에게는 한 방울의 믿음도 없는 것이 분명합니다. 참된 신자가 '나는 믿는다' 라고 말할 때에는 그들은 만약 하나님께서 그들을 긍휼히 여기시지 않으면 그들이 가지고 있는 그 작은 믿음도 그들에게서 빼앗길 것이라는 것을 알고 있기 때문에 그것을 아주 연약하게 표현합니다. 온전한 믿음을 가지고 있다고 크게 자랑하는 자들은 참 신앙을 한번도 체험해 보지 못했으며 또 하나님을 한번도 경외해 본 적이 없는 개, 돼지에 불과합니다.

'믿음' (faith)이라는 말은 하나님을 조롱하는 일만 하는 이와 같은 개들에 의해서 항상 처참하게 모욕을 당할 것입니다. 그들은 선과 악을 식별할 줄 모르며 매우 어리석기 때문에 죄 투성이가 되어 뒹굽니다. 염치를 모르는 한 주정뱅이를 예로 들어봅시다. 그는 과음을 한 후에 취한 상태를 계속 유지하기를 갈망합니다.

그 밖에도 호색가와 위증자와 욕쟁이 등을 예로 들을 수 있는데 - 그들은 모두 믿음을 가지고 있다고 주장하지만 그들은 주 예수 그리스도를 만날 준비가 되어있지 않은 것이 확실합니다.

왜 그들은 준비가 되어있지 않습니까? 왜냐하면 그들은 은혜에 의해서만 의롭게 될 수 있다는 것을 알지 못하기 때문입니다.

그러나 우리가 율법으로는 의롭게 될 수 없다는 것을 완전히 이해하기 위해서 우리는 하나님을 우리 앞에 있는 재판장 석에 앉혀드리고 우리는 우리의 전 생활에 대한 소명 자료를 제출해야 한다는 것을 알고 매일 아침 저녁으로 하나님 앞에 출두해야 합니다. 또한 만약 하나님께서 우리를 긍휼히 여기시고 하나님의 무한하신 자비 가운데서 우리를 일으켜 주시지 않으셨다면 우리는 10만 번도 함정에 빠졌을 것이라는 것을 알아야 합니다.

우리가 우리 자신을 하나님과 비교할 때마다 우리 모두는 유죄 판결을 받아야 하기 때문에 우리는 율법으로는 의롭게 될 수 없다는 것을 알게 될 것입니다. 우리는 주 예수 그리스도께서 우리를 구원해 주실 때까지는 안식을 갖지 못할 정도로 하나님을 경외하는 마음을 가질 필요가 있습니다. 그러므로 무거운 짐을 지고 있다는 것과 또 우리의 죄를 미워하고 또 그들 문제로 근심을 하게 되어 우리가 죽음의 고통으로 둘러싸여 있다고 느낀다는 것이 우리에게는 얼마나 좋은 일인지 보십시오.

우리는 하나님으로 하여금 우리의 짐을 덜어 주시게 하기 위해서 하나님을 찾고 있습니다. 구원이 하나의 선물로 우리에게 허용되지 않으면 우리는 그것을 온전하게도 또 부분적으로도 얻을 수 없다는 사실을 알고서 그 분을 찾아가야 합니다. 바울은 우리가 부족한 것 가운데 어떤 것들은 예수 그리스도 안에서 찾을 수 있고 나머지는 우리 자신이 조달할 수 있다고 말하지 않습니다.

그는 우리가 우리의 공로나 행위로 인해서 의롭다고 여겨질 수 없으며 오로지 믿음을 통해서 의롭다고 여겨질 수 있다고 합니다. 그러므로 예수 그리스도가 없이는 어떠한 구원도 없다는 것을 알아둡시다. 왜냐하면 예수님은 믿음의 시작이며 끝이시고 가장 귀중하신 분이시기 때문입니다. 우리가 우리 자신에게 줄 수 있는 것은 저주뿐이라는 것을 알고서 계속해서 겸손합시다.

그러므로 우리는 구원과 관련이 있는 것들 모두를 하나님의 순수하시고 거저 베푸시는 자비에서 찾아볼 필요가 있습니다. 우리는 믿음으로 구원을 받았다고 말할 수 있어야 됩니다. 하나님 아버지께서는 하나님의 아들이신 주 예수 그리스도를 우리 구원의 창시자인 동시에 완성자로 임명하셨습니다. 우리는 모든 찬양을 그 분에게 드리기 위해서 우리 자신을 부인하고 우리 자신을 그 분에게 온전하고 완전하게 드려야 합니다.

13

갈라디아서 강해 설교

만일 우리가 그리스도 안에서 의롭게 되려 하다가 죄인으로 나타나면 그리스도께서 죄를 짓게 하는 자냐 결코 그럴 수 없느니라 만일 내가 헐었던 것을 다시 세우면 내가 나를 범법한 자로 만드는 것이라 내가 율법으로 말미암아 율법을 향하여 죽었나니 이는 하나님을 향하여 살려 함이니라 내가 그리스도와 함께 십자가에 못 박혔나니 그런즉 이제는 내가 산 것이 아니요 오직 내 안에 그리스도께서 사신 것이라 이제 내가 육체 가운데 사는 것은 나를 사랑하사 나를 위하여 자기 몸을 버리신 하나님의 아들을 믿는 믿음 안에서 사는 것이라(갈 2:17-20)

일찍이 우리는 바울이 다른 사람들보다 훨씬 많은 특전을 누렸던 유대인들이 복음을 믿어서 하나님의 은혜를 받고 구원을 받았다는 말을 해서 사람의 행위와 공적에 대한 자만과 신임을 다 쓰러뜨리는 것을 보았습니다. 유대인 자신들에게는 그들이 하나님께로 받아들여지게 하는 얼마간의 의로움이 있는 것처럼 보였다고 해도 무리는 아닙니다. 왜냐하면 그들에게는 **그 명령을 이행하는 자는 누구나 그로 인하여 살리라**(live in them, 레 18:5)는 율법과 언약이 주어졌기 때문입니다. 유대인들이 하나님으로부터 의롭다는 판단을 받은 것처럼 보였을지도 모릅니다. 그렇지 않다면 어떠한 목적에 율법이 소용되었겠습니까?

그러나 그들은 주 예수 그리스도 앞에 나와서는 불쌍하고 가련한 저주받은 죄인이라는 것을 시인했습니다. 그러므로 예수 그리스도께서 죄를 가지고 온 것처럼 보였습니다. 왜냐하면 그 전에는 유대인들이 하나님의 자녀처럼 보였기 때문입니다. 사실은 그들에 대해서는 **"너는 여호와 네 하나님의 성민이라"**(신 7:6)고 성경에 기록되어 있습니다. 따라서 그들의 유일한 피난처인 주 예수 그리스도의 은혜 안에 있는 그들이 자신을 처참하고 가련한 죄인이라고 불렀으니 이 세상으로 죄를 가지고 온 이는 예수 그리스도라고 추정할 만도 했을 것입니다. 실은 사람들은 상황을 이렇게 판단하기 쉽습니다. 그러나 그렇게 한다면 그들은 참으로 어리석고 많은 잘못을 저지르는 것이 됩니다. 주 예수 그리스도께서 죄를 짓게 하는 자가 아니라는 것을 분명하게 밝혀야 합니다. 그 보다 예수님께서는 죄를 폭로하셨습니다.

유대인들이 율법을 지키기 위해서 아무리 많은 노력을 했을지라도, 율법의 기능은 하나님이 구세주를 통해서 그들에게 긍휼을 베풀 수 있다는 사실을 그들로 하여금 점점 더 굳게 믿도록 납득시키는 것이었습니다. 비록 그들이 은혜의 결과로 진실하고 정숙한 삶을 살고 있을지라도 우리는 그 사람과는 상관이 없는 것을 그의 공으로 잘못 돌려서는 안 됩니다. 그렇게 하는 것은 하나님에게서 하나님의 영광을 약탈하는 것입니다. 만약 유대인들이 성령에 이끌리어 경건한 생활을 하고 싶어한다고 해도 우리는 하나님이 그들에게 갚아야 할 빚이 있는 것처럼 생각해서는 안 됩니다. 반대로 그들이 하나님께 훨씬 많은 빚을 지고 있습니다.

또 우리가 기억해 두어야 할 것은 꾸중을 듣지 않아도 될 만큼 완전한 사람이 없었다는 것입니다. 따라서 유대인들은 은혜가 필요하지 않을 만큼 의롭지 못했습니다. 그들의 구원은 그들의 죄를 사면 받는 데서 시작됩니다. 유대인들 가운데에는 오늘날 의식이 그들을 경건하게 만들어 줄 수 있다고 믿는 사람들도 있었습니다.

그러나 유대인들은 물어볼 필요도 없이 다른 사람들보다 더 많은 저주를 받아 마땅합니다. 왜 그렇습니까? 바울이 로마서 5장에서 말한 것처럼 **율법이 없을 때에는 죄를 죄로 여기지 않았기 때문입니다**(롬 5:13). 재판장이신 하나님 앞으로 나오라는 소환장을 받지 않으면 사람들은 잠을 자고 있으며 그들의 죄악 가운데에서 생활하는 것으로 만족했습니다. 불쌍한 이방인들은 변명이나 구실을 말하거나 최소한 하나님 앞에서 죄가 덜했는데 반해서 유대인들은 그들과 비교해보면 두 배로 죄를 많이 지었습니다. 그들은 제물을 바쳐야 했는데 그것이 그들이 영원한 죽음을 받아 마땅하다는 것을 가시적으로 보여주는 것입니다.

한 채무자가 그 땅의 법률에 따르면 정죄를 받지 않을지도 모르고 또 재판장 앞으로 끌려올 만한 짓을 하지 않았을지도 모릅니다. 그는 자신의 손으로 서명한 반환 보증서를 써주라는 압력을 받지 않았을지도 모릅니다. 그렇지만 그는 양심상 그 채무를 갚아야 합니다. 이방인들도 그와 같아서 비록 그들에게 불리한 '손으로 쓴 법령' (Handwriting of ordinances)은 없지만 그들은 여전히 죽음을 받아 마땅합니다. 그 땅의 법률에 따라 정죄함을 받았으며 또 그의 채무를 모든 사람이 볼 수 있도록 기록한 그 사람은 어떻게 됩니까? 그에게는 피할 길이 없습니다. - 그는 즉시 그 빚을 갚아야 됩니다.

유대인들도 이와 똑 같은 처지에 있습니다. 그들이 성전이나 그들의 집이나 그밖에 다른 곳에 들어갈 때에 그들이 갖는 세척의식은 그들의 속이 오물로 가득찼다는 것을 표현하는 한 가지 방법이 됩니다. 다시 말하지만 그들이 짐승을 죽이고 짐승들이 살육되는 것을 감찰할 때에 그들에게는 그들이 받아 마땅한 죽음과 그들의 저주받은 상태를 나타내는 생생한 실상이 보일 것입니다. 짐승들 자신이나 그들이 흘린 피는 결코 그들을 깨끗하게 해 주지 못하며 물 속에 들어 있는 성분이 그들의 영혼을 깨끗하게 해 주지 못합니다.

그러므로 만약 그들의 씻음이 우리가 주 예수 그리스도를 통해서 받는 영적인 씻음을 암시하지 않았다면 그것은 아무런 의미가 없었을 것입니다. 우리가 세례를 받을 때에 우리를 깨끗이 씻어주는 것은 물이라고 믿는 것은 참으로 무서운 신성모독이 됩니다! 그 의식은 차라리 우리에게 주 예수 그리스도의 피를 암시해야 합니다.

그러므로 비록 유대인들이 율법으로 단련되었을지라도 이것은 그들에게 불리하게 작용할 것입니다. 왜냐하면 하나님의 심판이나 영원한 죽음이라는 측면에서 보면 그들은 이방인들보다 더 단단한 끈으로 매어있기 때문입니다. 그러므로 예수 그리스도께서는 죄를 짓게 하기 위해서 오신 것이 아니고 그 보다는 죄를 드러내 보이기 위해서 이곳에 오셨습니다. 유대인들은 의식이라는 가면 뒤에 숨을 수 있고 이것이 그들로 하여금 하나님께 가납되게 만들어 줄 수 있다고 생각했습니다. 그들은 다른 국민들은 다 불결한 것으로 여겼으며 자신들 이외의 모든 사람들은 오염되었지만 그들은 경건하다고 생각했습니다. 이렇게 만든 것은 그들의 자만이었습니다.

그러나 주 예수 그리스도께서 오셔서 그들은 행위가 아닌 다른 곳에서 구원을 찾는 본보기를 다른 사람들에게 보여주어야 한다는 것을 가르쳐 주심으로써 그들을 바로 잡아 주셨습니다. 예수님께서는 그들이 예수님께로 겸손하게 나와서 그들이 하나님의 저주 아래 있다는 것을 고백할 필요가 있다는 것을 보여주셨습니다. 이렇게해서 주 예수 그리스도께서는 전에 감추었던 악을 드러내셨습니다.

그것은 마치 환자들이 의사가 밝혀줄 때까지는 그들에게는 치명적인 질병이 있다는 것을 깨닫지 못하는 것과 같습니다. 의사가 전에 그 환자가 몰랐던 병을 밝혀낼 때까지 그 병을 치유하기 위해서 아무 것도 할 수 없습니다. 그와 똑같은 원리로 주 예수 그리스도께서는 유대인들로 하여금 예수님께로 나와서 그들이 아무 것도 아니라는 것을 고백하도록 하기 위해서 그들이 부족한 상태에 놓여있다고 선언해야만 하셨습니다. 또한 예수님께서는 하나님의 긍휼하심 이외에 다른 곳에서는 피난처를 찾을 수 없다는 것을 가르쳐 주셨습니다. 이것이 바울이 여기서 한 말로 인해서 야기되는 문제와 어려움에 대해서 우리가 대답할 수 있는 방법을 요약한 것입니다.

오늘날 자신들은 하나님을 섬기고 있기 때문에 낙원에 들어가게 될 것이라고 믿고 있는 사람들이 많이 있습니다. 하지만 그들에게 복음에 대해서 물어보면 그들은 화를 냅니다. 여러분이 보시는 바와 같이 자만심이 이미 문을 굳게 닫아버렸습니다. 그들은 이렇게 말할 것입니다. '당치도 않습니다! 내가 그렇게도 헌신적이었는데도 내가 시간을 낭비하는 꼴이 되었다는 말입니까?' 미사에 한 두 번 참석하고 기도문을 중얼거리고 성지순례를 하지만 돈과 물질을 아끼지 않고 면죄부 등을 위해서 사용하는 사람은 어떻습니까?

만약 우리가 그에게 우리는 모두 비참하고 불쌍한 존재라는 것과 우리는 주 예수 그리스도의 긍휼이외는 아무 것도 의지할 수 없다는 것과 우리가 하나님께로 가지고 나가려고 하는 것은 모두 하나님이 보시기에 더럽고 가증스럽다고 한다면 그는 버럭 화를 낼 것입니다. 그리고 이렇게 말할 것입니다. '하나님께서는 내가 하나님을 섬기기 위해서 겪었던 모든 고통을 무시하실 수 있습니까? 확실히 이것이 모두 고려될 것이며 나를 구원으로 인도할 것입니다.'

이런 사람들은 그들의 청함이 고려되어야 한다고 항변함으로써 하나님을 곧잘 비난하고 공개적으로 모독합니다. 비록 그러한 위선자들은 그들의 몸속에는 많은 죄가 있다는 것을 알고 있으면서도 그들은 이것들 모두를 그들의 가면 밑에 숨기려고 합니다. 이러한 까닭으로 한 사람은 '나는 고행을 했다' (I wore a hair shirt)고 말했고 다른 한 사람은 '나는 하나님에게 경배드리기 위해서 한밤중에 일어났다' 고 말했으며 또 다른 한 사람은 '나는 고기 먹는 것을 금했다' 고 말했습니다. 또 다른 사람은 나는 내 자신을 언약 안에 가두어 놓았는데 그것은 감옥 안에 갇힌 것과 같다고 말했습니다. '사실은 나는 세상을 향하여 죽었습니다. 그리고 당신은 이것은 모두 아무런 효과도 없으며 하나님은 그것을 고려하지 않으실 것이라고 나에게 알려주려고 하고 있습니까?'

이와 같은 불만의 소리가 매일 매일 들립니다. 그렇다고 해서 그러한 말이 그들로 하여금 그들이 구하는 것을 성취할 수 있게 해 줍니까? 만약 그들이 그들 자신에 대해서 세밀하게 조사해보면 그들이 청했던 모든 것은 그의 집에 페인트칠을 하는 것과 같다는 것을 알게 될 것입니다. 그것은 그의 집을 다시 지을 수 없는 사람이 갈라진 틈새를 그대로 내버려두고 그들이 더 이상 보이지 않도록 틈새를 메우고 그 위에 페인트 칠을 하는 것과 같습니다. **사실은 그것은 희게 칠해졌을 뿐입니다. 우리 주 예수 그리스도께서도 회칠한 무덤같은 위선자들에 대해서 비슷한 말씀을 하셨습니다**(마 23:27).

그러나 **하나님께서는** 사무엘상에 기록된 대로 **중심을 보시고 숨겨있는 진리를 밝히시기 때문에 외모에 관심을 두지 않으십니다**(삼상 16:7). 같은 내용이 예레미야 5장 3절에도 기록되어 있습니다. 그러니 그들을 구원하기 위해서 바친 자신들의 헌신을 신뢰하는 사람들 모두는 사람들에게 선해 보일지도 모르지만 그들의 헌신은 하나님이 보시기에는 자기 기만에 불과합니다. 하나님께서 그들이 칠한 페인트와 바른 화장품에 입김을 내뿜자마자 그것이 벗겨집니다. 또한 매춘부들처럼 화장을 잘 하려고 많은 노력을 하지만 태양이 거기에 비치면 그것은 딱딱한 껍질이 되어 벗겨져서 그들의 추한 모습이 드러납니다.

하나님 앞에서 그들의 참된 본질을 감추려고 하는 모든 위선자들에게 그와 똑같은 일이 일어날 것입니다. 즉 그들의 사악함은 어쩔 수 없이 드러날 것입니다. 그러므로(비록 예수 그리스도께서 우리는 하나님 아버지께서 거저 나누어주시는 은혜를 통해서 구원을 받을 수 있다는 것을 보여줌으로써 세상 사람들을 정죄하셨지만) 주 예수 그리스도는 죄를 짓게 하는 분이 아니라는 것을 알아둡시다. 죄가 이미 우리 안에 들어와 있습니다.

예수님께서는 우리로 하여금 죄를 뉘우치게 하고 우리의 모든 자만심이 버려지도록 하기 위해서 그 죄를 폭로하고 알렸을 뿐입니다. 따라서 우리는 타락했다고 진정한 고백을 하고 그에 대한 대책으로 무한한 보배인 하나님의 긍휼이 우리 위에 쏟아지게 하는 것 뿐이라고 시인하기 전에 겸손해 질 필요가 있습니다. 따라서 참으로 모든 입이 잠잠해 질 것이며 사람들은 그들이 의롭다는 생각으로 자신을 더 이상 속이지 않게 될 것입니다.

바울은 예수님께서 죄를 가지고 오지 않으셨다는 것을 증명하기 위해서 이중의(twofold) 대답을 이중으로 하셨습니다. '그러나 바울은 이것이 밝혀지기 전에 하나님이 금하신다' (God forbid)고 매우 직설적인 표현을 사용했습니다. 그는 주 예수 그리스도로 하여금 우리의 죄에 대한 책임을 지게 해야 한다고 제안하는 것은 무서운 신성모독죄로 여겼습니다. 그는 '만약 내가 전에 파괴했던 것을 다시 세운다면 나 자신을 죄인으로 만드는 것이다' 라고 말했습니다. 이렇게 말함으로써 그는 우리를 복음의 소박한 가르침으로 되돌아오게 합니다.

우리는 하나님께서 당신의 독생자를 보내신 이유와 관련해서 설교를 합니다. 예수님께서는 우리에게 의로움을 주시고 죄를 폐하기 위해서 오셨습니다. 그리고 그 죄는 하나님의 독생자께서 당신의 수난과 죽음을 통해서 우리에게 사다주신 은혜로 구원을 받고 자유롭게 될 때까지 우리를 속박했습니다. 그러니 예수님은 **'죄를 멸하러 오셨다'**(요일 3:8)는 요한서신에 있는 말씀과 같이 주 예수 그리스도는 죄를 가지고 오지 않으셨다는 것을 우리는 분명하게 알 수 있습니다. 복음은 우리가 부정으로 가득차 있다는 것과, 흠없는 어린양으로 지명된 그 분에 의해 깨끗해질 필요가 있다는 것과, 그 분이 또한 우리에게 거룩한 성령을 갖다 주셨다는 것 이외에 우리에게 무엇을 가르쳐 주겠습니까?

예수 그리스도로부터 차단된 자들은 하나님의 저주아래 있으며 그들의 죄에 함빡 빠져 있습니다. 예수 그리스도만이 그들을 깨끗이 하고 정화시켜 줄 수 있는 분이십니다. 왜냐하면 그 분은 죄를 씻어주기 위해서 피를 흘리셨기 때문입니다. 예수 그리스도께서는 우리가 하나님을 섬기는 일에 헌신하시며, 우리 안에 하나님의 형상을 복원시켜서 우리로 하여금 진실되고 정정당당하게 행하게 하기 위해 성령을 주셨으며 그 성령을 통해서 우리가 새롭게 됩니다.

이것을 알았으니 주 예수 그리스도는 죄를 짓게하는 분이 아니라는 것이 분명해졌습니다. 우리의 존재에 대해서 잠깐 생각해 봅시다. - 전 인간에게는 죄의 심연이 있습니다. 우리 주 예수 그리스도께서는 우리에게 그것에 대한 대책을 주시기 위해서 오셨습니다. 이미 세상에는 죄가 있었으나 예수 그리스도께서 그것을 드러내 보이셨습니다. 의사가 피를 흘리게 함으로써 해롭게 한 것이 있습니까? 아무도 감지할 수 없는 병을 앓고 있는 불쌍한 사람이 있다고 생각해 보십시오. 그의 피는 완전히 병들었으나 그의 혈관속에 있기 때문에 아무도 그것을 몰랐습니다. 만약 그 사람이 의사에게 피를 뽑는 것을 허락한다면 의사가 뽑은 것은 피가 아니고 고름이라는 것을 알게 될 것입니다. 사람이 그의 몸이 깨끗하게 되는 것과 질병에서 낫게 될 때에 그 사람의 몸에서는 엄청난 고물이 흘러나옵니다. 그는 그가 받은 진료 때문에 의사를 책망할 수 있습니까? 그렇게 할 수 없습니다. 왜냐하면 그러한 치료는 몸이 이미 반이나 썩은 사람에게만 사용되기 때문입니다.

우리 주 예수 그리스도께서도 그와 같이 복음의 빛으로 우리 몸 속에 있는 영적인 질병과 오염상태와 오물을 보여주시는데 우리는 그것들을 부끄럽게 여기게 됩니다. 만약 그 분이 우리를 깨끗하게 해 주신다면 우리가 그 분을 어떤 방법으로든지 책망하거나 꾸짖을 수 있습니까? 그렇게 하는 것은 매우 배은 망덕하는 짓이 될 것입니다.

따라서 바울이 한 말은 오만으로 부풀어 있으며 복종하기를 거절하는 - 복음의 원수들이 하나님을 모독하고 불평을 토로하는 행위를 퇴출시키기에 충분합니다. 그들이 그들의 의로움이나 경건함에 대해서 무엇이라고 주장하든 상관없이 그들은 자신이 알지 못하는 부정으로 가득하다는 것을 보여주게 될 것입니다.(비록 어떤 의미에서는 계속해서 그것을 분명히 하고 있지만!) 이것이 제일 중요한 요점입니다.

다음에 바울은 **'내가 율법으로 말미암아 율법을 향하여 죽었나니 이는 하나님을 향하여 살려 함이니라. 내가 그리스도와 함께 십자가에 못 박혔나니'** 라는 아마 간단하게 보일지도 모르지만, 중대한 진술을 더했습니다. 바울이 율법으로 말미암아 율법을 향하여 죽었다고 말함으로써, 또한 율법을 지킴으로써 의롭게 된다고 주장하는 자들을 조롱하고있습니다. 우리가 앞에서 말한 바와 같이 그의 주장과 논쟁은 그러한 자들을 겨냥하고 있었습니다. 그들이야말로 의롭다고 여김을 받기 위해서 예수 그리스도와 모세의 율법을 섞으려고 하는 유혹자들입니다. 주 예수 그리스도께서는 율법에 반대하지도 않으셨습니다. 왜냐하면 로마서 1장 2절에 기록된 대로 예수님의 복음이 율법에서 약속되었기 때문입니다.

그러나 의롭게 되는데 대해서 말하자면 (즉 사람들이 어떻게 해야 하나님에게 가납되고 죄없이 순수하고 흠없는 자로 여겨지느냐 하면) 율법은 주 예수 그리스도와 분리되어야 합니다. 율법은 스스로 저주를 자초하지만 예수 그리스도께서는 대책을 세워주십니다. 바울과 언쟁을 벼렸던 복음의 원수들은 다른 사람들로 하여금 비록 우리가 주 예수 그리스도에 의해서 의롭게 되더라도 우리는 우리 구원의 절대적인 요소로 특정한 의식을 더해야 한다고 믿게 만들었습니다. 그들은 그러한 방법을 통해서 하나님의 은혜와 은총을 얻을 수 있다고 강조했습니다. 바울은 이와 같은 것들을 모두 배격하고 예수 그리스도 한 분만을 지적했습니다.

우리는 다른 방법으로 구원을 받으려고 해서는 안 되고 은혜에 만족하며 율법에 어떠한 미련도 두어서는 안 된다고 바울은 말합니다. 그는 여기서 그가 죽은 것은 복음 때문이 아니라는 것을 우리에게 보여주고 있습니다. 거기에는 다음과 같은 뜻이 있습니다. 너는 나로 하여금 율법을 통해서 하나님의 은총을 얻을 수 있다고 믿게 만들고 싶어할 것입니다. 그러나 나는 그와 반대되는 것 즉, 나를 정죄한 것은 복음이 아니었으며 나에게 나의 더러운 모습을 드러내 보여 준 것은 복음이 아니었다는 사실을 말해주려고 합니다. 내가 실질적으로 죽었다는 것과 나는 하나님이 보시기에 밉살스럽고 타락하고 구할 길 없는 자라는 것을 나에게 알려 준 것은 율법이었습니다. 이와 같은 의식은 다른 것에서 나오지 않고 율법 자체에서 나왔으며 여러분은 나로 하여금 나의 구원을 바로 거기에서 찾도록 만들고 싶어할 것입니다. 그것은 나로 하여금 영양분을 공급받기 위해서 독약을 먹도록 강제로 시키는 것과 거의 똑같습니다.

어떻든 율법은 우리 몸속에 있는 부정 때문에 우리를 죽일 수 밖에 없습니다. 우리는 이 진리를 고린도후서(고후 3:7)에서 보게 됩니다. 그리고 바울은 로마서 7장 9절에서 더 자세하게 설명합니다. 그는 그 성경말씀에서 사람들이 자신이 살았다고 생각하는 것(즉 그들이 의롭고 하나님의 은총안에 있다고 확신하는 것)은 율법이 그들에게는 죽었다는 증거라고 했습니다.

바꾸어 말하면 유죄 판결을 선고하는 율법의 능력이 그들에게 더 이상 아무런 구속력을 발휘하지 못합니다. 그런데 율법이 주어진 이유는 무엇입니까? 우리 앞에 바른 생활 규범을 제시하기 위해서이며 또 그 규범은 하나님께서 받아들이시는 의로움이기도 합니다. 그것이 첫 번째 이유입니다. 두 번째 이유는 율법으로 하여금 거울과 같은 역할을 하게 하기 위해서입니다. 우리는 그 거울을 통해서 우리의 사악함과 우리의 결점과 우리의 오점과 우리의 더러움과 우리의 많은 부정행위를 보고서 절망하게 될 것입니다.

우리가 율법을 알기 전에는 그런 것을 전혀 볼 수 없었습니다. 왜냐하면 그 때에는 우리 자신이나 우리 몸속에 있는 악에 대해서 아무 것도 알지 못했기 때문입니다. 그러나 하나님께서 우리에게 요구하시는 것을 보여주시고 우리가 그것을 알게 될 때에 우리는 우리 자신이 무능해서 아무 것도 할 수 없다는 것을 느끼게 될 것입니다. 만약 우리가 살아있다고 생각해서 어리석게도 우리는 의롭기 때문에 우리의 행위로 천국에 들어가게 될 것이라고 착각한다면 율법은 우리를 향하여 죽은 것이 될 것입니다. 마치 우리가 그것을 발로 밟아버리고 땅 속에 묻어버리는 것과 같을 것입니다.

반면에 만약 하나님께서 율법에 우리의 생활속에서 역사하는 능력을 주셔서 우리가 그것에 영향을 받게된다면 율법은 우리에게 살아서 역사할 것이며 우리 자신은 죽게될 것입니다. 왜냐하면 율법은 우리의 심장을 관통하는 검이 되기 때문입니다. 만약 우리가 율법이 담고 있는 내용을 온전히 이해했다면 우리는 틀림없이 이와 같은 치명적인 상처를 입었을 것입니다. 이것이 바울이 언급하려고 했던 내용입니다.

바울은 '내가 율법으로 말미암아 율법을 향하여 죽었나니' 라고 말했는데 사실은 거기에는 다음과 같은 뜻이 있습니다. 마치 우리가 처음으로 하나님의 저주의 대상이 되었던 것은 우리가 정죄함을 받게된 원인이라고 비난하지 마십시오. 절대적으로 그렇지 않습니다! 율법이 그의 역할을 완수하고 우리가 그것을 제대로 이해하게 될 때에 우리를 죽이는 것은 율법입니다. 더욱이 주 예수 그리스도께서 손을 내밀어 우리를 일으켜 주지 않으셨다면 우리는 깊은 절망속에 빠져 있었을 것입니다.

율법으로는 생명을 얻을 수 없으며 구원의 확신도 가질 수 없으며 위안이나 안식이나 행복을 얻을 수 없기 때문에 나는 율법으로 말미암아 죽었다고 한 것입니다.

간단히 말하면 율법에는 나를 하나님께 가까이 할 수 있게 해주는 것이 아무 것도 없습니다. 그와 정 반대입니다. 즉, 율법은 나를 거절하며 나를 쫓아버리며 나를 천국에서 추방해 버리며 구원의 소망에서 완전히 차단하며 나를 불쌍하고 처참하고 저주받은 자로 만듭니다. 사실 율법은 나를 깊은 지옥으로 보냅니다. 만약 내가 율법아래 남아있었다면 앞에서 말한 것이 나의 한 단면이었을 것입니다. 바울은 여기서 그러한 체험을 한 그의 말이 보다 더 잘 받아들어지게 하기 위해서 다른 사람에 대해서보다는 자기 자신에 대해서 이야기하고 있습니다.

그는 우리가 상고했던 로마서에서(롬 7:9) 자신에 대해서 같은 맥락으로 이야기했습니다. 그는 거기에서 이 사람 저 사람을 예로 들지않고 **"전에 율법을 깨닫지 못할 때에는 내가 살았더니"**라고 자신에 대해서 말했습니다. 그는 바리새인이었으며 경건한 사람이라는 명성도 얻었으며 사실은 유대땅에서 가장 훌륭한 사람 중의 하나로 완전한 사람의 표본으로 작은 천사로 존경을 받았습니다. 그는 **'나는 그 때에 살았었으나 철저한 위선자였다!'** 고 말했습니다. 왜냐하면 그가 믿었던 것은 헛된 것이었기 때문입니다. 그리고 그는 자만심으로 잔뜩 부풀어 있었기 때문에 예수 그리스도를 무시했습니다. 이것이 바울이 그 당시에 처했었다고 고백하는 무지의 상태입니다(롬 7:8).

그는 후에 **'너희는 탐내지 말지니라'** 라는 말의 뜻도 이해하지 못했다고 고백합니다. 학교 교육을 받았을 뿐만 아니라 가장 훌륭한 선생 중의 한 사람이었으며 매우 열성적이었던 그 분이 매우 우둔해서 자신의 결점을 몰랐다고 말할 수 있었다는 것은 이상하게 여겨질지도 모릅니다. 그러나 바울은 그것이 사실이었다고 합니다. 그는 외적인 의로움에만 관심이 있어서 그의 몸속에 도사리고 있는 악에 대해서 사람들 앞에서 흠없게 보이게 하는데 신경을 썼다고 했습니다.

그러나 그가 이 말씀(너희는 탐내지 말지니라)의 뜻을 깨닫게 되었을 때에 하나님은 사람의 생각과 욕망을 심판하신다는 사실을 알았습니다(속담에 있는 말과 같이). 독침은 꼬리에 있습니다. - 바꾸어 말하면 하나님의 정밀한 조사의 깊이를 나타내는 것은 마지막 계명입니다. 하나님의 검사는 매우 세밀하고 예리하기 때문에 우리 가운데 어느 누구도 하나님께 가납될 수 없습니다.

율법에는 다음과 같이 기록되어 있습니다. **"너는 나 외에는 다른 신들을 네게 있게 말지니라 너는 우상을 만들어 그것들에게 절하지 말라 너는 너의 하나님 여호와의 이름을 망령되이 일컫지 말라 안식일을 기억하여 거룩히 지키라 네 부모를 공경하라 살인하지 말지니라 간음하지 말지니라 도적질하지 말지니라"** (출 20:3-17) 등등 거기에는 우리는 부도덕한 모든 성관계와 폭행과 강탈과 사기와 도적질 등을 해서는 안 된다는 뜻이 있습니다.

우리는 진지하게 살아야 합니다. 거기에는 또 우리는 절대로 하나님을 모독해서는 안 되며 하나님을 존귀하게 여겨야 한다는 뜻이 있습니다. 우리는 기꺼이 이 모두를 인정해야 합니다. 그러나 거기에는 우리가 보지 못하는 숨겨진 구석도 있습니다. 그것이 바로 은밀한 죄인 탐욕입니다. 사실은 우리의 탐욕의 분량이 다른 사람들에게는 분명하게 보이지 않을 것입니다. 그럼에도 불구하고 그것은 나머지보다 독이 더 많습니다. 하나님께서 끝맺음하는 이 마지막 계명을 통해서 사람안에 있는 모든 것을 완전히 파악하게 되십니다. **'너희는 탐내지 말지니라'** 라는 마지막 계명은 우리들로 하여금 숨겨있는 것을 엄밀하게 조사하게 하기 위해서 주어졌으며 그것은 골수를 파고 들어가서 두쪽을 낼 것입니다. 바울은 그가 이 마지막 계명의 뜻을 이해하고서야 죄의 뜻을 깨닫게 되었다고 고백합니다.

그러므로 자신을 속여서 자신에게는 어떤 개인적인 장점이 있다고 생각하게 만드는 자들은 결코 율법이나 그 역할을 이해하지 못한다는 사실을 이 본문 말씀을 통해서 배웁시다. 내가 한 말에는 많은 존경을 받고 있는 소위 위대한 박사들도 포함됩니다. 물론 이것은 천주교인들에게도 적용됩니다. 그들은 교회의 기둥으로 여겨지며 신학을 공부했지만 하나님의 율법의 활용과 적절한 용법에 대해서는 전혀 문외한입니다. 그들은 위선자에 불과해서 마치 하나님을 갓난 아이인 듯이 장난감이나 그밖에 다른 것으로 하나님의 노여움을 진정시키려고 합니다. 그들은 하나님과 장난을 하고 있습니다.

그러나 동시에 자부심이 매우 강하기 때문에 정죄받는 것을 참지 못합니다. 만약 누군가가 그들에게 그들은 예수 그리스도 안에서 구원을 찾아야 한다고 일러주면 그들은 이렇게 반문할 것입니다. 그렇습니까? 그렇다면 우리 자신의 재량권은 어떻게 됩니까? 그렇다면 우리가 공을 세우고 죄를 사함받기 위해서 제물을 바칠 필요가 어디에 있습니까? 그들의 사고 방식에 따르자면 그들은 태양을 하늘에서 뽑아내고 하나님을 하나님의 보좌에서 몰아내는 것이 사람에게서 그의 위엄과 그가 하나님 앞에 가지고 가려고 계획했던 공로를 빼앗는 것보다 더 좋을 것이라고 생각합니다. 그렇지만 그들에게는 의심의 그림자가 없는 것이 아니며 속은 오물로 가득찼습니다.

분명히 그들의 생활에서는 하나님을 경외하는 마음이나 정정당당함과 의로움과 그밖에 다른 미덕을 찾아볼 수 없습니다. 사실은 그들은 교만으로 꽉차 있으며 폭발할 지경에 이르도록 잔뜩 부풀어 있습니다. 그들은 시기심과 복수심과 온갖 비도덕적인 생각으로 가득찼습니다. 그런데도 그들은 하나님께서 그들에게 감사하기를 바라는데 그것으로 인해서 그들이 율법에 대해서 아는 것이 없다는 것을 입증해줍니다. 그러니 우리 주님께서 우리가 이 세상에서 살아가야 할 방법을 가르쳐 주실 때에는 하나님의 가르침과 우리의 생활을 늘 비교해 봅시다. 그러면 우리는 율법과 그 완성에 대해서 알게 될 것입니다.

우리 자신 속에는 무서운 혼란 밖에 존재하지 않으며 그러한 죄인들에게는 바로 지옥이 기다리고 있습니다. 이것이 사실이 우리가 전에 개인적인 장점에 대해서 가졌던 모든 관념을 접어주는 것이 쉬울 것입니다. 그리고 우리가 하나님과 가까이 할 수 없다는 것을 알았으니 그들을 버리고 숨이 끊어져 죽은 것처럼 하나님 앞에서 조용히 합시다. 우리는 하나님의 은혜를 받을 자격이 있다는 생각을 가지고 하나님께로 나가면 하나님은 우리에게 벼락을 치실 것입니다. 율법은 끝장을 내게 만든다는 것을 이러한 방법으로 이해해야 합니다.

만약 우리가 그러한 죽음을 체험했다면 다시 말하면 만약 우리가 진정으로 겸손하게 되었다면 **'나는 그리스도와 함께 십자가에 못 박혔으나 나는 산다'** 라고 한 바울의 고백이 우리에게 도전을 줄 것입니다. 바울은 우리 주 예수 그리스도는 죄를 대속해 주실 뿐만 아니라 성령으로 우리를 성화해 주시고 새롭게 해 주신다고 가르쳐 주었습니다. 그리고(비록 우리가 전에는 하나님에 대한 반항심으로 가득했지만) 우리는 하나님을 섬기는 일과 하나님을 기쁘게 해 드리는 일에 헌신하게 되었습니다. 바울이 가르치는 내용을 좀더 분명하게 이해하기 위해서 우리는 주 예수 그리스도의 은혜를 통해서 우리에게 주어지는 두 가지 중요한 유익이 있다는 것을 기억해 둘 필요가 있습니다.

하나는 죄사함이니 그것은 우리에게 구원의 확신을 주며 마음의 평안을 가져다줍니다. 만약 그것이 확실하다면 우리는 하나님을 아버지라고 불러도 됩니다. 우리로 하여금 눈을 들어 하늘을 바라보고 하나님을 아버지라고 부르게 하는 담대함을 주는 것이 무엇입니까? 우리는 천사들의 동역자라고 주장하는 담대함을 우리에게 주는 것이 무엇입니까? 그것은 우리는 주 예수 그리스도의 수난과 죽음으로 얻은 정화에 계속해서 의지하기 때문에 우리의 죄가 더 이상 우리에게 전가되지 않는다는 사실 때문입니다. 우리는 이렇게해서 의롭게 됩니다.

하나님께서는 우리의 가치없음을 무시하시고 주 예수 그리스도의 순종을 보시고 우리를 받아주시며 우리의 모든 죄는 그 분을 통해서 말소됩니다. 이것이 주 예수 그리스도에게서 직접 우리에게 주시는 첫 번째 유익입니다. 물론 두 번째 유익도 있습니다. 비록 우리가 선천적으로 완고하고 우리의 의지는 매우 사납지만 사람들은 아직도 그들이 귀한 존재라고 믿고 있습니다. 그들은 악으로 가득 찼으며 비틀리고 사악하고 부정한 인성을 가지고 있음에도 불구하고 그렇게 믿고 있습니다.

내가 말한 바와 같이 비록 우리가 그러한 처지에 놓여있지만 주 예수 그리스도께서는 우리에게 은혜를 베푸시기 때문에 우리는 선한 것을 구하게 되고 우리의 죄를 미워하게 됩니다. 그러나 우리가 우리의 사악한 상태에 머물러 있는 한 우리는 육신적으로 자만하고 탐닉하는 것처럼 보입니다. 그러나 우리가 일단 우리 하나님의 측량할 수 없는 사랑을 체험하고 주 예수 그리스도를 알게 된 이상 우리는 하나님의 성령으로 많은 감화를 받아 악을 저주하게 되고 하나님의 거룩하신 뜻에 맞추어 하나님을 점점 더 가까이 하게 됩니다. 그러니 이것이 바로 두 번째 유익입니다. 비록 우리가 우리의 갈길을 절름걸이며 가고 있을지라도 우리는 우리가 불완전하다는 것과 약하다는 것을 매일매일 더 많이 알게 됩니다.

성령께서는 우리를 이러한 방법으로 인도하시며 사악하고 육신적인 것을 배격하고 하나님께 영광을 돌리며 우리 생활의 모든 면에서 진정으로 하나님께 순종하는 것을 우리의 가장 중요한 목표로 삼으십시다. 그러니 이것이 주 예수 그리스도께서 우리에게 부어주시는 두 번째 선물입니다.

이 두 가지는 떼어놓을 수 없게끔 한데 결합되어 있으니 그것은 태양의 밝음을 그 열과 떼어 놓을 수 없는 것과 같습니다. 우리의 죄사함과 우리가 의롭게 되는 것은 새로운 힘을 주시고 거룩하게 하는 성령의 역사와 불가분의 관계가 있습니다. 이 두 가지 유익이 이와 같이 서로 연결되어 있습니다. 햇볕이 뜨겁다고 한다면 태양은 그 때에 빛을 비치고 있습니다. 그러나 태양의 찬란함은 태양은 열과 똑같지 않습니다. 마찬가지로 우리가 우리의 죄를 사함받고 의롭게 되었다고 하는 것은 예수 그리스도께서 우리가 예수님을 조롱하고 무시하는 것을 허락하신다는 것을 의미하지는 않습니다. 그렇습니다. 우리는 정말로 깨끗해져야 하며 진정 순종하는 마음으로 하나님께 충실하기 위해서 이 세상과 심지어는 우리들 자신에까지도 등을 돌리는 법을 배워야 합니다.

우리가 무슨 말을 하든 여기서 한 바울의 말은 언제나 진실되다는 것이 입증될 것입니다. 그는 하나님을 향하여 살려고 그리스도와 함께 십자가 못박혔다고 했습니다. 그러므로 만약 어느 누구라도 복음은 악을 행하고 죄 짓는 것을 허락했다고 비난하게 되면 그러한 사람들에게는 다음과 같은 대답이 늘 대기하고 있습니다.

'말도 안 됩니다! 우리가 죽는 것은 율법으로 인함입니다. – 왜냐하면 우리가 저주를 받는다는 것을 거기에서 읽었기 때문입니다. 율법은 우리를 깊은 절망속으로 밀어 넣습니다. 복음에서도 우리는 십자가에 못박혀야 한다고 했습니다. 그러나 복음에서도 일종의 죽음에 대해서 이야기하고 있지만 이것은 생명을 주는 죽음입니다. 그것은 나에게 생명을 줍니다. 사람들이 자기 나름대로의 삶을 사는 한 그들은 하나님을 행해서는 죽은 자입니다. – 그들은 썩고 부패한 시체와 같습니다. 그러나 그들이 그들 자신을 향하여 죽을 때에 하나님을 향해서는 살게 됩니다. 이러한 까닭으로 바울은 로마서 12:1에서 하나님께 드리는 산 제사에 대해서 언급하면서 우리는 거듭나야 된다는 것을 알려줍니다.

우리는 하나님께 하나님께서가납하실 예배를 드리기 위해서 세상적인 지혜와 우리 인간의 뜻을 사양해야 합니다. 그는 '너의 몸으로 산 제사를 드려라' 라고 말했습니다. 율법에는 항상 죽음과 같은 것이 도사리고 있어 우리를 깊은 지옥속에 버려둡니다. 그러나 복음에서 말하는 죽음은 생명을 불어넣습니다. 어떻게 그렇게 됩니까? 우리는 하나님을 향하여 살기 위해서 예수 그리스도와 함께 십자가에 못박혔습니다. 이 말은(바울이 로마서 6:6에서 말한 것과 같이) 우리의 옛 사람 또는 본래의 우리는 조금씩 조금씩 빠져나간다는 뜻이니다(그런데 첫 날에 다 그렇게 되는 것은 아닙니다).

그러나 비록 그 진도가 더딜지라도 주 예수 그리스도께서는 우리 안에 있는 모든 세상적이고 육적인 것을 멸하고 계시다는 것을 확신할 수 있습니다. 왜냐하면 우리는 더 이상 이 세상에 속하지 않았기 때문입니다. 물론 낮은 이 땅에 정착한다는 것이 참으로 불행한 일이라는 것을 알았으며 하나님께 집착함으로써 참된 행복을 찾을 수 있다는 것을 깨달았습니다.

예수 그리스도와 함께 못박힌다는 말에는 이러한 뜻이 있습니다. 그렇다면 십자가에 못박힘이 무엇을 가져다줍니까? 물론 거기에는 죽음이 따릅니다. 그러나 이 죽음은 우리에게 생명을 줍니다. 우리가 율법에 의해서 선고를 받고 체험했던 그 죽음과는 같지 않습니다. 따라서 이제 우리는 이 말씀이 나타내고자 하는 진정한 의미를 조금은 알게 되었으며 바울이 이 말씀을 쓴 진정한 의도를 이해하게 되었습니다.

오늘날 진리의 원수들이 복음을 모독할 때에 우리는 이 말씀에 나오는 대답으로 그들을 잠재울 준비가 되어 있습니다. 만약 그들이 고집을 부리고 개처럼 계속해서 짖어댄다면 물지는 못할 것입니다. 우리는 하나님의 거저 주시는 은혜로 구원을 받았다고 외칠 때에 천주교 신자들은 무슨 말을 했습니까? 그들은 이렇게 대꾸했습니다. "당신은 양심의 가책을 받지 않거나 망설임이 없이 욕심에 대한 통제를 풀어주기 위해서 그런 말을 할 뿐이오. 하기는 누구나 자기가 좋아하는 대로 할 수 있으니 누가 말리겠소!" 이것이 천주교 신자들이 흔히 하는 모독행위입니다. 우리는 그들이 하나님의 정당한 지위를 강탈한 폭도라는 것을 알고 있기 때문에 그들이 우리를 그들의 전통으로 묶어놓을 수 없다는 것을 알고 있습니다.

우리는 주 예수 그리스도에 의해서 해방되었기 때문에 우리 영혼의 영적인 통제에 관한 한 사람들이 하는 말에 구애받지 않습니다. 그들은 이렇게 말할 것입니다. '아! 당신은 향락적인 생활을 하고 자유분방한 생활을 하려고 하는군요.' 사실은 우리는 이러한 말에는 쉽게 대응할 수 있습니다. 우리가 주장하는 원리는 사람들의 욕심을 자극시키거나 그들에게 나쁜 의미의 방종이나 자유를 주지도 않습니다. 그와 정 반대입니다. 그러나 우리가 그밖에 무슨 말을 하든 우리는 이것을 분명히 해야 합니다. 만약 우리가 천주교 신자들과 진창 속에 남아있다면 우리가 기대할 수 있는 것은 죽음 밖에 없다는 것을 알아야 합니다.

그들의 감각이 완전히 무디어져서 빨리 잠이 들지 않는다면 그들은 확실히 근심걱정과 후회로 괴로워할 것이며 그들의 신앙이 잘못된 것을 알게 될 것입니다. 그들은 무지로 눈이 멀었기 때문에 하나님의 심판이나 하나님의 공의에 대해서 아는 것이 아무 것도 없습니다. 그러나 우리에 대해서 말하자면 주 예수 그리스도께서 우리에게 자유를 사 주셨고 하나님께서는 우리의 모든 죄를 거저 용서해 주셨으므로 우리는 우리가 구원받은 것을 확신할 수 있게 되었습니다. 우리는 이미 우리를 하나님께로 인도하는 성령의 능력을 느낄 수 있게 되었으며 우리는 하나님을 향하여 살기 위해서 처형되었습니다. 그러므로 우리는 즐겁고 담대한 마음을 가지고 앞으로 나아갈 수 있게 되었습니다.

비록 우리에게는 태어날 때부터 많은 약점이 있었으며 우리의 많은 불완전한 점을 잊지 못할지라도 하나님께서 우리를 받아주실 것을 의심하지 않습니다.

반면에 천주교 신자들은 하나님을 섬기겠다는 단 한 가지의 선한 욕망도 소유할 수가 없습니다. 그들은 그릇된 확신에 미혹되었기 때문에 그렇지 않다고 믿고 있을 뿐입니다. 무슨 뜻입니까? 그들은 하나님의 은총을 받는 방법은 그들의 공로라고 믿고 있습니다. 그런데 그 문제의 진실은 무엇입니까? 상상해 보십시오. 만약 우리들이 지금 소유하고 있는 것의 100배나 되는 공로를 하나님 앞으로 가지고 올 수 있고 만약 하나님께서 성령을 통해서 그들로 하여금 복음의 가치를 측량하도록 인도하신다면 어떻게 되겠습니까? 그들은 그들의 임무를 완수했다는 말을 듣기에는 훨씬 못 미칠 것입니다. 그것의 100분의 1에도 미치지 못할 것입니다.

그 외에도 우리가 알고 있는 바와 같이 그들이 하는 것들은 우수꽝스러울 것입니다. 하나님의 율법은 그들에게는 거의 아무런 의미가 없습니다. 사실은 그들은 그들 나름의 규례를 만들려고 그들의 시간을 허비합니다. 그러나 그들이 하나님을 경외하는 생활을 하도록 노력을 하고 하나님께서 그들에게 명하시는 것들을 행하는 방법을 배운다면 얼마나 좋을지 상상해 봅시다. 그렇게 하더라도 그들은 하나님께서 그들에게 요구하시는 완전한 의로움에 이르렀다고 자랑할 수 없을 것입니다. 비록 그들이 가장 강도높게 그들 자신을 책망할지라도 그들에게는 아무런 가치가 없음에도 불구하고 그들은 하나님께 가납될 수 있다는 것을 그들이 알지 못하면 그들이 어떻게 담대하고 즐겁게 하나님을 섬길 수 있겠습니까?

우리들 자신에 대해서 말하자면 비록 우리의 양심이 우리를 책망하고 우리가 내부적으로는 죄로 가득찼다는 것을 알고 있지만 우리는 하나님을 마음껏 담대하게 섬길 수 있습니다. 어떻게 그것이 가능합니까? 왜냐하면 우리는 우리의 기초를 우리 자신의 공로에 두지 않고 순전히 하나님의 자비에 두고 있기 때문입니다. 그렇기 때문에 비록 우리의 행함에는 잘못이 많지만 하나님은 우리의 행함을 받아주시는 것을 우리가 알고 있습니다. 우리에게는 죄가 많고 흠이 많음에도 불구하고 하나님께서는 우리를 가납하시는 것을 알게 되었습니다.

이러한 까닭으로 **하나님께서는 선지자의 입을 통해서 한 아버지가 그의 아이가 주는 섬김을 받아들이는 것과 같이 하나님은 우리가 드리는 예배를 받으시겠다고 말씀하셨습니다**(말 1:6). 아버지에게 순종하려고 하는 한 아이의 모습을 상상해 보십시오. 그의 아버지가 그에게 무엇을 좀 해달라고 부탁하면 비록 그 아이는 자기가 무엇을 하고 있는지도 잘 모르지만 아버지는 그 아이가 하는 것을 대견하게 여길 것입니다. 그 아이는 그 일을 하는 중에 무엇인가를 깨뜨려도 아버지는 그 아이의 열정과 순종하는 의지를 보고 그 깨진 물건으로 인하여 애태우지 않을 것입니다.

그러나 어떤 사람이 하인을 고용할 때에 주인은 그 하인이 그에게 맡겨진 임무를 완전하게 수행하기를 기대할 것입니다. 왜 그렇습니까? 하인은 임금을 받게 될 것이기 때문에 그는 그의 손에 맡겨진 것들을 망칠 여유가 없습니다. 만약 그 과제가 만족스럽게 이루어지지 않았다면 주인은 그것에서 만족을 얻지 못할 것입니다. 우리 주님은 복음시대의 은혜에 대해서 말하면서 한 아버지가 그의 아이가 한 일이 아무런 가치가 없어도 자기 아이의 순종을 받아들이는 것과 똑같이 우리의 예배를 받아들이시겠다고 말씀하셨습니다. 즉 하나님은 그것이 완전하기 때문에 그것을 받아들이시는 것은 아닙니다. 사실은 그렇지 않았습니다. 그러나 하나님께서는 풍성하신 자비로 인하여 우리를 참아주셨습니다.

하나님께서는 우리가 하는 것을 마치 그것이 온전히 하나님을 기쁘시게 해 드리는 것처럼 받아들이심으로써 자신이 매우 자비롭고 우리에게 친절하시다는 것을 보여주십니다. 비록 거기에는 천부적인 소질이나 우리의 행함에는 아무런 가치가 없었지만 말입니다. 따라서 우리는 하나님을 섬길 자유와 용기를 가질 수 있습니다. 하나님은 우리가 하나님을 위해서 하는 모든 일을 축복해 주실 것입니다. 왜냐하면 우리가 드리는 제사에 잘못된 것이 있다면 그것은 주 예수 그리스도의 피로 씻기어 지기 때문입니다.

그러나 비록 하나님은 인정이 많으셔서 우리에게 풍성한 자비를 베푸셨지만 우리는 마음대로 튀어나가거나 멋대로 행동하거나 고삐풀린 망아지처럼 되어서는 안 된다는 것을 깨달아야 합니다. 반면에 하나님의 말씀의 검이 우리의 마음을 꿰뚫고 들어가서 우리가 진정으로 겸손하게 되어 하나님의 용서를 구하게 될 때까지 우리를 조사하시기 위해서 역사하십니다. 천주교 신자들은 '불쌍한 자여, 당신은 지금 무엇을 하고 있다고 생각하십니까? 당신은 하나님이 당신을 사랑하시는지 또는 사랑하지 않으시는지 어떻게 압니까?' 라는 말을 하여 사람들이 하나님에게 접근하는 것을 방해합니다. 우리에게는 그러한 걱정이 없습니다!

하나님께서 우리를 불쌍히 여기시고 우리의 행함을 가납하시는 까닭은 그들의 가치나 공로 때문이 아니고 우리가 주 예수 그리스도와 연합되었기 때문이라는 것을 우리는 확신합니다. 이제 우리는 바울이 여기서 하는 말의 뜻을 이해하게 되었습니다. 그리고 우리는 이 가르침은 그 당시만을 위한 것이 아니라는 것을 알았습니다. 그것은 오늘날에도 전과 다름없이 필요하고 유용합니다. 왜냐하면 하나님의 원수들이 아직도 복음에 대항하여 싸움을 걸어오며 욕설을 퍼붓고 있기 때문입니다. 우리는 그들에게 대항할 방도뿐만 아니라 사탄에 대항할 방도를 가지고 있어야 합니다.

그런데 사단은 유사 이래로 교활하게도 사람들로 하여금 그들은 다른 사람의 도움이 없이 그들 자신의 공로를 통해서 생명을 얻을 수 있다고 믿게 만들려고 노력하고 있습니다. 사단은 또한 우리가 죽음의 잠을 자기를 바라고 있습니다. 율법을 향하여 죽는 것이 율법의 통제를 받으며 사는 것보다 나았다는 사실을 확실히 알아둡시다.

왜냐하면 만약 하나님께서 우리와의 거래를 청산하신다면 우리는 모두 버림을 받게 되고 지옥으로 떨어지게 될 것이기 때문입니다. 이것이 우리의 현실이니 우리는 차라리 주 예수 그리스도와 함께 십자가에 못 박히는 고난을 당하기로 결심합시다.

그러나 만일 우리가 그리스도의 희생으로 하나님과 화해가 되었다면 성령의 다스림을 받아들입시다. 하나님께서 우리로 하여금 진정으로 하나님을 위하여 살게 해 주시고 우리 자신이 의롭다고 여기는 모든 자만심을 버리고 우리 자신을 향하여 죽을 수 있게 해 주시기를 기원합시다. 하나님께서 우리로 하여금 우리 육신의 욕심과 싸우게 해 주시고 세상을 향하여 매일 매일 죽게 해 주시기를 기도드립니다.

14

갈라디아서 강해 설교

내가 그리스도와 함께 십자가에 못 박혔나니 그런즉 이제는 내가 산 것이 아니요 오직 내 안에 그리스도께서 사신 것이라 이제 내가 육체 가운데 사는 것은 나를 사랑하사 나를 위하여 자기 몸을 버리신 하나님의 아들을 믿는 믿음 안에서 사는 것이라 내가 하나님의 은혜를 폐하지 아니하노니 만일 의롭게 되는 것이 율법으로 말미암으면 그리스도께서 헛되이 죽으셨느니라(갈 2:20-21)

하나님께서는 우리를 주 예수 그리스도의 몸에 결합시키시고 우리를 산 제물이라고 부르셨습니다. 하나님께서는 우리가 본래의 죽음의 상태에 머물러 있는 것을 원치 않으셨습니다. 우리로 하여금 영생을 누리게 하는 것이 하나님의 계획이었습니다. 사도 바울은 이 사실을 확실히 알았기 때문에 **"그런즉 이제는 내가 산 것이 아니요 오직 내 안에 그리스도께서 사신 것이라"(갈 2:20)**고 말하여 하나님의 은혜를 찬양하기 시작했습니다. 다시 말하지만 그가 한 말에는 우리는 본래 저주받은 상태에서 살고 있다는 뜻이 함축되어 있습니다. 그런즉 우리 위에 쏟아부어진 모든 선한 것들은 다 하나님께서 주신 것임에 틀림이 없으며 하나님은 모든 찬양을 받으셔야 합니다. 사실은 진정한 믿음은 항상 겸손을 통해서 자신을 표출합니다. 그것은 사람들로 하여금 모든 공을 하나님께로 돌리게 하는 반면에 기꺼이 자신을 아무 것도 아닌 것으로 여기게 만듭니다. 만약 한 인간에 불과한 신자가 자기 안에 그리스도께서 사신다고 자신을 자랑한다면 그것은 이상하게 보일 것입니다. 낮은 이곳에 살고 있는 우리의 삶에는 많은 약점이 있기 마련입니다. 그러니 예수 그리스도께서 우리 안에 사신다는 말은 단지 사색적으로 한 말에 불과합니까? 전혀 그렇지 않습니다!

바울은 믿음에 대해서 우리에게 가르쳐 주기를, 비록 우리는 이 세상의 모든 고통을 받기로 되어 있기 때문에 우리의 육체적인 삶이 산산이 무너지는 것처럼 보일지라도 믿음은 우리에게 새로운 삶을 가져다 주었다고 했습니다. 그리스도께서는 우리에게 영생을 주십니다. 그러므로 믿는 자는 그들의 육체적인 상태나 외모를 보고 판단되지 않습니다. 우리는 외적인 것을 초월한 그 너머의 것을 바라볼 필요가 있습니다.

주 예수 그리스도께서 우리에게 주신 삶은 숨겨진 보물과 같습니다. 우리는 그것을 이 세상이 줄 수 있는 가장 귀한 것인 믿음을 통해서 이해할 수 있을 뿐입니다. 믿음에는 아직 보이지 않는 감추어진 것을 소망한다는 뜻이 있습니다. 하나님을 영화롭게 해 드리는 방법은 하나님의 말씀과 언약을 크게 존중해서 이 세상에 있는 어떤 것도 우리가 하나님을 찾고 하나님께 손을 내밀고 우리의 마음을 다하여 하나님을 사모하는 것을 방해하지 못하게 하는 것입니다.

그러므로 우리가 이 말씀에서 배운 것 가운데서 가장 중요한 것은 사람들이 모든 선한 은사를 받게 된 것은 주 예수 그리스도의 덕분으로 돌릴 때까지는 복음을 제대로 이해하지 못했다는 사실입니다. 비록 우리가 그 공의 가장 작은 부분이라도 우리 자신에게 돌린다면 우리는 하나님의 은혜를 과소평가함으로써 하나님의 은혜에 감사할 줄 모르는 사람이 될 것입니다. 우리는 그러한 오만에서 벗어나야 됩니다. 우리는 여기서 자신의 공로를 신뢰하는 자들은 모두 자만으로 가득찼으며 하나님의 영광에 대해서 살려둘 수 없는 원수가 된다는 것을 배우게 됩니다. 물론 그들은 이것을 그들의 입으로 시인하지 않습니다.

그러나 그 사실에는 변함이 없어 그러한 위선자들은 모두 그들 자신이 지니고 있는 가치 때문에 의롭게 될 것이라고 착각하여 자신을 하나님의 영광으로 치장하려고 합니다.

그 외에도 겸손히 진실한 신자의 중요한 미덕 중의 하나가 아닙니까? 믿는 자들이 겸손해지는 것은 하나님의 호감을 사려는 것이 아닙니다. 그 보다는 그들은 모든 것을 인자하신 하나님께 받았기 때문에 그들 안에는 자랑할 것이 아무 것도 없다는 것을 입증하는 것입니다. 겸손이야말로 우리에게 항상 상냥하시고 우리를 위하여 모든 것을 주시는 하나님을 향하여 드릴 수 있는 유일한 보답입니다. 우리가 얼마나 많은 빚을 지고 있는 지를 시인해야 하지 않습니까?

이것이 바울이 이 말씀을 통해서 우리에게 주려고 했던 가르침입니다. 그러나 그가 두 번째로 강조한 내용에 대해서는 약간의 설명이 필요합니다. 그는 **'내가 육체가운데 사는 것은 나를 사랑하사 나를 위하여 자기 몸을 버리신 하나님의 아들을 믿는 믿음안에서 사는 것이라'** 고 말했습니다.

이 본문 말씀 가운데서 사용된 '육체 가운데' (in the flesh)라는 표현은 덧없는 이 세상의 삶을 살아가는 동안에 겪게 되는 인생 행로를 상징합니다. 바울이 로마서 8장 13절에서 육체에 대해서 언급했을 때에 그것은 하나님을 두려워하지 않는 자들처럼 사악한 정욕에 빠지는 것이라고 했습니다. 그것은 '육체 가운데' 사는 맹수들처럼 자신의 본능을 따르는 자입니다. 그러나 바울은 우리의 육신적인 삶과 우리가 믿음을 통해서 소유하게 되는 영적인 삶을 대조하기 위해서 여기서 그런 표현을 사용했습니다. 신자와 불신자를 어떻게 구별할 수 있습니까? 양쪽 다 먹고 마십니다. 확실히 신자들은 알맞게 먹고 마십니다. 그러나 불신자 중에서도 절제하는 사람이 있어서 전부다 술취하거나 과격한 행동을 하는 것은 아닙니다! 그렇습니다.

처음 보아서는 우리는 모두 똑같은 삶의 체험을 가졌던 것 같습니다. 비록 신자들은 이 땅에서 욕심을 억제하고 한탄하고 번민하면서 시간을 보낼지라도 모든 사람들은 똑같이 죽음을 맞이해야 합니다. 따라서 만약 우리가 외모로 판단한다면 그들 사이에는 차이점이 없습니다. 그러므로 어떤 사람들에게는 예수 그리스도를 믿는 자들이 시간과 정력을 낭비하는 것처럼 보일지도 모릅니다. 그러나 신자들은 믿음에 대한 보상을 이 땅에서는 받지 않습니다. 비록 하나님께서 그들을 불러서 높은 자리에 앉치시더라도 이 땅에서의 그들의 삶은 다른 사람들의 삶과 다를 것이 없는 것처럼 보입니다. 왜냐하면 우리는 모두 똑같이 죽음을 맞이하기 때문입니다.

그렇다면 예수 그리스도께서 우리 안에 사신다는 것을 어떻게 확인할 수 있습니까? 물론 예수님은 우리 안에 사십니다. 그러나 이 사실이 세상 사람들에게는 알려지지 않았습니다. 바울이 믿음이라는 주제로 여러 번 말을 반복하고 있으니 믿음의 본질에 대해서 생각해 보는 것이 우리의 과제인 것 같습니다. 믿음이란 우리 마음이 이해하지 못하는 것에 대한 신뢰입니다. 믿음은 이 세상을 버리고 하나님의 나라를 구하는 것입니다. 믿음은 하나님의 입에서 나오는 말씀을 귀히 여기고 우리 주변에 있는 것들을 무시하는 것입니다. 만약 우리에게 믿음이 없다면 바울이 이 말씀을 통해서 우리에게 가르치고 있는 내용을 이해하지 못할 것입니다.

비록 우리가 그것을 일백 번을 반복해서 읽어도 우리는 육체적인 삶과 주 예수 그리스도를 믿는 믿음의 삶의 차이점을 설명할 수 없을 것이며 바울이 '육체' (the flesh)에 대해서 한 말은 우리의 외적인 상태를 시사하는 것이라는 것을 이해할 수 없을 것입니다. 바울이 사용한 '육체 가운데' (in the flesh)라는 표현에는 덧없는 이 땅에서의 삶과 관련되어 있는 것 모두를 포함하고 있습니다. 그러나 거기에는 숨겨지고 우리가 언약받은 것을 간절히 기다리는 내적인 상태도 있습니다. 왜냐하면 확실히 겉사람은 완전히 죽을 때까지 조금씩 조금씩 쇠퇴되고 부패하기 때문입니다.

그들의 청춘을 새롭게 해 주시겠다고 하나님이 약속하셨으며 하나님께서 그들을 위해서 일 년의 새로운 보물을 예비해 놓으신 하나님의 자녀들까지도 때로는 매우 기분이 좋지 않을 때가 있으니 우리는 그들을 가엽게 여기지 않을 수 없습니다. 물론 이 세상에서 가장 강건한 사람들도 늙어서 죽습니다. 이것이 현실이니 우리는 불신자보다 다른 점이 무엇입니까? 육안으로 보기에는 그 차이점이 뚜렷하지 않습니다. 왜냐하면 그 차이는 눈에 보이지 않는 속사람에 속하기 때문입니다. 바울은 '속사람' (the inner man)이라는 말을 무슨 뜻으로 사용했습니까? 그는 그것을 우리 안에 있는 성령의 역사를 나타내는데 사용했습니다. 우리는 성령의 역사로 하늘에는 우리를 위하여 준비된 영원한 집이 있다는 확신을 갖게 됩니다. 낮은 이 땅에서는 지나가는 나그네에 불과하지만 우리에게는 우리에게서 빼앗아갈 수 없는 영원한 유업이 있습니다. 바울은 우리의 육신은 썩어가고 있는데 반해서 **'속사람이 새롭게 되었다'** (고후 4:16)고 했습니다.

그러나 신자들이 그들의 육체가 썩어가는 것을 볼 때마다 그들은 위를 쳐다보라는 말이 생각나게 되고 그렇게 하라는 도전을 받습니다. 참으로 강하고 활력이 넘쳤던 우리들도 지치고 쇠약해졌습니다. 이러한 까닭으로 우리는 우리 주님의 통제를 받을 필요가 있으며 그렇게 되면 우리는 썩어가는 중에서도 새롭게 될 수 있습니다. 우리의 영생의 희망을 굳히고 또 우리를 정화하고 우리로 하여금 그렇게 하지 않으면 희미하게 보였던 것을 선명하게 볼 수 있게 하기 위해서 우리는 고난을 당할 필요가 있다고 나는 주장합니다.

금이나 은을 예로 들어보겠습니다. 커다란 쇳 덩어리가 용광로를 통과해 나오면 그 부피가 줄어듭니다. 커다란 쇳덩어리를 불 속에 집어넣었다가 꺼내면 정작 필요한 금이나 은은 조금밖에 안 될 것입니다. 그러나 만약 쇳 덩어리가 이와 같은 방법으로 처리되지 않으면 우리는 필요한 금을 얻을 수 없게 될 것입니다.

이것은 우리 자신의 모습을 아주 잘 나타내고 있습니다. 우리가 먼저 죽지 않고서는 새롭게 될 수 없으며 하나님의 나라에 들어갈 수도 없습니다. 우리의 몸 속에는 우리의 육체를 부패시킬 수 있는 소지가 항상 내재하고 있습니다. 그러므로 우리는 겉으로 보이는 것에 연연해서는 안 됩니다. 이 땅에서의 우리의 삶은 그림자나 떠돌다 사라지는 연기에 불과합니다. 그렇기는 하지만 우리는 내적으로 새롭게 되었습니다. 이러한 체험은 모든 사람에게 흔한 것은 아닙니다.

불신자들도 그들이 연약하다는 것을 알고 있을 것이며, 특히 그들이 나이가 들었을 때에는 죽음이 다가오는 것을 느끼지 않을 수 없을 것입니다. 그들은 한 호기도 안 되는 작은 바람에도 날려질 수 있다는 것을 알고 있습니다. 이것이 그들을 노하게 하고 펄펄 뛰게 만들며 그들로 하여금 사실상 하나님과 자연을 무시하게 하는 원인이 되기도 합니다. 그들에 대해서 그밖에 어떤 말을 하던 상관없이 그들은 내적으로 새롭게 됨이 없이 죽어가고 있는 것입니다.

밀알 하나가 죽었지만 뿌리가 없기 때문에 열매를 맺지 못합니다. 또 다른 밀알 하나는 죽었으나 **그것은 좋은 땅에 뿌려져서 뿌리가 나왔기 때문에 때가 되어 열매를 맺었습니다**(요 12:24). 신자들도 늙어지면 그들의 육체가 쇠퇴해 질 것입니다. 그러나 그들은 새롭게 되고 새 힘을 얻게 될 것입니다. 어떻게 말입니까? 그들은 이 세상에서는 사라지지만 하늘에 있는 그들의 집에서 새로 태어나고 부활할 것입니다.

불신자들도 그와 같은 방법으로 이 세상을 떠날 것입니다. 그러나 그들은 멸망할 것입니다. 그들은 사라지고 말 것입니다. 그러나 거기에는 아무런 유익도 없을 것입니다. 왜냐하면 그들은 내세에 다시 태어나지 않기 때문입니다.

우리는 예수 그리스도를 믿는 믿음 안에서(by the faith of Jesus Christ) 산다는 바울의 말과 같이 이 세상에 있는 어떤 것도 우리가 하나님의 언약에 의지하는 것을 방해하게 해서는 안 된다는 경고라는 것을 분명히 알아둡시다. 이 땅의 우리 주변에 있는, 우리에게 보이는 것 모두는 죽음 그 자체보다 나을 것이 거의 없습니다. 그러나 하나님께서는 우리의 육체가 죽더라도 우리는 계속해서 살게 된다고 당신의 말씀안에서 밝히셨습니다.

왜냐하면 우리를 죽음에서 생명으로 인도하기 위해서 우리 주 예수 그리스도를 보내시어 죽음을 담당하게 하셨기 때문입니다. 우리가 그러한 언약을 귀중하게 여길 때에 우리는 하나님을 존귀하게 여기게 됩니다. 만약 **우리가 그 언약을 신뢰하고 하나님의 충성스러운 증인으로서 하나님은 진실하시다는 인을 치기만 하면**(요 3:33) 이 언약만으로도 충분합니다.

그와 달리 만약 우리가 의심이나 불안을 품고 있다면 하나님의 말씀은 우리의 삶에서 아무런 권위나 가치를 갖지 못할 것입니다. 만약 우리가 사물을 지금 있는 그대로 바라보거나 우리 주변에 있는 것들을 그대로 바라보면 하나님은 진실하시며 하나님의 입에서 나오는 말씀에는 전혀 오류가 없다고 고백할 수 없을 것입니다. 그 뿐만 아니라 우리는 하나님의 말씀에 포함되어 있는 모든 것의 보증인이신 주 예수 그리스도를 배반하는 것이 됩니다.

만약 우리에게 하나님의 말씀이 있다면 우리는 더 이상(모세가 한 것처럼) 다음과 같이 말할 필요가 없습니다. '누가 우리를 위하여 하늘에 올라갈 것입니까? 혹은 누구가 깊은 바다로 내려갈 것입니까? 누가 바다를 건너갈 것입니까?' (그가 말한 대로) **하나님의 말씀은 너의 입과 마음에 있다**(신 30:12-14, 롬 10:6-8).

우리는 이것에 만족해야 합니다. 우리 주 예수 그리스도께서는 이 말씀에 대해서 한 차원 높은 확증을 주시며 우리가 알고 있는 바와 같이 깊은 곳으로 내려 가셨습니다. 즉 우리의 죄로 인하여 벌을 받으셨습니다. 그리고 하나님 아버지의 재판석 앞에서는 우리의 담보물과 변호사가 되십니다. 따라서 예수님께서는 하늘에 올라가셔서 우리를 위해서 예비해 둔 유업의 소유권을 넘겨받게 됩니다. 왜냐하면 예수님은 우리의 육신과 우리의 천성을 입고 높이 올라가셨습니다. 우리에게는 그렇게도 든든한 확신이 있으니 만약 우리가 신뢰하고 믿지 못하게 되면 우리는 가장 비참하게 될 것입니다.

그러므로 우리는 항상 기록된 것을 기억하고 있어야 합니다. 그러니 우리는 **우리의 희망을 보이는 것에 두지 말고** 인간의 감각으로는 감지될 수 없는 것에 둡시다(고후 4:18). 이러한 까닭으로 우리는 예수 그리스도를 믿는 믿음으로 생활하는 방법을 배워야 합니다. 이 세상에서의 삶이 아무리 비참할 지라도 또 아무리 많은 슬픔과 노고와 근심과 고난과 어려움을 참아야 할지라도 - 우리가 계속해서 충성을 다하는 한 우리는 우리의 환란을 통해서 완전한 행복을 누릴 수 있습니다. - 그들이 주 예수 그리스도를 통해서 하나님의 축복을 받고 하나님에 의해서 성화되는 한 우리가 잘 알고 있는 로마서 8:2 말씀과 같이 모든 것들이 합력하여 우리의 선을 이룹니다. **하나님은 우리를 연약한 가운**

데서 강하게 하십니다(고후 12:9).

만약 그 고난이 하나님의 언약을 우리의 마음속에 새겨 놓는데 도움이 되고 곤란과 환란중에서도 우리를 계속해서 즐겁고 유쾌하게 해 준다면 그것을 꺼리지 않습니다. 우리는 믿지 않는 자들이 다음과 같이 우리를 비난할 때에 그들의 조롱과 중상을 담대하게 흘려버릴 수 있습니다. '당신은 가난한 시골뜨기에 불과하군요.

그런데도 복음을 믿기 때문에 작은 왕이 된 것으로 착각하고 있군요! 불쌍한 자여 하나님께서 너에게 약속하셨다고 했던 기쁨과 복은 어디에 있습니까? 당신이 그렇게도 귀중하게 여기는 많은 보물은 어디에 있습니까? 당신은 당신이 하나님의 원수라고 부르는 자들이나 영겁의 정죄를 받은 지긋지긋한 자로 여겨지는 자들이 갖고 있는 것 이상의 것을 갖고 있지 않군요!' 그러나 이 중에서 어떠한 것도 우리의 마음을 흔들게 해서는 안 됩니다. 왜냐하면 우리는 우리의 믿음을 굳건하게 지켜야하기 때문입니다.

우리에게는 복음이 우리에게 약속된 내용을 볼 수 있는 눈이 없을지라도 우리는 절대적으로 그것을 확신할 수 있습니다. 바울이 골로새서 3:3에서 말한 바와 같이 우리의 삶은 숨겨져 있으며 아직 그것을 드러내 보일 때가 되지 않았습니다. 주 예수 그리스도와 함께 하지 않고서는 우리의 삶이 있을 수 없습니다.

그렇습니다. 주 예수 그리스도의 왕국이 드러났는데 일부분만 드러났습니다. 우리는 앞으로 닥쳐올 일을 조금 맛보았을 뿐입니다. 이 세상이 너무나 소란스럽고 혼란스럽기 때문에 구원에 대한 가치를 보이는 것만으로 평가할 수 없습니다. 그렇지 않습니까? 우리 주 예수 그리스도께서 재림하실 때까지 우리의 삶을 알 수 없다는 것을 시인해야 합니다. 그 때가 되면 우리가 예수님을 믿었던 것과 또 그 분의 복음이 주는 가르침을 받아들였던 것이 잘못한 일이 아니었다는 것을 알게 될 것입니다.

그러면 어떻게 해야 믿음으로 살 수 있습니까? 우리는 연약한 백성이 되어서 필요하고 부족한 것들이 다 충족되는 평안한 생활을 하려고 해서는 안 됩니다. 그러한 생활은 우리들로 하여금 하나님께서 우리에게 약속하신 내용을 잊게 만들며 우리는 그것을 대수롭지 않게 여길 것입니다. 그리고 그로 인해서 우리의 믿음이 파선될 것입니다

그 보다는 하나님의 말씀을 표본으로 삼아 우리의 지식으로는 도저히 이해할 수 없으며 이 세상에서 멀리 떨어져 있고 아무에게도 보이지 않는 것들에 대해서 생각해 봅시다. 그리고 우리의 눈을 들어 위의 것을 바라봅시다. - 그러나 우리가 우리 자신의 지능이나 지혜로 천국으로 인도되기를 바라지는 맙시다. 왜냐하면 그들은 충분하지 않기 때문입니다.

그러나 미래를 위해서 하신 하나님의 약속에 대해서 깊이 생각해 보기 위해서 이 세상의 저 너머를 바라보며 현재의 것들을 접어둡시다. 환란과 고난 중에서도 참고 기다립시다. 왜냐하면 이런 것들은 우리를 시험해 보기 위해서 찾아올 것이며 우리가 하늘에 있는 우리의 안식처로 들어올림을 받아 승리의 월계관을 받을 때까지 그들과 맞붙어 싸우는 것이 우리의 임무이기 때문입니다. 이것이 바울이 여기서 한 말과 관련해서 우리가 기억해 두어야 할 내용입니다. 그러나 그것이 처음 볼 때에는 막연해 보일지도 모릅니다. 그러나 우리는 그것이 전혀 그렇지 않다는 것

을 쉽게 입증했으며 이제 우리는 한편으로는 이 세상에서의 우리의 상태에 대해서 또 한편으로는 믿음의 본질에 대해서 점검해 보게 되었습니다.

그리고 나서 바울은 예수 그리스도께서 **'나를 사랑하사 나를 위하여 자기 몸을 버리셨다'** 는 말을 더했습니다. 이것은 사람들이 그때까지 거의 이해하지 못했던 선언이었습니다. '믿음' (faith)이라는 말은 사람들이 믿음이 내포하고 있는 내용에 대해서 생각해 보지 않기 때문에 잘못 이해되는 때가 자주 있습니다. 사실은 거의 모든 사람들이 자신을 믿는 자라고 여기지만 일백 명의 신학과 교수 중에서 1온스밖에 안 되는 적은 믿음을 가지고 있는 교수 한 사람을 발견하기도 매우 힘들 것입니다.

그 말은 아주 짧지만 바울의 부언을 통해서 아는 바와 같이 그 뒤에는 긴 꼬리가 달려 있습니다. 바울은 예수 그리스도께서 그를 사랑하셔서 그를 위해서 자기 몸을 버리셨기 때문에 믿음으로 산다고 우리에게 알려 주었습니다. 물론 우리도 그와 똑같습니다. 하나님의 아들이며 영광의 주님이시며 천사장이시며 모든 것을 창조하시고 유지하시는 그 분이 자기 몸을 버리시어 부끄러운 죽음을 당하기까지 하셨으며 우리의 벌을 대신 받으셨으니 (즉 그가 십자가 달리어 죽으셨으니) 그 **죽음은 사람들에게 경멸을 당했을 뿐만 아니라 하나님의 입을 통해서 저주를 받은 죽음이라는 선고를 받았습니다**(신 21:23).

주님은 우리를 죽음에서 살리시고 우리에게 의로움과 구원을 가져다주시기 위해서 얼마나 비싼 대가를 치르셨습니까! 우리가 그러한 것들에 대해서 생각할 때에 우리에게서 믿음에 대한 확신을 빼앗아 가기 위해서 우리가 가는 길에 설치해 놓은 모든 장애물을 뛰어 넘어갈 수 있다는 것을 발견하지 않습니까? 만약 우리가 우리 주 예수 그리스도의 죽음과 고난의 가치와 의의에 대해서 생각할 수만 있다면 우리가 당하는 모든 유혹을 뿌리치기가 쉬울 것입니다. 바울은 비록 사단이 우리의 갈길을 방해하기 위하여 온갖 화살을 쏠지라도 담대한 믿음을 가지고 견디어 내라고 우리를 격려하고 있습니다. 믿는 자가 배고프고 목이 말라서 정말 죽어가고 있는 때에 그들이 이 땅을 유업으로 받게 될 것이라는 언약을 받은 사실이 생각난다면 그들은 당혹해 할 것입니다.

그러나 그들이 주 예수 그리스도에 대해서 생각하면 그들의 걱정은 사라질 것입니다. 왜냐하면 주님은 그들이 맛보고 있는 모든 쓴맛을 구원이라는 단 언약으로 달게 해 주실 것이기 때문입니다. 믿는 자들이 위험에 처해 있거나 핍박을 받거나 피해를 받거나 천대를 받거나 도움을 받을 수 없게 되면 시험이 들어 '하나님이 어디 계시지? 하나님은 우리 안에 거하시겠다고 약속하셨으며(출 25:8) 우리를 눈동자 같이 지켜 주시겠다고 하셨으며(시 17:8) 우리의 방패와 산성이 되시겠다고 하셨는데 우리는 방비가 없는 먹이와 같지 않는가?' 라고 생각하게 될지도 모릅니다(물론 우리도 그와 같은 생각을 하기 쉽지 않습니까?).

그러나 일단 우리 주 예수 그리스도의 죽음과 고난에 대해서 깊이 생각해 보면 우리는 하나님의 아들이 목숨을 바친 것이 헛되지 않았다는 결론을 내리지 않을 수 없습니다. 주 예수 그리스도께서는 당신의 목숨도 아끼지 않으셨으며 부끄러운 죽음을 당하실 정도로 자신을 낮추셨으며 욕된 죽음을 당하기까지 하셨습니다.

또 우리를 자유케하고 우리의 죄를 사면하고 우리로 하여금 하나님의 심판날에 은혜를 받게 하기 위해서 한 동안 무서운 고통을 참아 내셨습니다. 그렇게 한 것이 효과가 없을 수 있습니까? 과연 그런 일이 있을 수 있습니까? 만약 하늘 달이 제자리에서 이탈해 나온다해도 그것으로 인하여 야기된 혼란은 하나님의 아들의 죽음이 헛되게 됨으로 인하여 야기될지도 모르는 혼돈과는 비교도 안 될 것입니다.

바울이 한 믿음으로 산다는 말이 나타내려고 하는 뜻이 무엇인지 분명해졌습니다. 우리 주 예수 그리스도의 죽음과 고난이 우리 삶의 중심에 있어야 한다는 것입니다. 왜냐하면 우리를 죽음의 함정에서 구해준 것이 이것이기 때문입니다. 그러나 우리는 **육신이 연약하여 죽어가셨던 주 예수 그리스도에 대해서 뿐만 아니라 다른 곳에서 말씀하신 대로**(롬 1:4) 주님은 거룩하신 하나님의 능력으로 부활하셨다는 사실에 대해서도 깊이 생각해야 합니다.

우리가 우리 주 예수 그리스도의 죽음에 대해서 이야기 할 때에 우리가 그 의의를 이해한다는 것이 중요합니다. 즉 예수님의 죽음은 하나님과 사람을 화해시킨 데서 그 의의를 찾을 수 있습니다. 그것은 우리가 지은 모든 죄에 대한 변상이었습니다. 그것은 우리의 악한 행실을 보상해 주는 순종이었습니다. 그것은 우리의 모든 부정과 부패를 깨끗이 씻겨 주는 정화였습니다.

우리가 일단 예수님의 죽음의 효험을 인식하고 그 너머에서 우리를 기다리고 있는 영광을 바라보면 사람은 그의 본래의 상태에 머물러 있을 것이라는 생각을 버리게 되고 사람은 복음을 믿음으로써 생명을 유지할 수 있게 됩니다. 왜냐하면 우리가 알고 있는 바와 같이 사람이 복음에 담겨있는 언약을 신뢰하게 되면 그는 결코 실망하는 일이 없기 때문입니다. 이것이 하나님의 아들이 자신의 생명을 버리신데 대해서 바울이 한 말 가운데 우리가 배워야 할 내용입니다.

그러나 바울은 예수님께서 세상사람 전체를 위해서 자신의 목숨을 버리셨다고 말하지 않는 점을 주목하십시오. 그렇게 말한다는 것은 너무 막연할 것입니다. 우리 각자는 주 예수 그리스도의 죽음과 고난을 개별적으로 자신에게 적용시킬 필요가 있습니다. 하나님의 아들이 십자가에 못 박혔다는 기록을 보게 되면 그것은 세상 사람들의 구원을 위해서라고 간단하게 생각해서는 안됩니다. 그것은 우리로 하여금 우리 하나 하나가 개별적으로 또 우리 나름대로의 특수한 환경에 따라 주 예수 그리스도와 연합하게 해서 다음과 같은 결론을 내리게 하기 위해서입니다.

'그 분은 나를 위해서 고난을 당하셨다. 우리가 세례를 받을 때처럼 아무도 나를 대신해서 세례를 받지 못합니다. 그것은 모든 사람에게 그냥 동시에 물을 뿌리는 것이 아닙니다. 그 보다는 각자는 자신에게 특별한 물 바름을 체험하게 하기 위해서 한 사람 한 사람 분리해서 세례를 받으며 그것을 통해서 우리 자신이 주 예수 그리스도의 지체가 되었다는 것을 드러내 보입니다. 성찬식도 그와 같습니다. 각자는 주 예수 그리스도가 우리 한 사람 한 사람에게 개별적으로 결합되었다는 것을 보여주기 위해서 떡을 뗍니다.'

바울이 그것에 대해서 이렇게 말했으므로 우리가 그 주제에 접근하고서 냉담하거나 아무런 감동을 받지 않은 채로 남아있을 수 없습니다. 자신이 가련한 짐승보다 나을 것이 거의 없는데도 기독교인이라고 믿고 있는 무식한 자들이 많이 있습니다. 그러나 만약 우리가 세상의 구원을 성취했던 그 역사가 우리 각자에게 적용되는 것을 알게 되면 우리 모두는 개별적으로 이렇게 말할 수 있습니다. **'하나님의 아들이 나를 매우 사랑하셨기 때문에 그 분은 나를 위해서 죽기까지 자신을 드리셨다.'**

'사랑했다' (loved)는 말도 피상적이 아니라는 것을 주목하십시오. 바울은 주 예수 그리스도의 은혜를 찬양하려고 했습니다. 그가 한 말에는 다음과 같은 뜻이 담겨있습니다 '만약 우리가 우리에게 주시겠다는 놀라운 선물을 받아들이지 않는다면 우리는 가장 비참한 자들이 될 것입니다. 왜냐하면 하나님께서 당신의 아들을 보내신 목적은 우리를 불행에서 구원하는 것이기 때문입니다.'

우리 주 예수 그리스도께서는 우리의 구원을 위해서 당신의 생명을 아까워하지 않으실 정도로 자신을 비우셨습니다. 그것은 우리를 향한 사랑 때문입니다. 이것이 사실이니 우리가 그러한 선물을 받아들이지 않는다면 우리는 틀림없이 매우 어리석은 자가 될 것입니다. 하나님은 세상을 매우 사랑하셨기 때문에 당신의 독생자를 아끼지 않으시고 우리를 위하여 죽음에 넘겨주셨습니다. 이 말씀은 성경에 자주 나옵니다(요 13:16).

바울이 로마서 5:8에서 말한 바와 같이 우리가 하나님의 불구대천의 원수 되었을 때에도 예수님께서는 우리를 향한 하나님의 노여움을 진정시켜 드리고 우리의 죄를 씻어내어 불문에 붙이게 하기 위해서 자신을 제물로 바침으로써 자신의 놀라운 사랑을 위탁했습니다. 이것은 우리가 구원을 받았다는 보증서가 되며 우리는 그것을 통해서 확신을 얻게 됩니다.

그러나 바울은 하나님께서 당신의 은혜로 우리에게 그렇게도 인자하게 내리시는 선물을 사람들이 거절하는 것을 보고 사람들의 간악함을 꾸짖었습니다. 우리는 **우리가 하나님을 먼저 사랑한 것이 아니라**(요일 4:19)고 사도 요한이 그의 서신에서 한 말을 기억해 두어야 합니다. 그러므로 우리는 '나는 그 분에게 이런 저런 봉사를 했다' 고 말하는 자들처럼 하나님을 볼모로 잡아놓을 수 없습니다. 우리가 하나님을 위해서 할 수 있는 것이 무엇입니까? 안타깝습니다. 하나님께서는 우리가 불구대천의 원수가 되었을 때까지도 우리를 사랑하셨으며 우리의 깊은 심연에 빠져있을 때에도 오셔서 우리를 찾으셨습니다.

바울은 거기에다 '나는 하나님의 은혜를 폐하지 않는다' 는 말을 더했습니다. 이것이 우리가 지금까지 이야기해 왔던 모든 내용의 실질적인 성과입니다. 왜냐하면 바울은 주 예수 그리스도를 통해서 나타나고 복음을 통해서 우리에게 매일매일 주어지는 하나님의 긍휼을 무시하는 자는 틀림없이 '마귀에 홀린 자' 일 것이라고 말했기 때문입니다.

주 예수 그리스도의 죽음과 고난이 하나님의 무한한 선하심과 함께 전해질 때마다 초청장이 발부되고 있습니다. 주 예수 그리스도께서 우리를 오라고 부르시고 계십니다. 그 분은 우리에게 이 세상 것을 뒤로 하고 그밖에 모든 것을 단념하고 하나님만을 믿으라고 외치십니다. 사정이 이러하 니 우리는 하나님의 은혜를 '폐' (Frustrate)해서는 안 됩니다.

바울은 전에 방탕생활을 했던 사람들에게 간구하고 있으며 그들을 그들이 가야 할 길로 안내하고 있습니다. 사실은 그는 이렇게 외치고 있습니다. 복음을 한 마디도 들은 적이 없는 무식한 사람들에게는 변명할 수 있는 소지가 있을 지 모르지만 우리에게는 그렇지 않다. 우리가 하나님의 은혜를 거절한다면 우리는 갑절의 벌을 받아 마땅하다. 이것은 용서받을 수 없는 배은 망덕하는 행위라는 것을 미리 알려 줍니다.

그러므로 바울은 우리 주 예수 그리스도께서 복음을 통해서 구원의 소망을 받으러 오라고 부르는 자들과 자신의 죄 속에서 뒹굴기를 더 좋아하는 자들과를 대조시켰습니다. 그러한 사람들은 앞으로 더 좋은 삶이 올지 안 올지도 모릅니다. 그러므로 들짐승들처럼 무감각합니다. 그리고 그들이 신봉하는 여러 가지 원칙 때문에 그들의 양심을 괴롭히고 있으나 위안이나 그에 대한 대책을 찾지 못한 사람들도 있습니다. 그럼에도 불구하고 주 예수 그리스도에 대해서 들어본 적이 없는 자가 긍휼을 받지 못하고 멸망할 것입니다.

그들은 무식하다는 것을 정당화 할 수 없습니다. 나는 모든 이방인과 지금까지 살아온 우상숭배자에 대해서 이야기하고 있는 것입니다. 모든 이는 그 분 앞에서 입을 다물게 될 것입니다. 그렇다면 하나님께서 매일매일 그들에게 보내신 기쁜 소식에 귀를 기울이지 않는 사람들은 어떻게 되겠습니까? 하나님께서는 우리를 오라고 하십니다. 우리가 고린도후서에서 보는 바와 같이 정말로 그렇게 하라고 우리에게 간구하시고 간청하십니다. 하나님께서 사람의 모습을 독생자를 통해서 우리에게 허리를 굽히시고 간청하신다는 것은 대단한 겸손의 표현이 아닙니까? '너희는 화해하라' 고 하나님께서 말씀하십니다.

그런데 하나님은 어떻게 하셨으며 누구를 노하게 만드셨습니까? 사실은 매일매일 하나님을 노엽게 해 드린 것은 우리들인데도 하나님께서는 우리에게 접근해 오시며 우리와 화해하고 싶어 하시는 당신의 마음을 나타내십니다. 우리는 악마와 같이 악으로 가득찼으며 타락한 죄인입니다. 그런데도 하나님께서는 우리를 찾아오셔서 화해하는 것 이외에는 아무 것도 요구하지 않으십니다. 바울은 만약 우리가 하나님이 그렇게 풍성하게 주시는 은혜를 거절한다면 우리는 무엇이 되겠느냐고 묻습니다. 이것이 그의 관심사입니다.

끝으로 바울은 만일 의롭게 되는 것이 율법으로 말미암았다면 그리스도께서 헛되이 죽으셨느니라고 결론을 내렸습니다. 복음을 통해서 우리에게 주어지는 은혜를 누리기 위해서 우리는 우리의 '공로' (merits)에 대한 모든 어리석은 생각을 버려야 합니다. 자기 자신의 가치를 신뢰한다는 것은 자기 기만입니다. 사실은 우리가 가난한 거지처럼 되어야만 하나님앞에 나갈 수 있습니다. 그러나 우리는 하나님께 어떤 선행 등을 보여드리려고 애쓰고 있습니다. 우리 자신에 대한 자평이 하나님께는 가증스러운 것에 불과합니다.

그러므로 바울은 주 예수 그리스도와 동행하는 방법과 천국에 올라가는 방법과 예수 그리스도의 죽음과 부활을 통해서 유익을 얻는 방법을 먼저 이 세상의 어린아이들이 갖고 있는 것과 같은 헛된 생각을 모두 우리 자신에게서 제거하는 것밖에 없다고 우리에게 가르쳐 주었습니다. 예를 들면 사람들은 '나 자신으로 말하자면 나는 덕이 있는 사람이고 가장 열심히 일하는 사람이기도 합니다' 라고 말할 것입니다.

이러한 말들은 모두 배제되어야 합니다. 왜냐하면 우리가 우리의 공로를 중히 여기는 생각을 모두 제거해 버리지 않으면 우리는 주 예수 그리스도의 은혜를 받을 수가 없기 때문입니다. 하나님께로 나가기를 소원합니까? 그렇다면 빈손으로 갑시다. 우리가 하나님께 가지고 가는 것은 무엇이나 손안에 있는 연기와 같기 때문입니다. 우리가 자만심으로 부풀어있어 폭발할 지경에 이르렀더라도 그것은 하나님 앞에서는 연기에 불과합니다. 그러나 이 연기가 무엇으로 구성되었던 간에 그것은 하나님의 아들이 복음을 통해서 전달하는 이익을 우리가 받지 못하도록 방해할 것입니다. 이것이 이 본문 말씀에 대해서 바울이 맺은 결론의 줄거리입니다.

천주교 신자들이 말하기를 우리는 주 예수 그리스도의 도움이 없이 구원을 얻을 만큼 선하지 못하다고 합니다. 그러나 그들이 이 말을 통해서 의미하는 것은 사람들은 그들 자신의 반쪽을 구원할 수 있으며 부족한 것은 주 예수 그리스도의 은혜를 통해서 보충한다는 것입니다. 그들이 이것이 적절한 구원 방법이라고 생각합니다. 그러나 그들은 이 말을 통해서 그들이 사실을 그 은혜에 대해서는 불구대천의 원수라는 것과 갈라디아에서 진리를 부패시키고 타락시켰으며 왜곡했던 가짜 사도들과 유혹자들의 주장을 지지한다는 것을 드러내 보였습니다. 왜냐하면 그러한 자들과 자신이 기독교인이라고 주장했기 때문에 예수 그리스도가 이 세상의 구세주라고 주장했을 것이며 예수 그리스도를 천대하지는 않았을 것이기 때문입니다.

그러나 정말로 그들은 예수 그리스도에 대해서 어떻게 생각했습니까? 사람들이 혼자서는 율법을 완성할 수 없기 때문에 예수님께서는 연약한 그들을 도우려고 오셨다고 생각했습니다. 사람들은 바라는 만큼 성숙되지 못하기 때문에 예수님의 도움이 필요했습니다. 이것은 오늘날 천주교신자들이 하는 말과 똑같습니다. 그러나 바울은 만약 그것이 사실이라면 예수 그리스도께서 헛되이 죽으셨다고 결론을 지었습니다. 여러분은 이렇게 말씀하실 지도 모릅니다. '전혀 그렇지 않습니다! 정말이지 예수님은 우리로 하여금 우리의 죄를 사함받게 하셨기 때문에 그 분의 고난과 죽음은 열매를 맺었습니다.

비록 우리에게는 하나님을 기쁘게 해 드릴 방법이 있었지만 충분하지 않았기 때문에 그리스도께서 우리를 도와주셔야 했습니다. 만약 어느 누구라도 이러한 대답을 한다면 바울이 여기서 제시하는 전혀 오류가 없는 원칙을 주목해야 합니다. 즉 만약 우리 안에 선한 것이 조금이라도 있다고 생각한다면 하나님께서 당신의 순수하신 은혜만으로 우리를 받아들이실 때까지 우리는 죄인이라는 것입니다.

이것이 천주교인들이 잘못 생각하고 있는 것입니다. 그들만이 아닙니다. 이와 똑같은 과오가 회교도와 그밖에 다른 이도교들 가운데에서 흔히 일어납니다. 회교들까지도 하나님의 긍휼이 필요한 입장이라고 인정합니다. 왜냐하면 이러한 생각은 유사이래로 전 세계에 퍼져있었기 때문입니다. 그러나 그들은 하나님의 은혜에 그들의 행함을 더하여 이렇게 말합니다. '비록 우리에게는 우리를 불쌍히 여기시는 하나님이 필요하지만 우리는 또한 우리 자신의 개인적인 선행을 통해서 하나님의 은총도 구해야 합니다.' 이교도들은 늘 이렇게 믿고 있었습니다.

오늘날 천주교도들은 어떻습니까? 그들도 똑같은 것을 믿고 있습니다. 비록 그들이 자신은 주 예수 그리스도의 도움이 필요한 불쌍한 죄인이며 그들은 예수님의 죽음을 통해서 하나님께 가까이 할 수 있다고 고백하지만 그들은 그들 자신의 자유의지와 그들 자신의 노력과 소위 '칭찬할 만한 공적'(meritorious works)을 믿고 있습니다. 만약 예수님께서 그들을 도와주실 수 있으면 좋겠지만 전혀 그렇게 하실 수 없습니다. 여기에 천주교인들의 가르침의 낱말 하나 하나를 소개하겠습니다.

주 예수 그리스도께서 우리 앞에 서서 길을 인도해 주시지 않는다면 우리는 어떤 것도 이루었다고 주장할 수 없습니다. 주님께서 우리를 위하여 첫 번째 은혜를 베푸셨으니 지금은 우리가 그것을 따르고 두 번째 은혜를 요구할 때입니다. 만약 우리가 무엇이 첫 번째 은혜냐고 물으면 그들은 '공을 세울 수 있는 기회'(the opportunity to merit)라고 대답할 것입니다. 이것이 그들의 말투입니다. 이 '공을 세울 수 있는 기회'라는 말은 사람들은 그들의 선한 행위를 통해서 하나님의 은총을 받기에 충분하다는 것에 불과합니다.

그렇게 방종하게 된다는 것은 천인공노할 무서운 신성모독행위라는 것을 바울이 보여주었습니다. 그러한 까닭으로 바울은 만일 우리가 율법으로 말미암아 의롭게 된다면 예수 그리스도께서 헛되게 죽으셨을 것이라는 결론을 내렸습니다. 우리는 주 예수 그리스도를 소유하고 싶어합니다. 그렇다면 우리는 먼저 우리가 그 분에게로 가는 이유를 알고 있어야 합니다. 그것은 우리는 율법에 의해서 심판대에 서게되어 하나님의 저주를 받고 있기 때문입니다. 우리는 영생의 소망에서 완전히 차단되었으며 악행으로 충만되었습니다. 우리는 하나님에 의해서 성령으로 정화될 필요가 있으며 우리는 매우 연약하기 때문에 이 샘에 나와서 힘을 받을 필요가 있습니다.

만약 우리가 주 예수 그리스도께로 나와서 우리는 처량하고 저주받은 인간이라는 것을 고백할 필요 때문에 압박당하고 있다고 느끼게 되면 우리도 바울이 말한 결론 즉 만약 우리가 율법을 통해서 전체적이든 부분적이든 의롭게 될 수 있었다면 그리스도께서 헛되이 죽으셨다는 결론에 이르게 될 것입니다. 우리는 이것을 시인하라는 압력을 받고 있습니다.

우리들 중에서 가장 단순한 생각을 가지고 있는 자까지도 만약 우리가 주 예수 그리스도를 이러한 방법으로 영접해 드리지 않으면 그 분의 오심이 우리에게 전혀 이익이 되지 않았을 것이라는 것을 분명히 알 수 있습니다. 우리는 곧 사라져 없어지고 우리가 주 예수 그리스도를 통해서 우리에게 주시겠다고 하시는 하나님의 사랑을 체험하는 것을 막는 연기에 불과한 것을 소유하게 될 것입니다.

그러므로 우리는 그러한 가르침을 거절하는 법을 배웁시다. 왜냐하면 그들은 공로와 아무 대가도 받지 않고 하는 속죄를 혼합함으로 하나님의 진리를 위조하기 때문입니다.

그 보다는 모든 것을 우리 주 예수 그리스도의 공으로 돌립시다. 더욱이 일단 우리는 예수님께 의지하기로 하였으니 그 분이 갖다주실 영적인 축복속에서 기뻐합시다. 이 세상에서의 환란과 비운이 우리의 갈길을 추구해 나가는 것을 방해하지 못하게 해 주십시오. 그 대신에 우리로 하여금 그러한 유혹과 어려움을 모두 극복하게 해 주십시오. 또한 슬픔과 실망중에서도 기쁨을 만끽하게 해 주시고 이 세상에서 우리가 당하는 모든 고난을 우리를 위하여 하늘나라에 예비해두신 영광과는 비교할 가치조차 없다는 것을 알게 해 주십시오.

바울이 우리를 인도하려고 했던 지표는 다음과 같습니다. 첫째로 그는 우리에게 경건하고 질서가 잘 잡힌 삶을 살고 우리의 삶을 주 예수 그리스도께 온전히 헌신하기 위해서 겸손하라고 간구합니다. 두 번째로 우리가 살아가는 중에 봉착하게 될 어려움과 문제들을 극복하기 위해서 인내심으로 무장하라고 권고합니다. 우리는 우리의 모든 예상을 초월하는 하늘나라의 유업에 도착하게 하는 그러한 도를 이 세상에서 행해야 합니다.

비록 그것이 보이지는 않지만 그것이 우리에게 약속되었기 때문에 우리는 그것이 실존하는 것을 확신할 수 있습니다. 우리는 주 예수 그리스도를 통해서 우리의 유업에 대한 담보와 보증을 확보해 놓고 있으니 우리가 거기에 이를 수 있는 것은 우연이 아니며 그 보다는 우리가 소망할 수 있던 모든 것을 주 예수 그리스도 안에서 이미 다 이루었다는 굳건하고 변함없는 믿음과 신뢰를 가졌기 때문이라는 것을 우리는 절대적으로 확신할 수 있습니다.

15

갈라디아서 강해 설교

어리석도다 갈라디아 사람들아 예수 그리스도께서 십자가에 못 박히신 것이 너희 눈앞에 밝혀 보이거늘 누가 너희를 꾀더냐 내가 너희에게 다만 이것을 알려 하노니 너희가 성령을 받은 것은 율법의 행위로냐 듣고 믿음으로냐(갈 3:1-2)

하나님께서는 우리의 마음을 얌전하고 상냥하게 끌어보려고 노력하신다는 것을 우리는 알고 있습니다. 그러나 우리가 하나님의 끈질긴 노력에 순응하지 못한 까닭으로 우리의 완강하고 반항적인 태도가 하나님의 노여움을 살 때가 자주 있습니다. 그러나 우리는 하나님께서 우리를 아버지의 사랑으로 맞이하고 환영하기 위해서 두 팔을 벌리고 계시는 것을 복음서 전체에서 볼 수 있습니다. 참으로 하나님은 모세의 표현대로 **자기의 어린 새끼를 날개밑에 품으려고 하는 새와 같으십니다**(출 19:4, 신 32:11).

하나님은 이와 같은 무한하신 자비로 우리를 오라고 부르십니다. 그러나 우리는 사나운 짐승과 같아서 인도되는 것을 거절합니다. 따라서 하나님께서는 우리의 외고집 때문에 완력을 사용할 필요가 있을 때가 자주 있으며, 그 결과로 감사할 줄 모르는 우리의 마음이 드러나고 우리로 하여금 우리 자신을 부끄럽게 여기게 만듭니다. 바울은 우리의 구원은 예수 그리스도 안에서만 찾을 수 있다는 것과 만약 우리가 하나님께서 우리에게 부어주시는 의로움과 유익을 받고 싶으면 우리는 자신을 완전히 부인하고 우리가 내부적으로 사악하고 썩었다는 것을 알고 있어야 한다고 우리에게 가르쳐 줍니다. 바울은 우리에게 이러한 가르침을 준 후에 주 예수 그리스도를 통해서 주시려고 하는 은혜에 '자신의 근행' (acts of devotion)을 더하려고 애쓰는 자들 모두를 날카롭게 꾸짖었습니다.

갈라디아 사람들은 철저한 교육을 받았습니다. 만약 바울이 그곳이 아닌 다른 곳에서 가르쳤다거나 또는 그들이 복음에 대해서 한 마디 말도 듣지 못했었다면 바울이 그렇게 혹독하게 꾸짖지 않았을 것이며 그들을 무식하고 눈먼 자들처럼 불쌍히 여겼을 것입니다. 바울이 그들을 성실하게 가르쳤으며 그들을 복음으로 교육하기 위하여 그에 맡겨진 임무를 다하여 수고하였음에도 그들이 반항하고 그릇된 가르침에 붙잡히는 결과만을 낳게 되었으니 바울은 여기서 그들에게 매우 가혹하게 꾸짖습니다.

바울은 예수 그리스도께서 그들 때문에 십자가에 못 박히셨다는 말을 함으로써 그의 설교를 이어갔습니다. 그들은 그들의 구원을 위해서 하나님의 무한하신 자비의 창고가 개방된 것을 보았으니 그들에게는 그들의 옛 풍습으로 돌아가서 율법의 의식을 통해서 자신을 의롭게 하고 구원을 얻을 수 있다고 생각할 구실을 찾는 것이 불가능했습니다.

우리가 이 성경말씀을 통해서 배워야 할 내용은 다음과 같습니다. 만약 우리가 하나님의 말씀 안에서 기쁨을 찾고 싶어한다면 우리는 반항적인 사람이 되기보다는 순종하는 사람이 되어야 합니다.

깨끗한 자에게는 주의 깨끗하심을 보이시며 사특한 자에게는 주의 거스리심을 보이시니라는 시편 18:26 말씀을 기억해 두십시오. 목이 곧고 순종하는 마음으로 하나님께 복종하기를 거절하는 자들 모두는 하나님이 그들보다 강하시다는 것과 그들이 하나님께 굴복하지 않으면 그들은 부서지고 괴멸될 것이라는 것을 발견하게 될 것입니다. 그리고 하나님께서 우리의 죄를 책망하실 때에 우리는 노하거나 이를 가는 자들처럼 화를 벌컥 내서는 안 됩니다! 그들의 천성은 얌전하게 교육되기를 요구하기 때문에 그들을 엄하게 다루지 말아 달라고 간구합니다.

그러나 반항하기를 몹시 좋아하는 그들은 그와 정반대되는 사실을 입증합니다! 이렇게 말하는 사람들은 사람들의 아첨을 받고 싶어합니다! 비록 그들이 사악한 습관으로 가득 넘칠 지경이 되어도 어느 누구에게도 그들의 약점을 드러내는 것을 허용하지 않을 것입니다! 그렇습니다. 그들은 그렇게 하기보다는 가장을 해서 자신들의 악행을 감출 것입니다. 그러나 그들이 하는 일이 책망을 받게 되면 그들은 즉시 복음에 대해서 분을 낼 것입니다.

비록 그들이 전에는 어느 정도의 열의를 보였을지라도 그들의 분노는 지금 그들의 마음이 독과 쓴맛으로 가득하다는 것을 드러내 보일 뿐입니다. 그것은 그들이 하나님의 학교에서만 가르침을 받는 것이 어떤 것인지 모르고 있었다는 확실한 증거가 됩니다. 그것에 대해서 바울은 다른 성경 구절에서 하나님의 말씀은 **교훈으로 유익할 뿐만 아니라**(즉 우리에게 선과 악을 식별하는 법을 우리에게 가르쳐 주기 위해서) **책망과 바르게 함에 유익하다**고 했습니다(딤후 3:16). 어떤 무관심한 영혼들에게 박차를 가해서 강한 자극을 줄 필요가 있으며 다른 사람들은 그들의 방종 때문에 겸손해질 필요가 있습니다. 그리고 어떤 사람들은 몇 번의 강한 충격을 주어서 통제하지 않으면 길들일 수 없을 것입니다. 그러므로 우리 모두는 우리 주님의 응징이 우리의 유익이 된다는 것을 깨닫고 우리 주님의 응징을 인내심을 가지고 참아내야 합니다. 만약 우리 각자가 자기의 생활을 철저하게 조사해 보면 우리가 하나님을 노엽게 해 드릴 때마다 하나님께서 우리에게 엄하셨던 것은 지극히 당연했다는 것을 알게 될 것입니다.

만약 한 아버지가 우리가 더 이상 바랄 수 없을 정도로 가장 자상하셨음에도 불구하고 그의 아이들이 다루기 힘들고 잔인하고 반항적이라면 마치 그의 성격이 변해버린 것처럼 그들에게 화를 낼 것입니다. 그들을 훈육시키기 위해서 아버지는 그의 태도를 바꾸지 않으면 안 될 것입니다. 우리들에게도 그와 같은 분이 계십니다. 우리에게는 사람에게서 기대할 수 있는 모든 것을 초월하는 선하심을 소유하고 계시는 하나님 아버지가 계십니다. 그러나 우리는 조용히 하나님께 순종하고 하나님의 명령을 지키려고 하는 대신에 우리의 사악함과 지나친 욕심이 우리들로 하여금 우리들을 하나님에게서 벗어나게 만듭니다.

비록 우리가 우리의 입을 열어 말하지 않더라도 우리의 가슴속에는 하나님께 순종하게 해달라는 기도가 없습니다. 하나님은 우리에게 가혹하시고 엄하실 필요가 있다는 것을 우리가 체험을 통해서 알았으니 하나님으로 하여금 우리 영혼의 안녕을 위해서 가장 좋다고 생각하시는 것을 하실 수 있도록 허락합시다.

갈라디아 사람들은 우리처럼 연약했으며 사실은 그들의 귀를 기쁘게 해 줄 필요가 있었다는 것을 명심합시다! 그러나 그들은 믿음이 없었으므로 날카로운 꾸중을 들어야만 했습니다. 바울은 그들을 위해서 사도로 세움을 받았으며 그들로 하여금 가장 겸손하고 온유하게 주 예수 그리스도에게 순종시키려고 애썼습니다. 그는 자신을 한 어린 아이를 얼마나 사랑하고 있는지 보여주기 위해서 아무 것도 아끼지 않는 보모에 비유했습니다.

그는 이렇게 말했습니다. "**내가 너희와 같이 되었은 즉 너희도 나와 같이 되기를 구하노라**(갈 4:12). 우리 모두는 서로서로를 닮기 위해서 너희에게 나 자신과 같이 되어달라고 다음과 같이 외치고 있는 것입니다. '천치, 바보, 분별력 없는 자, 짐승같은자여 누가 너희를 홀렸느냐? 너희는 마귀에 씌우지 않았느냐?'

사실 그런 말은 지나쳤으며 사람들은 처음에는 그 말을 듣고 격분했습니다, 그러나 갈라디아 사람들은 틀림없이 바울이 그러한 말을 사용한 데에는 이유가 있다는 것을 알았을 것입니다. 따라서 우리가 꾸중을 듣게 되면 우리도 그것은 우리의 죄 때문이라는 것을 깨닫고 그들에게 심판을 내립시다. 왜냐하면 우리가 방어를 하기 위해서 반격을 해도 거기에서 얻어지는 것이 아무것도 없기 때문입니다. 우리가 논쟁을 할 때에 우리 모두 우리의 주장을 사람들에게 훌륭하게 변론할 수 있을 지는 모르지만 하나님 앞에서는 정죄함을 받게 될 것입니다.

더욱이 바울은 매우 중요한 말을 더했습니다 그는 그들은 틀림없이 진리에 불순종하기 위해서 요술에 걸렸을 것이라는 말을 한 후에 예수 그리스도께서 십자가에 못 박히신 것이 너희 눈앞에 밝히 보인다는 말을 더했습니다. 바울은 이 말을 통해서 그가 얼마나 효과적이고 얼마나 강력하게 복음을 전했는가를 우리에게 말해주고 있습니다. 그는 마치 그가 가르친 가르침을 한 폭의 초상화(portrait)와 비유하는 것 같았습니다. 그는 또 자기가 갈라디아 사람들에게 전했던 내용은 사실상 하나님의 아들이 그들이 보는 가운데서 십자가에 못 박히는 것을 그들 자신이 직접 보는 것 같았다고 말했습니다. 마치 그들의 영혼을 영적으로 깨끗하게 하기 위해서 예수님께서 피흘리는 것을 목격했던 것 같았다고 했습니다. 그들을 그 정도로 성실하게 교육시켰으니 배반을 할 이유가 전혀 없었습니다.

먼저 우리는 여기서 복음을 전하는 확실한 방법을 배우게 됩니다. 즉 우리에게 당신의 독생자를 내어주시고 우리를 대신해서 죽임을 당하도록 그를 보내주신 하나님의 사랑을 널리 알리는 것입니다. 정말로 골로새서 2장 9절 말씀과 같이 **그리스도 안에는 모든 지혜와 지식의 보고가 있습니다.** 이것을 염두에 두고서 우리가 정말로 복음에서 유익을 얻고자 할 때에 주 예수 그리스도께서 우리에게 주시는 유익을 배워야 합니다. 우리가 그렇게 하지 않으면 우리는 아무 것도 얻지 못할 것입니다.

많은 사람들은 하나님의 말씀을 잘 알고 있다고 뽐냅니다. 여기서 그것에 대해서 시험을 보겠습니다. 그들을 지옥의 나락에서 구원하는 데에는 하나님의 자비가 필요하다는 것을 그들은 알고 있습니까? 그렇다면 그들은 하나님의 아들의 피를 통해서만 그들의 모든 죄가 깨끗함을 받고 정화된다는 것을 알고 있습니까? 그들은 예수님과 예수님이 바치신 순종을 통해서만 의롭게 된다는 것과 죄를 배상하는 방법은 예수님께서 드리신 제물밖에 없다는 것을 알고 있습니까?

우리는 그리스도를 닮아감으로써 하나님을 기쁘시게 해 드릴 수 있습니다. 우리는 그러한 중재자의 도움이 없이는 우리의 입을 열어 하나님을 부를 수 없습니다. 만약 우리가 이렇게 해서 하나님의 아들의 죽음에서 유익을 얻게 되면 복음에 대해 약간에 지식을 갖고 있다고 주장해도 좋을 것입니다. 만약 그렇지 못하다면 우리는 우리의 어리석은 상상을 그냥 따라가게 됩니다. 이것이 제일 중요합니다.

주 예수 그리스도께서 그러한 대가를 지불하고 우리를 구원하셨다는 사실을 지나가는 말로 듣는 것으로는 충분치 않다는 것도 주목하십시오. 그렇습니다. 우리는 그 사실이 우리 마음속에 확실하게 새겨질 때까지 복음에 대한 교육을 계속해야 합니다. 그리스도의 피는 모든 면에서 우리에게 유익이 되는 열매를 맺게 하기 위해서 흘려졌습니다.

그러므로 우리는 혼수상태에서 벗어나야 합니다. 복음에 있는 세 단어만을 지나가는 말로 듣는 순간에 자신을 학식있는 성직자로 생각하는 사람들도 많이 있습니다! 그러나 이것은 곧 그들의 기억에서 사라질 것입니다. 왜냐하면 그들은 만약 우리가 주 예수 그리스도께서 우리에게 가져다주신 축복에 만족하려고 하면 부지런히 노력해서 만족을 얻어야 하기 때문입니다. 하나님께서는 은혜를 깨닫지 못하고 하나님의 선하심을 무시하는 자들에게 벌을 내리십니다. 그러므로 우리는 배운 것을 활용해야 됩니다. 즉 우리가 얻은 측량할 수 없는 이익에 대해서 감사해야 합니다.

우리는 또 하나님의 뜻에 관해서 교육을 받은 자가 반대 방향으로 고삐를 돌리는 것은 하나님께서 보시기에 가장 악한 죄인이라는 경고를 받습니다. 그러한 사람들은 무지 때문에 죄를 짓는 것이 아니고 악의와 오만 때문에 죄를 짓게 됩니다. 그들은 하나님에게 종속되는 것을 소망하지 않는 것이 확실합니다. 그들은 그들의 멍에를 벗어 던지는 들짐승과 같습니다. 물론 위선이 우리 안에서 군림하고 있기 때문에 이 세상에서 가장 무식한 자들도 그들의 죄에 대한 처벌을 받을 것입니다.

그러나 진리의 말씀을 한 마디도 들어본 적이 없는 자들과 하나님에게로 나오라는 초청의 말씀을 계속해서 듣고 있는 우리 자신을 비교해 보면 우리에게 죄가 훨씬 더 많다는 것을 알게 됩니다. 회교도들을 보십시오. 그들은 하늘과 땅을 창조하신 하나님을 경배하는 것으로 착각하고 있습니다.

그러나 그들은 주 예수 그리스도를 부정하기 때문에 그들의 신은 우상에 불과합니다. 천주교 신자들이 하는 어리석은 헌신도 그와 비슷하게 사기를 당하고 있다는 것을 보여줍니다. 그렇다고 해서 그들의 죄가 하나님 앞에서 탕감되는 것은 아닙니다! 그러면 우리는 어떻게 됩니까? 우리는 구원받는 방법을 알고 있으며 하나님의 목소리가 우리의 귀에 들리고 있습니다. **우리는 의의 태양이신 주 예수 그리스도에 의해서 밝히 드러났습니다**(말 4:2).

그러므로 만약 우리가 선과 악을 구별하지 못하는 들짐승들처럼 처신한다면 확실히 우리가 마법에 걸린 것이 틀림이 없을 것입니다! 왜냐하면 만약 하나님께서 우리에게 다가오셔서 우리를 친히 가르쳐 주셨다면 하나님께서 다음과 같이 불평하시는 데에는 상당한 이유가 있기 때문입니다. 하나님은 선지자 미가를 통해서 다음과 같이 물으셨습니다. '내 백성아 내가 무엇을 네게 행하였으며 무엇에서 너를 괴롭게 하였느냐?'

하나님께서 우리에 대한 불만을 토로하신 데에는 다음과 같은 뜻이 있습니다. 하나님께서는 우리를 하나님의 자녀로 삼기 위해서 우리에게 주신 모든 기회를 우리 앞에 공개하실 것입니다. 그리고 나서 하나님은 우리가 우리자신과 하나님사이에 장벽을 세웠으며 고개를 숙여서 하나님이 주시는 멍에를 메지 않았으며 시간이 지나감에 따라 하나님의 임재에서 점점 멀어져 갔으며 믿을 만한 가치가 있다고 알고 있는 진리에 의해서 인도되기보다는 사탄의 꾀와 환상에 속아 넘어 가기를 더 좋아했다고 말씀하셨습니다. 우리는 자연 그 자체에 반항하는 괴물이 아닙니까? 여기에 비쳐진 우리 자신을 보고 배웁시다.

원래 갈라디아 사람들에게 편지로 써서 전한 내용이 오늘날 우리에게도 적용됩니다. 바울은 그들만의 이익을 위해서 쓴 것이 아닙니다. 만약 우리가 복음의 가르침을 받아들이고 나서 우리에게 굳건하고 한결같은 믿음이 없었기 때문에 우리가 유혹을 받아 연약하게 되었다면 우리가 저주를 받아야 되는 것이 더욱더 당연해 진다고 하나님의 성령께서 우리에게 가르쳐 주십니다. 우리는 변명을 해서 그것을 피할 수 없습니다. 사실은 이 세상에 있는 모든 변명도 우리가 가장 사악한 백성이라고 정죄되는 것을 막지 못할 것입니다.

어느 날 하나님께서 우리를 배은 망덕의 진짜 표본이라고 지적하시고 우리는 사람과 천사에게 가증스러운 존재라고 말씀하실 때에 우리는 모두 하나님 앞에서 입을 다물게 될 것입니다. 왜냐하면 성경말씀은 구원의 가르침을 중요한 씨로 기술했는데 우리는 그 가치를 충분히 평가하지 않았기 때문입니다(마 13:19).

다음은 우리가 잘 익혀 두어야 할 내용입니다. 바울은 여기서 갈라디아 사람들을 책망했을 뿐만 아니라 그들의 실례를 통해서 우리에게 하나님을 경외하며 하나님께서 받아 마땅하신 경의를 표하면서 살아가라고 가르쳐 주고 있습니다. 왜냐하면 하나님께서는 우리에게 다가오셔서 당신의 뜻을 알려주실 정도로 사랑이 풍성하시기 때문입니다. 그러므로 그가 '아 어리석은 갈라디아 사람들아 누가 너희를 사탄의 꾀임에 빠지게 했느냐?' 라고 과격한 말을 사용한 데에는 상당한 이유가 있습니다.

바울이 에베소서 4장에서 복음의 효과에 대해서 한 말을 주목하십시오. 그는 우리가 복음으로 잘 양육되면 **'더 이상 어린아이가 되지 않아 요동치 않게 된다'** 고 했습니다(엡 4:14). 바꾸어 말하면 우리는 흰 것을 검은 것으로 믿도록 쉽게 설득 당합니다. 우리는 기반이 든든해야 합니다. 그래야만 마귀가 우리에게 와서 거짓 가르침과 거짓말로 우리를 괴롭힐지라도 하나님의 진리는 실패할 수 없다고 믿고서 우리의 갈길을 계속 달려갈 수 있습니다. 복음을 다음과 같이 활용할 수 있습니다. - 복음은 우리에게 옳은 것과 옳지 못한 것을 구별하는 방법을 가르쳐 줄뿐만 아니라 사탄의 모든 계략에 대항하기 위해서 무장시켜 주고 대비시켜 줍니다. 우리는 마귀의 올무에 빠지지 않도록 해야 합니다. - 바울은 그것에 대해서 여러 번 경고했습니다.

그러므로 만약 우리가 하나님께서 자신을 우리에게 나타내시어 보내신 대책을 받아들이지 않는다면 우리는 틀림없이 마귀의 꾀임에 빠지고 마귀에게 사로잡히게 될 것입니다. 우리는 그 말씀하시는 분이 누구신지 확실히 알고 있습니다. 만약 하나님의 권위가 아무런 의미도 갖지 못한다면 우리에게는 어떠한 희망이 있겠습니까? 실은 주 예수 그리스도께서 우리의 가는 길을 한낮의 태양 빛으로 밝혀 주십니다. 또한 그 길이 우리 앞에 곧게 나 있으니 우리에게는 여기 저기에서 곁길을 찾을 이유가 없지 않습니까? 우리는 내가 말했던 것과 같이 자연 그 자체를 마주보고 달려가고 있습니다.

그러므로 하나님께서는 당신의 진리를 인자하게 드러내 보이셨는데도 불구하고 마음을 바꾼 이 사람들을 바울이 그렇게 날카롭게 꾸짖은 데에는 상당한 이유가 있습니다. 확실히 그것은 우리로 하여금 하나님께서 예레미아 선지를 통해서 당신의 옛 백성들을 꾸짖으셨던 때를 생각나게 해 줍니다.

하나님은 이렇게 말씀 하셨습니다. **가라 바다를 건너가서 섬들과 멀리 떨어진 육지를 두루 돌아다니면서 찾아보아라 그러면 각 나라마다 그 나름대로 우상을 섬기고 있는 것을 알게 될 것이다. 그들은 그들의 교리를 결코 바꾸지 않는다. 그런데 너희는 어찌하여 그렇게 쉽게 흔들리느냐? 이 국민들은 그들의 믿음의 기초가 어디에 있는지도 모른다. 그러나 누군가가 그들의 생각을 바꾸려고 하면 그들은 탈선하지 않고 그들 본래의 신상을 완전히 고수할 것이다. 너가 섬기고 있는 하나님이 어떤 분인지를 잘 알고 있는 너는 왜 아직도 쉽게 변하느냐?**(렘 2:10-11)

만약 불쌍한 불신자들은 그들의 미신을 지속적으로 따르는데 반해서 우리는 복음의 가르침에서 쉽게 돌이킨다면 마지막날에 우리를 정죄하는데 그 이상의 다른 증거가 필요하겠습니까? 우리는 그들이 숭배하는 하나님을 모릅니다! 그들이 가지고 있는 것은 믿음이 아니고 신념(beliefs)입니다. 그러나 그들은 이러한 거짓된 상상적인 관념에서 벗어나지 않을 것입니다. 정말로 그들은 그러한 관념에 심하게 사로잡혀 있기 때문에 우리는 그들의 마음을 바꾸는 것을 상상할 수도 없습니다.

그런데 우리에 대해서 말하자면 우리는 살아계시는 하나님께서 우리를 부르신 것을 알고 있습니다. 하나님께서는 하나님과 하나님의 성령에서 나오는 말씀만을 전하는 사람들을 통해서 매일매일 우리를 가르쳐 주십니다. 우리에게는 율법과 복음에 대한 확실한 증거가 있습니다. 만약 우리의 믿음이 이것에 기초를 두지 않는다면 우리는 일관성이 없게 되고 귀가 여리게 되어 어떠한 진기함도 즉시 받아들이게 됩니다. 그리고 만약 우리가 거짓을 반대하는 대신에 흔들리게 되면 우리는 의도적으로 하나님의 은혜를 거절하는 것이 됩니다. 그렇게 하는 것은 하나님을 우리에게 가까이 하시지 못하도록 문을 잠그는 것과 같습니다.

만약 우리가 하나님의 복음은 우리에게 측량할 수 없는 많은 보화를 주신다는 것을 알고 있으면서도 그것을 발로 짓밟아 버리는 모독적인 행위를 했다면 하나님께서는 당신의 은혜가 그렇게 중상을 당하고 수치를 당하는 것을 남용하실 것으로 생각합니까? 복음이 주는 가르침을 무시한다는 것은 예수님께서 우리를 구속하시기 위해서 흘리신 피를 모독하는 것입니다. 왜냐하면 보혈과 속죄는 서로 분리시킬 수 없기 때문입니다.

하나님께서는 죄 사함에 대해서 말씀하실 때마다 우리에게 자비를 베푸시겠다고 선언하십니다. 그러나 죄 사함은 주 예수 그리스도의 피흘림과 분리될 수 없습니다. 주 예수 그리스도께서 그 한가운데 계셔서 당신이 흘리신 피를 우리에게 발라 주지 않으시면 그러한 가르침은 아무런 능력도 발휘하지 못합니다. 그러나 우리가 그러한 가르침을 무시한다면 그것은 마치 우리가 예수 그리스도의 거룩하신 피에 침을 뱉는 것과 같으며 그러한 행위는 용서받을 수 없는 신성모독입니다.

그러므로 우리는 변함없이 충성을 다하기 위해서 우리 자신을 잘 살펴보고 이 말씀을 중하게 여깁시다. 왜냐하면 하나님께서는 우리로 하여금 여러 갑절의 축복을 누리게 하기 위해서 우리를 붙드셨기 때문입니다! 이제 우리는 복음이 우연히 생긴 것이 아니고 하나님으로 하여금 우리를 향한 당신의 무한하신 자비를 드러내 보이실 수 있도록 제정되었다는 것을 알게 되었습니다. 우리는 이것을 끝까지 지켜서 어떤 것도 우리를 움직이거나 흔들지 못하도록 그것을 굳게 믿읍시다. 이것이 이 말씀을 통해서 우리가 배워야 할 내용입니다.

더욱이 거기에는 우리를 하나님께로 인도해 줄 그리스도의 진짜 초상화(portraits)가 있다는 것을 우리는 알았습니다. 천주교인들이 말하기를 우리에게는 복음과 조화를 잘 이루기 위해서 유물이 필요하다고 합니다. 그들은 형상은 바보들의 공책이며 고등교육을 받을 능력이 없는 자들을 위한 것이라고 합니다! 그런데 바울은 여기서 서너 사람에게만 이야기하고 있었습니까? 그렇지 않습니다. 그는 큰 자나 작은 자나 예외없이 모든 기독교 신자들을 향해서 한 목소리로 외쳤습니다. 그는 복음이 전파될 때에 예수 그리스도가 생생하게 그려지고 묘사된다고 했습니다.

그러므로 우리는 그 분을 우리 육신의 눈으로는 볼 수 없고 믿음의 영적인 눈으로 볼 수 있습니다. 이것이 사실임으로 우리는 우리의 구원을 위해서 무엇이 필요한지 알게 됩니다.

우리에게는 형상이나 화려한 동상이나 나무 조각이나 돌이나 그밖에 다른 시시한 것이 필요없으며 우리는 여기에 우리를 하나님께 더 가까이 데려다 주는 유물이 있다고 말할 필요가 없습니다. 이것은 모두 헛된 것이며 사기입니다. 우리에게 필요한 것은 그것이 아니고 하나님의 말씀이 설교되는 것을 듣는 것과 하나님의 말씀과 친근하게 되어서 하나님의 명확한 모습을 하나님의 독생자이신 예수 그리스도의 인격을 통해서 볼 수 있도록 노력하는 일입니다.

바울이 고린도후서 4:3에서 한 말을 보십시오. 그는 **그가 전하는 복음은 마귀에 붙잡혀 눈이 멀어서 망해가는 불신자들에게는 보이지 않는다고** 했습니다. 우리에게는 하나님의 가르침이 매우 분명하기 때문에 우리는 하나님의 뜻을 쉽게 읽을 수 있습니다. 그것은 복음이 우리에게 전해질 때마다 우리에게 아주 선명하게 계시됩니다. 우리에게는 긴 설명이나 우회적인 설교가 필요 없으며 누가 우리를 위하여 하늘로 올라 가겠습니까? 또는 누가 우리를 위하여 바다를 건너가겠습니까? 누가 깊은 바다 속으로 들어가겠습니까?(신 30:12-24)라고 물어볼 필요가 없습니다.

하나님의 말씀이 성실하게 전해지고 있습니까? 그럴 때면 우리가 마치 예수님이 십자가에 매달리신 채로 우리에게 임재하시는 것처럼 예수 그리스도를 우리의 중심에 모시게 되고 예수님은 자신이 우리를 하나님 아버지와 화해시키기 위해서 고난을 당하였을 때에 성취하신 것을 우리에게 간증하십니다. 하나님께서는 우리 앞에 그렇게도 확실하고 틀림이 없는 서약을 하시니 그것에 우리는 만족합시다. 비록 우리가 전에 없이 열심히 간청할지라도 우리에게는 변명할 여지가 없을 것입니다.

만약 우리에게 마음의 평안함이 없다면 우리는 우리의 명분을 잃게 되는 것입니다. 우리는 하나님의 말씀에 온전히 복종하는 것이 필요합니다. 그렇게 하면 내가 앞에서 말한 대로 주 예수 그리스도를 통해서 우리가 하나님과 완전히 하나가 될 때까지 우리를 하나님 곁으로 데려다 줍니다.

정말로 하나님은 자신을 낮추시어 우리처럼 무식하고 연약하게 만드십니다. 하나님께서는 우리가 알아들을 수 없는 고상하고 뜻을 이해하기 어려운 언어로 말씀하십니까? 그와는 반대로 하나님은 허리를 굽히십니다. 하나님께서는 우리에게 말씀하신 것만으로 만족하지 못하시고 당신의 말씀에 성례(sacraments)를 더 하십니다. 그런데 그것은 우리가 합법적으로 소유할 수 있는 유일한 상징입니다. 우리는 하나님께서 우리를 깨끗하게 씻어 주시기를 구해야하며 성령에 의해서 새롭게 되어야 합니다. 참으로 아름다운 장면입니다. 이것들은 우리 영혼의 거룩한 삶을 시사해 주고 있으며 우리는 주 예수 그리스도를 통해서 생명을 누릴 수 있다는 것을 보여줍니다.

그리스도의 피는 효험이 많아서 우리는 우리의 부족한 것을 다른 곳에서 찾을 필요가 없습니다. 왜냐하면 그것은 고기와 음료와 우리가 필요한 모든 물건의 역할을 담당하기 때문입니다. 여기에는 하나님이 우리에게 보여주시는 놀라운 사진이 있습니다. 만약 우리가 육신적인 욕심 때문에 나는 이것보다 훨씬 더 많은 것을 원한다는 말을 하면서 성급하게 공중으로 날개를 치며 날아간다면 아무 대가도 받지 않고 거저주시는 하나님의 은혜를 무시하는 것입니다.

그러니 바울이 복음으로 성실하게 교육을 받은 후에 탈선하여 타락하게 된 자들 모두를 하나님의 권능과 이름 그리고 성령의 능력과 벽력같은 소리를 질러 꾸짖는 이 말씀에 우리는 주의를 기울여야 합니다.

그는 이 시점에서 사람이 성령을 받았다는 것을 갈라디아 사람들이 어떻게 믿게 되었는지 알고 싶다는 말을 더했습니다. 왜냐하면 만약 그들이 율법을 지킴으로써 성령의 소유자가 되었다면 바울은 그들에게 얼마간의 의로움이 있다고 인정했을 것입니다. 그러나 그들은 복음을 통해서 성령을 받았기 때문에 그는 이것이 행함을 반대하는 충분한 이유가 될 것이라고 결론을 내렸습니다. 바울이 여기서 말하고 있는 내용을 완전히 이해하기 위해서 하나님의 영이 모든 신자들을 거듭나게 해서 새로운 피조물로 만드신 후에 그들 안에 거하신다고 했습니다. 이렇게 하신 후에 하나님께서는 당신을 기쁘게 해주는 분량에 따라 영적인 은사를 나누어 주십니다(그들은 항상 교회전체에 유익이 됩니다).

그러므로 우리가 기독교신자라면 우리는 하나님의 영을 모시고 있어야 합니다. 왜냐하면 **성령님은 우리에게 약속되었으며 우리가 기다리고 있는 기업의 증인이며 보증이 되시기 때문입니다**(고후 1:22, 엡 1:14). 그러므로 우리가 하나님의 자녀라면 하나님의 영이 우리 안에 거하셔야 합니다.

지금도 말씀의 은사, 예언의 은사, 병고침의 은사 등이 있었던 과거와 같이 은사가 있습니다. 오늘날에도 하나님께서는 당신의 교회를 버리지 않으셨다는 것을 보여 주십니다. 비록 우리가 옛날처럼 가시적인 은사로 둘러 싸여있지 않더라도 하나님께서 여전히 우리 가운데서 능력을 나타내십니다. 우리는 여기서 언급된 '성령' (spirit)이라는 말을 요한복음 3:6에서와 같이 정상적인 뜻 즉, 하나님의 자녀에게 일어나는 거듭남을 상징하는 것으로 여깁니다. 우리는 육으로 태어났기 때문에 부정으로 가득하며 세상적인 것으로 향하는 경향이 있습니다. 사실이지 사람들은 지식이 많다고 자랑하고 그들에게는 선과 악을 선택할 수 있는 자유를 소유하고 있는 것처럼 보일지 모르나 그것은 상상에 불과합니다.

만약 우리를 우리의 천성에 맡겨 놓는다면 우리는 온갖 악으로 향할 것이 틀림 없습니다. 성경에서도 우리에 대해서 똑같은 말씀을 하십니다. **인간이 마음속에 품은 모든 생각은 악할 뿐이며 우리의 모든 욕망은 하나님과 원수가 된다**고 했습니다(창 6:5, 롬 8:7). 우리 자신을 헛된 감언으로 속이지 말고 우리는 아담안에서 완전히 타락했으며 죄악으로 가득찼다는 것을 인정합시다. 하나님께서 성령으로 우리를 되살리실 때에 우리에게 이러한 악을 보여주십니다. 따라서 하나님은 우리의 마음을 정화하시게 되며 우리는 하나님께 순종하기를 소망하게 됩니다.

비록 우리가 아직은 바라는 만큼 완전한 수준에 달하지 못했지만 우리가 우리의 천성과 싸우면서 선을 행하려고 한다면 그것이 바로 하나님께서 우리 안에 거하신다는 증거가 됩니다. 이것은 또한 우리는 하나님의 양떼로서 하나님의 인도하심을 받고 있다는 것과 하나님의 자녀라는 표적이 됩니다. 그러나 하나님의 성령이 우리로 하여금 하나님께 순종하면서 살아가도록 하는 데 도움이 될 때에만 그렇습니다. 왜냐하면 우리에게 그러한 간증이 없으면 우리는 우리자신을 기독교인이라고 여길 수 없기 때문입니다. 즉, 하나님께서 당신이 우리의 아버지라는 것을 인정하는 증거로서 당신의 성령을 우리에게 주시지 않으셨다면 우리는 그렇게 할 수 없습니다.

다음에는 바울은 갈라디아 사람들이 복음의 설교를 통해서 설령을 받았다고 말했습니다. 이것은 사실이니 우리는 부득이 율법은 그들을 의롭게 할 수 없다는 결론을 내리지 않을 수 없었습니다. 율법으로는 왜 안 됩니까? 우리는 우리가 전에 다루었던 그 원칙을 다시 복습해야겠습니다. 즉 복음은 우리에게서 우리가 소유하고 있다고 생각하는 모든 선한 것을 벗기어 버릴 뿐만 아니라 우리로 하여금 우리 자신을 부끄럽게 여기게 만들기 때문에 하나님께로 달려가서 우리의 필요한 것을 고백하게 만듭니다. 비록 율법에서는 하나님께서 우리의 저주받은 상태를 폭로하시지만 우리에게는 그것이 복음에서 만큼 선명하지 않습니다.

위선자들은 그들에게 요구되는 것을 다한 것으로 믿고 자신을 얼마나 자랑하는지 생각해 보십시오! 그러나 복음에는 두 가지 중요한 내용이 들어있습니다. 첫째로 하나님께로 나가서 겸손하게 고백을 한 후에 은혜를 베풀어달라고 간구하는 것입니다. 왜냐하면 우리는 칭찬받을 만한 미덕이 단 한 방울도 없는 죄인이기 때문입니다. 그러므로 바울이 두 번째 요점을 반복해서 강조한 이유를 알 만합니다.

바울이 강조한 두 번째 요점은 복음의 설교를 통해서 하나님의 성령을 받은 사람은 그들 자신에게서 그들 자신의 공로에 대한 모든 믿음을 비우고 그들의 구원은 오로지 하나님의 거저주시는 은혜에 달려 있다는 것을 깨닫는 것입니다.

율법을 통해서 의롭다고 규정되는 것과 복음을 통해서 의롭다고 규정되는 것은 불과 물이 다른 것과 같이 완전히 별개의 것입니다. 복음은 율법을 부정한다는 말입니까? 전혀 그렇지 않습니다. 하나님께서 그들 둘을 다 만드셨으며 하나님 안에서는 모순이 있을 수 없습니다. 문제는 사람이 어떻게 구원을 받느냐입니다.

하나님께서는 사람들에게 바르게 살아가는 법을 보여주시기 위해서 율법을 주셨으나 그와 동시에 사람을 정죄할 방법을 찾고 계셨는데 그것은 마치 판결이 내려지기도 전에 목에 굴레를 메고 형벌을 받고 있는 것과 같습니다. 확실히 율법에서는 입을 활짝 벌리고 우리를 삼켜버릴 준비를 하고 있는 지옥문밖에 보이지 않습니다. 하나님은 우리에게 복수할 준비를 완료하셨으며 우리의 원수로서 무장을 하고 계십니다. 이것이 율법을 제정한 목적입니다.

반면에 그것에 대한 대책으로 복음이 우리에게 주어졌으므로 우리는 절망 가운데서도 주 예수 그리스도를 통해서 피난처를 가질 수 있게 되었습니다. 하나님으로 하여금 우리의 모든 범행을 말소하시게 하고 그들을 기억에서 지워버리시게 하는 방법은 속죄밖에 없다는 것을 우리가 깨닫게 되는 곳이 바로 그곳입니다. 하나님께서는 그들로 인한 불이익을 더 이상 우리에게 주시않으십니다.

우리가 의롭다고 규정되는 까닭은 하나님께서는 우리의 죄를 우리 탓으로 돌리지 않으신다는 사실 때문입니다. 우리가 복음에서와 같이 율법에 있는 하나님의 계획과 목적을 이해하게 되면 하나님은 혼란을 일으키는 분이 아니라는 것을 알게 됩니다. 그러나 만일 우리가 복음을 통해서 의롭게 되었다면 우리가 무엇 때문에 율법을 통해서 구원을 받으려고 하겠습니까? 율법은 우리에게 복음에 대한 준비를 시켜줍니다. 왜냐하면 사람들이 자만심으로 부풀어 있다면 하나님의 은혜를 모르기 때문입니다.

만약 어떤 그릇이 공기로 꽉 찾는데 거기에다 어떤 액체를 집어넣으려고 한다면 그 액체는 전혀 그 속에 들어갈 수가 없을 것입니다. 왜냐하면 그 속에 있는 공기는 그 액체가 들어오는 것을 막기 때문입니다. 사람의 육체를 예로 들어 보겠습니다(왜냐하면 우리는 이 세상에 있는 것에서 본을 받아 우리의 생각이 천국을 향하여 올라가게 하는데 그들을 사용하도록 되어 있기 때문입니다).

한 사람이 굶어 죽게 되었는데 아무 것도 먹지 못할 정도로 그의 위장이 부풀어 있다면 그는 배가 부를 것입니다. 그러나 그는 음식을 먹어서 배가 부른 것이 아니라 가스로 가득 찼기 때문입니다. 가스는 그 사람의 생명을 유지해주고 영양분을 공급해주는 음식이 들어오지 못하게 합니다. 똑같은 원리가 우리의 어리석은 자만심에도 적용됩니다.

우리는 우리에게 필요한 것을 모두 소유하고 있다고 생각합니다. 그러나 우리가 가지고 있는 것은 하나님의 은혜를 들어오지 못하게 하는 공기와 같습니다. 그러나 복음은 우리를 겸손하게 해주며 주 예수 그리스도께서는 우리의 비참한 모습을 드러내 보이십니다. 우리는 하나님께서는 그 문제에 대한 답을 갖고 계시다는 것을 깨닫고 하나님에게로 나가야 합니다. 우리 안에는 선한 것이라고는 아무 것도 없습니다. 우리는 그것을 모두 하나님 안에서 찾아야 됩니다.

이러한 이유로 바울은 만약 우리가 복음을 통해서 성령을 받았다면 우리는 거기에 안주해야 하며 결코 율법에 있는 의식에 한눈을 팔아서는 안 된다고 주장합니다. 우리는 복음이 완성될 것에 대해서 만족해야 합니다. 왜냐하면 하나님께서 우리에게 주신 것이 바로 이것이기 때문입니다. 이 선물을 받고 마음껏 기뻐합시다!

비록 이러한 주의는 갈라디아 사람들에게 주어진 것이지만 그것은 오늘날 우리에게도 똑같이 적용됩니다. 우리 주님께서 우리 안에서 얼마만큼 역사하셨는지 생각해 보라는 부탁을 드립니다. 그리고 나서 우리가 고린도후서에서 배운 것을 실천하기 시작하십시오. 그러면 틀림없이 우리는 완전히 새사람으로 거듭나게 되며 **하나님의 성령이 틀림없이 우리 안에 거하실 것입니다**(고후 3:18).

우리가 하나님의 진짜 자녀인지를 식별하는 정확한 방법은 하나님의 성령으로 식별하는 것입니다. 우리가 어머니의 뱃속에 있을 때부터 성령이 우리 안에 거하셨습니까? 확실히 말씀드리지만 그렇지 않습니다! 또 하나님은 우리의 공로 때문에 우리를 찾아오신 것이 아니고 우리를 하나님 아버지께 이끌어 주시는 당신의 성령을 쏟아 부으시는 것이 하나님을 기쁘게 해드렸기 때문입니다.

만약 우리에게 하나님을 경외하는 삶을 살려는 의지나 욕망이 있으며 우리가 깨끗한 마음을 가지고 하나님을 부를 수 있게 되기를 구한다면 그것이 하나님의 영이 우리 안에 거하신다는 증거입니다. 우리는 다른 증거를 찾을 필요가 없으며 그것을 길게 설명할 필요가 없습니다.

그런데 우리가 성령을 받은 것은 우리의 공로 때문입니까? 거기에 대한 대답은 확실히 'NO'입니다. 따라서 우리는 복음을 통해서 성령을 받았다는 결론을 내려야 합니다 하나님은 사람의 구원을 성취하기 위해서 당신의 능력과 힘을 복음 안에서 보여주십니다. 이것에 대해서 로마서 1:16에서 언급되고 있습니다. 그러므로 만약 복음이 우리로 하여금 성령을 받아들이게 하는 도구였다면 그밖에 다른 방도를 찾을 필요가 있겠습니까? 그렇게 한다는 것은 전능하신 하나님의 능력을 부인하는 것이 아닙니까? 그렇게 하는 것은 우리 자신의 욕망에 따라 여기 저기에서 다른 길을 찾기 위해서 하나님이 우리에게 일러주신 길에서 의도적으로 벗어나는 것과 같습니다.

만약 갈라디아 사람들이 복음에서 율법으로 돌이킨데 대한 변명을 할 수 없다면 오늘날 사람에 의해서 잉태된 미신에게 자신들을 꼼짝 못하게 만들려고 애쓰는 우리는 어떻게 되겠습니까? 하나님께서 옛날에 제정하신 의식을 통해서가 아니고 그들이 만들어낸 어리석고 조잡한 법규에 의해서 의롭게 되려고 하는 천주교신자들을 보십시오. 그들이 하나님을 섬기는 것이라고 부르는 것은 각자가 발명한 것 중에서 얼마를 각출해서 만든 잡탕찌게에 불과합니다.

만약 우리도 인간의 발명품을 순수한 복음과 그와 같은 방법으로 혼합하려고 한다면 우리는 하나님을 무시하고 우리 자신을 하나님에게서 떼어놓아서 하나님의 은혜를 거절하게 하여 복음이 어떤 방법으로든지 우리에게 영향을 미치지 못하게하는 것이 됩니다. 그렇게 된다면 우리는 어리석은(foolish)것보다도 못하지 않겠습니까?

성령께서 먼저 우리에게 우리의 구원은 온전히 하나님의 은혜에서 비롯되었다고 고백할 수 있는 겸손을 허락하지 않으시면 우리는 기독교인이 될 수 없다는 것을 알아둡시다. 주 예수 그리스도께 바짝 달라붙어서 그 분을 부분적으로 믿지 말고 그 분 안에서 완전한 만족을 찾고 그 분의 온전하심을 받아들입시다. 그리고 그 분을 지혜와 의로움과 복의 극치로 인정합시다. 우리의 모든 즐거움이 그 분 안에 있으며 우리는 그 즐거움을 복음의 성실한 전도를 통해서 누릴 수 있게 되었습니다.

우리는 겸손해져서 우리가 하나님에게 접근하는 것을 막는 자만심을 벗어버립시다. 그리고 만약 우리 주님께서 우리에게 구원에 필요한 모든 것을 풍성하게 쏟아 부으신다면 우리는 그것으로 만족하고 사람들이 추구하는 그 이외의 것은 모두 우리 앞에서는 연기와 같이 되게 해달라고 간구하십시오. 복음이 우리에게 얼마나 중요한 가를 입증하기 위해서 그 이외의 것은 모두 무시하고 믿지 맙시다.

우리는 마귀가 직접 우리의 귀에 대고 속삭일 때에 거기에 넘어가지 않기 위해서 담대하고 시종여일 해야 할 필요가 있습니다. 그러나 우리는 연약하고 무식하고 우둔한 백성이기 때문에 하나님께서 매일 우리를 오라고 부르실 때에 우리는 주저합니다. 우리는 하나님께 우리를 당신의 성령으로 강건하게 해주시고 하나님의 복음에 대한 지식을 증가시켜달라고 요청하기 위해서 우리자신을 훈련시킬 필요가 점점 늘어납니다.

우리는 단 하루만에 목적지에 도착했다고 생각하는 사람들처럼 되어서는 안 되고 점진적으로 영생에 대한 우리의 소망의 깊이를 더해가야 합니다. 우리는 바울이 에베소서 4장 15절에서 자세히 설명한 것들을 체험하는 그날까지 믿음이 매일매일 늘어가는 믿음이 좋은 사람이 되어야 합니다. 그렇게 되면 우리는 우리 주 예수 그리스도와 완전히 하나가 될 것입니다.

16

갈라디아서 강해 설교

너희가 이같이 어리석으냐 성령으로 시작하였다가 이제는 육체로 마치겠느냐 너희가 이같이 많은 괴로움을 헛되이 받았느냐 과연 헛되냐 너희에게 성령을 주시고 너희 가운데서 능력을 행하시는 이의 일이 율법의 행위에서냐 듣고 믿음에서냐 아브라함이 하나님을 믿으매 이것을 그에게 의로 정하셨다 함과 같으니라(갈 3:3-6).

우리가 알고 있는 바와 같이 복음에 담겨있는 모든 가르침은 우리로 하여금 세상을 버리고 하나님에게 우리 자신을 밀착시키기 위해서 마련되었습니다. 그것은 우리가 우리의 시선을 하늘에 더욱 고정시킬 때에만 가능합니다. 만약 우리가 하나님에 대한 지식을 증가시키기를 소망한다면 우리는 먼저 타고난 우리의 약점을 고치기 위해서 열심히 노력해야 합니다. 그럴 때야 비로소 세상이 우리에게 주는 모든 것을 저버릴 태세를 갖추게 됩니다.

하나님께서 인자하시게도 자비를 베푸셔서 우리에게 몸을 굽히시는 것이 사실이라면, 우리는 이 세상에 굳게 뿌리를 내린 채로 있어서는 안 됩니다. 정말로 하나님께서는 인간을 당신의 대언자로 선택하셨을 때 우리가 쉽게 친근해질 수 있는 것들, 예를 들면 이 세상의 물질을 사용한 가시적인 상징물인 성찬식 등을 활용해서 우리를 당신에게로 끌어들이셨습니다. 따라서 우리는 하나님께서 아무런 이유 없이 우리를 섬기려고 하실 정도로 기꺼이 자신을 자제하고 계시다는 것을 알 수 있습니다. 우리는 하나님이 우리가 도저히 접근할 수 없는 곳에 계시다는 이유로 우리 자신을 거기에서 벗어나게 할 수 없습니다. 우리가 무슨 말을 하든 복음의 중요한 목적은 우리들을 하나님께로 데려오기 위해서 우리들에게서 육에 속한 모든 것을 벗겨버리는 것임을 부인할 수 없습니다.

그러나 안타깝게도 사람들은 하나님께서 지정하신 가시적인 상징물들을 경건의 근원으로 만듦으로써 하나님의 은혜를 남용했습니다. 그렇게 하는 것은 마치 그들이 그러한 의식을 지킴으로써 구원을 받을 수 있다고 생각하는 것과 같습니다. 이러한 죄는 오늘이나 어제 생긴 것이 아닙니다. 그것은 태초에서부터 널리 퍼졌으며 바로 이 시간까지 계속되고 있습니다. 더 괘씸한 것은 사람들은 하나님께서 사람들을 하나님께로 인도하기 위해서 제정하신 것들을 악용할 뿐 아니라 다른 장애물을 구축해서 그들 자신을 하나님에게서 더 멀리 떼어놓습니다. 아마 그것이 일상생활에서 분명하게 드러나지 않았다면 이 말을 이해하기 어려울 것입니다.

하나님께서는 율법을 통해서 그 당시의 모형이며 그림자였던 성찬식을 제정하셨습니다. 그러나 그것은 하나님은 그러한 유치한 것을 좋아하신다는 표시가 아니고 그보다는 아이와 같은 그 백성들이 무식하다는 것을 나타내는 징표입니다. 하나님께서는 그들에게 영적 예배의 본질을 깨달으라고 명령하고 계십니다. 이와 같은 율법적인 의식을 육신적(carnal)이라고 기록하고 있습니다. 우리는 이것을 어떻게 이해해야 하겠습니까? 하나님께서는 백성들에게 하나님께 접근하는 방법을 친숙하고 쉽게 이해될 수 있는 방법을 통해서 가르치려고 하십니다. 동시에 우리는 산상에서 모세에게 보여 주었던 모형은 하늘나라에서 왔다는 말을 들었습니다. 그러므로 율법에 있는 의식에는 이와 같은 두 가지 면이 있습니다.

성전에 들어갈 때에 손을 씻고 제물을 바치고 촛불을 켜놓고 향을 피우고 제사장의 옷을 입는 것 – 이것들은 모두 외적이며 상징적인 것들입니다. 그러므로 육신적(carnal)이며 일시적이라는 말로 표현할 수 있습니다. 그러나 그들의 의의는 영적입니다. 그런데 유대인들은 이것에 어떻게 대응했습니까? 그들은 하나님이 그 형상을 제정하신 이유에 대해서 생각해 보지 않고 형상에 마음을 빼앗겼습니다. 성전에 가서 그들에게서 기대되는 것을 외적으로 이해함으로써 하나님께서 보시기에 흠이 없게 될 것이라고 믿었습니다. 그러나 사실 그들은 그들의 형상대로 신을 만들고 있었습니다.

하늘도 그 위대하심이 무한하신 하나님을 수용할 수 없기 때문에 하나님은 사람의 손으로 세운 집에 거하지 않을 것이라고 한 선지자의 말을 통해서 하나님께서는 이러한 방법을 비웃으셨습니다(사 66:1). 그러나 오늘날 천주교에서는 하나님의 율법을 남용하는데 만족하지 않고 계속해서 새로운 교리를 만들어내서 마침내는 어리석은 생각으로 다 채우고 있습니다. 그럼에도 그들은 하나님께 경배를 드리고 있다고 주장합니다!

그들이 무슨 말을 하든 그것은 웃음거리에 불과합니다.

이제 본문 말씀에 대해서 생각해 봅시다. 바울은 영(Spirit)과 육(flesh)을 비교했습니다. 그는 영(the Spirit)이라는 말을 어떤 뜻으로 사용했습니까? 여기에 사용된 그 말은 영적인 성질을 지니고 있으면서 유대인들이 지켜야 했던 형식과 그림자에서 우리를 자유롭게 하기 위해서 모색된 복음의 가르침 전체를 포용하고 있습니다. 하나님께서는 복음을 통해서 자신을 온전하게 나타내십니다. 하나님께서는 율법의 모든 형식과 그림자를 다 제거해 버리신 후에 우리들이 직접 하나님께 나오기를 바라시며, 이 세상의 어떤 것도 우리를 막지 못하게 하신다는 것을 나타내 보이십니다.

율법에서는 하나님께 가까이 갈 수 있는 사람은 제사장뿐이었으며 백성들은 일정한 거리를 지켜야 했습니다. 주 예수 그리스도가 우리의 제사장이시며 히브리서에 있는 말씀과 같이 **예수님께서는자신의 의를 통해서 우리들로 하여금 하나님 아버지께 접근할 수 있는 길을 터놓으셨습니다**(히 9:11).

만약 우리가 복음을 하나님께서 의도하시는 대로 받아들인다면 하나님은 마치 우리는 의식을 거행할 필요가 없이 하나님께 접근할 수 있는 자격이 있는 것처럼 대우해 주십니다. 왜냐하면 이러한 의식은 본래 깨우침을 받지 않았던 사람과 하나님의 뜻을 알지 못했던 사람들을 위해서 마련되었기 때문입니다.

바울은 갈라디아인을 꾸짖었으며 그들이 영적으로 시작했다(begun in Spirit)고 했습니다. 그는 이 말을 통해서 갈라디아인들은 복음이 주는 가르침을 알고 있었으며 또 모호한 형식과 그림자로 유대인들에게 숨겼던 것들을 이해하고 있었다는 것을 의미합니다. 그들은 비열하고 졸렬한 방법인 '육을 통해서 온전하게 되기' (made perfect by the flesh)를 구했기 때문에 바울은 그들을 꾸짖었습니다. 그 말에는 다음과 같은 뜻이 있습니다.

"하나님은 너희에게 하나님의 뜻을 직접 보여 주실 정도로 자비로우신데도 너희는 처음으로 또 기본으로 돌아가기를 좋아한다. 하나님은 너희에게 고매하고 고상한 지혜를 보여 주셨으며 너희는 그 지혜를 통해서 주 예수 그리스도가 되어 나타나신 하나님의 비길 데 없는 사랑을 받았도다. 이제 너희는 왜 원점으로 돌아가서 너희가 배운 것을 다 잊어야만 하느냐? 그렇게 한다는 것은 비논리적이며 이치에 맞지 않으며 너희가 받은 은혜를 멸시하는 것이다." 우리가 알고 있는 바와 같이 만약 이 세상에서 어떤 사람이 무엇인가를 배우고 싶어한다면 그는 기초에서 시작하여 조금씩 조금씩 익혀서 마침내는 그 분야에서 고도의 기술을 얻게 될 것입니다.

만약 한 어린아이에게 글자 읽는 법과 쓰는 법 또는 문법(그것을 점진적으로 익혀야 합니다)을 가르치지 않고 과학을 가르치려고 한다면 성과가 얼마나 있겠습니까? 마찬가지로 바로 그 어린아이가 성장해서 어른이 되고 많은 것을 배우고 난 후에 그로 하여금 가장 기초단계로 돌아가게 만든다면 참으로 웃기는 일이 될 것입니다! 똑같은 원리가 숙련공에게도 적용됩니다.

어떤 사람이 처음 공장에 취업을 했다면 처음 시작할 때에는 그가 1년이나 2년 후에 알게 될 것들을 알지 못했을 것입니다. 우선 그는 기초가 되는 원리를 배우고 나서 그 지식 위에 쌓아 올라갈 것입니다. 그러나 만약 4년간을 배우고 나서 그가 제일 처음에 배웠던 내용을 다시 복습하게 된다면 그는 그의 시간을 낭비하는 것입니다.

이제 이 교훈을 우리 자신에게 적용시킵시다. 우리에게는 우리의 세속성 때문에 쉽사리 소화해내지 못하는 교리를 분석해 줄 사람이 필요한 것이 사실입니다. 하지만 하나님께서는 자비롭게도 율법시대의 옛조상들이 누렸던 것보다도 더 많은 특전을 우리에게 베푸시어 우리로 하여금 영적인 것들을 배우게 허락하셨습니다. 아브라함에 대해서 생각해 보십시오. 그는 우리가 누리는 만큼의 특전을 누리지 못했습니다. 그러나 그는 믿음의 조상이 되었으며 우리도 그렇게 될 필요가 있습니다.

다음에는 가장 고상한 왕이며 선지자였던 다윗이 있습니다. 그렇지만 그는 우리가 지금 알고 있는 것들을 그림자의 형태로만 알고 있었습니다. 율법시대에 살았던 사람들 모두가 그와 같습니다. 이러한 까닭으로 주 예수 그리스도께서 **우리가 보는 것을 보았던 눈과 복음의 기쁜 소식을 들은 귀는 복이 있도다**(마 13:6)라고 말씀하셨습니다. 왜냐하면 그 분이 지금은 세상에 명백하게 드러나셨기 때문입니다.

하나님께서 우리에게 가까이 하시기를 즐거워하시고 우리를 그렇게도 다정하게 대해 주시는 데도 만약 우리가 뒷걸음질치고 건전한 교리보다는 의식이나 형상을 통해서 하나님께 접근하기로 마음먹었다면 의도적으로 하나님께 반항하는 것이 될 것입니다. 이러한 반항은 우리는 하나님이 우리에게 자비와 긍휼을 베푸시는 것을 원치 않으며 하나님께서 되고자 하시는 하나님이 되는 것을 하지 않는다는 것을 증명할 뿐입니다.

그러므로 우리는 바울이 여기서 주장하는 요점을 쉽게 이해할 수 있습니다. 그는 갈라디아인들이 뒷걸음치는 게와 같이 처신한 것을 두고 꾸짖었습니다. 왜냐하면 그들은 복음에 나오는 영적인 교리로 교육을 받은 후에 율법의 그림자로 돌아갔기 때문입니다. 그것은 오늘날 우리의 예배가 복음에 근거를 두고 있으며 우리의 행위는 순수한 하나님의 말씀위에 기초를 두고 있다는 것을 알면서 거기에 자신의 생각을 더하는 사람과 같습니다. 그 사람은 "우리 모두가 그렇게 할 수 있으면 더 좋지 않겠습니까?"라고 묻습니다. 그렇게 한다는 것은 육으로 돌아가는 것을 의미합니다. 하나님께서 우리를 더 높이 들어올리셔야 하는데도 불구하고 우리는 이 땅의 것으로 끌어내려집니다. 이렇게 하는 것은 하나님과 싸움을 공개적으로 벌이는 것이 됩니다.

우리는 이 교훈을 유익하게 활용하는 방법을 배워야 합니다. 하나님께서는 우리에게 말씀을 주셨으니 우리는 그 말씀이 전하는 내용을 성실하게 들어야 합니다. 이제 우리는 하나님께서 예배받고 싶어하시고 섬김을 받고 싶어하시는 방법을 알고 있으니 좌로나 우로 치우치지 맙시다. 만약 우리가 하나님의 이름으로 성실하게 전해진 하나님의 말씀에서 참유익을 얻었다면 우리는 하나님의 말씀을 귀히 여기고 있다는 것을 모든 사람에게 분명하게 보여 주어야 합니다.

사실은 우리가 성장하면 성장할수록 우리에게는 실족할 구실이 점점 적어질 것입니다. 우리는 냉정하게 되거나 형세를 관망하려고 하는 자들이 많이 있다는 것을 알고 있습니다. 우리는 그들이 더 성숙되어서 하나님과 동행을 더 많이 할 것을 기대했지만 그들은 헛된 망상에 매혹되어 있습니다. 오늘날 박해를 피하려고 하는 자는 사람의 마음에서 나오는 생각을 의식적으로 더함으로써 하나님의 말씀을 바꾸거나 위조합니다. 이러한 실정을 알았으니 만약 하나님께서 우리에게 많은 지식을 알려 주셨다면 우리는 어린아이들처럼 우리의 기초로 돌아가서는 안 된다고 한 바울의 가르침에 더욱 유의합시다.

복음에 대해서 많은 지식을 축적했거나 그렇게 할 기회가 있었던 자들이 복음에 대해서 한마디 말도 들어본 적이 없는 사람들처럼 행했다면 그것은 참으로 부끄러운 일이 될 것입니다. 사도는 **너희는 너희가 배운 분량으로 보아 마땅히 선생이 될 터인데 너희는 아직도 초보자에 불과하다**(히 5:12)고 말하며 히브리서에서 유대인들을 꾸짖었습니다. 이것이 이 본문말씀에서 우리가 명심해 두어야 할 가장 중요한 점입니다.

다음에 바울은 "너희가 이같이 많은 괴로움을 헛되이 받았느냐 과연 헛되냐"라고 물었습니다. 그는 갈라디아인들로 하여금 하나님께서 그들에게 하나님의 증인이 되는 영광 — 그들이 곧 잊어버린 특전 — 을 허락하셨다는 사실을 통해서 각성하기를 원했습니다. 이점은 우리가 유념해 볼 만한 가치가 있습니다. 하나님께서는 그러한 귀한 특전을 당신의 백성들에게 허락하실 때가 자주 있었습니다. 예를 들면 하나님께서는 당신의 말씀을 사람들에게 선포하는 데 당신의 백성들을 사용하셨습니다.

만약 우리가 우리의 책무를 등한히 하여 처음 시작했을 때부터 끝까지 참아내지 못한다면 우리는 마땅히 두 배의 부끄러움을 당해야 할 것입니다. 사실은 그렇게 하는 것은 이중의 수치를 담고 있기 때문에 무서운 죄로 여겨져야 할 것입니다. 하나님께서 다정하게 두 손을 펼치시고 우리를 맞아주시는 때에 하나님을 섬기기를 중단하는 것은 사악하고 배은 망덕한 행위입니다.

놀라운 이적을 행하신 분은 하나님이시며 그들은 하나님의 도구로 쓰임받았음에도 불구하고 그들이 그 이적을 행했다고 자랑하고 으스대는 많은 사람들 가운데서 그러한 태도를 취하는 자들을 볼 수 있습니다. "무슨 말씀이십니까? 내가 이런저런 기적을 행하지 않았습니까?" 하고 소리칠 것입니다. 그들은 그들이 이룩한 일을 자랑할 것이며 하나님께서는 그들에게 보답해 주셔야 한다고 믿고 있습니다.

비록 그들이 말하는 것보다 일백 배의 기적을 더 행했을지라도 그들은 하나님께 그만큼 더 많은 빚을 지고 있습니다. 확실히 그들은 그들 자신의 노력으로는 아무 것도 이루지 못하고 성령의 능력으로 기적을 이룩했습니다. 후에 그들이 뒷걸음질치게 되면 그들의 죄와 범죄가 더 증가 할 것입니다. 왜 그렇습니까? 왜냐하면 그들이 전진해 나가야 하는데도 불구하고 후퇴하고 있기 때문입니다. 그들은 공개적인 활동을 하지 않을 때에 망신스러운 짓을 더 많이 합니다. 그렇게 한다는 것은 마치 하나님께서 멀리 있는 사람이나 가까이 있는 사람을 막론하고 주변에 있는 모든 사람들이 볼 수 있도록 그들을 사형에 처하시는 것과 같습니다. 하지만 그러한 죄가 믿기 어려울 정도로 흔합니다.

자신이 복음 운동을 지원해 주고 있다고 생각하는 자들은 그들이 율법과 규례의 제약을 받지 않는다고 믿습니다. 만약 우리가 그들이 실패한 데 대해서 책망하면 그들은 이렇게 말할 것입니다. "무슨 말씀입니까! 당신은 오히려 나를 지지해 주어야 하지 않습니까? 나는 하나님을 위해 이런저런 일을 했습니다." 사람들은 이러한 방법으로 서슴없이 변명을 합니다. 더욱이 하나님께서 인자하게도 그들을 하나님을 섬기는 일에 쓰실 때에 그들은 교만하게도 하나님께 반기를 듭니다.

이제 "너희가 이같이 많은 괴로움을 헛되이 받았느냐?"라고 바울이 한 말에 대해서 생각해 봅시다. 그는 이 말을 통해서 갈라디아인들을 더 심하게 책망했습니다. 그들은 복음 때문에 이미 많은 괴로움을 받았습니다. 그들은 박해를 받았으며 물심양면으로 많은 시련을 겪었습니다. 바울은 "왜 그들이 견디어 낸 모든 고난이 하나님의 이름을 영화롭게 하기 위한 것을 설득시키지 못했습니까?"라고 물었습니다. 사실은 **우리가 복음을 위해서 견딘 고난은 우리를 우뚝하게 해주며 또 하나님으로 하여금 우리를 영광스러운 자리에 임명하게 한다**는 것을 보여 줍니다! 우리가 누릴 수 있는 가장 큰 명예는 하나님의 진리를 증거하는 증인이 되는 것입니다.

우리가 아무리 타락했을지라도 하나님께서는 하나님에게서 나오는 영원한 진리를 승인하실 것입니다. 그렇습니다. 하나님은 비록 우리가 연기나 수증기나 그림자에 불과하고 아무 것도 아닌 것보다 못할지라도 보잘것없는 피조물인 우리를 통해서 하나님의 말씀을 입증까지 하실 것입니다. 하나님께서는 당신의 복음을 널리 확산시키기 위해서 우리를 하나님의 참된 증인으로 인정하시고 임명하셨으니 우리가 수난을 당해서 하나님에게서 이탈해 나오는 것을 하나님이 보시고 탄식하시는 것이 당연하지 않습니까?

그러니 우리 모두는 시작을 잘한 후에 우리 자신에 주의를 기울입시다. 이 경고는 주목할 만한 가치가 제일 많습니다. 교회 안의 가장 작은 자까지도 하나님께 많은 빚을 졌습니다. 중요한 것은 하나님께서는 많은 사람들 가운데서 그들을 선택하셔서 그들에게 복음의 원리를 가르치셨으며 '큰'(great) 자와 자신이 더 귀하고 고상하다고 생각했던 자들을 안중에 두지 않으셨다는 사실입니다. 하나님께서는 세상 사람들에게 멸시받는 자들을 택하기 위해서 이렇게 하셨습니다. 만약 그러한 사람들이 약속을 어기게 되면 그들은 확실히 그것을 해명하는데 많은 어려움을 겪게 될 것입니다. 그렇다면 하나님께서 당신의 기수로 택하셨던 자들은 어떻게 되겠습니까? 하나님께서는 그러한 백성들을 다른 사람에게 거울이 되고 본이 되라고 세우셨습니다.

만약 그들이 넘어지면 어떠한 변명을 할 수 있겠습니까? 주 예수 그리스도의 이름과 하나님의 복음을 전하기 위해서 괴로움을 받았던 사람들은 어떻게 되었습니까? 몇 사람은 감옥에 갇혔으며, 몇 사람은 고문을 당했으며, 몇 사람은 죽은 것과 같은 상태로 있었습니다. 만약 그러한 사람들이 변절해서 다른 사람들보다 훨씬 많은 자유를 얻게 되면 그들은 (가능한 한) 그들의 생활에서 하나님의 은혜를 완전히 지워버리려고 할 것입니다.

그들은 복음 때문에 그 많은 고난을 받았으니 우리는 마땅히 그들을 참아주어야 한다고 말하면서 용서를 호소할 것입니다. 그러나 가장 많은 고통을 받은 사람들은 자신을 더 엄격히 통제해야 합니다! 왜냐하면 하나님께서 그들에게 허락하신 땅에는 그들로 하여금 하나님께 더욱 많은 빚을 지게 만들었으며, 또 그들은 잠을 자지 않고 경계를 해서 어느 누구도 넘어지지 않도록 해야 합니다.

사람들이 "저 사람은 하나님의 순교자 중의 한 사람이었음에 틀림없습니다. 왜냐하면 그는 진리를 수호하기 위해서 많은 고난을 받았기 때문입니다. 그런데 지금 그는 세상적인 사람이 되었습니다. 그에게 무슨 일이 일어났습니까?"라고 묻게 되면 복음이 공격을 받고 조롱을 당하게 됩니다. 모욕을 당하는 것은 하나님의 이름입니다. 그러므로 만약 우리가 하나님을 얼마동안 섬겼으며 하나님께서 우리의 노고를 축복해 주시고 교회가 축복을 받아 세워졌다면 우리는 조심해서 세상으로 다시 떨어지지 않겠다고 굳게 다짐할 필요가 있음을 알아둡시다.

우리는 많은 우유를 생산한 후에 교유기를 깨뜨려서 그 안에 들어 있는 우유를 쏟아버리는 젖소와 같이 되지 맙시다! 만약 우리가 이 세상에 사는 동안에 우리가 행한 선의 백 배나 되는 손해를 끼쳤다면 우리는 우리를 변호하기 위해서 무슨 말을 할 수 있겠습니까? 그러므로 만약 우리가 하는 봉사를 하나님께서 축복해 주시기를 바란다면 우리는 하나님을 한결같고 굳건하며 확실한 믿음을 가지고 섬겨야 합니다. 그러면 우리는 계속해서 우리의 소명에 충실하게 될 것이며 날로 날로 성숙하게 될 것입니다.

바울이 처음에 한 책망은 다소 가혹했기 때문에 그는 '과연 헛되냐' 라는 말을 첨가해서 그 강도를 조절했습니다. 만약 갈라디아인들이 한때 타락했었다면 이것은 오래 계속되지 않을 것입니다. 그들은 경고와 권고를 받고 나서 옳은 길로 돌아올 것입니다. 이 말씀은 우리가 성령에 의해서 질책을 받게 되어도 화를 내서도 안 되고 우리 마음대로 행동할 정도로 낙담하거나 마음 아파해서는 안 된다는 것입니다. 우리는 그보다는 회개하도록 유도되어야 합니다.

하나님께서는 우리를 파멸시키거나 버리려고 하지 않으십니다. 그보다는 하나님은 우리의 죄를 폭로시키신 후에 우리를 다시 부르시고 회개시키실 것입니다. 왜냐하면 우리가 진정으로 우리의 죄에 대해서 죄책감을 느껴서 그 죄에 대해서 우리 자신을 증오하고 하나님께 온전하고 기탄 없는 고백을 할 때마다 하나님은 우리를 즉시 영접해 주시고 우리를 자비롭게 맞아주시기 때문입니다. 그러므로 우리가 우리의 지은 죄 때문에 책망을 받을 때에 우리는 마음이 비뚤어지거나 우리 자신을 정당화하기 위해서 교활한 방법을 찾아서는 안 된다는 것을 알아둡시다.

우리는 모든 필요한 응징을 견디어 내기 위해서 참을성 있고 관용하는 마음을 가질 필요가 있습니다. 책망이 다소 지나치게 날카롭고 가혹해 보일 때면 그들이 기대했던 목적과 결과를 늘 생각해 봅시다. **하나님께서 우리를 심하게 다루실 때면 하나님이 우리의 결점을 바로 용납해 주시려고 하신다는 것을 명심합시다.** 이것이 우리가 배워야 할 내용입니다. 바울이 한 말에는 비록 우리가 얼마 동안 (있는 힘을 다하여) 우리 안에 있는 하나님의 은혜를 부인할지라도 하나님의 은혜가 식어지도록 내버려두지 않으시고 그것이 다시 우리에게 귀중하게 되도록 하실 것이라는 뜻이 있습니다.

그러나 바울은 우리의 마음이 완강한 채로 남아 있는 것을 바라지 않았기 때문에 여기서 우리를 꾸짖었습니다. 비록 우리가 옳은 길에서 이탈해 나올 정도로 어리석더라도 우리가 우리의 지은 죄에 배반하는 죄를 더하지 않는 한 우리 주님께서는 우리를 돌아오라고 부르시어 우리에게 돌아갈 기회를 허락하신다는 것을 우리는 깨달아야 합니다.

바울은 이렇게 말 한 후에 하나님께서는 당신의 복음을 통해서 갈라디아인들에게 성령의 은사를 쏟아 부으셨다는 말을 첨부했습니다. 바울이 한 그 말은 그들로 하여금 실족하거나 다른 길을 따르지 않고 그들이 받아들였던 가르침에 충실하게만 하는데 충분했습니다.

그가 여기서 하나님의 성령에 대해서 언급했을 때에 그는 하나님에 대해서 오늘 아침에 보았던 방법과 같은 방법으로 말하지 않았습니다. 여기서 바울은 다음과 같이 다른 논조를 사용했습니다. 왜냐하면 비록 하나님께서 당신을 갈라디아인들에게 전체적으로 드러내 보이시고 그들을 당신의 자녀로 양자 삼으셨지만 그들 가운데에 선지자와 특별한 은사를 가진 사람을 임명하셨기 때문입니다. 어떤 사람에게는 언변의 은사가, 어떤 사람에게는 신유의 은사가 또 다른 사람에게는 또 다른 은사가 있었습니다. 이것들은 다 그들로 하여금 복음을 굳게 믿게 만들었습니다.

그러므로 만약 그들이 율법으로 되돌아가면 그들은 틀림없이 성령의 능력을 부인하는 것이 되었습니다. 우리가 기억해 두어야 할 중요한 점은 하나님은 모든 사람들에게 하나님의 성령을 나누어 주신다는 사실입니다. 그리고 우리는 본래부터 악으로 가득하기 때문에 우리는 성령이 없이는 기독교인이 될 수 없습니다. 우리가 새로운 피조물이 되기 위해서는 우리에게는 우리를 변화시켜 주시는 하나님이 필요합니다.

하나님께서 우리에게 성령을 주시는 일반적인 방법은 다음과 같습니다. 하나님께서는 하나님을 경외하는 마음으로 우리를 감동시키시거나 ,믿음과 관련하여 우리를 깨우쳐 주시거나, 예수 그리스도 안에서 구원을 찾게 하시거나, 하나님을 찾아가서 하나님을 피난처로 삼도록 격려해 주시거나 우리를 하나님의 뜻에 순종하게 만드심으로써 성령을 받게 하십니다. 이것은 하나님의 성령이 모든 믿는 자와 모든 하나님의 자녀 안에서 역사하는 일반적인 방법을 간추려 놓은 것입니다.

그러나 하나님께서는 우리에게 특별한 은사를 허락하시기도 합니다. 예를 들면 하나님께서는 하나님의 말씀을 우리에게 충실하게 가르쳐주시고 율법과 규례를 지키는 사람들을 우리에게 보내주시며 하나님이 우리 안에 계시다는 증거로 그밖에 다른 은사를 많이 주십니다. 그렇게 해서 하나님께 더욱더 의지하게 하십니다.

이제 여기서 바울이 주장하는 논거를 세밀하게 검토해 봅시다. 먼저 그는 갈라디아인들이 믿음의 원천이 되는 복음이 주는 가르침을 인정하기를 거절한 배은 망덕한 짓을 꾸짖었습니다. 바울이 그들에게 이것을 상기시켜 준 가장 중요한 이유는 사람들은 그들이 하나님의 은혜를 거절한다는 것을 꿈도 꾼 일이 없다고 주장하지만 그들의 행위는 그와 정반대였기 때문입니다! 어떻게 해서 그렇게 되었습니까?

어떤 사람들은 다른 사람에게서 가르침을 받기를 거절합니다. 그들은 가능하면 하나님의 말씀을 전하는 사람들을 모두 내쫓았습니다. 어떤 사람들은 사악하여 하나님께서 당신의 백성을 보존하기 위해서 임명하신 사람들에 대한 모든 기억을 지워버리려고 합니다. 사람들은 큰소리로 또 분명하게 외치고 있습니다. 비록 하나님께서 그들이 하나님께 가까이 할 수 있는 방법을 마련해 주셔도 그들은 하나님께로 오지 않을 것입니다.

그러나 바울이 갈라디아인들을 꾸짖을 때에 그들이 하나님의 성령으로 아무 일도 하려고 하지 않았다거나 그들이 하나님이 주시는 은사를 무시했다는 말이 아닙니다. 그 이외에도 그들은 하나님이 교회에 성령의 축복을 내리신 이유에 관심을 전혀 기울이지 않는다는 것을 그들에게 알려 주었습니다. 그러면 우리는 이 말씀에서 무엇을 얻어야 합니까? 우리가 얻어야 할 것은 만약 하나님께서 당신께로 접근할 수 있는 방법을 마련해 주시면 우리는 그들을 받아들이고 하나님의 방법에 따를 것입니다. 왜냐하면 만약 복음이 우리에게 전해졌는데 우리가 들은 내용을 의도적으로 잊어버렸다면 우리는 하나님을 거절하며 하나님께 등을 돌리고 하나님의 임재에서 벗어나려고 하는 것이 되기 때문입니다.

그러므로 우리가 하나님의 은혜를 계속해서 받고 싶다면 우리는 하나님께서 우리에게 명령하신 것들을 지켜야 합니다. 거기에는 하나님의 보내심을 받은 사람의 가르침을 받겠다는 강력한 의지가 있어야 한다는 것과 우리 모두는 은밀하게 성경 말씀을 읽어야 하며 우리는 교회를 부흥시키기에 부족함이 없을 정도로 성숙된 사람들을 존경해야 하며 또 성령이 들어오지 못하도록 문을 닫아서는 안 된다는 뜻이 있습니다. 이상은 우리가 명심해야 할 것들을 요약한 것입니다.

바울은 이러한 신자들을 다시 복음으로 끌어올리려고 하고 있습니다. 그러므로 우리가 전에 없이 아주 조금밖에 타락하지 않았을지라도 우리는 지옥으로 향하고 있다는 것을 이 말씀에서 배웁시다. 사람과 하나님을 하나로 결합시키는 유일한 방법은 그 둘을 함께 연합시키는 끊어지지 않는 끈인 복음을 믿는 것입니다. 사실이지 바울은 여기서 **'믿음으로 인한 들음'**(the hearing of faith)이라는 말에 대해서 언급하고 있으며 그는 그 말을 통해서 하나님이 우리보다 앞서는 것이 얼마나 중요한지를 보여 줍니다.

하나님께서 주 예수 그리스도를 통해서 우리를 잡으려고 손을 내밀어서 우리를 우리가 태어날 때부터 빠져 있던 함정에서 꺼내 주시지 않으셨다면 우리는 무엇이 되었겠습니까? 하나님은 우리에게 참으로 관대하시며 아들의 인격을 입으시고 자신을 우리에게 거저 주십니다! 이것은 우리가 하늘과 땅과 그리고 거기에 있는 모든 보물을 상속받는 것 이상의 것입니다.

만약 우리가 주 예수 그리스도에 대적할 만한 호적수를 구한다면 우리는 그 분이 어느 누구와도 비교할 수 없는 분이라는 것을 발견하게 될 것입니다. 비록 하나님께서 우리 안에는 모든 선이 결여되어 있다고 하셨지만 하나님께서는 모든 것을 우리에게 주셨다는 말씀을 더하셨습니다. 하나님께서는 우리를 다루심에 있어서 자신의 어떤 면으로도 비겁하거나 인색하다는 것을 보여 주시지 않으셨습니다. 우리는 우리에게 필요한 모든 것을 하나님 안에서 찾을 수 있으니 이것이 우리를 만족스럽게 해줄 수 있습니다. 그러므로 만약 우리가 조금이라도 좌로나 우로 치우치면 우리는 우리가 이미 받은 모든 것을 완전히 빼앗기고 몰수당하는 것이 마땅합니다.

바울은 믿음의 조상인 아브라함에 대한 이야기로 말을 계속했습니다. 하나님께서는 아브라함의 본을 통해서 우리에게 사람이 의롭게 되고 구원을 받을 수 있는 방법을 가르쳐 주십니다. 하늘나라에 들어가는 길은 여럿이 아닙니다. 아브라함의 본을 통해서 우리에게 제시된 단 하나의 길이 있을 뿐입니다. 바울이 말하기를 "아브라함은 하나님을 믿었으며 그것 때문에 그는 의롭다고 여겨졌다"라고 했습니다.

그러므로 만약 우리가 아브라함의 자녀가 되고 싶으면 우리는 '믿음으로 말미암은 자' (of faith)가 되어야 합니다. 우리는 여기서 전에 우리가 '믿음' (faith)이라는 말의 능력에 대해서 배웠던 것을 상기해 볼 필요가 있습니다. 세상을 다스리시는 분은 하나님 한 분이시라는 것을 믿는 것으로는 충분하지 않습니다. 우리는 이 하나님은 우리를 당신의 자녀로 여기신다는 것을 알아둘 필요가 있습니다. 이것은 우리들로 하여금 그 분을 우리의 아버지로 아주 편안한 마음으로 찾아갈 수 있게 해줍니다. 왜냐하면 그 분은 우리를 주 예수 그리스도의 이름으로 받아들이시기 때문입니다.

바울은 '믿음' (faith)이라는 이 말은 우리 하나님의 언약을 통해서 하나님의 은혜와 아버지 같은 사랑을 확신하고 있다는 것과 또 우리를 하나님 아버지께로 자유롭게 접근할 수 있게 해주시는 예수 그리스도에 우리의 시선을 고정시켰음을 의미한다고 합니다. 따라서 실제로 그는 우리가 아브라함의 자녀가 되기 전에 우리는 '믿음으로 말미암은 자' (of faith)가 되어야 한다는 말을 통해서 우리가 믿음이 없이는 참된 기독교 신자나 교회의 권속이 될 수 없다고 말하고 있습니다. 거기에는 인간의 '공로' (merit)에 대한 모든 생각이 벗겨져야 됩니다.

더욱이 그것은 우리가 어찌할 바를 모를 정도로 우리의 처지가 파산지경에 이르러야 됩니다. 하나님께서 우리에게 죄로 말미암은 우리의 방황하고 저주받은 처지를 일단 보여 주시면 우리는 구원의 방법으로 우리에게 거저 주시는 하나님의 크신 은혜 이외에 다른 것을 찾지 않을 것입니다. 거기에는 구원의 소망을 온전히 예수 그리스도에 계속해서 맡긴다는 뜻도 담겨 있습니다. 사람은 자신 안에서 완전히 버림을 받았으며 또 자신은 죄로 가득하고 저주를 받은 자라는 것을 알고 있기 때문에 하나님께로 나와서 모든 공로를 버려야 합니다. 그는 주 예수 그리스도의 은혜로 옷입어야 합니다. 기독교인이 된다는 것은 이런 것입니다. 우리가 매우 타락했다는 것을 느끼는 것만으로는 충분치 않습니다.

가인에 대해서 생각해 보십시오. 이를 테면 그는 마치 그가 지옥에 있는 것처럼 느꼈기 때문에 그의 죄를 고백했습니다. 그러나 그는 단지 절망감 때문에 그렇게 했으며 그 결과로 그는 여전히 하나님께 불평을 토로하고 하나님을 모독하는 죄를 저질렀습니다. 이러한 까닭으로 그는 영원히 버림을 받았습니다. 그러나 우리로 말하자면 우리는 하나님의 사랑을 체험해서 우리가 거기에서 안식을 취하고 복음을 통해서 하나님께로 가면 하나님은 우리를 받아주실 것이라는 확신을 가질 필요가 있습니다. 우리는 우리 자신의 생각이나 절망 때문이 아니고 하나님의 언약을 굳게 믿고서 하나님께로 가까이 가야 합니다. 만약 우리가 하나님을 섬기고 하나님의 말씀을 믿으면 우리는 실망치 않을 것입니다.

'믿음으로 말미암은 자' (of faith)가 되려면 다음과 같이 해야 합니다. 우리는 여전히 바울이 여기서 주장하려고 하는 점을 명심해야 합니다. 그는 율법을 행함으로써 하나님 앞에서 의롭게 되려고 하는 자들을 반박했습니다. 아마 우리가 여기 나오는 '믿음으로 말미암은 자' (of faith)라는 말에 대해서만 생각하고 바울이 알리려고 하는 원리에 대해서 생각하지 않는다면 우리는 그 표현이 분명치 않다는 것을 알게 될 것입니다.

그러나 바울은 그들의 공을 통해서 하나님의 총애를 받을 수 있다고 주장하는 자들은 자만심으로 부풀어 있으며 그들의 방종함이 그들이 낙원에 들어가는 것을 막는다고 말하고 있습니다. 그들은 하나님에게서 하나님의 명예를 약탈하고 말하자면 빌린 놋으로 자신들을 장식하려고 하기 때문에 하나님께서는 머리를 숙여 그들을 쳐다보려고 하지 않으실 것입니다.

그들은 하나님께서 하나님의 정당한 지위를 박탈함으로써 하나님을 모독합니다. 바울이 그러한 문제를 제기하고 있기 때문에 그가 '믿음으로 말미암은 자' (of faith)라는 말에 내린 정의는 **'자신을 전혀 믿지 않고 완전히 절망하면서도 예수 그리스도를 찾아가서 예수 그리스도에 온전히 의지하고 또 예수 그리스도를 신뢰하는 그런 사람'** 과 관련이 있다는 것을 우리가 이해하는 데에는 아무런 어려움이 없습니다. 그러한 사람들이야말로 진정한 아브라함의 자녀입니다.

이제 이 세상에는 기독교 신자가 거의 없다는 사실에 대해서 생각해 보십시오! 그렇습니다. 많은 사람들이 그렇게 말합니다. 그러나 많은 사람들은 사악하게도 그 호칭을 더럽히고 있습니다. 언젠가는 하나님께서는 틀림없이 자신을 하나님의 자녀라고 속이는 자들을 다 없애버릴 것입니다. 천주교에서는 모든 사람들은 하나님이 그들에게 그들의 구원을 보증하셨다고 하면서 세례에 매달리고 있습니다. 그들은 형상만을 취하고 주 예수 그리스도를 무시합니다.

확실히 천주교 신자들은 바울이 여기서 말하고 있는 내용에 대해서 아무 것도 모릅니다. 설상가상으로 그들에게는 자유 의지와 칭찬받을 만한 공적과 죄를 사해 주는 권한이 있다고 고집합니다. 그들은 모두 이와 같이 어리석은 짓을 하며 하나님께 진실한 예배를 드리지 않고 마귀에 의해서 잉태된 밉살스러운 행위를 하며 하나님을 발로 짓밟고 더럽힙니다. 따라서 그들에게는 기독교 정신이 전혀 없습니다.

그러나 우리로서는 비록 천주교에서 유행하는 우상과 미신을 믿지 않을지라도 아직 우리 자신을 하나님께 거침없이 바칠 수 있을 정도로 복음에 뿌리내리지 못했으며 또 하나님을 마음놓고 찾아가지 못하고 있으며 우리 자신이 그 보답으로 하나님께 상냥하게 인도되는 것을 발견하지 못합니다. 많은 사람들은 여전히 불쌍한 짐승과 같습니다. 그들은 어떠한 미신이나 교황의 악습을 신봉하지 않는다고 주장할지라도 우리가 복음의 기본적인 원리에 대해서 그들에게 물어보면 그들은 아무 것도 모르고 있습니다.

어떤 사람들은 자신들이 가장 유식하다고 믿고 있지만 그들을 시험해 보면 그들을 채우고 있는 것은 위선뿐이라는 것이 입증됩니다. 그들은 속담에 있는 말과 같이 새장 속에 있는 까치에 불과합니다! 따라서 우리는 바울이 여기서 주는 가르침에 대해서 더 많은 주의를 기울일 필요가 있습니다. 바꾸어 말하면 우리가 복음을 믿지 않고서는 아브라함의 자녀나 교회의 권속이 될 수 없습니다. 우리 자신의 공로에 대한 생각을 다 버리고 영원히 길을 잃은 자라는 것을 인정하고 절망의 함정에 빠져 있다는 것을 알게 됩니다.

우리는 하나님의 순수하신 은혜와 주 예수 그리스도를 통해서 보여 주시는 인자하심을 피난처로 삼으십시다. 가서 우리를 깨끗하게 하시기 위해서 주님께서 흘리신 피 속으로 우리의 몸을 던져서 우리의 모든 빚이 갚아졌음을 확인합시다. 하나님의 분노와 복수심이 진정되었으니 이제 우리는 하나님의 총애를 체험하지 않을 수 없게 되었습니다.

이 주제를 더 잘 이해하기 위해서 우리는 아브라함이 하나님을 믿었던 방법을 잘 알아 볼 필요가 있습니다. '믿음'(faith)이라는 말에 대한 정의를 분명하게 해둘 필요가 있습니다. 왜냐하면 그렇게 하지 않으면 이 가르침은 우리에게 아무런 쓸모가 없기 때문입니다. 우리가 앞에서 지적한 바와 같이 천주교도들은 이유도 모르고 우리에게 싸움을 걸어옵니다. 우리에 대한 그들의 잘못된 공격은 즉흥적이고 무계획적입니다. 그들은 믿음이 무엇인지 모르고 있습니다. 그것을 그들이 보여 줍니다! 그들 가운데서 위대한 학자라고 하는 사람들은 믿음이란 하나님을 믿는 것이라고 합니다. 하지만 그들이 하나님을 믿는 것처럼 마귀들도 하나님을 믿습니다.

바울이 믿음에 대해서 이야기할 때에 믿음은 천국에는 하나님이 계시다는 막연한 느낌을 가지는 것이 아니고 하나님이 우리의 아버지이심을 아는 것이라고 했습니다. 우리는 하나님께서 그렇게 약속하셨기 때문에 이것을 확신할 수 있습니다. 우리는 주 예수 그리스도와 연합하여 한 몸이 될 수 있습니다. 주님의 것이 다 우리 것이며 또 우리는 주님의 지체이기 때문에 우리는 그 분깃을 가지고 있다는 것을 알게 됩니다. 그러나 천주교 신도들이 믿음에 대해서 말할 때에는 그들은 그것을 우리를 의롭게 해주거나 구원해 줄 수 없는 어떤 막연한 것으로 여깁니다.

천주교 신자들이 얼마나 어리석은 행동을 하고 있는지 보십시오. 그들은 마치 사탄에게 완전히 홀린 것처럼 보입니다. 그들은 하나님께 모든 것을 빚지고 있으며 그들 안에는 하나님으로 하여금 그들을 받아들이게 만들 만한 가치가 있는 것이 아무 것도 없다고 겸허하게 고백하지 않는 것은 하나님께서 그들의 자만심에 내리시는 정당한 벌입니다. 그들은 그들에게 내리시려는 은혜를 믿음 하나로 받아들일 필요가 있습니다. 우리는 '믿음'(faith)이라는 말을 앞에서 말한 것과 같이 이해하고 있어야 합니다.

여기에는 우리에게 큰 도움이 될 점이 하나 있는데 그것은 아브라함이 하나님을 믿었던 방법을 아는 것입니다. 만약 아브라함이 천국에는 하나님이 계시다고 믿기만 했다면 이것이 그를 의롭게 만들지 못했을 것입니다. 왜냐하면 이방인들도 그만한 것을 믿기 때문입니다. 만약 아브라함이 하나님은 온 세상 사람들의 재판장이셨다고 믿기만 했다면 그것으로 충분하지 않습니다. 하나님이 아브라함에게 가라사대 **"아브람아 두려워 말라 나는 너의 방패요 너의 지극히 큰 상급이니라"** 하시고 또 **"너와 네 후손의 하나님이 되리라"**고 하셨습니다. 그리고 온 나라가 너의 안에서 축복을 받을 것이라고 했습니다(창 15:1; 17:7).

하나님께서는 아브라함에게 그렇게 말씀하시어 아브라함을 하나님의 한가족으로, 한 자녀로 여기시며 아브라함의 하나님이 되시겠다고 약속하셨습니다. 아브라함이 이 약속을 받아들였을 때에 그는 의롭게 되었습니다. 어떻게 말입니까? 하나님께서 아브라함에게 하나님의 긍휼과 자비를 베푸셨을 때에 아브라함은 하나님의 말씀을 믿고 받아들였습니다. 이렇게 해서 그의 구원은 완전하고 안전하게 되었습니다.

이제 우리는 믿음으로 의롭게 된다는 것이 무엇을 의미하는지 더 분명하게 알게 되었습니다. 그렇게 된다는 것은 우리가 하나님이 존재하신다는 막연한 생각을 품고 있다는 것을 의미하지 않고 그보다는 우리는 하나님을 우리의 아버지로 알고 있다는 것을 의미합니다. 왜냐하면 하나님은 자신의 말씀을 통해서 자신을 그렇게 나타내시고 또 주 예수 그리스도를 통해서 그것을 우리에게 보증하시기 때문입니다. 우리는 예수 그리스도를 통해서 하나님께 결합되고 하나님과 하나가 됩니다. 비록 우리가 죄악으로 가득 찬 불쌍한 피조물이지만 하나님께서는 여전히 우리를 당신의 자녀로 받아들이시고 또 하나님이 보시기에 우리가 기쁨이 된다는 것을 발견하게 될 것입니다.

이것은 우리 주 예수 그리스도께서 하나님과 사람 사이를 중재하셨기 때문에 가능했습니다. 우리에게는 그러한 언약이 있기 때문에 우리는 그것을 전적으로 신임해야 하며 하나님은 끝까지 우리에게 은혜를 베풀어주실 것을 의심해서는 안 됩니다. 우리가 하나님을 찾아갈 때에는 우리는 우리의 모든 위안을 그 분에게서 찾아야 하며 세상을 우리의 뒤로하고 영생을 얻는다는 희망을 품고 밀고 나가야 합니다. 이것이 믿음을 갖는 것이고 이것이 의롭게 되는 길입니다! 우리 조상 아브라함은 이렇게 믿었습니다.

우리는 이렇게 하지 않고서는 기독교인이 될 수 없습니다. 왜냐하면 우리가 복음이 진정 무엇에 관한 것인지 알게 될 때까지 (바울이 로마서 10:4에서 말한 것과 같이) 우리는 하나님을 우리의 아버지라고 부를 수 없기 때문입니다. 그는 우리가 듣지도 못했고 믿지도 않았던 하나님을 부를 수 없다고 말했습니다. 만약 하나님께서 자신을 우리에게 밝혀주지 않으셨다면 우리가 어떻게 그 분을 알 수 있습니까? 따라서 우리에게는 우리를 인도할 믿음이 필요합니다. 그러면 믿음은 어떻게 얻습니까? 바울은 **들음으로 얻는다**고 했습니다(롬 10:17). 그러므로 우리는 복음에 대한 교육을 받아야 합니다. 그렇게 하지 않고서는 믿음을 가질 수 없습니다.

우리는 이것을 통해서 천주교에서 믿음이라고 부르는 것은 완전히 거짓말이라는 것을 알게 되었습니다. 왜 그렇습니까? 왜냐하면 그들은 하나님의 말씀을 무시하며 가장 야비한 짓을 최상의 헌신이라고 부르며 알지도 못하는 말을 지껄이며 성지순례 등을 하기 때문입니다. 그들이 그러한 어리석은 의식들을 지키고 선한 가르침을 조금도 들으려 하지 않는 한 그들은 결코 하나님을 발견하지 못할 것입니다.

우리가 알고 있는 바와 같이 믿음이 없이는 기독교가 전혀 없으며 복음에 대한 교육이 없이는 믿음이 없습니다. 따라서 우리가 복음을 들을 때에 하나님께서 매일 하시는 것처럼 우리에게 당신의 선하심과 긍휼을 사랑하는 마음으로 드러내 보이지 않으시면 우리는 기독교인이 될 수 없습니다. 그러면 우리는 하나님의 가족이 된 것을 확신할 수 있으며 하나님을 완전히 신뢰하면서 찾아갈 수 있으며 하나님께서 지금 우리에게 자신의 입을 통해서 다시 말하자면 당신의 말씀을 통해서 우리에게 권고하신대로 완숙하게 되기를 기다리십시다.

17

갈라디아서 강해 설교

아브라함의 아들인 줄 알지어다 또 하나님이 이방을 믿음으로 말미암아 의로 정하실 것을 성령이 미리 알고 먼저 아브라함에게 복음을 전하되 모든 이방이 너를 인하여 복을 받으리라 하였으니 그러므로 믿음으로 말미암은 자는 믿음이 있는 아브라함과 함께 복을 받느니라 무릇 율법 행위에 속한 자들은 저주 아래 있나니 기록된 바 누구든지 율법책에 기록된 대로 온갖 일을 항상 행하지 아니하는 자는 저주 아래 있는 자라 하였음이라(갈 3:7-10)

만약 우리가 다른 사람에게 바라는 만큼의 진실한 기독교 신자라면 우리는 믿음으로 의롭게 된다는 말의 뜻을 아주 잘 알고 있어야 합니다. 그러나 복음을 사랑한다고 하는 사람들 가운데서 성경에서 그렇게도 자주 언급하고 있는 의롭게 된다는 것을 이해하고 있는 사람은 거의 없습니다! 사정이 이러니 우리 자신이 이 원리를 안다는 것이 매우 중요합니다. 우리가 의롭게 되지 않고서는 구원의 확신을 가질 수 없으며 또 하나님을 마음대로 부를 수도 없고 필요할 때에 하나님의 보호를 요구할 수도 없습니다. 이러한 까닭으로 바울은 이 가르침을 아주 강조했습니다.

또 우리에게는 우리를 하나님의 마음에 들게 할 수 있는 가치 있는 것도 없습니다. 우리는 모든 것을 하나님께 받아야 합니다. 아브라함의 '신앙' (belief)은 그에게 약속된 내용과 관련이 있습니다. 하나님께서는 모든 것을 당신의 종인 아브라함에게 거저 주시겠다고 하셨으며(아브라함은 자신이 부정과 죄로 가득 찬 것을 알고 있었지만) 그는 거저 주시겠다고 하신 은혜를 받아들였기 때문에 의롭다고 여겨졌습니다.

그래서 바울은 '믿음으로 말미암은 자들' (they which are of faith)은 아브라함의 아들이라는 결론을 내렸습니다. 확실히 아브라함은 모든 믿는 자와 하나님의 자녀들의 조상입니다. 그러므로 우리는 당연히 그가 보여 준 본을 따라야 합니다. 그렇게 하지 않으면 천당의 대문과 구원의 문이 우리에게 닫혀 있을 것이며 우리 모두는 하나님 나라에서 추방될 것입니다. 바울은 우리가 해야 할 바를 우리에게 가르쳐 줍니다.

비록 우리가 육으로는 아브라함의 후손도 아니고 그와는 어떤 면으로도 아무런 관련이 없지만 우리는 아브라함의 가족의 일원이 될 필요가 있습니다. 이렇게 되는 유일한 방법은 그에게 한 약속에 동참해서 그 약속을 그가 믿었던 것처럼 믿는 것입니다. '믿음으로 말미암는다는' (of faith) 것은 우리는 우리 자신의 행위나 공로로는 하나님의 사랑이나 호감을 얻을 수 없으나 하나님의 선하심에 온전히 의지할 필요가 있다는 것을 깨닫고 인정한다는 뜻입니다. 그렇게 할 때에만 그 약속은 우리에게도 적용될 것이며 하나님의 양자가 될 것입니다. 이것이 바울이 이 성경 말씀에서 제일 강조한 점입니다.

그러나 그는 이것이 유대인에게만 해당되는 것이 아니고 모든 사람 전체에게 해당된다는 말을 덧붙였습니다. 이러한 부언이 없다면 우리가 중히 여겼던 교리는 우리에게는 아무런 의미도 없을 것입니다. 하나님이 아브라함과 그의 후손들을 선택하셨다는 것은 우리에게는 구원을 받을 가망이 없다는 것을 시사할지도 모릅니다. 선택에는 하나님 선택을 받지 못한 자를 모두 거절해야 하신다는 뜻이 함축되어 있으며 하나님께서는 아브라함의 후손들을 선택하셨기 때문에 우리는 어쩔 수 없이 거절당해야 하는 것처럼 보였을 것입니다.

그러나 바울은 여기서 두 가지 약속을 인용했습니다. 첫 번째 약속은 하나님은 아브라함의 혈통을 보호해서 그 혈통을 다른 사람들과 분리시키겠다는 것이었습니다. 두 번째 약속은 **모든 족속이 아브라함과 그의 자녀로 인하여 복을 얻을 것이라는 것이었습니다**(창 12:3). 만약 하나님께서 아브라함의 자녀 중에서만 당신을 믿는 자로 부르셨다면 우리는 오늘날 버림을 받았을 것입니다. 그러나 우리는 두 번째 약속 때문에 우리도 구원을 받게 되었습니다.

하나님께서 한때 어떤 특정한 혈통에게만 내리셨던 은혜와 긍휼을 확장하셨기 때문에 우리는 이제 이와 같은 구원을 함께 누릴 수 있게 되었습니다. 바울은 여기서 하나님은 유대인을 의로 정하셨을 뿐만 아니라 하나님의 가족에서 배제되었던 이방인들에게도 똑같은 긍휼을 베푸실 것이라고 성경이 예언했다고 말했습니다. 성경에는 **"땅의 모든 족속이 너를 인하여 복을 얻을 것이니라"**라는 말씀이 있습니다. 이 말씀은 소수의 백성이나 어떠한 한 민족에게만 적용되는 것이 아닙니다. 하나님께서는 전에 그러한 축복을 받지 못했던 모든 사람에게 똑같이 문호를 개방하셨습니다. 그러고 나서 바울은 **"믿음으로 말미암은 자들이 믿음이 있는 아브라함과 함께 복을 받았다"**고 결론을 내렸습니다. 바꾸어 말하면 하나님이 아브라함을 의로 정하신 것은 할례나 그에게 그를 특출하게 해주는 자질이 있기 때문이 아닙니다. 그는 하나님을 믿었기 때문에 의로운 자로 지정되었습니다.

하나님께서는 아브라함의 믿음만으로 만족하셨습니다. 이러한 까닭으로 하나님께서는 그를 온 교회의 조상으로 만드셨습니다. 아브라함으로 하여금 하나님의 마음에 들게 하기 위해서는 우리도 그와 같은 믿음이 필요합니다. 반드시 아브라함과 같은 분량의 믿음을 가져야 되는 것은 아니고 그의 본을 따르기만 하면 됩니다. 비록 우리가 멀리서 따를지라도 하나님께서는 우리를 받아주실 것입니다. 이와 같은 복은 아브라함의 육친뿐만 아니라 한때 버림받았던 자들에게도 공동의 믿음의 띠가 있다면 주어집니다.

우리가 이 가르침에서 유익을 얻기 위해서 우리가 앞에서 했던 말 즉 '믿음으로 말미암는다는' (of faith) 것은 하나님의 긍휼하심에 모든 것을 온전히 맡기는 것임을 명심해야 합니다. 바울은 율법과 믿음이 공존할 수 있는 것은 불과 물이 공존할 수 있는 것과 같다고 상반되는 둘을 대조했습니다. 율법은 하나님이 주신 것이 아니라는 말이 아닙니다. 율법을 배격하고 경히 다루는 자는 어떻게 되겠습니까? 그렇게 한다는 것은 하나님의 권위를 범하는 것이 됩니다. 그러나 바울은 '율법' (law)과 '믿음' (faith)이라는 말을 사용하여 본래 가르침에는 관심이 없고 그보다는 사람들이 구원받기 위해서 그들의 믿음을 어디에 두어야 하느냐에 관심이 있다는 것을 나타냅니다.

바울이 로마서 3:21에서 말한 것과 같이 믿음으로 의롭게 되는 법을 율법과 예언서에서 가르쳤습니다. 그것은 전혀 새로운 것이 아닙니다. 문제는 자신을 모르는 눈먼 위선자가 사실은 그렇게 하는 것이 불가능한데도 율법을 지킴으로써 하나님의 은혜를 얻을 수 있다고 생각하는 사람들이 문제입니다. 그러므로 율법을 철저히 지키는 사람들은 '믿음으로 말미암은 자' (of faith)이며 영생을 상속받을 자격이 있다고 믿습니다.

반면에 자신이 연약하다고 생각하는 사람들 — 즉 자신이 아무 것도 아니며 그들에게는 조금의 긍휼도 받을 자격이 없다고 시인하는 자들 — 이들이 '믿음으로 말미암은 자' (of faith)들입니다. 무엇이 이렇게 하도록 결정합니까? 그들은 자신의 공을 제쳐두고 다른 것을 통해서 의롭게 되려고 합니다. 그들은 가난한 거지로 하나님 앞으로 나와서 가진 것이 아무 것도 없기 때문에 채워달라고 간구합니다.

따라서 중요한 점은 우리는 믿음을 통해서 모든 자신감과 우리의 공로에 대한 자만심을 벗어버리고 우리의 모든 도움을 하나님의 긍휼 안에서만 발견해야 합니다. 그러나 우리는 중재자 없이 직접 하나님께로 갈 수 없습니다. 우리에게는 하나님께 접근하게 해주시는 주 예수 그리스도가 필요합니다. 그리고 '믿음'이라는 말에는 이와 같이 모든 것을 포함하고 있습니다.

믿음은 사람들이 자기의 생각에 따라 만드는 그런 것이 아닙니다. 믿음은 하나님이 우리에게 다가오시고 우리에 대한 사랑을 부드럽게 선언하실 때에 하나님의 긍휼을 확인시켜 주어야 합니다. 그러므로 언약이 먼저 와야 하며 믿음이 그것을 따라야 합니다. 즉 복음에 대한 교육을 받지 않은 사람은 누구나 믿음을 가질 수 없다는 말입니다. 왜냐하면 우리가 하나님의 긍휼하심에 의지하거나 하나님을 우리의 아버지라고 부르기 전에 하나님께서는 우리를 사랑하신다는 것을 먼저 우리에게 보여 주셔야 하기 때문입니다. 언약 자체에 대해서 말하자면 하나님께서는 그냥 우리를 불쌍히 여기시겠다고 약속하지 않으시고 우리가 흉악한 죄인이라는 사실을 무시하고 우리를 받아 주시겠다고 약속하셨습니다.

하나님께서는 주 예수 그리스도를 통해서 우리의 모든 죄를 용서해주실 것입니다. 죄의 사면이 있었다면 그것은 예수님의 희생을 통해서 이루어졌습니다. 하나님 앞에서는 죄값을 치를 피흘림이 없이는 용서가 있을 수 없습니다. 하나님께서 우리에게 긍휼을 베푸시겠다고 약속하신 이유는 주 예수 그리스도께서 우리의 죄를 깨끗이 씻어주시기 위해서 자신의 피를 흘리셨으며 또 하나님 아버지의 노여움을 진정시켜 드림으로써 모든 것을 다 배상하셨습니다. 따라서 '믿음으로 말미암는다는' (of faith) 것은 우리의 눈을 예수 그리스도께 고정시키고 또 우리를 하나님께 화해시키는 방법으로 예수 그리스도의 수난과 죽음에 온전히 의지하는 것을 의미합니다.

더욱이 바울은 여기 있는 말씀에서 의롭다고 여김을 받는 것을 축복을 받는 것과 동등하게 다루었다는 사실을 주목합시다. 우리는 기독교 신자라고 하는 자 30명 가운데서 '의롭다고 규정됨' (justification)이라는 낱말의 정의를 알고 있는 사람을 찾기란 쉽지 않을 것입니다. 우리가 복음에 대한 이야기를 계속 듣고 있으면서 믿음의 기본이 되는 이 정의에 대해서 잘 모르고 있다는 것은 부끄러운 일입니다. 의롭다고 규정된다는 것은 우리 나름대로의 어떤 의로움을 소유하고 있다는 뜻이 아닙니다. 그것은 하나님께서 어떤 사람을 의롭지 않은데도 의롭게 보시는 것입니다.

여기 이 말씀에서는 우리는 이 교리에 대해서 아주 훌륭한 설명을 접하게 됩니다. 즉 바울은 전에는 의로 여기심을 받았고 말하던 곳에 '축복을 받은'(blessed)이라는 말을 사용합니다. 그는 로마서 4:5에서 믿음으로 의로 여기심을 받는 것은 우리의 죄가 사해졌다는 것을 의미한다고 했습니다. 우리가 하나님 앞에서 의로 여기심을 받을 때에는 하나님께서는 우리를 사랑하시며 친절하시며 당신의 자녀로 기쁘게 맞아들이십니다.

왜 우리는 의롭다고 여김을 받을 필요가 있습니까? 그것은 단지 하나님께서 죄를 용서해 주시고 그 죄를 지워버리시기 전에는 죄인들을 사랑하실 수 없기 때문입니다. 우리가 아는 바와 같이 하나님은 의로우신 하나님이기 때문에 죄와는 어떠한 관계도 가지실 수 없습니다. 하나님께서는 죄를 미워하시고 멸시하십니다. 이러니 우리가 먼저 우리의 모든 비행에서 깨끗해지지 않으면 우리는 하나님을 기쁘시게 해드릴 수가 없습니다. 반면에 하나님께서 우리의 모든 실수를 지워버리신 후에 우리를 자비롭게 맞아주십니다. 이렇게 해서 우리는 하나님의 축복을 체험하기 시작합니다.

우리는 하나님의 축복을 받고 있습니까? 이를 테면 하나님은 우리를 사랑하십니까? 그렇다면 우리도 틀림없이 의롭다고 여김을 받은 자가 될 것입니다. 이것은 비록 우리가 죄로 가득 찼지만 하나님께서는 우리에게 주 예수 그리스도의 의로우심에 한몫

끼도록 허락하여 주신다는 것을 의미합니다. 예수 그리스도의 순종은 모두 우리를 대신해서 이루어졌습니다. 그것은 마치 내가 돈을 꾸었는데 다른 사람이 대신 돈을 갚아야 하는 것과 같습니다. 비록 내가 갚은 것이 아무 것도 없을지라도 나는 빚진 것이 없게 됩니다. 나에게는 그 빚을 갚을 만한 능력도 없지만 나를 기꺼이 도와주려고 하는 그 분을 찾아냈습니다.

똑같은 원리가 우리에게도 적용됩니다. 우리에게는 우리 자신의 힘으로 의롭게 될 수 없지만 예수 그리스도께서 우리의 대리인이 되시어 우리를 대신해서 아버지 하나님을 흡족하게 해드립니다. 우리의 죄가 완전히 씻어져서 하나님께서 그들을 기억하시지도 또 기록해 두시지도 않으십니다. 이것이 의로 여김을 받는 것입니다. 이것이야말로 축복입니다. 우리가 전에는 하나님이 보시기에는 저주를 받은 타락한 자들이었지만 지금은 하나님의 양자가 되었습니다.

이 사실은 천주교인들의 어리석음을 폭로시켜 줍니다. 그들은 믿음을 가장 큰 덕목으로 여기지 않기 때문에 우리는 믿음으로 의롭다고 여김을 받는다는 것을 그들에게 납득시킬 수 없습니다. 사람이 하나님의 언약을 깨닫고 그 언약에 의지하더라도 그가 크게 달라진 것이 다른 사람에게 즉시 나타나지 않을 지도 모릅니다. 이 사람은 하나님의 인자하신 도움을 받을 필요가 있다는 것을 깨닫고 하나님을 자신의 피난처로 정한 불쌍한 죄인입니다. 그러나 생활이 선해 보여서 주변에 있는 모든 사람에게서 칭찬을 받는 사람이 의롭다는 존경을 실제보다 더 많이 받고 있을 지도 모릅니다!

예를 들면 만약 어떤 사람이 소문대로 그의 소유물 중에서 많은 것을 나누어주고 모든 사람에게 너그럽다면 그는 믿는 자보다 더 의롭다고 여겨질 것입니다. 천주교인들은 **사랑이 믿음이나 소망보다 귀하다고 한 바울의 말**을 인용하기도 합니다(고전 13:13). 바울이 그런 말을 한 것이 사실입니다. 그러나 여기 나온 문제는 어떤 것이 가장 크고 가장 귀하고 가장 고상하냐를 가리자는 것이 아닙니다.

우리가 믿음으로 의롭다고 규정되었다고 한 말에는 우리의 믿음 안에는 하나님으로 하여금 우리를 받아들이시게 하는 어떤 가치나 공이 있다는 뜻이 아닙니다. 그보다는 하나님께서는 우리의 구세주가 되시기 위해서 자신의 긍휼하심과 언약을 알려주신다는 뜻이 있습니다. 그로 인해서 우리는 믿음 안에서 하나님께 나올 수 있으며 우리 자신의 덕행에 대한 모든 신임을 포기하게 해줍니다.

하나님께서는 우리를 하나님의 저주와 증오를 받아 마땅한 상태 그대로 보시고 계시다는 것을 알게 되었습니다. 따라서 믿음은 인간의 덕과는 아무런 관계가 없고 하나님이 거저 주시는 긍휼과 은혜이기 때문에 인간의 위엄이나 가치와는 무관합니다. 따라서 믿음은 구원을 받는 데 극히 중요할 뿐만 아니라 모든 우리의 의로움의 근원이 됩니다.

바울은 이방인들이 아브라함으로 인하여 복을 받을 것이라고 말한 후에 그들은 '믿음이 있는 아브라함' (faithful Abraham)으로 인하여 복을 얻는다고 부언했습니다. 바울은 하나님께 열납될 수 있는 유일한 방법은 믿음에 의한다는 사실을 우리에게 알려 주고 있으니 우리는 그밖에 다른 어떤 것도 더할 필요가 없습니다. 그렇게 한다는 것은 큰 잘못인데 천주교인들은 오늘날까지도 그 짓을 계속하고 있습니다. 비록 그들이 믿음의 뜻도 모르고 또 의롭다고 여김을 받는 것이 무슨 뜻인지도 모르면서 믿음이 그들을 구원받을 수 있게 만든다고 인정하도록 강요당합니다. 그러나 그들은 믿음은 그것의 일부분에 불과하며 사랑과 그 밖에 다른 덕목이 필요하다고 합니다. 바꾸어 말하면 사람들은 하나님의 승인을 받을 만한 자격을 갖추어야 합니다. — 순종하지 않거나 거룩한 생활을 하지 않으면 모든 것이 헛된 것이 되고 맙니다.

믿음과 경건한 마음을 분리시킬 수 없는 것이 사실이지만 하나님께서 우리를 하나님의 자녀로 받아들이시는 데 필요한 것은 믿음입니다. 만약 하나님께서 우리의 업적을 평가하게 된다면 우리에게는 화가 있을 뿐입니다! 그러한 까닭으로 하나님께서는 우리의 인성검사를 거절하시고 주 예수 그리스도를 통해서만 우리를 받아주십니다. 하나님께서 우리를 의롭다고 규정지으시면서 두 가지를 고려하셨습니다.

첫째로 우리가 깊은 혼란 속에 빠져 있는 비참한 상태를 보시고 우리를 불쌍히 여기시는 마음이 생긴 것입니다. 다음에 하나님께서는 죄짓는 속성을 가지고 있는 우리와 원수로 남아 있지 않기 위해서 우리가 주 예수 그리스도 안에서 예수님의 의로움을 옷입고 있는 것으로 간주하시고 우리의 모든 죄를 도말해 주십니다.

따라서 바울은 우리가 '믿음이 있는 아브라함과 함께' 의롭게 여김을 받을 수 있을 뿐이라고 선언했습니다. 사실 바울은 아브라함이 아무리 고매한 인격을 소유했더라도 자신이 하나님으로부터 의롭다고 여김을 받는 데에는 아무런 공헌을 하지 못했다고 말하고 있습니다. 믿음은 (우리가 앞에서 본 바와 같이) 사람에게서 자신이 소유하고 있다고 생각하는 귀중한 것을 완전히 벗겨버립니다. 아브라함이 가지고 있던 것은 믿음밖에 없었습니다. 따라서 그는 그의 모든 자질을 아무런 가치가 없는 것으로 여겨 버려 버렸습니다. 그러니 우리는 둘을 혼동하지 않는 법을 배웁시다. 왜냐하면 그렇게 하는 것은 하나님이 보시기에는 죄가 되기 때문입니다.

만약 하나님께서 우리를 믿는 자로 여기신다면 우리는 하나님의 마음에 드는 자가 된다는 사실에 만족합시다. 한 가지 문제를 제기하겠습니다. 아브라함이 가지고 있던 자질들이 그가 하나님의 은총을 얻는 데 어떠한 효력을 발휘한 것이 있습니까? 거기에 대한 대답은 간단합니다. 본래 아브라함은 죄로 가득 차 있었습니다. 만약 하나님께서 그가 빠진 깊은 함정에서 그를 구출해 주시지 않으셨다면 그는 멸망했을 것입니다. 이것이 여호수아서 마지막장 2절에 쓰여 있습니다.

하나님께서는 이스라엘 백성들에게 이렇게 말씀하셨습니다. **'내가 너희들의 조상 아브라함을 어디에서 취했는지 생각해 보아라. 그의 선조들은 우상을 섬기지 않았느냐? 나는 그를 지옥에서 구출해 주었느니라.'** 따라서 아브라함에게는 자랑할 것이 아무 것도 없었습니다. 만약 하나님께서 은혜를 베푸시지 않으셨다면 그는 아무 것도 할 수가 없었을 것입니다.

하나님께서 아브라함에게 그렇게도 탁월하고 고귀한 자질을 주셔서 가장 귀한 지도자로 만드신 후에도 그가 지니고 있는 장점들이 그를 의롭게 만들지 못했습니다. 어떠한 경우에도 질책을 불러일으키는 무엇인가가 늘 그를 따라다녔습니다. 어떤 사람이 자신으로 하여금 온 힘을 다하여 하나님께 순종하도록 강요할 때에도 사실은 그는 느릿느릿 따라갈 뿐이었습니다. 우리가 하는 일에는 항상 잘못된 점과 하나님이 보시기에 그들 전체를 망쳐버리고 고약하게 만들 작은 결점이 있기 마련입니다. 따라서 아브라함이 가지고 있는 모든 장점을 자세히 검토해 보면 그들은 그에게 유죄 판결을 내릴 뿐이라는 것을 알게 될 것입니다.

다윗이나 그밖에 다른 사람도 아브라함과 똑같다고 말할 수 있습니다. 하나님께서 우리를 사랑하시고 우리를 당신의 자녀라고 부르시는 이유에 대해서 말하자면 그렇게 하시는 것은 우리가 수행할 두세 가지 행위 때문이 아니고 어떤 면으로도 부족함이 없는 완전한 순종 때문임이 틀림없습니다. 아브라함도 그러하니 비록 그가 어느 정도의 재능을 갖추고 있었지만 그는 여전히 인간인 죄인에 불과하기 때문에 그의 재능을 통해서 의롭게 될 수 없습니다. 하나님은 모든 믿는자들에게 하시는 것처럼 아브라함을 하나님의 통제 아래 두시어 그의 교만을 꺾어야만 했습니다.

그러므로 아브라함은 자신의 안과 밖에서 아무런 공헌을 하지 못했습니다. 그의 안에 있는 모든 선한 것은 하나님의 긍휼에서 나왔습니다. 그렇지만 이것도 그를 구원하기에는 충분치 못했습니다. 그는 본래 모든 아담의 후손들과 마찬가지로 죄인이었으며 타락했기 때문입니다. 하나님께서 아브라함의 죄를 용서해 주심으로써 그를 맞아들일 수 있었으며 그를 믿음 안에 서 있는 것으로 간주할 수 있었습니다.

그러므로 만약 하나님이 우리를 의롭다고 규정해 주신다면 그것은 믿음 때문이라는 것 다시 말하면 순전히 거저 주시는 하나님의 은혜 때문이라는 것을 알아둡시다. 우리로서는 가납되고 승인을 받기 위해서 또한 우리가 한 일들이 하나님께 받아들여지게 하기 위해서 하나님이 하신 언약을 믿어야 합니다. 하나님께서 그들을 받아들이시는 것은 그들이 우리에게서 나왔기 때문이 아니고 우리가 성령의 능력으로 그들을 이룩했기 때문입니다. 이것이 우리가 한 일들이 하나님이 보시기에 의롭다고 규정지어질 수 있고 또 성경에서 자주 강조하는 바와 같이 보상을 받을 수 있는 유일한 방법입니다. 모든 것이 믿음에서 나와야 합니다.

하나님께 의롭다고 여김을 받는 것 즉 의롭다는 선언을 받는다는 것은 우리의 행위도 마음에 들게 되었음을 의미합니다. 다른 말로 바꾸어 말하면 비록 그들에게는 타고난 위엄이나 하나님으로 하여금 그들을 의무적으로 받아들이게 하는 것이 아무것도 없을지라도 하나님께서는 그들을 의롭다고 선포하셨습니다. 우리가 하나님의 언약을 믿음으로 받아들일 때에 우리는 거저 주시는 하나님의 은혜 하나로 의롭다고 규정됩니다. 그리고 우리의 행위도 아주 똑같은 방법으로 의롭다고 규정됩니다.

그와 똑같이 아브라함도 인격적으로 의롭다고 규정되었으며 따라서 그의 행위도 하나님의 마음에 들게 되었습니다. 우리가 무엇이라고 말하든 만약 우리가 그 문제에 대한 첫 번째 원칙을 회상해 보면 하나님께서 중요하게 여기시는 것은 그 사람의 믿음입니다.

만약 하나님께서 아브라함의 생활을 세밀하게 검토해 보셨다면 그는 다른 사람과 똑같이 정죄함을 받았을 것입니다. 그러나 하나님은 그렇게 하시지 않으시고 아브라함을 자신의 자녀로 삼으려고 하셨습니다. 하나님을 감동시켜서 하나님께 그렇게 하실 동기를 부여한 것은 오로지 하나님의 커다란 긍휼입니다.

아브라함에 대해서 말하자면 그는 사람들이 신임했던 모든 헛된 일들을 다 버렸습니다. 그는 하나님의 긍휼하심만이 그를 영생으로 인도하시기에 충분하다는 것을 알았습니다. 다시 말하면 아브라함이 하나님의 긍휼하심만을 믿는 것과 똑같이 하나님은 아브라함의 믿음만을 믿었습니다. 그는 이렇게 해서 의롭다고 여김을 받게 되었습니다. 따라서 우리도 하나님의 은혜를 마땅히 받게 될 것이라고 생각하는 모든 것들을 던져 버려야 하며 하나님의 말씀을 보태서도 안 됩니다. 이것들은 모두 허위며 사탄의 미혹에 불과합니다.

믿음이 우리의 터전이 되게 하십시오. 하나님께서 우리의 죄를 용서해 주실 때에만 우리는 하나님에 의해서 의롭다고 여김을 받는다는 것을 겸허하게 인정합시다. 그렇게 된 것은 하나님께서 그들을 세밀하게 조사하셨기 때문이 아니고 그보다는 하나님께서 그들을 아버지의 사랑으로 받아들이셨기 때문입니다. 이것이 이 본문 말씀에서 우리가 배워야 할 내용입니다. 마지막으로 아브라함의 가정이 받았던 축복을 우리도 받을 수 있습니까? 그것은 바울이 여기서 한 말에 의해서 분명해졌습니다. 즉 그는 모든 이방인이 아브라함으로 인하여 복을 받으리라고 말하였습니다.

우리에게는 바울이 여기서 설명한 의롭다고 규정됨에 반대되는 개념에 대해서도 알아볼 일이 남았습니다. 사람들을 좋을 대로 하게 내버려두면 그들은 그들 나름대로 의로움을 가지고 있다고 생각합니다. 비록 우리가 수많은 무서운 죄로 가득 차 있을지라도 그 중에서 가장 사악하고 우리의 속성에 가장 깊숙이 뿌리내린 것은 하나님께서 우리는 아무 것도 아니라고 알려주실 때에 우리는 우리에게 어떤 특별한 것이 있다고 생각하여 자만하고 무관심해지는 죄입니다.

하나님께서는 우리가 모든 악과 부패와 타락으로 가득 차 있으며 우리가 지니고 있다고 생각하는 모든 덕은 헛되며 거짓이라고 우리에게 알려주십니다. 그러나 만일 우리가 우리의 필요를 절감하고 우리의 상태를 확실히 믿게 되지 않으면 이 가운데서 어떤 것도 우리를 겸손하게 만들 수 없습니다. 따라서 우리는 바울이 우리를 참된 믿음으로 인도하고 우리가 우리 자신의 '공로' (merit)에 기대하고 있을 지도 모를 헛된 기대에서 우리를 돌이키려는 의도로 이런 말을 했다는 사실에 대해서 심사숙고할 필요가 있습니다.

그는 다음과 같이 말했습니다. **'무릇 율법 행위에 속한 자들은 저주 아래 있나니 기록된 바 누구든지 율법책에 기록된 대로 온갖 일을 항상 행하지 아니하는 자는 저주 아래 있는 자라.'** 무릇 율법 행위에 속한 자들은 저주 아래 있다고 한 말에는 사람들이 많은 노력을 하여 하나님의 은총을 받을 수 있게 될 것이라고 생각할지라도 사실은 그들이 저주 아래 있다는 뜻입니다. 왜냐하면 우리가 조금 전에 본 바와 같이 '믿음으로 말미암은 자' (of faith)는 자신의 행위를 무시하고 하나님의 긍휼하심에만 의지할 것이기 때문입니다.

반면에 '율법 행위에 속한 자' (of the works of the law)는 하나님께 드린 그의 섬김이 그의 공로에 대한 보상을 허락하시도록 하나님을 움직일 것이라고 생각할 것입니다.

바울은 여기서 그러한 사람들은 모두 저주를 받는다고 말하고 있습니다. 왜 그런 말을 했습니까? 그는 **이 율법의 모든 말씀을 실행치 아니하는 자는 저주를 받을 것이**라고 한 모세의 말을 인용하고 있습니다(신 27:26). **우상을 섬기는 자는 누구를 막론하고 저주를 받는다**(신 27:15)는 말씀이 앞에 나왔습니다.

다음에 하나님을 모독하는 자는 저주를 받는다고 했습니다. 그러고 나서 안식일을 범하는 자는 저주를 받는다고 했습니다. 더 나아가서 자기의 부모에게 순종하지 않는 자는 저주를 받는다고 했습니다. 다음에 자기 이웃의 아내와 음행하는 자는 저주를 받는다고 했습니다. 이와 같은 저주의 말 – 매우 엄숙한 말 – 을 다 열거하자 사람들은 아멘으로 화답했습니다. 그렇게 하는 것은 마치 계약이 체결된 것과 같습니다. 하나님은 아무런 불평 없이 일정한 방법으로 섬김을 받아야 한다는 것과 우리는 하나님이 명하시는 것을 다 철저히 지켜야 한다는 것을 명문화하였습니다. 그러므로 사람들은 아멘으로 화답해야 합니다.

바꾸어 말하면 그들은 다음과 같이 말해야 합니다. "네, 그렇게 하겠습니다. 주님, 우리는 주님을 섬기지 않는 자는 누구를 막론하고 정죄함을 받아야 한다는 것을 공인합니다." 그후에 하나님께서는 다음과 같은 말씀으로 결론을 지었습니다. "율법책에 기록된 대로 행하지 않는 자는 저주를 받을 것이다." 이 말씀에는 우리는 어떤 점에서도 그르쳐서는 안 된다는 뜻이 있습니다. 사람들은 이 말씀에도 아멘이라고 화답해야 했습니다.

율법에서는 율법을 완전하게 지키지 못한 자 모두를 저주한다고 했으니 그토록 완전하게 순종했다는 주장을 할 수 있는 사람이 있는지 생각해 봅시다. 말할 것도 없이 우리 모두는 가장 큰 자에서 가장 작은 자에 이르기까지 다 부족합니다. 왜 그렇습니까? 자, 우리에게 마음과 목숨과 힘과 뜻을 다하여 하나님을 사랑하고 우리 이웃을 내몸같이 사랑하라고 한 율법의 줄거리에 대해서 잠깐 생각해 보십시오.

만약 우리 각자가 그러한 생활을 했는지 엄밀하게 조사해 보려고 한다면 우리를 정죄하는 데에는 다른 재판관을 부를 필요가 없을 것입니다. 왜냐하면 비록 우리가 하나님을 아무런 가식없이 마음속에서부터 신실하고 열렬하게 사랑하더라도 우리가 이 세상에 있는 무수한 허영에 마음이 끌리지 않는 것이 불가능하기 때문입니다.

천사처럼 완전한 사람이 있다고 상상해 봅시다. 그는 하나님을 마땅히 사랑해야 할만큼은 사랑할 수 없었습니다. 여러분이 아시는 바와 같이 그의 온 영혼은 하나님을 사랑하는 일에 몰입되어야 합니다. 우리 자신에 대해서 생각해 보십시오. 우리가 눈을 뜨기만 하면 헛되고 천박한 광경이 많이 보입니다. 우리가 귀를 기울이기만 하면 하나님의 영광에 도움이 안 되는 많은 것들이 들립니다.

우리는 우리의 모든 것을 하나님께 바치도록 되어 있습니다. 그러므로 우리는 하나님을 영화롭게 해드리는 일만을 생각해야 합니다. 그런데 그와 같은 완전함이 있을 수 있습니까? 우리의 마음이 미혹되어 하나님을 사랑하는 것을 저버리는 것보다 더 나쁜 것은 우리가 알고 있는 바와 같이 우리의 마음도 악한 짓을 하도록 매일매일 유혹되기 때문에 우리가 손을 쳐드는 즉시로 그들은 아무 가치도 없는 일을 하기 시작합니다.

우리의 발과 눈과 귀도 똑같습니다. 더욱이 인간의 마음속에는 악하기 짝이 없는 것이 있습니다! 우리의 영혼 속에는 얼마나 많은 사뜩한 욕심이 잠복해 있으며 또 그들이 얼마나 깊숙이 뿌리박고 있습니까? 우리는 부정으로 가득 찼습니다. 그래서 예레미야 선지자는 **사람의 마음은 매우 교활하기 때문에 만약 사람이 그의 마음의 깊이를 재려고 한다면 그의 죄의 100분의 1도 발견하지 못할 것이라고 했습니다**(렘 17:9). 하나님 한분만이 우리의 마음을 재판하실 수 있습니다.

비록 하나님께서 우리를 성령으로 재충전시켜 주셨으며 또 비록 우리가 하나님을 영화롭게 해드리고 하나님을 섬기기 위해서 많은 노력을 했을지라도 우리의 갈 길은 아직 멀었습니다. 우리는 아직 '도중'(on the way)에 있으며 실은 절뚝거리며 따라가고 있을 뿐입니다. 우리가 지체하는 것 이외에도 도중에는 많은 함정이 있으며 많은 위험이 도사리고 있습니다. 한쪽 다리는 절뚝거리고 다른 하나는 비틀거리니 때로는 함께 넘어지기도 합니다. 그것이 우리의 생활 모습입니다. 그러므로 율법에 의하면 비록 우리가 공개된 죄 속에서 살고 있지 않더라도 우리는 모두 저주를 받습니다.

앞에서 말한 바와 같이 율법 전체를 완전하게 지킬 수 있는 사람은 아무도 없기 때문에 율법 아래서는 우리는 모두 정죄함을 받아야 한다는 결론을 내리게 됩니다. 그런고로 우리는 우리의 의를 다른 곳 이를 테면 하나님의 긍휼하심에서만 찾을 필요가 있습니다. 이제 우리는 바울이 자신의 자질을 신뢰하는 자는 전적으로 하나님께 반역하여 하나님께 싸움을 거는 것이라고 주장하는 이유를 알게 되었습니다. 하나님으로서는 그들이 처해 있는 긴박한 상태를 그들에게 보여 주기 위해서 실은 그들의 머리채를 잡고 끌고 가십니다.

만약 그들이 하나님을 따라오지 않는다면 그들은 엄청나게 고집이 센 자들임에 틀림없을 것입니다! 확실히 그들은 마귀에게 속았음이 틀림없습니다. 그러므로 바울은 사람들에게 그들의 의와 구원을 우리 주 예수 그리스도의 은혜 안에서만 찾으라고 합니다. 그들은 그러한 은혜가 없이는 하나님께 나오지 못합니다. 그러한 야망은 우리의 눈을 멀게 합니다. 그것은 우리가 하나님의 의로우심에 영광을 돌리지 못하게 하며 또 우리가 우리의 죄를 인정하여 하나님 앞에서 조용히 하는 것을 방해합니다.

계속해서 바울은 여기서 천주교 신자들이 신봉하려고 애쓰지 않은 한 원칙을 주장했음을 주목하십시오. 그들은 이렇게 말했습니다. **'하나님께서 우리가 할 수 있는 이상의 것을 우리에게 하라고 명령하셨다고 주장하는 사람은 저주를 받고 저주를 받아 마땅하다.'** 그들은 율법의 의로움은 인간의 능력으로 이루기 불가능하다고 생각하는 사람들 모두를 추방하고 저주했습니다.

그들은 하나님은 틀림없이 불가능한 것을 우리에게 시키지 않으시니 틀림없이 우리에게는 하나님의 요구를 충족해 드릴 방법이 있을 것입니다. 그렇지 않다면 율법이 잘못되었다고 생각했습니다. 이것이 그들의 생각이며 주장이었습니다. 그러나 성령께서는 하나님께는 하나님의 요구를 우리의 능력에 일치시키실 의무가 없다고 그들의 주장에 정반대 되는 말씀을 하십니다.

우리의 임무에 대해서 생각해 봅시다. 우리는 우리의 마음을 다하여 하나님을 사랑해야 한다는 사실을 감히 반박하거나 논박할 사람이 누구입니까? 만약 우리가 하나님의 백성이라면 우리가 하나님께 온전히 바쳐지는 것이 순리가 아닙니까? 따라서 우리는 하나님이 우리에게 요구하시는 완전한 사랑을 하나님께 되돌려 드려야 합니다. 우리의 능력에 대해서 말하자면 사실 우리는 하나님으로 향한 우리의 임무, 즉 하나님을 우리가 마땅히 해야 할 만큼 사랑하는 의무를 완수하는 것이 불가능합니다.

만약 어떤 사람이 자기의 재산을 다 낭비하여 빈털터리가 되었다면 그것은 그가 부채에서 자유롭게 될 것이라는 것을 의미합니까? 전혀 그렇지 않습니다. 우리는 그것은 우리의 잘못이 아니라고 말할 지도 모릅니다. 그러나 그렇지가 않습니다. 왜냐하면 우리는 모두 아담으로 인하여 죄를 지었으며 그 원죄가 우리 모두를 하나님 앞에 죄인으로 서게 하기 때문입니다. 따라서 **우리는 '나는 연약하다'(I am weak)는 말이나 바울 자신의 말처럼 우리는 본래 괴팍하여 단 하나의 선한 생각도 품을 수 없다는 사실로 우리의 잘못을 정당화할 수 없습니다**(고후 3:5).

우리의 마음은 반항적이며 악으로 가득 찼으며 또 하나님과 원수되었기 때문에 우리는 우리 자신의 힘으로는 한 개의 선한 생각을 할 수 없다는 것이 사실입니다. 성경에는 그러한 말이 있습니다. 그렇지만 그래도 우리에게는 우리의 임무를 다할 의무가 주어졌습니다. 따라서 비록 우리가 율법을 온전히 지키는 것이 불가능하지만 우리는 율법에 순종하라는 명령을 받았습니다. 그렇지 않다면 바울이 로마서 8:3에서 **하나님께서는 율법 아래에서 불가능한 것을 완성하시기 위해서 주 예수 그리스**

도를 보내셨다고 말하지는 않았을 것입니다.

바울은 이렇게 말하여 우리가 하나님께서 우리에게 명하시는 것 모두를 지킨다는 것은 불가능하다는 것을 입증합니다. 만약 우리가 그렇게 할 수 있다면 우리는 그것을 통해서 의롭다고 규정되어질 수 있을 것입니다. **율법을 온전히 지키는 자는 모두 살리라고 기록되었습니다**(레 18:5). 율법을 지키는 사람이 있으면 그는 살리라 그러나 바울은 율법을 지킴으로써 우리가 의롭게 될 수 있다고 믿는 것은 완전히 잘못되었다는 것을 보여 주기 위해서 이 이론을 사용했습니다. 하나님께서 요구하시는 대로 율법을 완전하게 지킬 수 있는 사람은 아무도 없습니다.

따라서 지금 다루고 있는 말씀에 대해서 생각해 보면 바울의 근원적인 주장은 사람이 아무리 많은 노력을 하더라도 율법에서 요구하는 것을 충족시켜 줄 수 있는 사람은 아무도 없다는 것임이 분명합니다. 하나님의 영으로 다스림을 받는 자들도 이 세상의 삶을 사는 동안에는 하나님께서 주시는 교훈을 나무랄 데 없이 이행할 수 없습니다. 왜냐하면 하나님이 그들에게 허락하시는 은혜에는 한도가 있기 때문입니다.

하나님께서는 우리에게 우리의 삶을 흠없이 완전하게 하실 수 있으시며 하나님의 전 계명에 완전히 순종하게 만들 수 있어 천사들의 능력보다 더 많은 능력을 허락하실 수 있는 것이 사실입니다. 그러나 비록 하나님께서 우리를 하나님의 방법으로 지켜 주시고 우리를 변형시키고 변화시켜 주시어 우리로 하여금 하나님의 뜻에 순종하도록 시키시지만 지금의 우리는 그러한 정도의 능력을 갖고 있지 못합니다. 왜 그렇습니까? 왜냐하면 하나님께서는 우리들이 겸손하기를 바라시기 때문입니다.

하나님께서는 우리가 우리의 연약함을 시인하고 하나님 앞에서 벌벌 떨기를 바라십니다. 또 우리가 우리의 처참한 상태를 직시하고 우리가 항상 하나님께 빚진 자로 남아 있기를 바라십니다. 따라서 지금 하나님께서는 우리에게 하나님의 율법 전체를 완전하게 지키는 데 필요한 자질을 허락하지 않으시기 때문에 우리는 하나님께서 우리에게 요구하시는 것을 완수할 수 없습니다.

그리고 우리는 그렇게 할 수 없기 때문에 '율법 전체를 지키지 않는 자는 저주를 받는다'는 이 말씀은 우리 모두의 머리 위에 청천벽력이 될 것입니다. 다음을 잘 살펴보십시오. '율법에 반대하여 율법에 완전히 불복하는 자는 저주를 받는다'고 말하지 않고 내가 앞에서 분명히 했던 것과 같이 율법의 일점 일획을 다 지키지 못하는 자는 저주를 받는다고 했습니다. **야고보는 인간의 모든 자만심을 무너뜨리기 위해서 누구든지 한 점이라도 어기면 모든 것을 범한 자가 된다**(약 2:10)고 했습니다.

처음에 우리는 그러한 말씀을 가장 가혹하다고 생각했습니다. 무엇이라고요? 하나님께서는 우리가 한 가지 잘못만 해도 우리가 행했던 모든 선을 무시하십니까? 사람의 생각으로는 그렇게 하는 것이 잔인해 보일 것입니다. 야고보는 만약 사람이 살인죄를 범하면 그는 방탕하는 죄도 범하는 것이 되며 또 사람이 강도짓을 했다면 그는 하나님이 주신 나머지 계명도 어기는 것이 된다고 말하여 그 말씀에 대해서 설명합니다. 그러므로 내가 도둑질을 하지 않았기 때문에 하나님을 기쁘게 해드렸다고 생각하지만 아직도 부정한 생활을 하고 있다면 하나님의 신성을 범하는 죄를 짓는 것이 되지 않습니까? 따라서 우리는 모든 것을 교묘하게 쪼개려고 해서는 안 됩니다.

만약 우리가 우리 자신의 일부분을 하나님께 바치고 나머지 부분을 남겨 두려고 한다면 우리는 어떻게 되겠습니까? 우리가 알고 있는 바와 같이 어떤 사람들은 이런 비행에 빠져 있고 또 어떤 사람들은 또 다른 비행에 빠져 있습니다. 비록 모든 사람들이 생활의 한 분야에서는 실족할지라도 적어도 이런 저런 계명을 지키기 때문에 자신을 예외로 삼으려고 합니다. 하나님께서 당신의 계명을 분리시키지 않을 것입니다. 하나님께서 한 사람에게는 "너는 훔쳐서는 안 된다"고 말씀하시지 않으십니다. 하나님은 한 사람도 빼놓지 않고 모든 사람에게 **"너희는 간음하지 말고 도둑질하지 말며 살인하지 말라"**고 하셨습니다.

그러므로 우리 모두는 우리의 생활을 하나님께서 하신 명령 중의 하나에 대해서가 아니라 율법 전체에 대해서 조사해 보아야 합니다. 정말로 우리 중의 어느 누구도 우리는 흠이 없다고 말할 수 있습니까? 우리가 우리 자신을 율법의 기준에서 판정할 때에 확실히 우리 모두는 부끄럽게 됩니다.

만약 지금 아브라함이 우리와 함께 있다면 바로 그가 하나님께서 선택하실 수 있었던 가장 훌륭한 사람이었지만 그 분도 정죄함을 받게 될 것이 확실합니다. 이렇기 때문에 거기에는 논쟁할 여지가 더 이상 없습니다. 천주교 신자들은 믿음으로 의롭다고 규정되는 것을 우롱하고 또 마치 그들이 하나님은 어린아이에 불과하다고 믿는 것처럼 하나님의 명령을 희롱합니다. 우리는 그와 같은 방종한 짓을 삼갑시다.

하나님께서는 율법 전부를 지키지 못하는 자 모두에게 무서운 저주를 선고하셨습니다. 그렇게 해서 우리들로 하여금 하나님을 두려워하게 만들고 위대하신 하나님 앞에서 벌벌 떨게 만드는 것이 당연합니다. 우리 각자는 빈곤하다는 것을 확신하게 될 때처럼 우리 자신의 재판관이 되어 기꺼이 우리 자신에게 판결을 내립시다.

우리가 매우 부족하다는 것을 깨달을 때에 두려워하고 주 예수 그리스도께서 우리에게 주시겠다고 하시는 의로움을 기꺼이 받아들여서 우리의 모든 평안과 만족을 주님 안에서 찾읍시다!

18

갈라디아서 강해 설교

하나님 앞에서 아무나 율법으로 말미암아 의롭게 되지 못할 것이 분명하니 이는 의인이 믿음으로 살리라 하였음이니라 율법은 믿음에서 난 것이 아니라 이를 행하는 자는 그 가운데서 살리라 하였느니라
(갈 3:11-12)

사람들이 구원을 받기 위해서 주 예수 그리스도께로 가지 않는다면 (그들이 무슨 말을 하든) 그들은 틀림없이 정신병자만도 못할 것이라는 것을 보았습니다. 만약 그들이 율법에 매달린다면 내가 보여 준 것같이 저주만을 받게 될 것입니다. 그것은 우리 자신의 체험을 통해서 충분히 입증되었습니다. 바울이 로마서에서 사람들이 자신의 장점을 믿는다면 그들은 크게 실망하게 될 것이라는 것을 증명하려고 했을 때에 **율법은 우리에게 하나님의 분노와 보복을 가져다 줄 뿐**이라고 했습니다(롬 4:15).

비록 우리가 (하나님께서 우리에 대한 판결을 내리시려고 입을 여시기도 전에) 재판을 받기 위해 재판석 앞에 이미 서 있을지라도 우리의 죄가 율법에 의해서 밝혀졌습니다. 왜냐하면 만약 우리가 한 분야에서만 범죄하였더라도 하나님의 원수가 되니

하나님의 분노를 사게 된다고 기록되었기 때문입니다. 그 판결은 하늘에 계시는 하나님이 내리셨으니 항의를 한들 무슨 소용이 있겠습니까? 호소할 여지가 없습니다. 따라서 복음의 뜻을 제대로 이해하기 위해서 우리는 우리의 유일한 구원의 소망을 주 예수 그리스도와 그 분의 긍휼하심에만 두어야 한다는 것을 알아야 합니다.

우리 모두는 우리 자신의 생활을 살펴볼 필요가 있습니다. 만약 우리가 솔직하고 속임이 없다면 우리의 영적인 상태가 아주 분명해질 것입니다. 천주교인들은 믿음만이 우리를 하나님의 마음에 들게 할 수 있다는 말에 동의하지 않을 것입니다. 이것은 그들은 결코 하나님의 심판석 앞에 서려고 하지 않으며 그 대신에 암흑 속에 거하기를 더 좋아하기 때문입니다.

그러므로 그들 멋대로 한다고 해도 우리는 놀라지 않을 것입니다. 그러나 참되고 순수한 신앙 생활은 자신의 생활을 세밀하게 조사하는 것입니다. 우리가 단 일분간의 우리 생활을 자세히 검토해 보기만 해도 확실히 우리 자신은 영원한 죽음을 받아 마땅하다는 것을 알게 될 것입니다. 정말로 우리 각자는 우리 자신이 단 한 분야에서가 아니라 10만 분야에서 죄를 지었다는 것을 발견하게 될 것입니다. 그것은 어떤 한 가지 잘못에서 비롯된 것이 아니고 수백만 가지 잘못에서 비롯되었습니다.

이제 우리는 많은 흠으로 가득 하다는 것을 우리 자신도 인정하고 있으니 확실히 하나님께서는 우리에게는 우리가 알고 있는 것보다 더 많은 흠이 있다는 것을 아십니다. 왜냐하면 사도 요한이 그의 서한에 기록한 대로 하나님은 우리보다 더 깊숙한 것을 보시기 때문입니다(요일 3:20). 결국 율법으로 의롭다고 규정될 수 있는 사람은 아무도 없으며 믿음만으로 의롭다고 규정된다는 것입니다.

사도 바울은 또 다음과 같은 주장을 더했습니다. 만약 우리가 율법 안에서 의를 구한다면 그것은 믿음을 통해서 하나님 자녀로 선택된 자들이 획득했던 의와는 정반대가 될 것입니다. "율법으로 의롭다고 규정되는 것이 무엇입니까?"라고 바울이 물어봅니다. "그것을 행하는 자는 그 안에서 살 것이라"고 대답했습니다.

바꾸어 말하면 하나님께 순종하고 하나님의 계명을 지키는 사람은 누구나 구원을 보상으로 받게 될 것이라고 했습니다. 이것은 참으로 놀라운 약속입니다. 하지만 우리에게 무슨 이익이 되겠습니까? 만약 우리가 하나님이 명령하시는 것 모두를 완전하게 행하려고 한다면 하나님께서는 우리의 실패를 부각시켜서 우리의 저주스러운 상태를 드러내 보이려고 하신다는 것을 알게 될 것입니다. 만약 우리 각자가 구원을 얻어야 한다면 그것은 어떤 종류의 구원이 되겠습니까?

맨 처음 우리가 하나님께서 율법을 지킴으로써 하나님을 공경하고 섬긴 자들 모두에게 영생의 선물을 주어 보답하려고 하신다는 말을 들었을 때에 (우리가 거기에 함축되어 있는 뜻을 깊이 생각해 보기도 전에) 그것은 놀라운 일처럼 보였습니다. '우리가 하나님을 섬기고 하나님의 뜻을 행하면 낙원을 상속받을 것이라고 하나님께서 우리에게 분명히 약속하셨으니 하나님은 우리에게 빚을 지게 되셨구나 참으로 놀라운 일이다!' 라고 기뻐했습니다.

그러나 만약 우리가 우리의 생활을 하나님의 계명과 나란히

놓고 조사해 보면 우리가 하나님을 섬기고 하나님의 율법을 지키면 우리를 매우 친절하고 관대하게 대해 주실 것처럼 보였지만 우리를 이미 우리가 태어날 때부터 빠져 있는 그 함정 속으로 더 깊숙이 밀어 넣게 될 것이라는 것을 알게 될 것입니다.

그러니 우리는 어떤 희망을 가질 수 있겠습니까? 거기에 대해서 바울 사도가 **"의인은 그 믿음으로 말미암아 살리라"**(합 2:4)고 대답했습니다. 그러니 율법이 우리에게 주는 언약에서 돌이킵시다. 왜냐하면 그것은 우리에게는 아무 가치도 없기 때문입니다. 그리고 우리를 환영하기 위해서 팔을 벌리고 계시는 우리 하나님께서 거저 주시는 은혜를 받아들이기 전에 먼저 모든 자만심을 벗어버립시다. 사실 이것이 바울이 여기서 말하려고 하는 내용입니다.

다음에는 반대되는 둘을 다루어 보겠습니다. 다음과 같은 상상을 해보십시오. 한 사람은 불은 열의 근원이 된다고 주장합니다. 그러나 다른 사람이 나타나서 강력하게 반박합니다. 우리는 그에게 "그렇다면 얼음이나 서리가 열을 낼 수 있습니까? 확실히 그들은 반대되는 성분이며 서로서로 양립할 수 없습니다!"라고 대답할 것입니다. 또 태양열이 우리의 생활에 필요하느냐를 놓고 언쟁을 벌이고 있다고 상상해 보십시오.

그런데 만약 이 세상에 태양이 없다면 어떻게 되겠습니까? 우리는 더러운 공기 때문에 숨이 막힐 것입니다. 왜냐하면 더러운 공기는 햇빛으로 정화되기 때문입니다. 그러므로 바울은 자연계에 대항하는 힘이 있는 것처럼 우리는 율법으로도 하나님의 은혜로도 의롭다고 규정될 수는 없다고 말했습니다!

만약 우리가 하나님의 은혜 안에 있기를 소망한다면 그것은 하나님의 선하심과 주 예수 그리스도를 통해서 나타내신 우리에 대한 사랑으로만 이루어질 수 있으며 우리 자신이 소유하고 있는 어떠한 위엄으로도 이룰 수 없습니다. 그러나 이 가르침을 정확하게 이해하기 위해서 우리는 바울이 여기서 한 말에 세심한 주의를 기울여야 합니다.

그는 율법의 의로움은 하나님께서 우리에게 명령하신 것을 다 지킴으로써 이룩된다고 했습니다. 이것은 율법을 지키는 것이 우리를 구원하기에 충분하다는 것을 증명합니다. 왜냐하면 하나님께서 **'이것이 너희가 살아가야 할 방법이며 이것이 너희가 생활을 영위해 나갈 방법이다'** 라고 말씀하시고 율법에 담겨 있는 십계명을 우리에게 주셨기 때문입니다.

율법은 변치 않는 우리의 생활 규범이며 우리는 완전한 의를 다른 곳에서 찾으려고 해서는 안 됩니다. 이것이 우리가 천주교에게 강력히 반대하는 이유입니다. 그런데 그들은 그들 나름대로 계명을 만듦으로써 하나님을 아주 성실하게 섬기고 있다 생각합니다. 하나님은 순종을 요구하십니다. 율법이 주는 가르침은 신성한 것뿐이라는 것을 분명히 알아둡시다. 따라서 거기에 어떤 것을 더하더라도 그것은 죄가 됩니다. 사람이 자신의 상상속에 품어 왔던 신앙을 소개하려는 노력은 헛된 짓입니다.

그러나 율법이 주는 가르침은 우리에게 참된 의의 본질을 알려주기에 충분하다는 사실이 문제의 종말이 아닙니다. 우리는 다음 단계로 넘어가야 합니다. 즉 "우리는 하나님이 명령하신 것을 할 수 있습니까?" 라고 물어보아야 합니다. 우리에게는 부족한 것이 너무 많기 때문에 율법을 지키는 사람 모두에게 한 약속은 우리에게 적용될 수 없습니다. 천주교도들은 이 문제에서 크게 속고 있습니다. 그들은 하나님은 우리 자신의 힘으로 이룰 수 없는 것은 어떤 것도 명령하시지 않았다는 거짓말을 아직도 굳게 믿고 있습니다.

그러나 바울은 그와 정반대되는 말을 했습니다. 그들은 그들의 잘못을 비호하여 하나님께서 **"그것을 행하는 자는 그 안에서 살리라"**고 분명히 말씀하셨기 때문에 하나님은 틀림없이 우리를 속이고 있는 것이라고 주장합니다. 그러나 이와 같은 반론을 바꾸는 것은 아주 쉽습니다. 그렇습니다. 만약 하나님께서 이 문제에 대한 해답을 주시지 않았다면 우리는 이 구절의 뜻을 해석하는 데 가장 혼란스러웠을 것입니다. 만약 그렇게 하시지 않았다면 그 구절은 아무도 살 수 없다는 뜻으로 여겼을 것입니다.

우리는 율법을 지킴으로써 하나님의 마음에 들 수 있다고 말씀하셨고 우리에게 영광의 면류관을 씌워 주시겠다고 약속하셨기 때문에 얼핏보면 내가 앞에서 말한 것과 같이 우리에게는 이로운 것밖에 없는 것처럼 보입니다.

사실이지 우리는 손해볼 수가 없는 것처럼 보입니다! 그러나 모든 것을 고려할 때에 우리는 사람이 아무리 영생을 얻고 싶어 할지라도 이러한 방법으로 그것을 얻을 수 있는 사람은 아무도 없다는 똑같은 결론에 이르게 됩니다. 왜 할 수 없습니까? 왜냐하면 율법을 완전하게 지키는 사람이 없기 때문입니다. '율법의 일부분만을 지키는 사람은 살 것이다'라고 기록되어 있지 않고 율법 전체를 지키는 자라고 되어 있습니다. 그렇다면 율법으로 의롭게 규정된다는 것은 무슨 말입니까? 어떤 면으로도 부족함이 없이 율법에 완전히 순종하는 것을 의미합니다. 그러한 순종을 이 땅에서는 찾아볼 수 없습니다. 그러므로 우리 모두가 율법에서 주어진 약속에서 제외되는 것이 당연합니다.

그렇다고 해서 하나님께서 우리를 속이신다는 뜻은 아닙니다. 사람들이 자존심 때문에 자신을 속이며 자신의 장점을 자랑하기 때문에 하나님이 그러한 약속을 하셨습니다. 그러므로 하나님께서는 우리에게 우리의 잘못과 하나님의 요구를 수행하지 못한 것에 대해서 유죄 판결을 내리시려고 합니다. 만약 율법이나 이와 같은 언약이 없다면 우리는 어떻게 되겠습니까? 이방인들에 대해서 생각해 보십시오. ㅡ그들은 늘 자신의 선한 행실을 통해서 하나님을 기쁘시게 해드리려고 애써 왔습니다.

그러나 동시에 그들에게는 엄청난 단점이 있습니다. 이렇기 때문에 그들은 계속해서 제물을 사용합니다. 물론 그들이 제물을 바치는 참 목적을 이해하지 못합니다. 이방인들이 제물로 바칠 때에는 그들은 하나님께 많은 빚을 지고 있으며 하나님의 지지를 받을 필요가 있다고 고백합니다.

오늘날의 천주교도 거의 그와 같습니다. 이방인들은 오늘날 천주교에서 하는 짓들을 대대로 지켜왔습니다. 그들이 무엇이라고 말하든 두 집단은 모두 자신들을 하나님의 구원을 받을 자격이 있게 만들 수 있다고 생각합니다. 그런데 여기서 주님은 만약 하나님께서 우리에게 상을 주시지 않을 것이라고 생각한다면 그것은 우리의 잘못이라고 말씀하십니다. 왜냐하면 만약 우리가 하나님의 율법을 지켜 행하면 하나님의 거저 주시는 선하심으로 인하여 우리를 의로운 자로 여기시겠다고 약속하셨기 때문입니다. 우리가 그것을 지킬 수 있느냐가 문제입니다.

우리는 너무나 부족합니다. 사실은 너무 부족하기 때문에 절망감마저 느끼게 됩니다. 비록 그것이 우리의 생활에서 실천되지 못할지라도 하나님께는 그러한 언약을 하실 상당한 이유가 있습니다. 그 의도는 폭발 지경에 이르도록 우리를 꽉 채우고 있는 자존심을 꺾어버리려는 것입니다. 그렇게 하는 데에는 극적인 대책이 필요합니다. 그러면 그 대책은 무엇입니까? 만약 하나님께서 우리의 욕구에 맞게 대우해 주시지 않으면 우리는 불평하기 시작할 것이라는 것을 아셨습니다. 그러므로 하나님께서는 이 세상에서 덧없는 생활을 하고 있는 우리에게 은혜와 축복을 기꺼이 쏟아 부으려고 하십니다.

더욱이 우리가 하나님을 섬긴다는 조건으로 우리에게 영원한 유업을 마련해 주시겠다고 하십니다. 만약 우리가 하나님에게 복종하여 하나님과 좋은 관계를 유지한다면 하나님께서는 이 세상에서는 물론 하늘 나라에서도 우리에게 보상을 주실 것이라고 하셨습니다. 하나님께서는 이 말씀을 통해서 모든 사람들은 하나님 앞에서 입을 다물어야 하며 만약 하나님께서 그들을 벌하시거나 그들에게 많은 고난과 시련을 주셔도 그들은 그렇게 되는 것이 지극히 당연하다고 고백하게 만들려고 하셨습니다.

왜냐하면 우리들 가운데서 자신의 생활을 엄격하게 조사해 본 사람은 우리는 이 세상에서 우리의 육신을 지탱해 주는 빵을 먹을 자격도 없다고 솔직하게 고백할 것이기 때문입니다. 그런데 우리는 어떻게 하나님 한 분에게만 속하는 낙원과 영광을 감히 받을 수 있습니까? 어떻게 우리가 우리 자신의 선행으로 그러한 경지에 이를 수 있습니까? 따라서 자랑을 늘어놓는 사람들의 입은 주님의 가장 관대하시고 아낌없이 주시겠다는 약속으로 인하여 침묵할 것입니다.

이 시점에서 우리는 이와 똑같은 약속이 완전히 자의에 의해서 이루어졌지만 우리는 그 기준에 너무나 미달되기 때문에 우리가 그것에 대한 권한을 포기하지 않는 한 그것은 우리에게 어떠한 유익도 주지 못한다는 것을 주목하십시오. 그것은 내가 좀 더 자세하게 설명해 주지 않으면 우리에게 다소 분명치 않게 보일지도 모릅니다. 내가 앞에서 말한 바와 같이 이방인들은 만약 그들이 사람들이 보기에 정직하고 결백한 삶을 산다면 하나님이 그들에게 상을 주실 것이라고 생각합니다.

그러나 그렇게 생각한다는 것은 어리석은 일이며 심지어는 미친 짓입니다. 어떻게 하나님이 우리에게 빚지실 수 있습니까(이것이 누가복음 17:10에 분명하게 기록되어 있습니다).

비록 우리가 하늘나라에 있는 천사들보다 더 착한 일을 할 수 있다고 해서 그것으로 인해 하나님은 우리에게 보상해 줄 의무가 있다는 것을 의미합니까? 전혀 그렇지 않습니다! **우리는 하나님께 속하기 때문에 하나님의 소유입니다.**

우리 주 예수 그리스도께서는 한 하인에 대해서 말씀하실 때에 오늘날 우리가 알고 있는 하인에 대해서 하는 것처럼 이야기하지 않으셨습니다. 그보다는 그 당시의 노예에 대해서 하는 것처럼 하셨습니다. 비록 한 하인이 그의 주인을 위해서 일백 번을 고쳐 죽어야 한다 해도 사느냐 죽느냐는 그의 주인의 재량에 달려 있습니다.

우리 주 예수 그리스도께서는 “만약 너희 중의 누구라도 노예를 소유하고 있어서 그 노예를 나귀나 소처럼 다룬다면 너희들 자신이 용서받지 못할 불쌍한 마소에 불과하다. 하인은 하루종일 일을 하고 저녁이 되어 집에 돌아오지만 주인은 그가 식탁에 앉는 것도 허락하지 않을 것입니다! 그렇다 하더라도 하인은 그에게 맡겨진 임무와 그가 채용된 목적을 수행했을 뿐입니다"라고 말씀하셨습니다.

하나님의 권위가 짐승의 권위보다 못합니까? 비록 우리가 하나님의 자녀가 되어 하나님의 뜻에 순종하여 행하려 할지라도 하나님은 어떤 면으로도 우리에게 신세를 지고 계시다고 말할 수 없습니다. 따라서 (내가 증명해 준 것과 같이) 비록 주님께서 "그들을 행하는 자는 그 안에서 살리라"라고 율법에서 선언하셨지만 무엇이 하나님으로 하여금 영생에 대해서 그렇게도 관대한 약속을 하도록 만들었는지 생각해 보는 것이 중요합니다. 그런 약속을 하신 것은 하나님이 우리에게 빚을 지고 있기 때문이 아닙니다! 말하자면 만약 우리가 하나님을 섬기는 일을 하다가 우리가 100번 죽어도 이것이 하나님께 그 대가를 지불할 의무를 부가할 수 없습니다.

그러나 하나님은 인자하시어 우리에게 다가오셔서 이렇게 말씀하십니다. "비록 내가 너희에게 꾼 것이 없고 너희는 보상을 받을 만한 가치가 있는 것을 갖다 준 것이 없지만 (너희는 모든 점과 모든 면에서 나에게 구속되었기 때문에) 나는 너희들의 노고에 대해서 보상해 주고 싶다. 그러므로 너희는 너희들의 임무를 하고 내가 명령한 것을 다 행하라. 그러면 너희는 실망하지 않고 너희의 보상을 받게 될 것이다." 이것을 우리는 기억해 둘 필요가 있습니다.

천주교 신자들에 대해서 말하자면 그들은 이것의 일부분만을 받아들이고 전부를 받아들이지 않습니다. 그들의 대부분은 이러한 원칙에 대해서 아무 것도 모릅니다. 그러나 그들 중에는 (하나님을 섬겼던 모든 사람들에게 생명을 주기 위해서) 하나님이 율법에서 하신 약속은 행위 자체에는 영생과 관련해서 어떤 효능이 있다고 가르치지 않는다는 것과 영생을 얻게 되는 것은 약속 때문이라는 것을 인정하려고 하는 사람도 있습니다.

그러나 하나님께서 이러한 방법으로 맹세하셨다면 그들은 하나님께 얼마간의 보상을 받을 권리를 받고 싶어합니다. 그들은 왜 이렇게 생각합니까? 그들은 그렇게 하지 않으면 하나님께서 하신 약속('그들을 행하는 자는 그 안에 살리라')은 헛되게 될 것이기 때문이라고 합니다.

그러나 이렇게 비열한 자들은 내가 설명한 내용을 이해하지 못합니다. 즉 하나님의 약속에는 사람들이 그들의 공로로 구원을 얻을 수 있다는 뜻이 있지 않으며 그보다는 그들의 영혼에 유죄 판결을 내려서 정말로 그들을 겸손하게 만들려는 의도가 있습니다. 그들은 그들 자신의 어리석은 자만과 야망 때문에 그 의도에서 멀어집니다.

이제 우리는 바울이 한 말 뒤에 숨어 있는 목적을 알 수 있게 되었습니다. 만약 우리가 율법이나 우리 자신의 공로로 의롭게 여김을 받았다고 주장할지라도 우리는 우리의 가장 작은 임무를 게을리하거나 아무리 작은 일이라도 등한히 해서는 안 됩니다. "그렇게 행하는 자는 그 안에서 살 것이기 때문입니다. 감히 하나님께 향한 자신의 임무를 완전히 다 완수했다고 자랑하고 싶어할 정도로 거만한 자는 어떤 사람입니까? 지독한 자만심에 취한 위선자나 하나님을 무시하고서도 진정한 회개를 하지 않았으며 그의 양심이 잠자고 있거나 요술에 걸린 불경한 사람에 불과합니다. 그러한 사람은 자신을 속여서 자신에게는 무엇인가를 받을 자격이 있다는 생각을 하게 할 뿐입니다."

율법이 말하는 의로움은 성취할 수 없고 우리가 그것에 접근하는 것이 금지되었기 때문에 우리는 다른 의로움을 찾아 나설 필요가 있습니다. 바꾸어 말하면 우리는 하나님으로 하여금 거저 주시는 은혜로 우리를 맞아들이게 할 필요가 있습니다. 우리에게 필요한 것은 하나님이 우리에게서 무엇인가를 받아들이는 것이 아니고 비록 우리에게 그런 자격이 없지만 주 예수 그리스도의 순종을 우리의 공로로 돌려놓는 것입니다.

따라서 우리가 우리의 모든 범죄와 부정 행위를 폐지함으로써 **우리는 하나님에 의해서 본래의 저주받을 상태에서 구출됩니다.** 사실 이것은 바울이 바로 이 원리에 대해서 주장한 로마서 3:19에 잘 나타납니다. 여기서도 문제의 초점은 율법의 의로움에 있습니다.

천주교도들이 바울이 다음과 같이 분명하게 한 경고를 무시할 정도로 몹시 타락했다는 것은 나에게는 놀랄 일입니다. 그들은 여전히 이렇게 항의합니다. "무슨 말씀입니까? 당신은 지금 하나님을 우롱하고 있습니다! 하나님은 선한 일을 보상해 주시겠다고 약속하셨습니다. 하나님은 보상해 주시겠다고 여러 번 약속하셨으니 어떻게 그 약속을 이행하지 않을 수 있겠습니까? 그 약속을 지키시지 않으시면 사람들은 하나님을 거짓말쟁이라고 비난할 지 모릅니다."

그러나 바울은 그들의 항변에 이렇게 대응합니다. "친구여, 우리에게 하나님의 은총을 받을 만한 자격이 있기 때문에 하나님이 우리를 받아들이신다고 생각하거든 검토해 봅시다. 만약 두 사람 사이에 매매 문제나 하신 약속을 또는 그와 비슷한 문제를 놓고 분쟁이 일어나면 그들은 이렇게 할 것입니다. '계약 내용을 검토해서 그 안에 무엇이 담겨 있는지 알아봅시다.' 그 계약서를 읽어보면 문제가 분명하게 해결될 것입니다. 둘 중의 한 사람은 이렇게 말할 것입니다. '이 조항은 당신이 그 대가를 치르기만 하면 당신에게 유리하게 되어 있습니다. 그러나 만약 당신이 그 대가를 지불하지 않으면 당신에게는 그것을 주장할 권리가 없습니다.'

구원을 받는 방법도 그와 같아서 우리는 하나님이 우리와 맺은 본래의 계약을 살펴보아야 합니다. 그 계약이 바로 율법입니다. 그러므로 만약 사람들이 그들의 공로에 따라서 보상받기를 구한다면 그렇게 하는 것은 그들에게 영생을 가져다주기보다는 그들을 그것에서 추방시킬 것이라는 것을 알게 될 것입니다. 하나님께서는 그들이 하나님이 예비해 놓으신 구원을 유업으로 받을 수 있기 전에 그들은 하나님께서 그들에게 명하셨던 것 모두를 이행해야 한다고 선포하셨습니다. 남은 것은 사람으로서 이와 같은 계명들을 완전하게 이행하는 것이 가능한지를 알아보는 것 뿐입니다.

그러니 우리가 앞에서 알아본 바와 같이 이와 같은 요구사항들을 완전하게 이행할 수 있는 사람은 아무도 없습니다. 따라서 그 언약은 있는 상태 그대로의 우리에게는 적용될 수 없습니다. 그럼에도 불구하고 천주교 신자들은 이것을 믿지 않습니다. 그들이 "그들을 행하는 자는 그 안에서 살리라"는 말을 듣고서 가장 중요한 것은 율법을 지키는 것이라고 생각합니다. 하나님께서 그들을 보상해 주시겠다고 하신 약속만으로도 그들에게는 충분합니다.

하나님께서 이렇게 말씀하신 것이 사실이지만 하나님께서는 우리가 하나님께서 요구하시는 것들을 실제로 완수하기를 바라십니다. 그러면 천주교인들은 바울이 한 다음과 같은 말로 대응할 것입니다. **"하나님 앞에서는 율법을 듣는 자가 의인이 아니요 오직 율법을 행하는 자라야 의롭다 하심을 얻으리라"** (롬 2:13). 그들은 그 말씀을 인용하려고 하지만 그 뜻을 전혀 모릅니다. 그들은 바울이 한 말은 우리가 모든 계명에 순종할 때에만 우리가 의롭다 하심을 얻을 수 있다는 뜻이라는 것을 모릅니다.

이스라엘 백성들은 '율법은 우리에게 우리가 하나님의 백성임을 알려준다' 라는 말을 해서 그들에게 주어진 율법을 자랑하곤 했습니다. 그러나 거기에는 그것에 부수되는 조건이 있었습니다. 그 조건을 완수한 사람이 누구입니까? 당신입니까? 전혀 아닙니다!

우리는 바울이 말한 대로 율법을 들음으로써 의롭다고 여김을 받을 수 없습니다. 만약 우리가 교회에 나와서 거기에서 선포되는 말씀만을 듣고 돌아가서는 우리의 욕심을 채운다면 참으로 어리석을 것입니다. 우리는 하나님께서 우리에게 명령하시는 것을 지켜야 한다고 바울이 말했습니다. 그러나 이것을 철저하게 지킬 수 있는 사람은 아무도 없기 때문에 우리는 모든 심판을 받아야 됩니다.

그러나 천주교인들은 "그러나 율법을 행하는 자는 의롭다고 여겨질 것이다"라고 그 말씀의 반쪽에만 집착하기 때문에 앞에서 말한 것과 똑같은 결론에 이르지 못합니다. 만약 율법을 지키면 그렇게 됩니다. 그러나 먼저 그런 사람을 나에게 보여 주십시오. 바울은 로마서에서 **하나님의 율법을 지키는 자 모두에게**

영생을 주시겠다고 하신 하나님의 약속은 우리가 율법을 철저하게 지킬 수 없기 때문에 우리에게는 아무런 가치가 없다고 했습니다(롬 8:3).

사실 우리는 본래 하나님의 의의 기준(God's righteous standards)과는 완전히 대치됩니다. 이제 하나님께서 우리를 성령으로 거듭나게 하셨으므로 우리는 완전히 하나님께 빚진 자가 되었습니다. 우리가 소유하고 있는 모든 선한 것들은 하나님께 받은 것이며 하나님께서는 우리에게 선물을 주어서 보상해 주십니다. 그러니 우리는 공로에 대해서 말할 수 있습니까? 할 수 없습니다.

사실은 우리는 더 나아가서 이렇게 말해야 합니다. "우리가 행한 것을 하나님이 착하다고 보시어 황송하게도 포상하실지라도 거기에는 우리를 정죄하기에 충분한 죄가 섞여 있기 마련이기 때문에 우리의 행한 것은 일부분만 선할 수 있다."

따라서 우리의 행위는 하나님께서 보시기에는 아무런 가치가 없기 때문에 우리는 우리 자신이 의롭다고 믿고 있는 것을 모두 벗어버려야 합니다. 만약 우리가 "그것을 행하는 자는 그 안에서 살리라"고 한 말씀에 의해서 심판을 받게 되면 우리의 행위가 하나님의 비위에 완전히 거슬린다는 것이 드러날 것입니다. 하나님은 이를 테면 "너희는 모두 죽었고 저주를 받았으며 타락한 자들이다"라고 말씀하실 것입니다. 왜 그런 말씀을 하십니까? "왜냐하면 내가 너희들에게 하라고 명한 것들을 행하는 것이 너희들의 임무임에도 불구하고 너희 중에 어느 누구도 그렇게 한 사람이 없기 때문이다." 이러한 까닭으로 우리는 "믿음으로 산다"(living by faith)라는 차선책을 생각해 볼 필요가 있습니다.

바울은 내가 앞에서 언급했던 말씀(롬 3:21－22)에서는 로마서 1:17에서처럼 하박국의 말씀을 인용하지 않았습니다. 그러나 율법은 믿음으로 된 의로움을 지적한다고 말했습니다. 율법에서 말하는 의로움(즉 우리를 의롭다고 규정해 주며 율법에서 하나님이 주신 규례)이란 우리는 하나님이 주시는 모든 계명에 순종하고 그 계명을 지키는 것입니다. 그러나 믿음으로 말미암은 의로움은 그 뜻이 다릅니다. 즉 사람이 그의 생활 방식을 통해서 하나님의 은총을 입거나 하나님의 보상이나 영광을 얻으려고 해서는 안 되며 하나님의 말씀을 굳게 믿고 그 말씀이 마음속과 입술에 거하도록 하는 것이라고 했습니다.

왜냐하면 만약 **우리가 주 예수 그리스도께서 죽으신 것을 마음으로 믿으며 그가 다시 사신 것을 입으로 시인하면 우리는 하나님 앞에서 의롭다고 여김을 받을 것이기 때문입니다**(롬 10:9). 바울은 여기서 그가 한 말의 뜻을 길게 설명합니다. 율법으로 의롭게 되는 것과 믿음으로 의롭게 되는 것은 불과 물이 혼합될 수 없는 것과 같이 양립할 수 없다고 말하면서 그들을 구별합니다. (내가 앞에서 분명하게 말한 것과 같이) 율법과 복음 사이에는 어떠한 모순이 있다는 말이 아닙니다. 왜냐하면 우리가 알고 있는 바와 같이 그들은 둘 다 똑같은 하나님에게서 나왔기 때문입니다.

그러나 우리가 지금까지 얘기해 왔던 대로 우리는 하나님의 섭리를 잊지 말아야 합니다. 하나님은 우리에게 율법에 의해서 의롭게 되는 길을 열어주심으로써 우리로 하여금 겸손해지게 하려고 하셨습니다. 그렇게 되면 우리가 죄지은 것을 깨닫고 하나님 앞으로 나오게 될 것입니다. 이것은 우리 자신이 부족하다는 것을 하나님께서 우리에게 보여 주시지 않으면 결코 이루어지지 않았을 것입니다.

만약 우리가 하나님을 바르게 섬기면 의롭게 여기시겠다고 하신 하나님의 약속에는 실제로 다음과 같은 뜻이 있습니다. "불쌍한 자들아, 너희 자신의 안팎을 통틀어서 너희에게는 어떠한 가치나 값어치가 있느냐? 내가 준 계명을 잘 음미해 보고 거기에 무엇이 담겨 있는지 생각해 보고 너희 각자가 해온 생활을 반성해 보아라. 그렇게 하면 너희로 하여금 스스로 절망하기 죽을 것 같은 느낌을 갖게 만들 것이다."

그러나 비록 하나님께서 이러한 기분으로 말씀하시지만 대책도 허락해 주십니다. 즉 하나님께서는 "복음이 주는 가르침으로 나오라"고 하십니다. 그 가르침은 어떤 것들입니까? 바울은 **"의인은 그 믿음으로 말미암아 살리라"**는 하박국 2:4 말씀을 인용해서 그 뜻을 설명합니다.

그리고 그는 이 말씀에서 우리는 온전히 주 예수 그리스도께 호소할 필요가 있음을 역설하여 그 뜻을 보다 분명하게 설명합니다. 우리의 마음속에 담겨지고 우리 입술에서 나오며 우리를 하나님께로 인도해 주며 우리에게 천국문을 열어 줄 "하나님의 말씀"(Word)은 우리를 낮은 이 땅에 묶어 놓은 말이 되어서는 안 됩니다. 또한 우리로 하여금 하나님께서 우리의 공로를 칭찬해 주실 것이라고 믿고서 우리를 자만심으로 부풀게 해서도 안 됩니다. 절대로 안 됩니다.

그보다는 말씀이 우리로 하여금 주 예수 그리스도께 의지하게 해주어야 합니다. 하나님께서 우리에게 허락하시는 믿음으로 의롭다고 여기신다는 말에는 다음과 같은 뜻이 있습니다. 즉 우리의 죄가 주 예수 그리스도의 죽음과 고난을 통해서 지워졌으며 예수 그리스도의 부활을 통해서 우리가 의롭다고 여김을 받아 이제는 하나님 나라의 상속자가 되었다는 뜻이 있습니다(전에는 우리가 지옥의 나락으로 떨어질 중죄를 선고받았었는데 그것은 우리에게 속한 유업이며 우리는 본래 그것을 받아 마땅합니다).

우리는 또한 아담으로 인하여 잃었던 것 모두를 예수 그리스도를 통해서 다시 찾았다는 사실을 알고 있어야 합니다. 우리를 덮고 있던 재앙은 하나님이 우리를 해방시키실 때에 벗겨집니다. 이것이 믿음으로 의롭게 되는 것이며 그리고 바울이 인용한 하박국 선지의 말씀에 담겨 있는 의미를 잘 조사해 보면 우리는 성령이 지적하고 계시는 것이 바로 이 가르침이라는 것을 알게 될 것입니다.

그리고 그 선지자는 하나님께서 백성들에게 내릴 응징과 심판에 대해서 이야기했습니다. 그러므로 그 정황을 자세하게 검토해 보았다면 우리가 모든 것이 끝났다고 결론을 내리는 것도 무리가 아닐 것입니다. 그러고 나서 그는 악한 자의 자존심이 부서져 곪아 터지지만 그들의 발은 미끄러운 곳에 있어서 비틀거리며 걸어갈 것입니다. 그들이 자신을 더 높이려고 하면 할수록 그들의 실망이 클 것입니다. 이것이 하박국 선지가 악인에 대해서 내린 선언입니다.

반면에 그는 의인에 대해서는 그들은 "믿음으로 인하여 살 것이다"(live by faith)라고 했습니다. 의인은 살 것이라고 한 그의 말에는 하나님의 자녀들은 낮은 이곳에서 살지 않을 것이라는 뜻이 내포되어 있음을 주목하십시오. 만약 그들이 온 세계를 돌아다니면서 높은 곳과 낮은 곳을 뒤져보면 모든 곳에 그리고 모든 것에 죽음과 멸망이 있다는 것을 곧 깨닫게 될 것입니다. 비록 그들이 지금 이 땅에서의 '생활'(life)을 즐기지 않을지라도 앞으로 올 영생을 갈망하며 그것을 마음과 머리 속에 소중히 간직하고 있습니다.

하박국 선지는 하나님의 선택을 받은 자들의 마음을 이 세상과 떼어놓아서 그들로 하여금 하나님께 온전히 의지하게 하며 하나님의 은혜만으로도 그들을 구원하는 데 충분하다는 것을 알려주려고 했습니다. 그런데 바울은 그 문제를 우리가 다루고 있는 이 본문 말씀 안에서 더 간단하게 설명합니다. 왜냐하면 그는 내가 설명한 내용을 완전히 이해하고 있었으며 이미 그들에 대해서 글로 썼기 때문입니다. 즉 그는 믿음이 하나님 한 분에서만 구원을 찾도록 인도해 준다고 늘 가르쳐 왔기 때문입니다.

율법은 매우 상이한 내용을 가르치는 것처럼 보일지 모르지만 사실은 우리가 그것을 올바르게 이해하지 못한다면 우리 안에는 생명이 전혀 없다는 것을 보여 줍니다. 율법은 이렇게 말합니다. "열심히 일하고 낙원에 들어가기 위해서 최선을 다하자." 왜 율법이 그런 말을 합니까? 사람의 헛된 방자함을 자신의 장점으로 살찌우지 않기 위해서입니다. — 확실히 그렇게 해서는 안 됩니다! 그보다는 우리로 하여금 주 예수 그리스도의 은혜를 겸손하게 받아들이게 하기 위해서입니다.

왜냐하면 (앞에서 말한 바와 같이) 비록 우리가 하나님에게서 멀리 떨어져 있을지라도 우리 모두에게는 하나님께서 받아들이실 만한 가치가 있다고 생각하고 싶어하기 때문입니다. 그러나 우리 주님은 그러한 건방진 행동에 보복하실 것입니다. 주님은 우리에게 이렇게 말씀하십니다. "네가 무엇을 했는지 알아보자.

나에게 가까이 오너라. 그리고 결산을 시작하자. 우리 중의 누구라도 무엇에나 다른 사람에게 빚진 자가 있으면 그 빚을 갚아야 할 것이다. 그리고 나는 너를 실망시키지 않기 위해서 상품을 준비해 놓고 있다. 모든 것이 다 준비되었다. 만약 네가 내가 명한 것들을 행했다면 두려워할 것이 아무 것도 없다. 너는 너의 수고에 대해서 충분한 보상을 받게 될 것이다. 그러니 일을 시작하라. 그리고 네가 나를 어떻게 섬기려고 하는지 보여 주라." 우리 주님은 이 말씀을 통해서 우리로 하여금 우리 본래의 모습을 알도록 준비시키시고 알게 하십니다.

우리가 부족한 것을 인정할 때에 우리는 우리의 부족한 것을 공급받기 위해서 하나님께로 올 것입니다. 따라서 율법은 비록 이상한 방법이기는 하지만 믿음으로 인도하여 줍니다.

우리가 어떻게 생각하든 바울이 여기서 하는 말에는 억지가 있기 마련입니다. 먼저 자신이 타락했다는 것을 진정으로 깨닫고 시인하지 않고서는 그는 믿음으로 의롭다고 규정지어질 수 없다는 것입니다. 왜냐하면 구원은 우리가 벌을 받아 마땅하다는 인식에 그 바탕을 두어야 하기 때문입니다.

바울은 단지 이 땅에서의 덧없는 생활에 대해서 말하고 있는 하박국 선지의 말을 너무 심각하게 다룬 것처럼 보일 지도 모릅니다. 의로운 자는 '살 것이다' (shall live)라는 말은 비록 하나님께서 그를 괴롭히고 곤란하게 만드실지라도 '살아남을 것이다' (shall survive), 하나님의 약속에 의지하면 실족하지 않을 것이라는 말입니다.

그러나 바울은 하나님께서 우리가 이 땅에서 당하기 쉬운 재앙에서 우리를 위로해 주고 구원해 주시는 문제는 다루지 않고 우리의 영생 문제에 관심을 보이고 있는데 그것은 덧없는 이 세상에서 가장 중요합니다. 그러므로 바울이 그 선지자의 말을 잘못 응용한 것처럼 보일지도 모릅니다. 만약 하박국 선지의 생각이 이 세상의 범주를 벗어나지 못했다면 그 말 자체가 헛된 것이 되었을 것이라는 사실을 잊지 맙시다. 왜냐하면 환난은 모든 사람에게 오기 때문입니다. 우리가 전에 하나님께서 한 번 혹은 두 번 혹은 세 번 우리를 구해 주셨던 똑같은 시험에 계속 들면서 어떻게 믿음으로 사는 삶에 대해서 이야기할 수 있습니까?

만약 하나님이 오늘 우리가 당하고 있는 이런 저런 시련에서 우리를 위로해 주셔서 우리에게 하나님의 은총을 베푸셨다면 내일 또 다른 시험으로 우리를 괴롭히실지도 모릅니다. 만약 내가 신뢰할 수 있는 세상이 이 세상밖에 없다면 나의 생활은 어떻게 되겠습니까? 하박국 선지의 말을 요약하면 이렇습니다.

비록 이 세상의 믿는 자의 생활이 비참하고 생기가 없을지라도 하나님은 이 세상에 살고 있는 그들을 축복해 주시며 더욱이 그들이 이 땅에서 감수했던 모든 악은 복으로 변하게 될 것입니다. 왜 그렇게 됩니까? 그들은 그들의 하나님을 믿기 때문입니다. 그러므로 우리는 이것보다 더 좋은 유산이 있다는 것을 알고 있어야 하며 참되고 영원한 행복, 즉 오랫동안 지속되는 행복을 구할 필요가 있습니다.

우리는 여기에 나온 '올바른'(just)이라는 말을 해석하는 데 신중해야 합니다. 왜냐하면 만약 하박국 선지가 "불쌍한 죄인들은 믿음으로 살게 될 것이다"라고 말했다면 아마도 우리는 그 말은 아주 적은 수의 백성들에게 한 것이라고 생각했을 것입니다. 대부분의 사람들은 불쌍한 죄인들은 피난처를 찾아 하나님께로 달려갈 필요가 있다고 거리낌없이 해석할 것입니다. 그러나 품계가 높은 천권사들에 대해서 말하자면 하나님께서 그들의 지위를 높이셨기 때문에 그들은 평민들이 지키는 것을 지키지 않아도 됩니까? 의롭다고 규정되는 것이 확실히 그들의 특권입니까?

오늘날에도 천주교의 신부들이 많은 의식을 집례하지만 하나님이 보시기에는 더러우며 하나님과 사람에게서 멸시를 당하는 것이 당연합니다. 그런데도 그들은 수도승의 관습과 그 외에 어리석은 생각 때문에 하나님이 그들에게 많은 빚을 지고 계시다는 억측을 합니다! 이들 고집쟁이들은 있는 대로 수다를 떨며 빠른 걸음으로 이 제단에서 저 제단으로, 이 성당에서 저 성당으로 돌아다니며 하나님께서 그들의 노고를 기억해 주시기를 바랍니다. 그들은 이것이 모두 그들이 하나님께 드리려고 계획하는 다른 수천 가지의 물건과 함께 그들의 대차관계를 청산하는 데 도움이 되기를 바랍니다.

이러한 까닭으로 주 예수 그리스도께서는 **불쌍한 죄인들, 심지어 창기들도 자만심으로 꽉 차 있는 이들보다 먼저 천국에 들어갈 것이라고 하셨습니다**(마 21:31). 비록 그들의 생활이 악한 행동으로 가득하지만 그들에게는 보상해 주어야 할 책임이 있는 것처럼 생각하십니다.

하박국 선지는 그러한 생각을 품을 수 있는 계기를 배제하기 위해서 일부러 "의로운 자는 믿음으로 살리라"고 말했습니다. 처음에는 이 구절의 말씀은 우리가 이해하기 어려웠을 지도 모릅니다. 그 구절의 뜻은 의롭게 되기 위해서는 먼저 믿음으로 살아야 한다는 것입니까? 그렇다면 믿음으로 살지 않는 자는 의롭게 될 수 없다는 말입니까?

복음에서 의롭다고 규정된다고 하는 것은 무슨 말입니까? 그것은 이렇습니다. 즉 하나님이 우리로 하여금 하나님께 가까이 할 수 있는 방법을 우리에게 허락해 주신다는 뜻입니다. 우리는 주 예수 그리스도 한 분만을 통해서 하나님께 가납될 수 있습니다. 우리는 율법을 통해서 의롭게 될 수 없습니다. 비록 사람이 믿음으로 살아간다고 할지라도 사람은 본래 자신의 힘으로는 의롭게 되지 못합니다. 그러므로 그 선지자가 한 말에는 의로운 자는 하나님이 거저 주시는 은혜만을 통해서 구원을 받는다는 뜻이 담겨 있습니다.

그가 한 말에는 다음과 같은 뜻이 있습니다. "아마 하나님께서는 너로 하여금 하나님을 하나님의 마음에 들게 섬길 수 있는 은혜를 허락하셔서 성령을 통해서 너의 마음에 참된 경외심과 하나님이 받아 마땅한 영광을 하나님께 돌려 드리겠다는 열심을 새겨 넣으실 것입니다. 하나님은 우리로 하여금 육신의 욕심과 일대 격전을 벌일 수 있게 해주시며 너의 본질의 일부분인 죄와 겨룰 수 있게 해주실 지도 모릅니다. 그러나 이러한 사실에도 불구하고 만약 하나님을 기쁘게 해드리려면 네가 이룩했던 모든 업적을 외면해야 합니다." 참으로 우리 주 예수 그리스도 한 분에게만 의지해야 합니다. 의로운 사람까지도 믿음을 통해서만 의롭다고 규정될 수 있으니 감히 공적을 통해서 의롭다고 규정되기를 바라는 사람이 누가 있겠습니까? 마귀와 사악한 사람과 하나님의 원수뿐일 것입니다.

따라서 천주교인들이 오늘날 (사실대로) 그들의 순수한 행위와 공적을 자랑한다면 그들이 의롭게 된다는 참뜻을 모른다는 것을 증명할 뿐입니다. 그들은 하나님과 자연에 반항하고 있습니다. 그들은 의롭게 되기를 바란다고 했는데 그것은 무슨 뜻입니까? 그들은 그들 자신의 능력과 그들의 행적을 통해서 의롭게 되려고 했습니다.

그런데 하박국 선지는 무엇이라고 했습니까? 그는 의로운 자는 행위로 인해서 산다고 말하지 않고 오로지 하나님의 은혜로 구원을 받을 것이라고 했습니다. 만약 의로운 자들이 그들의 장점에 두었던 모든 신뢰를 포기한다면 그들 자신의 행적이 주는 이점 때문에 하나님 앞에 나올 수 있으며 하나님에게는 그들에게 보상을 줄 책임이 있다고 생각하는 자들은 의로운 자들의 명단에서 그들의 이름을 삭제하는 것이 됩니다.

그러니 그 선지자가 여기서 한 말에 따르면 천주교인들이 그들의 비행을 계속한다면 하나님에게서 버림을 받습니다. 바울은 다윗이 한 다음 말을 인용합니다. **"주께서 그 죄를 인정치 아니하실 사람은 복이 있도다."** 그는 의로운 자들은 자신을 정죄하며 또 하나님께서 선하심으로 그들을 구출해 주실 때까지 절망에 깊숙이 빠져 있는 자신들을 가볍게 여기는 사람들이라고 우리에게 가르쳐 줍니다(롬 4:8, 시 3:1).

다윗이 "주께서 그 죄를 인정치 아니하실 사람은 복이 있도다"라고 말했을 그 당시에는 그는 사악하거나 타락한 사람이 아니었으며 하나님을 무시하는 사람도 아니었으며 자기의 죄를 폭로하기 위해서 자신을 돌이켜 본 적이 없는 사람이 아니었습니다. 반대로 하나님께서 그를 선택하셨으며 사무엘을 통해서 그를 기름 부어서 그를 출중한 선지자 중의 하나로 삼으셨습니다. 다윗의 왕국은 주 예수 그리스도의 왕국을 예시했습니다.

간단히 말하면 하나님께서는 다윗을 변화시키셨기 때문에 그는 마치 사람들과 함께 살고 있는 천사와도 같았습니다. 그러나 그는 그의 죄를 고백하고 시인했으며 그가 죄 지은 것을 애석하게 생각했으며 한탄했으며 지옥 그 자체와 같은 고통스러운 생활을 했습니다. 그는 하나님이 오셔서 긍휼을 베푸실 때까지 그러한 고난을 받았으며 하나님께서 그를 용서해 주실 때까지 기쁨과 평안을 누리지 못했습니다.

하나님께서 우리의 행위를 다 너그럽게 보아주시고 우리의 모든 죄를 씻어 주신다면 우리도 행복해질 수 있습니다. 만약 하나님께서 우리에게 은혜를 베푸셔서 더이상 우리를 본래의 우리로 불쌍하고 저주받은 죄인으로 생각하지 않으시고 우리를 우리의 인격을 입은대로 받아 주지 않으시고 하나님의 독생자를 위하여 받아 주신다면 우리의 기쁨이 됩니다. 그의 가르침을 되풀이합니다(시 143:2). **"주의 종에게 심판을 행치 마소서. 주의 목전에는 의로운 인생이 하나도 없나이다."**

그러므로 사람이 하나님을 경외하면 경외할수록 그는 그의 죄를 더욱더 부끄럽게 여기게 될 것이라는 그의 가르침을 알아둡시다. 죄책감은 단지 3, 4개월 동안만 싫어해야 하는 그런 것이 아닙니다. – 우리는 남은 삶을 사는 동안 우리의 죄를 지독하게 미워해야 합니다. 더욱이 지옥문이 열려 있어서 하나님께서 우리에게 절실히 필요한 은혜를 베풀어 주셔서 우리를 죽음의 나락에서 끌어내실 때까지 우리를 삼켜버릴 준비를 하고 있습니다. "의로운 자는 믿음으로 살리라"라고 기록된 것은 이 때문입니다.

그것은 3, 4개월 동안만 적용할 원리로 기록되지 않았으며 또 그것은 그들의 생활이 다른 사람들의 생활보다 덜 경건한 자들을 위해서 기록된 것도 아닙니다. 하나님께서는 이 말씀을 우리 가운데서 가장 고상한 자들에게까지도 하십니다.

이제 우리는 '산다' (live)는 말의 뜻을 자세히 살펴볼 필요가 있습니다. 그것은 예를 들면 하루나 3개월과 같은 고정된 시간의 길이를 의미하지 않습니다. 한순간 한순간을 하나님의 은혜로 사는 삶에 대한 이야기입니다. 우리는 이 세상에서의 생명이 끝날 때까지 매일 매일 하나님의 임재와 은혜를 간구합니다. 바울의 말과 같이 비록 우리의 생명이 이 세상에 감추어지고(골 3:3) 우리 앞에 보이는 것은 죽음뿐일지라도 우리는 하나님의 약속을 온전히 믿을 필요가 있습니다. 하나님은 우리에게 영생을 주시겠다고 확약하셨습니다.

그리고 이 생명은 하나님께서 주신 것입니다. 하나님께서는 우리를 위해서 그것을 예비해 놓으실 것입니다! 하나님께서는 주 예수 그리스도를 보내심으로써 그렇게 하시겠다고 우리에게 서약하셨으며 주 예수 그리스도는 우리를 위해서 죽으셨다가 다시 사셨습니다.

이제 우리는 더 이상 이렇게 물어볼 필요가 없게 되었습니다. **"누가 우리를 위하여 하늘에 올라갈꼬?"** 또는 **"누가 깊은 바다 속으로 들어갈꼬?"** 또는 **"누가 우리를 위해서 바다를 건너갈꼬?"** 또는 **"그 말씀이 네게 심히 가까와서 네 입에 있으며 네 마음에 있다"**(신 30:12, 롬 10:6-8).

우리가 아는 바와 같이 우리 주 예수 그리스도께서는 깊숙한 곳으로 내려가셨습니다. 즉 우리를 위하여 저주가 되셨습니다. 주님은 또 하늘에 올라가서 우리를 위하여 문을 여셨습니다. 이와 같은 진리를 굳게 믿고 우리가 우리에게 약속되었던 새 생명에 대한 계시가 나타나기를 기다리는 동안에 우리 자신이 이 세상에서 가난하고 죽은 사람처럼 되는 것을 허락합시다.

하나님께서는 때가 되면 새 생명을 우리에게 드러내 보이실 것이라는 데에는 의심이 없습니다. 그리고 우리는 하나님의 거룩한 복음이 오랫동안 외쳐왔던 그 '생명'(life)을 만끽하게 될 것입니다.

19

갈라디아서 강해 설교

그리스도께서 우리를 위하여 저주를 받은 바 되사 율법의 저주에서 우리를 속량하셨으니 기록된 바 나무에 달린 자마다 저주 아래 있는 자라 하였음이라 이는 그리스도 예수 안에서 아브라함의 복이 이방인에게 미치게 하고 또 우리로 하여금 믿음으로 말미암아 성령의 약속을 받게 하려 함이니라(갈 3:13-14)

우리가 보았던 것처럼 구원의 소망이 우리가 책임을 완수한다는 조건에 달려 있다면 우리는 모두 정죄함을 받을 것입니다. 왜냐하면 우리는 여러 가지 면에서 부족한 점이 많고 하나님께서 보시기에는 죄인이기 때문입니다. 우리 가운데서 가장 경건한 사람도 자신이 원숙한 단계에 이르렀으며 다시는 실족하지 않으며 모든 결점에서 자유롭다고 주장할 수 없습니다! 그러므로 하나님께서는 우리를 심판대로 부르시며 우리는 모두 타락했으니 정죄함을 받아야 된다는 결론을 내리게 됩니다.

이것이 인간의 참모습인데도 사람들은 자신을 높이 평가합니다! 그러므로 우리에게는 우리가 처해 있는 저주받은 상태에서 벗어날 수 있는 방법이 필요합니다. 그렇지 않다면 매일매일 우리의 귀를 하나님 말씀으로 공격한들 우리에게 어떤 이익이 되겠습니까? 그렇게 하는 것은 우리를 영원한 죽음으로 더 가까이 밀어 넣을 뿐입니다. 따라서 하나님의 말씀이 우리가 구원을 얻는 데 유익이 되고 도움이 되게 하기 위해서 인류에게 선고된 판결문을 피할 방도를 찾아보아야 합니다.

바울은 여기서 우리에게 피할 길을 일러줍니다. 즉 그리스도께서 우리를 위하여 저주를 받은 바 되사 율법의 저주에서 우리를 속량하셨다고 했습니다. 그는 우리 주 예수 그리스도께서 나무에 달리신 것이 헛되지 않았음을 우리에게 보여 줍니다. 왜냐하면 그리스도께서 나무에 달리시어 당신이 구원하려고 하셨던 모든 사람들의 저주를 감당하는 고난을 당하셨기 때문입니다.

우리가 앞에서 말한 바와 같이 우리는 모두 저주를 받고 있습니다. 그 말은 우리 주님께서는 우리의 무거운 죄를 몸소 지실 필요가 있었다는 것을 의미합니다. 모세의 율법에는 **"나무에 달린 자마다 저주 아래 있는 자라"**(신 21:23)고 기록되어 있습니다. 우리 주님은 죽은 사람의 시체를 보이지 않게 옮겨 놓으라고 명령하셨습니다. 사람의 육체가 그렇게 더럽혀진 것을 보는 것은 상스럽지 못하기 때문에 주님은 그것을 치우라고 하셨습니다.

그러나 하나님께서 나무에 매달린 자 모두에게 이러한 저주를 내리셨을 때에 당신의 독생자에게는 어떠한 일이 일어날 것인가를 너무나도 잘 아셨습니다. 주 예수 그리스도께서 그러한 죽음을 당하신 것은 우연한 일도 아니고 사람의 변덕 때문도 아니었습니다. 주님이 믿지 않는 자들에 의해서 십자가에 달리신 것이 사실이지만 그것은 하나님의 뜻에 따라서 결정되었습니다(사

2:23; 4:28).

성경에 기록된 대로 하나님께서 세상을 매우 사랑하셨기 때문에 당신의 독생자를 아끼지도 않으시고 우리를 위해서 그 분을 죽음에게 내어 주셨습니다. 만약 그 분의 죽음이 부정하고 강제적인 방법으로 유다 한 사람에 의해서 결정되었다면 그 분의 죽음은 전혀 우리를 구원할 수 없었을 것입니다! 우리는 베드로가 사도행전 2:23에서 매우 깊이 있게 설명한 바와 같이 하나님께서 그것이 그렇게 되도록 명하셨다는 사실을 명심해야 합니다.

베드로는 거기에서 우리 주님 예수를 십자가에 못박은 악한 손은 하나님이 이미 당신의 뜻으로 결정하셨던 것 이상의 것을 하지 않았다고 했습니다. 따라서 우리가 우리 주 예수 그리스도께서 십자가에 못박히셨다는 것을 읽을 때에 주님이 그렇게 되신 것은 모두 우리를 구원하기 위해서였다는 것을 잊지 말아야 합니다. 하나님은 이 방법을 통해서 우리로 하여금 하나님과 화해시키려고 하셨습니다. 그러므로 하나님께서 "나무에 달린 자마다 저주를 받은 자라"고 말씀하셨을 때에 어떤 일이 일어날지를 모르셨던 것은 아닙니다. 왜냐하면 모든 것이 조정되고 미리 결정되었기 때문입니다.

다음 두 가지 사실이 잘 결합되어야 합니다. 즉 하나님은 나무에 달린 자는 모두 저주를 받을 것이라고 말씀하셨다는 사실과 당신의 아들로 하여금 그러한 고난을 당하게 하신 것은 하나님의 뜻이었다는 사실입니다. 하나님의 아드님은 우리를 대신해서 우리의 짐을 자신이 직접 지셔서 자신을 이를 테면 죄인의 괴수로 만드셨습니다.

예수 그리스도께서는 우리를 율법의 저주에서 속량하시기 위해서 죄인이 되셨습니다. 모든 절대적인 권한을 다 갖고 계시며 하늘의 모든 천사들이 그 앞에서 벌벌 떨며 꿇어 엎드리는 영광의 주님(the Lord of Glory)이 저주를 받아야 한다는 것은 얼핏 보아서는 무모하고 이상한 것처럼 보일지도 모릅니다. 그러나 우리는 **바울이 복음의 도가 자신이 현명하다고 생각하는 인간에게는 어리석음이 될 것이라**(고전 1:18, 23)고 고린도전서에서 바울이 한 말을 상기해 보아야 합니다. 하나님은 이러한 방법으로 우리를 낮추십니다. 우리가 관심을 갖기만 하면 하늘과 우리가 살고 있는 땅에는 지혜롭고 선한 가르침이 많이 있습니다. 그러나 우리는 눈이 멀어서 자연 속에 드러나는 하나님의 지혜를 보지 못합니다.

그렇기 때문에 하나님은 우리의 마음을 사시기 위해서 새로운 방법 즉 우리가 어리석다고 생각하는 것을 통한 방법을 시작하셨습니다! 따라서 하나님의 아드님이 받아야 되는 저주와 관련해서 우리가 읽은 것을 우리 인간의 이성으로 판단해서는 안 됩니다. 그 대신에 우리는 그와 같은 하나님의 오묘하신 뜻에서 기쁨을 얻고 하나님이 우리의 영혼을 매우 사랑하시어 측량할 수 없는 비싼 대가를 치르고 우리를 구속하여 주신 데 대하여 찬양을 드려야 할 것입니다. 이 가르침은 우리 주 예수 그리스도의 위대하심을 평가절하하거나 성경 말씀이 주님께 돌리는 영광을 가리기는커녕 그 분을 영화롭게 하는 계기를 훨씬 더 많이 마련해 줍니다.

여기서 우리 주 예수 그리스도는 (바울이 표현한 대로) **"근본 하나님의 본체시나 하나님과 동등됨을 취할 것으로 여기지"** 않으셨습니다(빌 2:6). 예수님은 기꺼이 자신을 비우셨으며 인간의 속성을 입으시고 사람이 되었을 뿐만 아니라 하나님과 사람들 앞에서 가장 부끄러운 죽음을 당하셨습니다. 우리 주님은 우리의 죄를 대속하기 위해서 자신이 그렇게도 혹독한 고난을 당하는 것을 감수하셨으니 우리가 우리 주님에게는 매우 귀중한 존재였음에 틀림이 없습니다!

만약 우리가 여기에 담겨 있는 뜻을 이해할 수만 있다면 우리 인간의 능력으로는 다 표현할 수 없는 크신 은혜를 영원토록 찬양하려고 할 것입니다. 그렇기는 하지만 비록 우리가 그 뜻을 완전히 이해할 수 없어서 그것의 100분의 1만을 헤아릴 수 있어도 거기에 담겨 있는 뜻을 아주 조금만이라도 파악할 수 있다는 것만으로 우리에게는 기쁨이 됩니다!

그런데 이것이 사람 안에 있는 악의와 괴팍함을 어떻게 폭로하는지 보십시오! 바울이 우리 주 예수 그리스도께서 우리를 대신해서 죄인이 되었다고 선언했을 때에 우리는 깨끗하게 되었습니다. 이것을 고약하게 행동할 기회로 여기고 또 그리스도께서 우리를 구속하신 방법에 대한 이야기를 듣고서 복음을 완전히 단념하는 매우 타락한 자들도 있습니다. 그러한 사람들은 이런 말을 합니다. "놀랄 일이로군요. 모든 선함의 원천이시며 우리를 성결케 해주시는 하나님의 아드님이 저주를 받았다는 일이 있을 수 있습니까?" 그들의 생각이 맞다면 하나님은 이치에 맞지 않으며 질서를 파괴하는 조치를 취하신 것이 됩니다.

그러나 (내가 말했던 것처럼) 하나님은 이러한 어리석은 짓에 굽혀야 했습니다. 왜냐하면 우리는 그 방법이 지극히 분명한데도 하나님의 지혜로운 방법에 응답하지 않았기 때문입니다. 이렇게 해서 하나님은 우리의 무지를 폭로하셨습니다. 우리는 하나님의 신비로우심에 놀랄 뿐입니다. 그것들이 주는 의의는 우리에게 모호할지도 모르고 이상하게 보일 지도 모릅니다. 그러한 이적 앞에서 우리의 지성은 실수를 하고 우리의 판단력은 혼란스럽게 됩니다.

하나님의 아들이 우리를 위해서 죄인이 되었다는 사실은 우리의 사악한 상태에 대한 보다 세밀한 검토를 하게 합니다. 우리는 하나님의 미움을 받고 있다는 사실을 깨닫기 시작했습니다. 다시 말하면 우리의 죄와 부정이 주 예수 그리스도의 피를 통해서 깨끗하게 될 때까지 말입니다. 하늘나라의 모든 천사들로 하여금 우리에 대해서 책임을 지게 할지라도 그들이 지불하는 돈으로는 충분하지 않을 것입니다.

우리의 죄를 배상할 수 있는 분은 주 예수 그리스도 한분이십니다. 예수님께서 이 세상에 오신 것이 우리를 영원한 죽음에서 살리신 하나님의 신통력에 의한 것이 아니었습니다. 그렇다면 어떻게 오셨습니까? 연약함으로 오셨습니다. 정말 그렇습니다. 연약하셨을 뿐 아니라 저주도 받았습니다. 만약 그렇지 않았다면 우리가 지고 있는 짐 때문에 모든 것이 혼돈 속에서 멸망했을 것입니다.

흠이 없는 어린양이시며 모든 의로움의 거울과 원천이 되시는 하나님의 아드님이신 이 분이 우리를 대신해서 저주를 받았다는 것을 알게 될 때에 우리는 우리가 지은 모든 죄에 대한 생각을 하고 놀라서 하나님이 우리를 은혜와 무한하신 긍휼로 구출해 주실 때까지 절망에 빠져서 허우적거려야 하지 않습니까? 그러므로 하나님이 우리를 율법의 저주에서 속량하신 것은 우리를 완전히 겸허하게 만들기 위해서였습니다. 우리는 먼저 자신감을 벗어버리고 우리 몸 속에 들어 있는 것을 보고 부끄러워하지 않고서는 결코 겸손해질 수 없습니다.

하나님의 분노가 우리에게 다가오고 있다는 것을 알고서는 거기에 대한 대책이 우리 주 예수 그리스도를 통해서 시행될 때까지 우리는 겁에 질려서 정신을 잃게 됩니다. 그렇게 되면 우리의 모든 생활이 하나님께서 보시기에 밉살스럽게 되어서 주 예수 그리스도의 중재가 없이는 하나님과 화해할 방도가 없게 됩니다. 예수님은 우리를 덮고 있는 죄를 벗겨 주시고 그 죄를 자신이 직접 맡으십니다.

이제 우리가 이 말씀을 읽을 때마다 일어서서 하나님의 심판석으로 나아가서 만약 우리가 지금의 우리대로 계속 남아 있으면 우리를 삼켜버리려고 기다리고 있는 함정이 있다는 것을 알아두십시오. 우리의 타락한 상태를 통감하고 하나님 앞에서 부끄러워합시다. 그리고 하나님의 아드님이 우리에게 사주신 은혜를 찬양하고 비록 예수님이 저주를 받으셨지만 어떠한 방법으로든지 예수님의 귀하심을 평가절하하지 맙시다. 그렇게 하기보다는 이것이 우리를 자극해서 우리로 하여금 그 분이 받아 마땅하신 모든 찬양을 드리게 해야 합니다. 왜냐하면 예수님은 우리의 구원이 당신에게 매우 귀중하다는 것을 증명해 보이셨기 때문입니다.

또 우리의 구원 약속과 하나님께서 우리에게 품고 계시는 사랑의 표시를 바르게 평가하고 우리가 하나님께 가까이 할 때에 우리는 하나님께 가납된다는 것을 의심하지 맙시다. 왜냐하면 하나님은 베드로가 베드로전서에서 보여 준 것과 같이 우리를 **"은이나 금같이 없어질 것으로"** 구속하지 않으시고(벧전

1:18) 우리의 대속물이 되신 주 예수 그리스도로 그 비싼 대가를 치르셨기 때문입니다. 그러므로 우리가 주님의 이름으로 긍휼을 요청할 때마다 그것이 우리에게 흡족하게 내려진다는 것을 굳게 믿어야 합니다.

그러나 우리에게 조그마한 장점이 있다고 믿게된들 그것이 무슨 소용이 있겠습니까? 우리는 아버지 하나님이 아드님을 얼마나 사랑하셨으며 아드님의 죽음이 하나님이 보시기에 얼마나 귀중했는지 잘 알고 있습니다. 이러한 까닭으로 우리 주 예수 그리스도께서는 우리를 위해서 아무 것도 아까워하지 않으셔서 우리의 죄를 지기까지 하셨다고 한 바울의 말을 우리의 좌우명으로 삼아야 합니다. 그러면 하나님께서는 우리를 용서해 주시고 우리에게 은총을 베풀어주시며 우리를 다정하게 대해 주실 것이라고 확실히 믿을 수 있습니다.

이제 **"아브라함의 복이 이방인에게 미치게 하고 또 우리로 하여금 믿음으로 말미암아 성령의 약속을 받게 하려 함이니라"**고 한 바울의 말에 대해서 생각해 봅시다. 그는 아브라함에 대해서 언급함으로써 그 약속은 먼저 그의 후손들에게 적용된다는 것을 나타냈습니다.

하나님께서 모든 사람들로 하여금 주 예수 그리스도께서 사신 구원에 동참할 수 있도록 모든 사람들에게 문호를 개방하고 하나님의 복음을 널리 확산하실 때까지 구원의 선물은 이스라엘 백성들만의 것이었습니다. 비록 이 약속은 본래 이스라엘 백성들에게 속했으며 그들의 고유물이었으나 지금은 온 세상 사람들에게 적용됩니다. 그것이 어떻게 가능해졌습니까? 왜냐하면 그 약속은 성령에서 비롯되었으며 의식을 지키는 것과는 관계가 없었습니다. 바울은 우리에게 성령이라는 말을 인용함으로써 율법과 복음을 함께 혼합하려고 애썼던 유혹자들에 의해서 가르쳐졌던 그릇된 가르침을 모두 말소해 버렸습니다. 그는 이제 이런 것들 말하자면 희생, 할례 등은 모두 피상적인 것이 되었다고 했습니다.

우리가 율법에 담겨 있는 내용을 읽음으로써 아무런 유익도 얻지 못한다는 뜻이 아니고 그것을 이행하는 행위는 폐지되어야 한다는 뜻입니다. 그러므로 우리는 오늘날 그 약속은 우리에게는 영적인 것이라고 말할 수 있습니다. 왜냐하면 지금 우리에게 지난날의 형상이나 그림자가 더 이상 필요하지 않기 때문입니다. 지금 우리는 우리의 하나님과 교제하도록 부름을 받았으며 초청을 받았습니다.

우리는 하나님의 양자가 되었기 때문에 확신을 갖고 하나님을 부를 수 있습니다. 우리는 복음이 허용하는 유일한 기반이 되시는 주 예수 그리스도께 모든 것을 맡길 수 있습니다. 우리는 우리가 필요한 모든 것을 예수님 안에서 구할 수 있습니다. 사실은 이것이 이 말씀을 통해서 바울이 우리에게 가르쳐 주려고 했던 내용입니다.

그는 이 말씀을 다시 강조하기 위해서 복음은 구원 방법에 대한 완전한 계시라는 것과 우리에게는 거저 주시는 우리 하나님의 은혜로 의롭다고 규정된다는 간단한 원리 이외에 다른 가르침이 필요 없다는 것을 입증하는 또 다른 내용을 추가했습니다. 그는 거저 주시는 구원의 약속이 있은 지 430년 후에 율법이 주어졌다고 했습니다. 우리가 알고 있는 바와 같이 사람들 사이에서 맺어진 약속은 만약 그것이 진짜라면 어떠한 일이 일어나더라도 그 효력이 지속되어야 합니다. 그러므로 율법이 주어진 것은 하나님께서 아브라함과 그의 후손들에게 약속하신 내용을 취소하기 위한 것이 아니라고 말할 수 있습니다.

우리는 처음에는 두 번째 약속은 첫 번째 약속을 폐기해야 한다고 생각하여 바울의 주장을 의심했습니다. 사람들이 합의에 이르자마자 다시 생각해 보고 생각을 바꾸어서 처음 약속의 효력을 상실시키기 쉽습니다. 법과 규례도 그와 같습니다. 첫 번째 법률이 두 번째 것에 의해 쉽게 파괴되고 효력을 잃게 됩니다. 그러나 바울은 생각될 필요가 있는 무엇인가를 예상했습니다. 즉 만약 한 사람이 약속을 하고 자신에게 무엇인가를 할 의무를 엄숙하게 부과한다면 그는 그의 행보를 바꿀 수 없습니다. 즉 합의 사항은 굳게 지켜져야 합니다. 그러나 만약 양쪽이 상호 승인하에 앞에서 합의했던 사항을 변경하기로 동의했다면 그 경우는 다릅니다.

만약 우리가 사람들은 퍼뜩 떠오르는 가장 작은 생각에도 그들의 마음을 가볍게 바꾼다는 사실을 기억하고 있다면 그러한 예는 여기서는 적절하지 않을 것입니다. 그러나 바울은 문제의 그 분(person)은 영원히 지속되고 후에 어떠한 방법으로든지 논란이 되거나 위반당하지 않을 약속을 하셨습니다. 만약 한 쪽에서 그 약속을 파괴했다면 그것은 모든 사람들이 똑같이 참을 수 없다고 판정할 무서운 배반으로 여겨질 것입니다.

합의 사항이 엄숙하고 정식으로 기록되었기 때문에 그것은 존중되어야 하며 아무런 반대도 없이 유지되어야 합니다. 비교해 보면 하나님이허영에 불과한 사람보다 지조가 없다는 것이 말이 됩니까? 그러므로 나는 언약이 율법이 공포되기 전에 맺어졌기 때문에 복음의 약속은 효력이 변치않는다고 결론을 내립니다.

만약 이것을 모두 더 자세하게 설명해 주지 않으면 우리를 얼떨떨하게 만들 수 있습니다. 우리는 앞에서 바울이 율법과 복음을 대조한 것을 다루었습니다. 하나님의 구원 약속은 우리가 하나님을 향한 우리의 책임을 완수하여 하나님을 섬긴다는 조건에서 맺어졌습니다. 그러나 우리가 그 조건을 지키는 것이 불가능합니다. 따라서 우리가 율법에 의해서 구원을 받는다는 희망은 완전히 사라졌습니다. 그렇게 된 것은 하나님께서 맡으셨던 역할에 충실하시지 않아서가 아니라 하나님의 요구사항을 충족시키지 못한 것은 우리들입니다! 그것은 '나는 당신에게 돈이 있다는 조건이 성립될 때에 물건을 팔겠습니다' 라는 말과 같습니다.

따라서 돈이 없는 사람은 누구도 물건을 살 수 없습니다. 왜냐하면 이것이 맨 처음에 정해 놓은 조건이기 때문입니다. 이와 비슷하게 하나님께서는 만약 우리들이 하나님을 섬기면 율법으로 구원을 주시겠다고 약속하셨습니다. 그러나 우리는 하나님께서 요구하시는 것을 완수할 수 없기 때문에 그 약속은 우리에게 유익이 되지 못합니다.

정말로 우리는 부정으로 가득 찼으며 하나님께서 보시기에 오염이 많이 되었으며 심하게 감염되었기 때문에 하나님께서 우리를 증오하시는 것은 지극히 당연합니다. 그러므로 율법 아래에서는 우리는 모두 심판을 받아야 합니다. 그러나 하나님께서는 우리의 죄를 사면해 주시겠다는 주 예수 그리스도를 통해서 우리를 너그럽고 은혜롭게 맞아 주십니다. 하나님께서는 우리가 그 은혜를 받아들이고 우리 자신에 의지하지 말고 주 예수 그리스도에게 온전히 의지하기를 간절히 바라십니다.

여기서 바울은 "구원의 약속과 율법 중에서 어떤 것이 더 오래 되었습니까?"라고 묻습니다. 우리는 차이점을 알고 있습니다. 그런데 율법이 더 오래 되었다면 그것의 효력이 변해서는 안 됩니다. 왜냐하면 하나님은 변함이 없으시며 변할 분도 아니시기 때문입니다. 그러나 언약이 먼저 있었으며 율법이 공포되기 전에 맺어졌다면 우리는 하나님은 마음을 바꾸지 않으셨으며 본래의 언약을 취소하지도 않으셨다고 결론을 내려야 합니다.

하나님께서는 이 언약이 폐기되는 것을 원치 않으셨을 것입니다. 그렇게 한다는 것은 하나님의 사랑과 자비를 버리는 것을 의미합니다. 만약 하나님께서 전에 하나님의 긍휼하심으로 사람들을 공로 이외의 다른 이유로 구원해 주기로 맹세하셨는데 그후에 마음을 바꾸어서 우리가 우리의 선행으로 하나님을 높여 주기를 바라신다면 그것은 불합리할 것입니다.

바울이 말한 바와 같이 언약이 율법보다 먼저 주어졌기 때문입니다. 그러므로 율법은 언약에 대해서 어떤 것도 변경시키지 못하는 것이 순리입니다. 즉 언약의 본질과 효력은 손상되지 않은 채로 남아 있게 됩니다. 그 언약이 우리의 조상 아브라함에게 주어졌을 때에 주 예수 그리스도는 이 땅에 아직 태어나지 않은 것이 사실이지만 예수님은 이미 우리의 중재자로 선택되셨으며 그 분을 통해서 우리는 하나님과 화해하게 될 것입니다.

그리고 바울은 우리가 율법이 필요치 않았거나 하나님의 마음이 변했을 것이라고 생각하는 경우를 대비해서 이 문제에 대해서 다음과 같이 말했습니다. 우리는 혼란을 일으켜서는 안 됩니다. 비록 모든 것을 1시간 또는 하루에 다 설명하는 것이 불가능하지만 우리를 하나님의 자녀로 삼으시겠다는 약속은 율법이 나오기 전에 하나님에 의해서 주어졌다는 사실을 분명하게 이해하는 데에는 잠깐이면 충분합니다. 정말이지 이 약속은 우리의 장점이나 개인적인 가치를 참고로 해서 한 것이 아닙니다.

하나님께서는 자신의 선하심과 긍휼하심으로 인해서 이 약속을 하셨으며 우리는 엄청난 죄로 가득 차 있기 때문에 우리에게서 아무 것도 기대하지 않으셨습니다. 이 약속의 기초는 우리가 하나님 아버지께로 가까이 가는 것을 허락해 주시는 중재자의 역할을 이미 맡은 주 예수 그리스도에 있습니다. 이런 말을 들어보니 이 약속은 세상의 끝날까지 지속될 것이라고 결론을 내리게 됩니다.

이 말을 해야 되는 중요한 이유는 이스라엘 백성들은 그들의 유업을 자랑하는 경향이 있기 때문입니다. 바울은 그들에게 그들의 조상 아브라함에게는 율법이 없었지만 만족했으며 그는 물론 희생과 그와 같은 것들을 드렸습니다. 그러나 결국 그의 마음이 깨끗하게 되기는 했지만 그가 언약을 받았을 당시에는 성문률이 아직 없었으며 할례도 없었습니다.

비록 아브라함이 그 언약을 받았을 때에 할례를 받지 않았지만 할례와는 상관없이 믿음만으로 의롭다고 여김을 받았습니다. 그러므로 바울은 이스라엘 백성들에게 교회의 대속장이었던 그들의 조상 아브라함은 오늘날 사람들이 의롭다고 규정되어지는 방법과 똑같은 방법으로 의롭다고 규정되었기 때문에 그들 자신이 나머지 인종과는 다른 부류에 속한다고 여기는 것과 그들의 희망을 율법에 있는 형상과 그림자에 둔다는 것은 참으로 어리석은 짓이라는 것을 자세하게 보여 줍니다.

바꾸어 말하면 그는 불쌍한 죄인이며 아담 안에서 타락하고 정죄받았다는 것과 그가 소망할 수 있는 유일한 축복은 주 예수 그리스도의 이름으로 맺은 언약에 포함되는 것이라고 인정했기 때문에 하나님의 긍휼하심만으로 의롭다고 규정되었습니다. 이것이 우리가 명심해야 할 내용입니다.

다음에 우리는 아브라함에게 직접 전해진 언약에 대해서 자세히 생각해 보아야 합니다. 그 언약은 **아브라함에게 이 땅의 모든 나라는 그의 자손을 통해서 복을 얻게 된다는 것**을 알려주었습니다(창 12:3). 여기서는 두 가지 점을 강조했습니다. 하나는 축복은 아브라함의 후손들뿐만 아니라 세상 사람 모두에게 약속되었다는 점입니다. 따라서 이방인 혈통의 후예인 우리(즉 부정하고 원래 천국에서 추방당한 자들의 후손)도 이 언약에 동참할 수 있게 되었습니다.

우리는 하나님께서 애초에 선택하셨던 그 혈통에 속하지는 못하지만 지금은 구원이 우리에게까지 확대되었습니다. 어떻게 말입니까? 왜냐하면 지구상에 있는 모든 나라가 복을 받게 될 것이라고 약속되었기 때문입니다. 사정이 이런 대도 하나님께서 때가 되면 자신이 인류의 구세주이며 아버지라는 것을 밝히시겠다고 하셨는데 마치 하나님이 당신의 관대한 손을 빼시고 아브라함의 후손들만을 찾고 계시는 것처럼 감히 말할 수 있습니까?

여기서 가장 중요한 요점은 다음과 같습니다. 비록 이것이 아브라함에게 한 약속이지만 이 약속은 아브라함의 육신의 후손들뿐만 아니라 모든 사람들에게 해당됩니다. 하지만 때가 성숙되지 않았기 때문에 처음에는 그것이 분명치 않았습니다.

두 번째 강조점은 아브라함의 후손에게는 축복이 약속되었다는 것입니다. 바울이 말한 것과 같이 하나님께서는 '후손들'

(Seeds)이라고 복수형을 사용하지 않으시고 한 후손이라는 말을 사용하셨습니다. 그러므로 하나님께서는 예수 그리스도를 시사하고 계시다는 결론을 내려야 합니다. 우리는 아마 바울이 거의 관련이 없는 것을 과장하고 있다고 생각할 지도 모릅니다. '후손' (seed)이라는 말은 어떤 특정한 사람이나 10명이나 40명을 뜻하지 않고 단지 후손들을 뜻하기 때문입니다.

확실히 아브라함의 후손은 그에게서 비롯되었기 때문에 그것은 그 인종 전체를 뜻합니다. 거기에는 굉장히 많은 사람들을 포함하고 있어서 12지파와 같은 뜻으로 사용되었습니다(창 17:6). 우리는 한 민족의 수를 약 10만 명으로 여기는데 유다 지파 하나만도 그보다 많았습니다! 따라서 바울이 '후손' (seed)이라는 이 말이 단지 한 사람을 의미한다고 한 것은 하나님이 그 말을 통해서 나타내려고 하셨던 의미를 올바르게 파악하지 못했던 것처럼 보일지도 모릅니다. 그러나 우리는 그것이 정확하고 흔들 점이 없다는 것을 깨닫기 위해서 그것을 자세히 조사해 보아야 합니다. 그러면 우리는 그의 주장이 전혀 오류가 없는 것을 알게 될 것입니다.

아브라함에게는 아들이 하나만 있지 않았습니다. 이스마엘과 이삭이 있었습니다. 첫 아들에게는 무슨 일이 일어났습니까? 그는 집밖으로 쫓겨났습니다. 이스마엘은 아브라함 가정의 장자가 되는 특권을 가지고 있었지만 **"이 여종과 그 아들을 내어 쫓으라 이 종의 아들은 내 아들 이삭과 함께 기업을 얻지 못하리라"**(창 21:10)라는 성경 말씀과 같이 남처럼 쫓겨났습니다.

이런 일이 있은 후에 그에게는 다른 아이들이 태어났습니다

(창 25:1). 그는 그들 각자에게 분깃을 주고 멀리 떠나 보냈습니다. 이삭만이 아브라함과 함께 있었습니다. 때가 되자 이삭은 쌍둥이로 태어난 두 아이를 두게 되었습니다(창 25:22-23). 먼저 장자인 에서가 당연히 장자의 명분을 가지고 있어야 했지만 거절을 당했으며 아브라함의 자손으로 여겨지지 않았습니다.

따라서 그는 약속된 축복에 동참하지 못했습니다. 그렇게 되자 야곱만이 남게 되었습니다. 그의 아버지는 부지중에 그를 축복해주는 실수를 했습니다. 그러고 나서 그가 한 축복을 취소할 수도 없으며 또 그는 성령의 도구이기 때문에 그가 한 말을 바꿀 수도 없다고 선언했습니다(창 27:37).

만약 우리가 '후손' (seed)이라는 말을 아브라함의 혈통을 이어받은 자들에게 적용시킨다면 확실히 이 말에는 이스마엘의 자손들과 하갈의 자손들도 포함될 것입니다. 그렇다면 그들의 종이었던 이두미아의 자손들도 아브라함 가문의 일원으로 취급되었을 것입니다. 그러나 이 사람들에게서 상속권을 빼앗았습니다. 그러므로 '아브라함의 후손' (the seed of Abraham)이라는 말은 다소 다른 뜻으로 이해되어야 합니다.

잠시동안 그 문제에 대해서 이모저모로 생각해 봅시다. 믿음 말고 무엇이 교회를 단합시킬 것입니까? 거기에는 아브라함의 영적인 후손을 식별하는 확실한 방법이 없을 것입니다. 우리는 어떻게 그들을 다른 사람들과 구별하겠습니까? 유일한 방법은 우두머리가 되시는 분(Head) 즉 주 예수 그리스도께로 나가는 것입니다. 교회의 단합은 그 머리(It's Head), 즉 예수 그리스도(Redeemer)에 달려 있습니다. 이러한 까닭으로 바울은 그 언약이 자손들 즉 복수에 적용되지 않고 한 사람에게 적용된다고 했습니다. 그리고 우리가 하나님의 영적인 백성을 발견하려면 그리스도에게로 가야 합니다. 바꾸어 말하면 만약 우리가 하나님의 교회를 세우려고 한다면 하나님의 뜻으로 둘러싸인 주 예수 그리스도와 먼저 상의해야 합니다.

그 분의 몸된 교회에 속하고 믿음으로 그 분에게 의지하는 자들은 모두 하나님의 자녀이며 하나님의 종입니다. 이들이야말로 아브라함의 참된 자녀들입니다. 이것은 **"이스라엘에게서 난 그들이 다 이스라엘인이 아니요"**라는 로마서 9:6 말씀에 자세히 나타납니다. 왜 그렇습니까? 사실은 약속된 아이는 이삭 하나밖에 없었기 때문입니다.

그러므로 우리는 주 예수 그리스도께로 나가야 합니다. 왜냐하면 예수님 안에서는 하나님의 모든 약속이 '예' (yes and amen)가 되어 절대적으로 확고하고 확실하기 때문입니다. 예수님이 계시지 않는다면 우리는 모두 길을 잃게 될 것입니다. 이러한 까닭으로 **주 예수 그리스도의 임무는 하늘과 땅에 흐트러져 있는 자들 모두를 한 곳에 모으는 것**이라고 골로새서 1:20에 기록되어 있습니다. 예수님이 계시지 않으면 우리는 모두 혼돈에 빠질 것입니다.

이제 우리는 바울의 주장을 훨씬 더 확실하게 알 수 있게 되었습니다. 율법이 이 세상에 주어지기 전에 즉 율법에 기록되어 있는 내용에 순종하는 것이 우리의 의무라는 것이 우리에게 알려지기도 전에 하나님께서는 이미 더할 나위 없는 기쁨을 나타내셨습니다. 하나님은 인간이 타락하고 죄를 짓는 것을 보시고 당신의 택함을 받은 자에게 긍휼을 베푸시기 위해서 그들을 자신에게로 데려오고 싶어하셨습니다. 그것은 한 인종만을 위한 것이 아니고 성경에서 강조한 것처럼 '모든 국민들'(all nations)을 위한 것이었습니다.

그리고 그 긍휼의 원천은 주 예수 그리스도입니다. 사실은 아브라함이 생존하고 있을 때에 우리 주 예수 그리스도가 이미 중재자로 임명되었습니다. 그리고 그 분을 통해서 우리에 대한 하나님의 진노를 진정시키려고 했습니다. 따라서 우리가 그 분의 이름으로 은혜를 베풀어 달라고 요구하게 되면 그 은혜가 우리에게 임하여서 우리의 기대를 어긋나게 하지 않았습니다. 그렇게 되는 것이 이미 확정되었으며 다행하게도 바뀐 것이 하나도 없습니다.

만약 우리가 주 예수 그리스도를 온전히 믿고 의지하면 하나님은 오늘날에도 우리를 받아주신다는 사실을 확신할 수 있습니다. 하나님의 이름으로 체결된 언약은 변치 않을 것입니다. — 즉 그것은 영원할 것이며 그 효력이 영원히 계속될 것입니다. 따라서 하나님이 우리를 당신의 자녀로 양자 삼으셨기 때문에 우리는 하나님 앞에 나가서 그 분을 우리의 아버지라고 불러도 됩니다. 그리고 우리를 양자 삼으신 것은 우리 안에 가상할 만한 것이 있어서가 아니라 오로지 하나님의 긍휼하심으로 인해서 우리가 믿음으로 주 예수 그리스도와 하나되었기 때문입니다.

그러나 하나님의 은혜를 받고 구원의 확신을 갖기 위해서 우리는 우리 자신이 귀하다는 생각을 모두 버릴 필요가 있습니다. 우리는 이 본문 말씀에서 믿음과 관련해서 선포된 내용에 주의를 기울여야 합니다. 우리는 믿음을 통해서만 그러한 축복을 누릴 수 있습니다.

믿음은 (우리가 설명한 것처럼) 하나님의 사랑을 기꺼이 받아들인다는 것을 의미합니다. 그러나 우리가 우리 자신의 열등의식으로 자극을 받기 전에는 믿음을 가질 수 없습니다. 주 예수 그리스도는 우리를 대신하여 죄인이 되심으로 우리의 저주를 받은 상태를 사진으로 우리에게 보여 주십니다. 그러므로 믿음은 회개가 없이는 존재할 수 없습니다. 우리가 우리의 마음속에서 유죄로 선고받고 우리 자신을 개탄하도록 인도되지 않고서는 하나님께로 가서 구원을 요구하고 우리의 비참한 상태를 불쌍히 여겨달라고 부탁할 수 없습니다.

죄 속에서 뒹굴고 죄에 취함으로 하나님을 우롱하는 위선자들은 예수 그리스도께서 그들을 예수님의 자녀로 받아들이실 것이라고 기대해서는 안 됩니다. 그러한 자들은 예수님께 접근조차 할 수 없습니다. 사실은 예수님은 **수고하고 무거운 짐을 진 자**(마 11:28)와 **더 이상 견딜 수 없는 자와 그들이 범한 많은 죄를 지고 비틀거리는 자**들에게 오라고 하셨습니다. 우리는 이러한 방법으로 주 예수 그리스도에게 접근해야 하며 우리 자신의 공로를 가지고 나가서는 안 됩니다.

모든 의식과 우리가 바칠 수 있는 모든 제물이 우리의 구원에 아무런 공헌을 할 수 없기 때문입니다. 그보다는 하나님께서 우리에게 긍휼을 베푸시기 전에 우리는 우리의 비참한 상태를 충분히 깨닫고 겸손해져야 합니다. 우리가 측량할 수 없는 대가를 치르고 구원을 받았다는 것을 기뻐하기 전에 우리가 당하고 있는 저주를 인식하기 위해서 우리는 먼저 낮아져야 합니다. 이것이 지금까지 우리의 주제였습니다.

따라서 우리가 성령의 약속을 받아 주 예수 그리스도와 연합하게 된 것은 믿음 때문입니다. 우리는 아브라함의 영적인 자손의 일원이 되었습니다. 비록 우리가 육적으로는 그의 자손이 아니지만 우리가 믿음으로 그와 연합되었다는 것만으로도 충분합니다. 정말로 베드로가 성경 말씀을 통해서 말한 것처럼 **우리가 거듭난 것이 썩어질 씨로 된 것이 아닙니다**(벧전 1:23). 우리가 변화되었으므로 하나님께서는 우리를 당신의 독생자의 지체로 받아들이십니다. 비록 우리가 이방인의 후손이지만 하나님의 교회와 결합될 수 있습니다. 왜냐하면 필요한 것은 믿음뿐이기 때문입니다.

여기서 인간의 모든 자만심과 장점들은 끝나야 하며 사람들이 하나님을 하나님께서 지시하신 방법대로 찾지 않는다면 그들은 매우 당황하게 된다는 것을 알아야 합니다. 이런 말을 다 들었으니 마음이 변하기 쉬운 사람들처럼 이리 저리로 날려 다니지 않는 방법을 배웁시다. 그들은 하나님께서 하신 말씀에 만족하지 않고 거기에 항상 그들의 생각을 첨가합니다. 우리는 그러한 사악한 혼합물을 경계할 필요가 있습니다. 우리의 구원이 전적으로 예수 그리스도에 달려 있으므로 예수님이 우리의 능력이 되게 하십시오.

만약 우리가 그 분에게 투자하게 되면 우리에게는 부족한 것이 아무 것도 없을 것입니다. 이것이 바울이 이 서신에서 자주 반복하는 요점입니다. 더욱이 그는 우리가 하나님의 진리를 굳게 신봉하고 또 하나님의 진리는 어떠한 첨가물도 허용하지 않는다는 것을 우리가 알게 되기를 소망합니다. 만약 우리가 거기에 무엇인가를 부가한다면 우리는 우리의 구원이 달려 있는 언약을 더럽히고 어기고 위조하는 것이 됩니다. 우리는 주 예수 그리스도를 기꺼이 받아들였으니 우리는 그 분 안에 끝까지 남아 있을 것이 기대됩니다. 왜냐하면 이 분에게는 우리 모두에게 나누어 줄 충분한 은혜가 있기 때문입니다.

우리는 주 예수 그리스도를 통해서 하나님을 담대하게 부를 수 있으며 비록 우리가 아담의 저주받은 종족의 자손이지만 예수 그리스도를 통해서 축복을 받는다는 것을 알고 있습니다. 하나님께서는 우리를 당신의 자녀로 받아들이시고 거리낌없이 우리를 양자 삼으십니다. 하나님께서는 이 소식이 전세계에 두루 퍼지기를 소망하십니다. 이제 문이 활짝 열렸으며 우리는 하나님께 마음대로 가까이 갈 수 있게 되었습니다.

20

갈라디아서 강해 설교

형제들아 사람의 예대로 말하노니 사람의 언약이라도 정한 후에는 아무나 폐하거나 더하거나 하지 못하느니라 이 약속들은 아브라함과 그 자손에게 말씀하신 것인데 여럿을 가리켜 그 자손들이라 하지 아니하시고 오직 하나를 가리켜 네 자손이라 하셨으니 곧 그리스도라 내가 이것을 말하노니 하나님의 미리 정하신 언약을 사백 삼십 년 후에 생긴 율법이 없이 하지 못하여 그 약속을 헛되게 하지 못하리라 만일 그 유업이 율법에서 난 것이면 약속에서 난 것이 아니리라 그러나 하나님이 약속으로 말미암아 아브라함에게 은혜로 주신 것이라(갈 3:15-18)

만약 하나님께서 우리를 다스리실 권한을 미천한 인간보다 더 많이 갖고 계시지 않다면 우리에게는 우리 자신을 몹시 부끄럽게 여길 이유가 됩니다. 하나님의 위대하심과 지나가는 그림자에 불과한 사람의 처지를 어떻게 비교할 수 있겠습니까? 그러나 일반적으로 말해서 사람들은 자신을 하나님보다 더 높이 평가합니다! 그렇게 하는 죄는 매우 가증스럽기 때문에 만약 우리가 햇빛을 심연의 그림자속으로 비치더라도 그것은 모든 영광을 받아 마땅하신 그 분보다 사람이 더 존경스럽게 여겨지는 이곳에서 보다 더 큰 혼란을 초래하지는 않을 것입니다.

그러나 앞에서 말한 바와 같이 이 죄는 유사이래로 증가하고 있으며 오늘날에도 그것이 너무나 뚜렷합니다! 왜냐하면 우리는 사람의 언약을 자유로이 받아들이거나 우리의 법률체제가 보급해줄 의무가 있는 계약의 일부분으로 받아들일 준비가 되어있기 때문입니다. 그러나 하나님께서 당신의 말씀의 신뢰성을 확고히 하기 위해서 아무 것도 아끼는 것이 없이 매우 명쾌하게 말씀하시는데도 우리는 계속해서 주저하거나 하나님에게 완전히 반항하기도 합니다. 만약 우리가 이런 방법으로 우리에 대한 하나님의 권위에 제동을 걸어서 말씀 한 마디로 하늘과 땅을 창조하시고 또 유지해 나가시는 그 분보다 피조물을 더 신임한다면 틀림없이 우리는 정신이 나간 사람이 아니겠습니까?

바울이 왜 이 말씀을 '사람의 방법대로 말하노니' 로 시작했는지 묻고 싶습니다. 그는 그저 다음과 같이 말할 수도 있었을 것입니다. '언약이 체결되었으며 하나님께서 약속하신 것은 확실하기 때문에 그 언약을 취소되지 않을 것입니다.' 이것은 모두 분명한 사실입니다. 그러나 그렇게 위대하신 하나님에 대해서 언급한다는 것은 맞지 않는 방법이었을 것이며 마치 바울이 하나님을 이 세상의 피조물과 동등시하는 것처럼 보였을 것입니다. 그는 사람의 방법대로 말하고 있다고 함으로써 그의 말씨와 언어는 그렇게도 두려운 존재이신 그 분을 묘사하기에는 불충하다는 것을 시사합니다.

하나님께서 당신의 영광을 발산하실 때면 해와 달이 그 빛을 잃게 되며 그 분과 비교하면 모든 것이 암흑과 같습니다. 그렇다면 사람은 어떻습니까? 하나님께서 보시기에 사람은 지구 표면을 기어다니는 파리나 개구리 같을 것입니다. 사람들이 아무리 자만심으로 부풀어 있어도 하나님의 눈에는 아무 것도 아닌 존재입니다.

그러므로 하나님의 말씀이 들리면 우리는 당연히 조용히 해야 하며 우리가 들은 내용을 매우 경건하게 받아들여야 합니다. 바꾸어 말하면 만약 하나님께서 하나님의 약속을 순수하게 받아들이는 자에게 온전하고 확실한 구원을 주고 싶어 하신다면 그것에 반대하려고 하지 맙시다! 한 악기가 연주될 때에 가락이 맞으면 사람들은 그것에 귀를 기울입니다.

그러니 하나님께서 자신이 매우 기쁘시다는 것을 우리에게 확인시켜 주시기 위해서 말씀하실 때에 하나님께서 귀를 기울이는 것이 당연한 것입니다. 우리는 하나님께서 선포하시고 말씀하시는 내용을 듣기 위해서 필요한 의식을 갖추어서 하나님께 접근합니까? 우리는 하나님께서 말씀하신 그대로 믿기 위해서 우리는 깊숙히 뿌리박힌 모든 악과 싸워야 합니다.

우리의 속성에는 의심하는 경향이 아주 많기 때문에 우리가 우리를 덫에 걸리게 만드는 죄와 싸우지 않으면 우리는 결코 하나님께서 하신 말씀중에서 낱말하나도 믿지 못하거나 마음속에 간직하지 못하게 될 것입니다. 이러한 까닭으로 우리가 하나님의 말씀으로 가르침을 받으려고 할 때에는 각자의 본성을 알아둘 필요가 있습니다. 그러니 우리는 우리가 모반과 의심으로 꽉 차 있다는 것을 알았으니 이것을 다 버리고 하나님께서 우리에게 들려주시는 내용에 주의를 기울이게 해달라고 요구해야 합니다.

사실은 진리를 취하여 그것을 우리의 마음속에 넣는 것이 성령의 임무입니다. 본래 이것이 사실이지만 그것이 높은 곳에 계시는 성령님의 확인을 받을 때까지는 우리는 그것을 믿지 않습니다. 사실은 만약 우리에게 하나님을 신뢰하려는 마음이 저절로 생겨난다면 성령님이 우리 안에서 역사하실 필요가 없을 것입니다. **성령님은 하나님께서 우리를 구별하시는 수단이 되는 진짜 인장이 되시며 또 하나님이 성령을 통해서 그렇게 하지 않으셨으면 결코 믿지 않았을 것들을 우리의 마음속에 새겨두시고 기록해 두십니다**(고후 1:22, 엡 1:13).

바울이 여기서 한 두 말을 주목하십시오. 그는 아무나 합법적이고 타당한 방법으로 사람들이 합의한 내용을 '폐할'(disannul)수 없다고 했을 뿐만 아니라 아무도 어떤 것이라도 '더할'(add)수 없다고 했습니다. 비록 우리에게는 반항심이 전혀 없을 지라도 우리의 마음은 매우 불안하기 때문에 우리는 하나님의 말씀에 무엇인가를 더하고 싶어함으로써 그 순수성을 굳게 지키지 못하게 합니다.

그리고 만약 우리가 우리 자신을 있는 그대로 아무런 자화자찬을 가하지 않고 세밀하게 조사해보면 우리 모두에게 두 가지 나쁜 성향이 있다는 것을 알게 될 것입니다. 하나는 우리는 결심을 완전히 우리 나름대로 솔직하게 할 수 없으며 하나님께서 선포하시는 말씀에 주저하지 않고 '아멘'(Amen)이라고 화답하지 못하며 또 하나님의 약속을 받아들이지도 못하며 하나님의 경고를 두려워하지도 않는 것입니다.

사람들에게는 변명을 늘어놓는 버릇이 있습니다. 우리는 멀리 가지 않아도 이와 같은 예를 많이 볼 수 있으며 그러한 경향은 우리 각자에게 다 있습니다! 또 다른 성향은 비록 우리가 하나님의 말씀은 진실되고 잘못이 없다고 믿음으로써 하나님께 하나님이 받아 마땅하신 영광을 드릴지라도 우리에게는 하나님말씀에 무엇인가를 더하려고 하는 욕망이 있다는 것입니다.

이와 같은 예를 천주교에서 볼 수 있습니다. 하나님께 경배드리는 방법이 왜 그렇게도 혼란스럽고 많습니까? 왜 거기에는 남용과 그릇된 짓들이 그렇게도 많습니까? 그 까닭은 사람들이 하나님의 명령에 굴복하지 않고 거기에다 자신들의 생각을 더해서 혼란스러운 의식을 많이 만들었기 때문입니다. 천주교인들이 하나님을 섬기려고 노력합니다. 그런데 어떤 방법으로 하려고 했습니까? 그들 각자에게는 무한한 허튼 짓을 동반하는 그들 나름대로의 헌신의 형태가 있습니다.

그들의 말에 의하면 그것은 모두 교회에서 정한 것이라고 합니다. 그러니 그것은 모두 사람들이 조작한 것이라는 것을 알았습니다. 왜 그렇게 되었습니까? 하나님께서는 무엇이 당신을 기쁘시게 해주는지 우리에게 보여주지 않으셨습니까? 하나님께서는 하나님의 율법은 완전해서 우리에게는 다른 생활지침이 필요치 않다고 우리에게 알려 주십니다.

또 순종이 이 세상에 있는 모든 제사보다 낫다고 우리에게 가르쳐 주십니다(삼전 15:22, 호 6:6, 마 9:13; 12:7). 율법은 사람들로 하여금 자신의 생각이나 의견을 더할 마음을 먹지 못하도록 그들을 통제하기 위해서 제정되었습니다. 하나님께서 말씀하셨음에도 불구하고 우리는 이것저것이 좋을 것이라고 우리 자신을 설득하여 하나님께서 우리에게 요구하시지도 않는 일백 가지를 더합니다. 더 나쁜 것은 우리는 하나님께서 명령하시고 엄하게 지시하시는 것들을 무시하고 그 대신에 그렇게도 헛되고 천박한 보잘것없는 것을 강조합니다. 그것은 하나님께서 보시기에 아무런 가치가 없을 뿐만 아니라 증오를 받아야 할 것입니다. 하나님께서는 사람이 만든 것은 무엇이든지 인정하지 않으시며 사실은 무시합니다.

사람들이 그들의 구미에 맞게 하나님을 경배하려고 했다는 사실은 욕심과 지나친 자만심이 항상 인간의 속성의 일부분이었다는 것을 잘 드러내 줍니다. 하나님께서 요구하시는 중요한 제사는 우리가 하나님께 의지해서 우리의 요구사항을 하나님께 알리는 것이라고 하였습니다. 마침내 하나님께서는 우리로 하여금 하나님께 직접 나갈 수 있는 길을 마련해 주셨습니다. 즉 하나님께서는 주 예수 그리스도를 우리의 변론자를 주셨습니다. 그러나 사람들은 하나님의 은총을 얻기 위해서 죽은 성인들을 찾아가고 싶어합니다. 우리는 그들이 우리의 보호자와 변론자로서 우리를 중재하고 있는 것으로 여깁니다.

하나님께서는 우리에게 서로 서로를 위해서 기도하라고 하시는데 우리는 고난중에 있는 불쌍한 영혼들을 위해서 기도해야 한다고 합니다. 누가 그런 명령을 내렸습니까? 사람들은 이렇게 하는 것이 좋은 생각이라고 믿었습니다. 그리고 사람이 명령한 것이 즉시 시행되었다는 사실을 주목하십시오! 참으로 무례합니다!

하나님께서는 우리에게 하신 약속을 하나님께 긍휼이 풍성하시다는 것을 입증하는 담보물로 삼고 또 연약한 우리의 믿음을 강하게 하기 위해서 성찬식을 제정하셨습니다. 우리에게는 세례도 있습니다. 하나님께서는 우리가 세례를 통해서 깨끗하게 되었으며 하나님의 독생자께서 흘리신 피로 인해서 우리는 모든 죄에서 정결하게 되었다고 선언하십니다. 그러면 예수님은 우리를 당신의 지체로 받아주시며 우리는 그 분의 교회의 일원이 됩니다.

그러나 천주교인들은 이러한 단순성에 만족하지 않습니다. 그들은 장식과 촛불과 그밖에 다른 보잘것없은 것들을 선호합니다. 그것은 우리를 놀라게 만들기에 충분합니다. 이것은 마귀의 영을 받은 무모함에서 나오지 않고 어디에서 나왔겠습니까? 하나님께서는 하나님이 보시기에 좋고 어울리는 것을 제정하시고 공포하셨다고 생각하면 우리는 그것을 반대할 수 없습니다. 그런데 우리는 여기서 그것을 받아들이기를 거절하고 있습니다! 그러나 앞에서 말한 바와 같이 사람의 욕망이 발작을 하면 그 사람은 어쩔수 없이 사정없이 더하고 또 섞고 바꾸고 또 어둡게 하고 또 혼란스럽게 만들지 않을 수 없게 됩니다.

그러므로 우리는 하나님께서 바울을 통해서 여기서 우리에게 가르쳐 주시는 내용을 잊지 않기 위해서 더욱더 많은 노력을 기울여야 할 것입니다. 다시 말하면 하나님께서는 당신의 말씀에 우리를 다스릴 모든 권한을 주셨기 때문에 우리가 거기에 어떤 것을 더한다는 것은 율법에 어긋납니다. 우리가 할 수 있는 가장 현명한 일은 그것과 제휴하여 하나님의 입에서 나온 말 모두를 조금도 주저하지 말고 받아들이는 것입니다.

오늘날에 선포되는 내용이 아브라함이 하나님께 직접 들은 것과 다를 것이 없지만 그 방법은 보다 명확해 졌습니다. 왜냐하면 의의 태양(the Sun of Righteousness)이신 주 예수 그리스도께서 오셨기 때문입니다. 만약 우리가 우리의 사악한 욕심과 욕망이 속삭이는 소리를 듣고 거기에 이것저것을 더하면 우리의 신앙생활이 쉬워질지라도 결과적으로 그것은 신성모독죄가 되지 않겠습니까?

그밖에 우리가 어떤 일을 하더라도 하나님께서 우리에게 가르쳐주신 내용에 복종하는 방법을 배웁시다. 우리가 그렇게 할 정도로 겸손해지지 않으면 우리는 결코 성공하지 못할 것입니다. 우리가 하나님의 길에서 조금이라도 벗어나게 되면 그 즉시로 사탄의 그물에 걸려 마침내는 완전히 정신을 잃게 될 것입니다. 율법은 이미 체결된 언약을 취소시킬 수 없다고 바울이 말했으니 여기에 우리 자신에게 적용되는 한 원칙이 있습니다.

즉 사람들이 그들의 어리석은 머리로 생각해 낸 것들로 하여금 성경의 순수한 가르침을 지워버리게 하지 맙시다. 그렇게 하게 내버려두면 우리는 하나님과 사람중에서 누구에게 더 많은 권위가 있는지 모를 것입니다! 그러므로 이 가르침은 우리를 엄격하게 가르쳐서 우리로 하여금 하나님께서 정해놓으신 경계선을 넘어가지 못하게 하기 위해서 주어졌습니다. 우리의 믿음은 항상 간단한 하나님 말씀에 의해서 완전히 다스려지고 지배되어야 합니다. 그리고 우리는 사람들이 제정한 첨가물을 배격해야 합니다. 이상은 우리가 이 본문 말씀에서 배워야 할 내용을 요약한 것입니다.

바울은 이 언약이 율법이 생기기 430년 전에 '그리스도안에서 하나님에 의해서 제정되었다'(confirmed before of God in Christ)고 했습니다. 이것은 하나님께서 당신이 아브라함이나 노아나 그밖에 다른 사람의 아버지라고 한 선언은 주 예수 그리스도의 중재가 없이 이루어진 것이 아니라는 것을 반복합니다. 왜냐하면 우리는 원죄로 인해서 타락했기 때문에 사람과 하나님

사이에는 목숨을 건 싸움이 벌어졌기 때문입니다. 그러므로 만약 하나님께서 우리를 이대로 내버려두시면 우리가 모두 망할 것이 확실합니다. 우리의 마음이 꼬였으며 완고하고 반항심으로 가득찼습니다.

우리의 의식은 죄로 더럽혀졌기 때문에 머리 꼭대기에서 발바닥까지 우리는 부정으로 가득찼습니다. 우리는 하나님과 하나님의 뜻에 반대되기 때문에 우리는 어쩔 수 없이 하나님의 원수가 되어야 합니다. 그러므로 만약 하나님이 우리의 원수라면 먼저 예수 그리스도께서 오셔서 우리를 화해시켜 주시지 않는 한 우리는 하나님께 은혜와 은총을 받기를 소망할 수 없습니다. 그와 똑같이 우리의 선조 중의 어느 누구도 이 중재자의 도움을 받지 않고는 하나님과 가까이 할 수 없었습니다.

이러한 까닭으로 바울은 이 본문 말씀에서 그 언약은 '그리스도 안에서'(in Christ) 확정되었다고 했습니다. 예수 그리스도에게는 전에 우리의 선조와 맺어 오늘까지 지속되고 있는 그 언약중의 어느 하나도 필요하지 않습니다. 그러나 그 분은 우리 계약의 우두머리로서 그것들을 용인하십니다.

우리가 이것을 염두에 두면 하나님께서 아브라함을 그렇게 친절하게 대해 주신 것은 아브라함에게 있는 어떤 특별한 자질 때문이 아니고 아브라함이 그리스도가 머리되시는 교회의 권속이기 때문이라는 것을 알 수 있습니다. 또 하나님께서는 다윗을 선택하여 왕으로 삼으시고 **그의 왕위는 하늘에 해와 달이 있는 한 영원할 것**이라고 선포하셨습니다(시 89:37). 그러나 하나님께서 그렇게 하신 것은 다윗에게 사람으로서 어떤 타고난 위엄이 있어서가 아니라 주 예수 그리스도 때문이었습니다.

오늘날에도 이와 비슷해서 만약 우리가 진정으로 하나님을 찾으려고 한다면 자비를 발견할 수 있기 때문에 그 분을 부지런히 찾아보아야 한다고 알려주십니다. 그러나 주 예수 그리스도께서 우리를 당신의 몸을 형성하고 있는 지체의 일원으로 끼워주지 않으시면 우리는 하나님을 발견하지 못합니다. 이 가르침에는 두 가지 중요한 효과가 있습니다.

첫 번째 효과는 우리 안에서 겸손을 작동시키는 것입니다. 만약 우리 모두가 실제의 우리 - 즉 하나님의 원수라는 것에 대해서 생각해 본다면 - 우리에게는 문이 닫혀 있으며 우리는 하나님에게서 적은 긍휼도 기대할 수 없게 됩니다. 그렇습니다. 그보다는 우리는 하나님이 우리의 재판관이 되어 우리에게 판결문을 내려서 우리를 심연속으로 던져버릴 준비를 하고 계시는 것을 우리가 느끼게 될 것입니다. 하나님의 약속은 오로지 주 예수 그리스도를 통해서 우리에게 적용된다는 것을 올바르게 인식하게 될 때에 우리는 **하나님의 독생자 한 분만이 하나님 아버지의 사랑을 받고 있으며 우리는 그 분을 통해서 가납된다는 것을 인정**해서 고개를 숙이게 됩니다. 이것이 첫 번째 요점입니다.

두 번째로 언약에는 우리를 안심시켜주는 효과가 있습니다. 그렇지 않으면 우리는 다음과 같은 생각으로 괴로워할지도 모릅니다. '내가 누구냐? 정말로 하나님께서 황송하게도 나에게 허리를 굽히시겠는가? 나는 흙과 재로 빚은 질그릇에 불과하며 부패와 타락으로 꽉 차있다. 더욱이 내 안에는 죄로 가득찬 깊은 함정이 있는데도 나는 하나님께서 나를 찾으러 오셨다고 주장한다! 내가 하나님의 자녀 중의 하나라고 생각하는 것은 참으로 뻔뻔스러운 일이다!' 만약 우리가 이러한 생각을 하도록 유혹을 받게 되면 언약은 '그리스도를 통해서'(in Christ) 확정되었다는 성경말씀을 상기합시다. 그러므로 비록 우리는 죄로 가득차 있지만 하나님의 아드님에게는 차고 넘치는 가치와 덕망과 의로움이 있으며 그 분을 통해서 언약이 우리에게 적용되니 우리에게는 부족한 것이 없습니다.

이제 우리는 하나님께로 가까이 갈 수 있는 방법에 대해서 생각해 보아야 합니다. 바울이 말한 대로 만약 사람들이 주 예수 그리스도에게서 조금이라도 벗어나게 되면 그들은 하늘나라에서 추방됩니다. 그러므로 만약 이 언약이 아브라함의 육적인 후손들의 자만심과 그릇된 망상을 폐하기 위해서 작성되었다면 바울이 로마서 10장에서 말한 것과 같이 그들과 비교해 보면 추방당한 자들과 같은 우리는 어떻게 되겠습니까! 주 예수 그리스도 한 분에게만 의존하지 않는 자는 구원을 받을 수 있는 가능성을 모두 저버리는 것이 됩니다. 하나님께서 한 자손에 대해서 언급하신 것과 똑같이 바울도 중재자는 두세 분이 아니고 한 분만 계시다고 했습니다.

우리가 알고 있는 바와 같이 아브라함의 자녀 중에서 많은 사람은 언약을 상속받지 못했습니다. 우리도 그와 똑같아서 만약 우리가 예수 그리스도께로 가서 그 분의 주변에 모이지 않으면 하나님께서는 우리를 버리실 것이 확실하며 우리를 하나님에게 속하게 하지 않으실 것이며 우리와 더 이상 관계를 맺지 않겠다고 선언하실 것입니다. 우리는 세상이 바람에 날리니 이리저리로 떠돌아 다니게 되며 천주교인들(회교도와 유대교인들처럼)은 하나님께로 접근하는 길을 다양하게 만들려고 합니다. 그들이 모두 주 예수 그리스도를 도외시하더라도 우리는 온전히 예수님께 의지합시다.

만약 우리가 믿음으로 예수님의 지체가 된다면 우리는 하나님과 연합될 수 있으며 하나님께서 하신 언약은 우리에게 적용됩니다. 언약이 예수님에게 맡겨진 것은 예수님의 목적을 위해서가 아니고 우리를 위해서입니다. 따라서 이제 우리는 바로 그 언약에 동참할 수 있습니다. 이것이 우리가 이 말씀을 통해서 배울 수 있는 내용을 요약한 것입니다.

바울이 여기서 다루고 있는 주제에 대해서 우리가 관심있게 주목해야 할 또 다른 요점은 복음이 주는 가르침은 새로운 것도 아니었으며 또 전에 들어본 적이 없었던 것도 아니었다는 사실입니다. 아브라함의 시대에서 바로 이 순간까지 하나님께서는 우리에게 당신의 양자가 되라고 외치고 계시기 때문에 우리는 그 분을 우리의 아버지라고 불러도 됩니다.

사실은 이것이 제정된 것은 아브라함이 태어나기 전이었습니다. 그러나 하나님께서 자신의 뜻을 아브라함에게 온전히 알려줌으로서 지금의 복음에 담겨있는 내용을 공개적으로 선포하기 시작한 것은 그 때였습니다. 우리 선조들이 구원을 얻을 수 있는 방법은 오늘날 우리에게 가르쳐지는 방법 이외는 없었습니다. 이것이 매우 중요한 점입니다. 그런데 멍청한 바보들을 그 당시에는 복음에 대해서 들어본 사람이 아무도 없다고 믿고 있습니다. 사실은 복음은 지금부터 1600년 동안만 존재했으며 전에는 알려지지 않았었다고 주장해서 하나님과 하나님의 복음의 권위를 제한하려고 하는 불경스런 자들도 있습니다.

정말로 하나님께서 이렇게 이 세계를 포기하셨을 것이라고 생각하십니까? 하나님께서 아브라함을 선택하신 이후로 하나님은 변하지 않으셨다는 것을 우리의 눈으로 볼 수 있으니 손가락으로 가리킬 필요가 있습니까? 사실은 그때에도 우리는 하나님의 자녀였으며 비록 모든 것이 때가 이를 때까지 완전하게 이루어지지는 않았지만 구원의 문은 우리에게 열려 있었습니다. 이러한 이유로 바울은 **복음의 말씀을 감추어진 비밀**이라고 했습니다(엡 3:9). 그러나 하나님의 언약이 충족되어야 했기 때문에 하나님은 그것이 그렇게 되도록 결정하셨습니다. 우리가 아브라함의 자녀라고 불리울 수 있는 방법은 육신적인 것이 아니고 믿음에 의한 것입니다. 우리를 하나님과 연합시키는데 필요한 것은 그것뿐입니다.

그리고 인간의 구원에 대한 담보물이 되시는 분은 주 예수 그리스도 이십니다. 예수님께서는 우리가 예수님의 것이라는 것과 우리가 예수님의 지체가 되기를 소망하신다는 것을 우리에게 확실히 보여주셨습니다. **요한복음에는 아브라함이 예수님의 때를 보고 기뻐했다고 기록되어 있습니다**(요 8:56). 유태인들은 족장들의 공로를 자랑했지만 예수 그리스도께서는 그들에게 이렇게 말씀하셨습니다.

'너의 조상 아브라함은 나에 대해서 들은 내용을 믿었다. 그러므로 그는 나의 때를 보았으며 그것만을 기뻐했다. 그가 구원을 받을 수 있다는 소망은 오로지 오늘날 복음을 통해서 너희들에게 설교되는 가르침속에 있는 믿음 위에 뿌리를 내리고 있다.' 이 소식은 **'그가 아비의 마음을 자녀에게로 돌이키게 할 것이다'** (말 4:6)라고 세례 요한에 대해서 언급한 말라기에 의해서 선포되기도 했습니다. 이것은 세례요한에게 뿐만 아니라 전체적인 복음의 기쁜 소식에도 적용됩니다.

그런데 하나님께서는 어떻게 우리를 당신께 오라고 부르십니까? 비록 아브라함은 아주 먼 옛날에 죽었기 때문에 그의 시체는 땅속에서 썩어버렸을지 모르지만 만약 우리가 믿음을 통해서 그 분과 결합하여 똑같은 소망을 갖고 그가 품었던 것과 똑같은 마음 (즉 주 예수 그리스도에 고정시킨 마음)을 품고 하나님을 찾게 되면 하나님께서는 이와 똑같은 언약을 통해서 우리를 부르십니다.

우리가 하늘 나라에서 함께 만나는 날이 올 때까지 우리는 믿음으로 우리의 조상 아브라함과 연합되어 있을 것입니다. 그러므로 우리는 주 예수 그리스도를 우리의 믿음과 소망의 대상으로 바라봅시다. 이것이 우리가 율법보다 먼저 온 언약과 관련해서 우리가 명심할 필요가 있는 내용입니다.

우리가 알고 있는 대로 주 예수 그리스도께서 이 세상에 오시기 오래전에 그 분이 오시기를 기다리고 있었다는 아브라함의 본은 우리로 하여금 그 분의 충성심을 따르라는 도전을 줍니다. 아브라함은 그의 후손들이 포로가 되어 이국땅으로 끌려갈 것이라는 이야기도 들었습니다. 하나님께서는 세상이 아브라함의 후손을 통해서 축복을 받게 될 것이라고 선언한 직후에 이렇게 말씀하셨습니다.

'이것이 3일 후에나 또는 100년 후에 이루어 질 것이라고 생각하지 말아라 네가 죽고 다음에 너의 후손들이 외국으로 이주를 하게 될 것이며 그들은 거기에서 잔인하고 지독한 독재자의 탄압을 받게 될 것이다. 물론 내가 보복을 하겠지만 너의 백성들이 먼저 고난을 당해야 한다.' 아브라함은 이것에 대해서 모든 이야기를 들었습니다.

율법이 이 단계에서 주어졌습니까? 그렇지 않습니다. 그것은 주 예수 그리스도께서 오시기 2000년 보다 더 오래전에 있었던 일입니다. 아브라함은 높은 것으로부터의 도움이 없이는 그에게 일러준 내용들을 믿을 수 없었을 것입니다. 왜냐하면 그는 그에게 약속된 좋은 일들을 누리지 못했으며 그의 자녀들도 그렇게 하지 못했기 때문입니다. 사실은 2400년이 지나가야 했습니다.

그러나 아브라함은 사도 바울이 히브리서 11장에 기록한 대로 그의 아버지 집을 떠난 것을 후회하지 않았습니다(히 11:8). **비록 하나님께서 그의 인내심과 믿음을 시험해 보시기 위해서 그를 여러 극한 상황으로 몰아 넣었지만 아브라함은 그의 푯대를 향해서 계속 달려갔습니다.** 오늘날 우리는 우리가 영광의 면류관을 받을 때까지 우리의 눈을 위에 있는 것에 고정시키고 하나님께서 우리에게 가라고 하시는 그 길을 걸어갈 결심을 하라는 강한 도전을 받습니다.

비록 그 면류관이 보이지 않고 또 비록 우리가 우리의 이해력과 우리의 분별력을 초월하는 것들을 믿으라는 명령을 받을지라도 말입니다. 우리는 이 본문 말씀이 주는 가르침을 이렇게 실천해야 합니다.

그리고 나서 바울은 '만일 그 유업이 율법에서 난 것이면 약속에서 난 것이 아니리라' 고 말했습니다. 사실은 모든 것이 아브라함에게 믿음을 통해서 허용되었습니다. 따라서 우리가 하나님의 은혜를 받기 위해서 아무리 노력할지라도 율법은 아무런 영향을 미치지 못한다는 결론을 내리게 됩니다. 우리를 구원해 주신데 대한 감사는 하나님 한 분에게만 드려져야 합니다. 바울은

'유업' (inheritance)이라는 말을 사용해서 두 가지를 강조합니다. 하나는 하나님께서 우리와 언약을 맺게 된 것은 오로지 하나님의 긍휼하심의 결과라는 것입니다. 왜냐하면 유업은 급료와 같은 차원에서 주어지는 것이 아니기 때문입니다.

아버지가 자기의 자녀들에게 유업을 허락할 때에는 다음과 같이 말할지도 모릅니다. '내가 너를 위해서 어떻게 일했는지 보여 주겠다! 결과를 보아라. - 이제 너는 나의 모든 재산을 가질 수 있게 되었다!' 이 축복은 모두 혈통 때문입니다. 그는 이렇게 노력을 하며 그의 보호를 받게 되어 있는 사람들을 챙기기 위해서 많은 수고를 합니다. 인간의 유업은 거저주는 것이기 때문에 우리는 영생을 우리의 노고로 얻은 품삯으로 생각하지 않겠다는 보증을 받아야 합니다. 왜 그렇게 해서는 안 됩니까? 왜냐하면 그것도 유업이기 때문입니다.

제일 중요한 것은 사람의 가치에 대한 모든 개념은 배제되어야 한다는 것입니다. 사람이 그의 아이들을 그의 상속자로 세울 때에 그는 그들이 어떤 위대한 과업을 성취했거나 또는 특별한 매력을 가졌거나 이런 저런 은사를 가지고 있기를 기대하지 않습니다. 그렇습니다. 그들이 그의 자녀이며 그는 그의 자녀들을 챙기고 싶어하는 것으로 충분합니다.

이 말에는 이차적인 의의도 있습니다. 즉 우리는 본래 하나님의 임재에서 완전히 추방됩니다. 이것은 우리가 이 덧없는 세상에서는 하나님의 은혜에 의하지 않고서는 어떤 것도 즐길 수 없다는 것을 의미합니다. 태양은 믿는 자들에 비추는 만큼의 빛을 믿지 않는 자들에게도 비추어 주고 또 우리 모두는 하나님이 마련해 주시고 허용하시는 똑같은 영양분을 공급받습니다. 그러나 불신자들이 소유하고 있는 것은 모두 그들의 것이 아닙니다. 그것들은 그들이 강도질을 해서 빼앗은 것들입니다. 그 물건들은 더럽습니다. 그것들은 그것들을 사용하는 자들의 몸 속에 있는 악으로 오염되어 있습니다.

그러나 하나님이 **우리에게 허용하시는 것들은 믿음으로 정화된다**(딤전 4:5)고 바울이 말했습니다. 따라서 우리가 그들을 합법적으로 활용할 수 있습니다. 그러나 믿음을 떼어내면 모든 것이 더럽게 됩니다. 어떻게 그렇게 됩니까? 예를 들면 만약 내가 더러운 손으로 이 세상에서 가장 귀중한 물건을 다룬다면 그들은 나의 손에 묻은 오물로 오염될 것입니다. 하나님께 주신 것들도 그런 방법으로 악하게 됩니다.

우리 몸 속에 있는 불신앙이 모든 것을 부패시키고 모든 피조물로 하여금 그들이 그렇게 악용된데 대해서 원수를 갚아달라고 외치게 만듭니다. 다시 말하면 우리가 그것들을 믿음으로 소유하지 않으면 그렇게 된다는 말입니다. 따라서 우리가 하나님의 자녀가 되지 않고서는 우리는 어떤것도 즐길 수 없습니다.

바울은 로마서 4:13에서 아브라함이 천국과 영생을 얻게 된데 대해서만 언급하지 않고 아브라함이 세상을 유업으로 받게 된데 대해서도 이야기했습니다. 분명히 말하지만 이것은 아브라함 한 분에게만 적용되는 것이 아니고 모든 사람에게 전체적으로 적용됩니다.

따라서 하나님께서 우리를 양자 삼으시고 나서 우리에게 긍휼을 베푸시겠다고 선언하셨으니 우리는 우리에게 영양분을 공급해 주는 것은 하나님의 손이라는 것을 기억하고 있어야 합니다. 하나님께서는 우리를 키워주심으로써 하나님께서는 우리를 사랑하시고 우리를 염려하고 계시다는 것을 드러내십니다.

간단히 말하자면 하나님께서 당신의 모든 피조물에게 보여주시는 아버지다운 배려에 대해서 경의를 표하는 것이 우리의 의무입니다. 우리의 눈을 뜨고 밝게 빛나는 햇빛에 대해서 생각해 봅시다. 하나님께서는 이 햇빛을 통해서 당신이 우리의 아버지라는 것을 보여주십니다. 우리가 우리의 육체에 영양분을 공급하기 위해서 음식을 먹을 때면 하나님께서는 우리를 당신의 친자녀로 여긴다는 것을 보여주시기 위해서 손을 내미시고 우리를 먹여주십니다.

하나님께서는 당신이 복음을 통해서 선포하시는 내용 즉 양자 삼은 자녀들을 위해서 더 좋은 유업을 마련해 놓으셨다는 것을 확신시켜주시기 위해서 모든 것에서 아버지다운 사랑을 보여주십니다. 그러므로 만물은 우리들로 하여금 하늘에 계시는 하나님에게로 향하게 해야 합니다. 그러나 우리에게는 우리의 욕심을 충족시키기 위해서 피조물을 사용하려는 경향과 우리의 마음을 계속해서 세상일에 고정시키려는 경향이 있습니다. 따라서 비록 하나님께서는 우리로 하여금 하나님에 대한 믿음을 갖도록 인도하기 위해서 많은 도움을 허락하셨지만 이것들이 우리로 하여금 이 세상일에만 관심을 갖게 만드는 많은 장애물이 될 수 있습니다.

왜냐하면 만약 우리가 이 세상에서 안락한 생활을 하고 있다면 우리는 자족하게 되어서 우리가 어떻게 하나님의 자녀가 되었느냐는 문제를 완전히 무시해 버리기 때문입니다. 그렇지만 우리는 여전히 하나님이 우리의 아버지라는 것을 알 고 있어야 합니다. 하나님은 자신이 만드신 것들을 통해서 우리에게 얼마나 많은 관심을 가지고 계신지 입증해 주셨으며 우리는 그것에 보답하여 하나님에게 의지하고 하나님 안에서 안식을 얻어야 됩니다.

이렇게 해서 우리는 '유업' (inheritance)이라는 낱말에 대해서 알아보았습니다. 먼저 거기에는 하나님께서 우리에게 베푸시는 것은 오로지 하나님의 긍휼하심 때문이라는 뜻이 있다는 것을 알았으며 다음에 그것은 우리에게 우리는 본래부터 저주를 받은 자라는 것을 알려줍니다. 우리가 주 예수 그리스도를 위한 후사로 선택되고 임명되지 않는 한 우리에게는 우리의 것이라고 주장할 수 있는 것이 아무 것도 없습니다. 물한방울조차도 없습니다.

이제 우리는 언약은 '그리스도 안에서' (in Christ)에서 맺어졌다는 점을 상기할 필요가 있습니다. 그러므로 언약은 아브라함으로 시작되지도 않았으며 아브라함으로 끝나지도 않았습니다. 더욱이 주 예수 그리스도는 **'만유의 후사' (heir of all things)**라고 불리웠습니다(히 1:2). 그러나 예수님께서는 그에게 속한 모든 것을 당신의 지체들에게 나누어 주셨습니다. 시편 8:6 말씀은 본래 주 예수 그리스도의 성자 하나님에게 적용된다고 바울이 말했습니다(고전 15:27). 그 말씀은 '모든 것이 그분 아래 있다' (all things are under him)라고 우리에게 알려줍니다.

이 말씀은 인류에게 적용된다고 말할 수 있을 것입니다. 하나님께서는 모든 야생동물을 사람에게 속하게 만드셨기 때문에 그 짐승들은 우리에게 음식물과 의복과 구두를 공급해주기 위해서 죽어야 합니다. 이 땅이 우리를 위해서 얼마나 풍성한지 보십시오. 우리는 만물을 지배하는 권리를 받았는데 그것을 오로지 주 예수 그리스도를 통해서 받았습니다. 만약 우리가 예수 그리스도와 결합되지 않으면 우리는 하나님의 가족이 될 수 없으며 유업이 이 세상의 다른 이방인에게 속할 수 없는 것처럼 우리의 것이 될 수 없습니다.

이제 이러한 상속은 율법에 의해서 이루어지지 않고 믿음에 의해서 이루어진다는 이 본문 말씀이 주는 가르침의 핵심을 다루겠습니다. 바울이 두 말 즉 율법과 믿음을 함께 써서 서로서로 어울리게 한 것은 그들을 대조시키기 위해서였습니다. 그렇다고 율법과 믿음이 어떤면으로나 서로 상반된다는 것은 아닙니다. 그렇습니다. 의롭게 되어서 하나님의 은혜를 받는 문제에 대해서 말하자면 그것은 율법을 통해서는 성취될 수 없습니다. 왜냐하면 율법이 그러한 목적으로 제정되지 않았기 때문입니다.

사실 율법의 기능은 그것과 완전히 반대입니다. 우리는 유업을 믿음으로 얻게 되기 때문에 우리의 행위는 중요하지 않으며 우리는 가난한 거지처럼 빈손으로 오게 되었습니다. 우리 몸속에는 한 방울의 선함도 없기 때문에 우리는 하나님에게로 가서 우리를 채워달라고 간구합니다. 아브라함의 유업이 믿음으로 된 것과 똑같이 율법은 믿음으로 얻어지는 것이지 유업을 통해서 얻어지는 것이 아니라고 한 바울의 말에는 이런 뜻이 함축되어 있습니다.

그런데 만약 우리가 우리의 신체적인 영양상태도 자랑할 수 없다면 우리는 어떻게 천국을 상속받을 자격을 갖출 수 있겠습니까? 확실히 썩기 쉬운 쇠고기는 천국의 영광과 비교해서 아무것도 아닙니다. 우리는 우리 하나님의 영광을 보게 될 것이며 **하**

나님은 우리의 만유가 되실 것이라는 말을 들었습니다(고전 15:28). 그러나 지금 현재로는 우리에게는 빵 한 조각이라도 우리의 것이라고 주장할 권리가 없습니다.

왜냐하면 유업은 믿음으로 얻어지기 때문입니다. 바꾸어 말하면 하나님께서 사람에게 하신 모든 약속은 오로지 하나님이 거저주시는 긍휼하심에서 비롯되었습니다. 그런데도 우리는 어떻게 천국을 소유할 수 있는 권한을 주장할 수 있습니까? 사람이 자신의 선행으로 낙원에 들어가기를 바라니 틀림없이 사람안에는 엄청난 자만심이 있을 것입니다! 확실히 그러한 사람들은 열화같은 하나님의 분노에 의해서 소멸될 것입니다!

바울이 아브라함은 믿음으로 모든 것을 받았다고 말함으로써 우리가 입증하려고 했던 사실 즉 사람의 역할은 아무런 기여도 하지 못한다는 것, 다시 말하면 구원은 거저 받는 것이라는 것을 명백하게 설명해 줍니다. 바울이 앞에서 언약이 '맺어졌다' (made)고도 했고 '확정되었다' (confirmed)고도 했습니다. 그런데 여기서는 그것이 '주어졌다' (given)고 했습니다.

그는 언약을 마치 상호간에 합의된 계약으로 여기지 않습니다. 즉 언약은 다음과 같은 하나님의 말씀과 같지 않다고 했습니다. '나는 이렇게 할 것이다. 그러나 너는 저렇게 해야 한다. 나는 팔 것이고 너는 사야 한다.' 언약은 이런 종류의 것이 아닙니다. 그보다는 언약에 따르면 주시는 분은 하나님이시고 사람은 하나님께서 주시는 것을 받도록 되어있습니다.

이것이 사실이니 우리는 하나님께로 나가서 하나님께서 우리에게 허락하시는 것은 모두 거저주시는 선물이라는 것을 알고 하나님의 제의를 받아들여야 합니다. 우리는 자신이 귀하다는 생각을 다 저버리고 우리가 아무 것도 아니라는 것을 깨달아야 합니다.

바울은 그가 강조하는 점을 설명하기 위해서 여기서 다른 표현을 사용합니다. 만약 유업이 율법에 의한 것이라면 언약과 다 믿음도 '무용지물' (of made none effect)이 되었을 것이라고 했습니다. 만약 유업이 믿음에 의해서 얻어지지 않는다면 언약이 우리에게 적용된다는 확신을 가질 수 없습니다. 우리는 이 말씀의 간결함 때문에 이해하기 어려우므로 이것을 설명할 필요가 있습니다.

여러분이 아시는 것과 같이 구원을 유업으로 받는 것이나 우리가 이 세상의 삶을 사는 동안에 하나님께 좋은 선물들을 유업으로 받게 되는 것은 전적으로 믿음에 달려있습니다. 바꾸어 말하면 우리가 우리의 공로로 받을 수 있는 것이 아무 것도 없습니다. 왜냐하면 모든 것을 거저주시고 풍성하게 주시는 하나님이시기 때문입니다.

만약 우리의 구원이 우리의 행위나 우리가 하나님앞에서 성취한 것의 값어치에 달려있다면 약속되어진 것들을 얻게 될 것이라고 어떻게 확신할 수 있겠습니까? 우리는 늘 의심을 품고 있어서 늘 다음과 같이 물어볼 것입니다. '글쎄, 내가 한 것이 무엇이지? 나는 기준에 도달되었습니까?' 이렇게 한다면 우리에게 믿음이 없다는 증거입니다.

믿음이란 우리를 향한 하나님의 선한 의도를 전적으로 믿는다는 것을 의미합니다. 모든 사람들은 상상에 의지하고 싶어합니다. 그래서 우리가 생각하는 것이 사탄의 미혹을 받게 됩니다. 자신의 소망을 그들의 선행에 두는 자들은 모두 마귀의 꾀임에 빠졌습니다. 우리의 공로로 구원을 얻게 될 것이라고 믿는 것은 완전이 자가당착입니다. 그러므로 위선으로 인해서 우리의 눈이 멀고 또 우리자신이 선하다고 믿고 있는 한 우리에게는 믿음이 없기 때문에 우리는 전혀 보장을 받을 수 없습니다. 즉 믿음이 말소되고 그렇게 되면 언약도 효력을 잃게 되어 결과적으로 보장도 받지 못하게 됩니다.

결론적으로 말하자면 우리의 자존심을 모두 추방하기 위해서 유업은 믿음으로 얻게 되어야 한다는 말을 첨가해야 합니다. 우리에게는 하나님께 무엇인가를 받을 자격이 있다고 주장하거나 또는 거절할 수 있는 재량이 있다고 말하는 것은 우리의 오만함을 드러내는 것이 됩니다. 사람들이 관행적으로 자신들의 덕분으로 여기고 있는 것들을 무시해 버리고 그것들을 발로 짓밟아 버리는 것이 우리들의 의무입니다.

우리는 우리의 장점이라고 생각되는 것들을 다 벗어버리고 마음을 비우고 굶주린 상태로 하나님께로 다가가야 합니다. 그러면 우리는 틀림없이 우리에게 필요한 모든 것을 하나님에게서 얻게 될 것입니다. 우리 하나님은 많은 보급품들을 예비해 두고 계시기 때문에 우리가 부족한 것들을 공급해 주실 수 있다고 우리는 굳게 믿어야 합니다.

하나님께서는 우리에게 필요하고 유익이 되는 것과 마찬가지로 우리가 소망할 수 있는 것들도 주 예수 그리스도께 주셨습니다. 따라서 우리는 하나님께서 태초에 약속하셨던 유업을 누릴 수 있습니다. 왜냐하면 그 언약은 복음을 통해서 오늘날까지도 우리에게 여전히 주어지기 때문입니다.

21

갈라디아서 강해 설교

그런즉 율법은 무엇이냐 범법함을 인하여 더한 것이라 천사들로 말미암아 중보의 손을 빌어 베푸신 것인데 약속하신 자손이 오시기까지 있을 것이라 중보는 한편만 위한 자가 아니니 오직 하나님은 하나이시니라(갈 3:19-20)

우리는 아브라함의 집안에 은혜를 주기 위해서 하나님의 언약 다음에 율법이 왔다는 것을 확실히 알았습니다. 하나님께서 은혜를 거저 주시겠다고 약속하셨으며 유대인들은 구원을 받기 위해서 이 약속에 의지해야 했습니다. 왜냐하면 그들은 하나님께서 인자하게도 그들에게 중보자를 보내시어 그를 통해서 그들의 죄를 사함받게 하실 것이라는 것을 알고 있었기 때문입니다.

바울은 이 사실에서 율법은 하나님께서 제정하시고 설립하셨던 것들을 폐하지 않는다는 결론을 내렸습니다. 언약이 혼자 떨어져 있어서 힘이 약해졌기 때문에 언약에 힘을 실어주기 위해서 율법이 더해졌다고 쉽게 추측할 수도 있습니다.

사도 바울은 예레미야 선지의 말을 통해서 하나님께서는 새로운 율법 즉 복음을 마련해 주실 것이라는 에베소서의 말씀을 뒷

받침해 주고 있는 것처럼 보입니다. 사도는 거기에서 모세에 의해서 주어진 율법은 불완전했으며 구원을 받기에 불충했다고 설명합니다(히 8:9). 처음에는 똑같은 것이 율법과 언약에 적용될 수 있으며 또 언약 그 자체는 마무리 작업이 필요한 것처럼 보였습니다. 그렇지 않다면 확실히 율법은 피상적입니까? 그러나 하나님께서 아무런 목적없이 이와 같은 가르침을 우리에게 주셨을 것이라고 상상하는 것은 전혀 이치에 맞지 않습니다.

그러므로 우리는 복음의 약속은 적절하지 않으며 구원을 받는데 부분적인 도움밖에 주지 못한다고 잘못 생각하지 않게 하기 위해서 율법의 기능을 검토해 보고 그것이 주어진 목적을 알아내도록 노력해야 합니다. 바울은 하나님께서 율법을 우리에게 주셨을 때에 우리에게 의롭게 되거나 구원을 받는 방법을 제공해 주려고 하지 않으셨다고 말했습니다. 그는 율법은 범법함을 인하여 더해졌다고 말했습니다. 세상이 악하고 타락했기 때문에 우리를 거기에서 보호하기 위한 목적만으로 율법이 제정되지는 않았습니다.

왜냐하면 우리에게는 이 땅위에 있는 죄를 벌하기 위해서 제정된 정상적인 법과 규례가 많이 있기 때문입니다. 만약 우리가 천사와 같아서 흠이 없고 자신을 마음대로 통제할 수 있다면 우리에게 규칙이나 규정이 필요치 않을 것입니다. 그런데 왜 우리에게는 그와 같이 많은 법과 규례가 필요합니까? 왜냐하면 사람은 연약하기 때문입니다.

사람은 악으로 넘칩니다. 그렇기 때문에 대책이 필요합니다. 만약 우리가 다 건강하다면 약이 필요치 않을 것입니다. 그러나 사람들의 무절제한 생활 때문에 질병이 있기 마련입니다. 그러므로 그 치료법을 연구해 내야합니다.

그렇게 많은 민법이 존재한다는 것은 우리가 매우 악하고 타락해서 규제와 통제가 필요하다는 것을 증명해 줍니다. 그러나 바울은 율법의 기능을 이렇게 여기지 않았습니다. 그는 그 이상으로 여겼습니다. 그는 하나님께서 인간의 죄악상을 폭로하기 위해서 율법을 주셨다고 했습니다. 그래서 율법은 구원의 수단이 아니라는 것을 입증했습니다. 그것은 열과 냉기가 같은 것에서 나올 수 없는 것과 같습니다. 샘물이 달다면 그곳에서는 쓴물은 구할 수 없습니다. 마찬가지로 그 샘이 쓰거나 짜다면 다른 곳에서 단물을 찾아야 됩니다. 똑같은 원리가 율법에도 적용됩니다.

그렇다면 왜 율법이 주어졌습니까? 사람들로 하여금 그들의 죄에 대해서 갑절의 벌을 받게 하고 또 그들의 위선과 자만과 변명하려는 마음과 그밖에 그와 유사한 죄는 헛되고 아무런 유익도 없다는 것을 깨닫게 하기 위해서입니다. 따라서 바울은 로마서 4:15에서 율법은 우리에게 하나님의 진노만을 가져다주기 때문에 우리는 율법으로 의롭게 될 수 없다고 했습니다. 어떤 의미에서는 생과 사가 다 율법에서 나왔다고 말할 수도 있을 것입니다.

왜냐하면 율법은 우리가 하나님이 보시기에 저주를 받을 가증스러운 존재라는 것을 보여줌으로써 우리 모두를 심판하고 모두에게 사형선고를 내립니다. 그러니 율법을 지키는 것만으로 의롭게 되기를 바란다는 것은 참으로 어리석은 일입니다!

바울은 로마서 7:8에서 율법은 실제로 죄를 증가시키는 원인이 된다고 말했습니다. 율법없이 범죄한자도 망한다(롬 2:12)고 기록된 것과 같이 우리가 율법에 대해서 들어보기도 전에 우리는 이미 정죄함을 받기로 되어있었습니다. 바꾸어 말하면 비록 그들이 지켜야 할 법률이 없는 이방인들에게도 양심이라는 내적인 증인이 있어서 그들을 심판하는 재판관의 역할을 합니다. 따라서 하나님이 재판장의 보좌에 앉아 계시기 때문에 사람들이 하나님 앞으로 소환되어 심문을 받기 훨씬 전에 벌을 받는 것이 마땅합니다. 그러나 계속해서 범죄하고 하나님을 노엽게 하는 자들은 자신에게는 아무런 잘못이 없다고 믿고 있습니다!

우리는 그러한 자만에 빠지기 쉽기 때문에 비록 우리가 죄속에 빠져 있더라도 율법이 없었다면 우리의 양심은 한번도 부끄러워하지 않을 것이며 여전히 무디고 무감각한 채로 남아 있을 것입니다. 그 보다도 우리는 우리가 하고 싶은 악한 짓을 마음대로 할 것입니다.

그러나 우리가 일단 율법에 대해서 듣게 되면 죄를 인식하게 되고 어쩔 수 없이 하나님 앞에 겸손해지게 됩니다. 하나님께서는 율법을 통해서 우리를 각성시켜 주시며 우리의 절망적인 상태를 깨닫도록 우리를 인도해 주십니다. 그것은 어떤 사람의 얼굴이 더러운 때로 덮여 있어서 사람들이 그 사람을 보고 웃고 있지만 그는 이유를 모르고 있는 것과 같습니다! 누군가가 그에게 거울을 갖다준다면 그는 부끄럽게 되어 때를 씻으려고 몰래 빠져나갈 것입니다. 그러나 그가 그의 흉한 모습을 발견했을 때에만 그렇게 할 것입니다!

어떤 사람의 얼굴에 사람들이 바라보기를 두려워하는 일종의 신체적인 기형이 있어도 거울을 그의 눈앞에 갖다 놓을 때까지는 자신의 그러한 추한 꼴을 인식하지 못할 것입니다! 우리도 그와 똑같습니다. 비록 우리가 하늘과 땅이 부끄러워할 정도로 악과 부정으로 가득차서 하나님께서 참담한 운명을 예비해 놓고 계시지만 우리는 우리의 길을 아무런 거리낌없이 계속해서 가고 있습니다. 왜 그렇게 합니까? 우리는 우리의 죄를 인식하지 못하기 때문입니다.

우리는 우리의 위선으로 눈이 멀어서 어떠한 위험도 감지하지 못합니다. 그러나 율법은 우리의 참모습을 들어내 보이시고 우리 앞에 하나님의 심판을 제시합니다. 율법은 만약 우리가 어떤 것을 하지 않으면 정죄를 받게 될 것이라는 것을 우리에게 가르쳐 줍니다. 도대체 그것들은 무엇입니까? 그것은 단순히 우리의 발과 손과 눈과 귀를 조심시키기만 하면 해결되는 문제가 아닙니다.

그렇습니다. 우리는 우리 자신을 정결하게 보존해야 하고 모든 욕심에서 자유롭게 되어야 합니다. 우리는 우리의 모든 감정과 생각과 욕망의 중심이 하나님에게 있을 정도로 성실해야 합니다. 우리는 이 세상 것에 유혹이나 타락을 당해서는 안 됩니다. 그런데 그러한 사람을 어디에서 찾아볼 수 있습니까?

이제 하나님께서는 당신의 보좌로 올라가서 재판장의 자리에 정좌하시고 우리에게 판결을 내리십니다. 우리가 범법자라는 것이 밝혀졌기 때문에 우리는 벌을 받게 되었습니다. 이것이 인류의 비참한 현실입니다. 이러한 까닭으로 바울은 범죄함으로 인하여(because of transgressors) 율법이 더해졌다고 했습니다.

그러나 율법에는 다른 기능이 있습니다. 예를 들면 우리에게 율법이 필요한 중요한 이유 중의 하나는 우리에게 하나님을 경배하는 방법을 가르쳐 주는 것입니다. 율법은 자기 생각대로 살아가기보다는 순종함으로써 하나님을 영화롭게 해드려야 한다는 것을 우리에게 가르쳐 줍니다.

율법은 선과 악을 구별하는데 도움을 줍니다. 하나님께서 마땅히 받아야 되는 합당한 섬김(reasonable service)은 어떤 것입니까? 그것은 바울이 로마서 12:1에서 말한 바와 같이 우리 자신을 하나님의 뜻에 복종시키는 것이 아닙니까? 우리로 하여금 헛되이 싸우게 하고 실제로 우리가 하나님을 섬기고 있지 않으면서 그렇게 하고 있다고 믿게 만들기보다는 **하나님을 기쁘시게 해드리는 방법과 우리가 복종해야 할 규칙을 알려주는 것이 율법의 가장 중요한 기능**이 아닙니까?

그러나 바울이 율법은 범죄함으로 인하여 더해졌다고 말할 때에 율법의 용법과 그것의 효과에 대해서 자세히 설명해 주려고 하지 않습니다. 우리가 말했던 것처럼 율법은 우리를 교육시켜주며 선과 악을 구별하는 방법을 가르쳐주며 자극을 주는 도구가 되어 우리 자신을 하나님에게 온전히 드리도록 격려해줍니다.

바울은 이 말씀에 담겨있는 뜻을 설명하면서 율법에 대해서 언급했습니다. 율법은 불필요한 것이 아니며 의롭게 되는 수단도 아니라는 것을 증명했습니다. 정말로 율법의 기능은 우리를 당황하게 만들며 우리가 두 가지 의미에서 죄인이라는 것을 드러내 보이는 것과 우리로 하여금 우리의 죄를 깨닫게 하여 변명할 수 있는 여지를 남겨두지 않는 것입니다. 사실 우리는 우리를 기다리고 있는 깊은 함정이 있다는 것을 곧 알게 될 것입니다. 이러한 까닭으로 율법이 주어졌습니다.

그렇게 한 것은 율법이 없으면 언약이 아무런 능력을 발휘하지 못하거나 다른 곳으로부터의 도움이 없이는 구원을 줄 수 없기 때문이 아닙니다. 전혀 그렇지 않다고 바울이 말합니다. 율법이 더해진 목적은 우리로 하여금 하나님이 우리 모두를 정죄하신 것은 옳았다는 것을 깨닫게하고 우리로 하여금 불안하고 사악한 생각을 하지 못하게 하고 우리의 실망이 우리를 하나님의 약속 안에서 소망을 찾도록 인도하게 하는 것입니다.

만약 우리가 언약 하나로 이 모든 것을 성취할 수 있다고 믿지 않는다면 이 문제에 대한 대답은 간단합니다. 비록 하나님께서는 자신이 구세주라는 것을 밝히시고 우리에게 자비를 베풀지 않으시면 우리는 정죄를 받게 된다는 것을 보여 주셨지만 하나님께서 먼저 우리를 겸손하게 만들지 않고는 우리는 거기에 제대로 반응하지 못합니다.

하나님께서는 이 약속을 통해서 아버지의 부드러운 사랑으로 우리를 오라고 부르십니다. 이것은 우리로 하여금 우리의 조를 인식하게 하고 그 죄를 미워하게 만들기에 충분해야 합니다. 그렇지만 우리는 편안한 마음으로 죄를짓고 있기 때문에 우리에게 강제로 시키지 않으면 그들에 대한 생각을 전혀 하지 않습니다. 그러므로 하나님께서 사람들에게 이 약속을 하신 이후로 우리는 무거운 죄를 지고 신음하며 주 예수 그리스도의 은혜안에서 피난처를 구해야 했는데 우리는 그렇게 하지 않았습니다. 하나님께서 율법이라는 망치로 우리를 강하게 몇 번 치실 때까지 그렇게 하지 않았습니다.

이것이 우리의 연약함과 우리가 하나님께서 우리에게 베푸시는 친절을 모독하고 있다는 것과 그것을 우리 자신을 자화자찬하는 계기로 삼고 있다는 것을 보여 주시 않습니까? 하나님께서는 어쩔 수 없이 우리를 엄하게 다루시며 우리의 참모습을 폭로하여 우리로 하여금 하나님께 달려가서 은혜를 베풀어달라고 간구 하도록 경고하십니다. 여기에 있는 더한(added)이라는 단어는 바울이 우리가 하나님의 부드럽고 인자하신 부름에 나타난 하나님의 선하심을 멸시하는 것을 꾸짖고 있음을 시사합니다.

사실 우리는 하나님께 우리를 겸손하게 만들기 위해서 강권을 사용하시도록 압력을 가합니다. 우리의 뜻이 강제로 그렇게 되어질 때에만 우리는 주 예수 그리스도안에서 하나님의 은혜를 구하게 됩니다.

바울은 이 시점에서 '약속하신 자손이 오시기까지' 율법이 적용되었다는 말을 더했습니다. 율법에는 모든 자질과 환경과 세세한 내용을 포함시킬 수 있지만 주로 의식에 대해서 다루고 있습니다. 만약 우리가 율법을 십계명하고만 관계가 있는 것으로 여긴다면 바울이 여기서 한 말은 적당치 않습니다. 왜냐하면 오늘날에도 율법은 큰 비중을 차지하고 있으며 그 안에 우리의 생활 규범이 있기 때문입니다. 그것은 우리에게 하나님의 뜻을 보여주며 우리가 방랑자처럼 살지 못하게 하며 이곳 저곳으로 정처없이 떠돌아다니지 못하게 해 줍니다. 왜냐하면 우리 앞에는 탄탄대로가 펼쳐있기 때문입니다.

율법은 옳은 것을 가르쳐주기 때문에 그것은 영원하여 세상의 끝날까지 지속될 것입니다. 우리는 여기서 바울에 대한 생각을 떠올려 그가 약속과 저주와 율법의 의식에 대해서 언급하고 있다는 것을 알아두는 것이 중요합니다. 한편 우리는 순종하면 그 안에서 살리라(he shall live in them, 레 18:5)는 약속을 받았습니다. 그 이외에 **율법의 모든 말씀을 실행치 아니하는 자**

는 저주를 받을 것이라(신 27:26)는 협박도 있습니다.

우리가 앞에서 본바와 같이 율법은 온 정성을 다하여 고결한 생활을 해온 사람들에게만 구원을 약속합니다. 우리는 모두 기준에 미치지 못하기 때문에 그 약속은 우리에게 해당되지 않습니다. 이것이 중요합니다. 우리는 자만과 방종으로 가득찼기 때문에 우리 자신의 능력으로 구원을 얻을 수 있다고 생각합니다.

그래서 하나님께서는 이렇게 말씀하십니다. '만약 너에게 네가 생각하는 것만큼의 덕이 있다면 그것을 나에게 증명해 보이라. 나는 너에게 율법을 주었으며 만약 네가 그것을 지키면 너에게 줄려고 상을 준비해 놓고 기다리고 있다. 만약 네가 나를 섬기면 너는 실망하지 않을 것이다. 너에게는 영생이 약속되어 있다 .그러나 먼저 너는 너에게 주어진 임무를 다해야 한다. 시작하라.' 비록 사람들이 전력을 다하여 그렇게 하려고 힘쓸지라도 그들은 틀림없이 전에 그들이 알지 못했던 그들의 연약함을 깨닫게 될 것입니다. 따라서 율법에서 한 언약은 우리에게 적용되지 않으며 그들은 다른 목적으로 공헌하기 때문에 방해받지도 않을 것입니다.

율법으로 인하여 저주를 받게 되는 것을 전혀 피할 수 없습니다. 율법의 모든 말씀을 실행치 아니하는 자는 저주를 받을 것이라는 말씀은 우리 모두를 정죄합니다. 우리에게는 율법들 모두를 행해야 되는 의무가 주어졌으며 우리가 지키지 못한 것이 단 한 가지도 있어서는 안 됩니다. 우리가 하나님을 부분적으로 섬길 수 있다고 믿는 것은 잘못된 생각입니다. 하나님은 약탈, 강탈, 사기, 폭력 그밖에 다른 어떤 죄도 범하지 않은 순결한 자를 사랑하십니다. 그러므로 이 말씀은 우리 모두를 속박하는 경고가 됩니다. 이것을 바울은 알고 있었습니다.

의식에 대해서 말하자면 그것들은 우리의 타락한 상태를 밝히는데 도움이 됩니다. 우리는 이미 그것들은 우리를 속박하고 우리로 하여금 분수를 지키게 하기 위하여 제정된 규례라고 한 바울의 말을 상고해 보았습니다. 어떤 사람이든 일정량의 돈을 빌리게 되면 그는 그만큼의 빚을 지게 되고 언젠가는 그것을 갚아야 합니다. 이것이 이행되어야 합니다. 더욱이 그것에 대해서 담보를 설정했을 때에는 그것을 갚지 않으면 벌을 받아야 합니다 특히 그것이 공금일 경우에는 더욱 그렇습니다. 이렇게 되면 그의 짐은 더욱 무거워질 것입니다. 똑같은 원리가 의식에도 적용됩니다.

율법은 모든 사람들을 정죄하기에 부족한 것이 없습니다. 왜냐하면 모든 사람들이 범죄 했기 때문입니다. 그러나 하나님께서는 자만심이 우리의 마음속에 깊숙이 뿌리박고 있는 것을 보시고 우리로 하여금 하나님을 향해서 보다 신성한 의무를 수행하도록 하기 위해서 의식을 더하셨습니다. 그러나 이것은 약속하신 자손이 오기까지라고 했습니다.

바꾸어 말하면 율법은 주 예수 그리스도를 믿는 자들을 속박하거나 억제하지 못합니다. 그보다는 이것은 그들을 믿음으로 인도해주고 그들은 그리스도안에서 율법에서 부족되었던 모든 것을 찾게 됩니다. 따라서 하나님께서 우리를 엄격하게 정죄하는 것은 우리로 하여금 구원을 얻게 하기 위해서이며 우리에게 고함을 지르심은 우리에게 특별한 은혜를 내리신다는 명확한 증거가 됩니다.

내가 이미 말한 바와 같이 우리는 우리에게 베푸시는 하나님의 은혜를 남용하기를 중단하지 않으며 그것을 우리의 유익이 되도록 사용하기를 중단하지 않습니다. 그렇게 되면 하나님께서는 우리를 감금하시고 우리의 재판장이 되시며 우리는 중한 벌을 받게 되어 절망에 빠지게 됩니다. 그러면 우리는 영원한 죽음보다 가벼운 형을 받을 지도 모른다는 기대를 할 수 없게 되며 이 형량은 율법에 의해서 확인되고 인준을 받게 됩니다.

그러나 모든 것은 우리로 하여금 진실한 열성과 정성을 가지고 주 예수 그리스도께 나갈 수 있게 하기 위해서 계획되었습니다. 우리는 그러한 근심과 걱정을 마음속으로 체험했기 때문에 우리는 주 예수 그리스도께 온전히 의지하는 법을 배우게 될 것입니다. 이러한 까닭으로 율법은 약속하신 자손이 오시기까지 적용됩니다.

만약 우리가 우리의 열조들은 어떻게 구원을 받았느냐는 질문을 받게 되면 이렇게 대답하면 될 것입니다. 비록 주 예수 그리스도께서 오시기 전에는 율법이 외적인 것을 중시하여 다스렸지만 우리의 선조들은 그들이 약속 받은 은혜에 의지해야 했습니다(그때까지 그리스도께서 오시지 않았지만).

이제 우리는 다음 사실을 확실히 알고 있어야 됩니다. 즉 율법은 언약의 내용을 수정하거나 언약만으로는 구원을 얻는데 불충분했기 때문에 언약을 지원해 주기 위해서 율법이 더해진 것은 아닙니다. 그 보다는 율법은 사람들의 자만과 방종 때문에 주어졌으며 그로 인해서 우리는 예수 그리스도를 통해서 우리에게 주시겠다는 긍휼을 겸손하게 구할 수 있게 되었으며 또 그 분을 통해서 하나님의 용서를 받고 누릴 수 있게 되었습니다.

여기서 바울은 율법은 '천사들로 말미암아 중보의 손을 빌어 제정되었다' 고 했습니다. 여기서 그는 율법을 인정했으며 우리는 그것을 정성껏 받아들여야 한다는 것을 시사합니다. 그러나 우리는 그것을 하나님의 의도대로 활용하기만 하면 됩니다! 여기서 강조할 점은 바울이 천사들에 대해서 언급한 것은 율법의 권위를 세워 주신 하나님에게는 많은 증인이 있었다는 것을 과시하기 위해서였으며 그것이 어떻게 받아들여지고 존중을 받게 되었는지를 보여주었습니다.

바울은 여기서 중보자이신 주 예수 그리스도에 대해서 언급하고 있습니다. 많은 사람들은 모세가 교리와 관련해서 하나님과 사람들을 중재했기 때문에 여기에 나오는 중보자를 모세로 여겼습니다. 그러나 그것은 적절한 해석이 될 수 없습니다. 바울은 먼저 천사들에 대해서 언급하고나서 절대적인 권한을 행사하는 지위에 있는 그들의 머리가 되시는 중보자에 대해서 언급했습니다. 이러한 말이 모세에게는 어울리지 않습니다.

바울은 여기서 구원의 약속과 관련해서는 율법과 복음사이에는 불균형이 없다는 것을 강조했습니다. 바울은 이것을 반복하기 위해서 주 예수 그리스도에 대해서 언급하면서 율법은 예수님의 손에 의해서 제정되었다고 했습니다. 손(hand)이라는 단어는 성경에서는 능력을 시사하는 때가 자주 있습니다. 그런데 여기서는 천사와 예수 그리스도 자신을 대조하기 위해서 사용되었습니다.

바울은 집단을 구성하고 있는 천사들에게 대해서 언급했습니다. 왜냐하면 그들의 출현은 율법은 사람들의 주시를 받고 있으며 아무런 거리낌이 없이 받아들여지고 있다는 것을 확실히 해주기 때문입니다. 천사들은 하나님의 위대하심을 증거하는 증인이었습니다. 그렇습니다. 그러나 중재자는 그들보다 훨씬 위대하십니다. 여기서 말하는 손(hand)은 그 분이 머리되심을 나타내며 그 분에게는 절대적인 권력이 있으며 율법을 제정하는 중요한 임무를 맡으셨다는 것을 밝혀 줍니다. 이것이 우리에게 이상하게 보여서는 안 됩니다.

천사가 모세에게 나타나서 천사에 불과함에도 불구하고 나는 하나님이다(출 3:6) 라고 말했습니다. 이것은 그 단어가 시사하는 대로 그는 하나님의 사자라는 것을 의미합니다. 그러나 사실은 그는 나는 스스로 있는 여호와다 라고 말하고 있습니다. 이 호칭은 우리 자신과 같이 아무 것도 아닌 것에서 만들어진 피조물(천사들을 포함한)에게는 사용될 수 없습니다.

한 천사가 그러한 호칭은 사용한다는 것은 하나님 한 분에게만 속한 그 호칭을 빼앗는 신성모독 죄를 범하는 것입니다. 그러므로 우리는 여기에 나온 이 천사는 이미 중재자의 역할을 하고 있던 바로 주 예수 그리스도였다는 결론을 내려야 합니다. 그것이 유대인들의 불평과 어리석은 욕심으로 하나님을 노엽게 만든 그들의 반역에 대해서 기록된 고린도전서 10:9 말씀에서 바울에 의해서 입증되었습니다.

바울이 말하기를 유대인들은 그들을 광야에서 인도하고 안내해 주셨던 그리스도 자신을 시험하고 있었다고 했습니다. 그러므로 우리 주 예수 그리스도께서는 이미 중재자가 되셨다는 사실을 쉽게 믿을 수 있습니다. 왜냐하면 그 분께서는 사람들을 하나님 아버지에게 화해시키기 위해서 여러 가지 방법으로 활동하셨기 때문입니다. 이러한 까닭으로 바울 사도는 히브리서에서 **"예수 그리스도는 어제나 오늘이나 영원토록 동일하시니**

라" 고 기록했으며 우리는 그 분을 꽉 붙잡고 있어야 하며 이상한 가르침(strange doctrines)에 속아 우왕좌왕해서는 안 된다고 했습니다(히 13:8).

예수 그리스도께서는 불쌍한 죄인들이 하나님의 심판 때문에 받는 괴로움에서 구제해 주시기 위해서 하나님과 사람 사이를 중재했다고 바울이 우리에게 가르쳐주고 있습니다. 이제 우리는 하나님께서 한 분의 중재자를 우리에게 보내주셔서 우리로 하여금 그 분을 통해서 하나님에게 가까이 할 수 있는 은혜를 받게 하셨으니 이를 기뻐할 수 있게 되었습니다. 그리고 주 예수 그리스도께서는 다른 의미로도 중재자의 역할을 하셨는데 그것은 하나님께서는 항상 그 분을 통해서 당신의 뜻을 사람들에게 전하셨기 때문입니다.

하나님과 우리 사이에는 깊은 골짜기가 있으며 우리는 죄로 인해서 접근할 수 없습니다. 하나님만이 중재자를 통해서 수치를 무릅쓰고 자신을 우리에게 굽히십니다. 이것이 야곱은 꿈에서 한 사다리를 보았는데 그 꼭대기에는 하나님이 영광 중에 보좌에 앉아 계셨으며 천사들이 그 위에서 오르락내리락 하고 있는 것을 보았다고 했습니다. 이 환상은 야곱에게 하늘과 땅을 화해시키는 방법이 발견될 때까지 우리는 하나님의 나라에서 배제된다는 것을 보여주기 위한 것이었다는 데에는 의심의 여지가 없습니다.

바꾸어 말하면 육신을 입고 오신 하나님(God manifest in the flesh)이신 주 예수 그리스도는 하늘보다 높으시지만 우리와 동등됨을 취하시어 우리 인간 본래의 모습을 입으시고 연약하나 죄가 없는 사람이 되셨습니다. 비록 주 예수 그리스도는 완전하셨지만 우리의 결점을 떠 맡으셨습니다. 그렇기 때문에 율법은 주 예수 그리스도의 손에서 제정되었다고 합니다. 따라서 율법과 복음 사이에는 모순이 있을 수 없는 것이 당연합니다. 왜냐하면 예수 그리스도께서는 결코 변하지 않을 것이며 자신을 부정할 수 없기 때문입니다.

이제 바울이 한 다음 말에 주의를 기울입시다. 그는 중보는 한편만 위한 자가 아니니 오직 하나님은 하나이시니라라고 말했습니다. 그는 중보는 한편만(of one) 위한 것이 아니라는 말을 해서 골로새서 1장에서 말한 것처럼 **주 예수 그리스도께서는 하늘에 있는 모든 것과 이 땅위에 있는 것을 하나로 모으기 위해서 오셨다는 것을 시사했습니다**(골 1:20).

어떤 사람들은 이 말씀을 예수 그리스도에게는 하나 이상의 속성이 있다는 뜻으로 해석하고 또 다른 사람들은 만약 예수 그리스도가 온 인류를 위한 중보라면 율법과 복음사이에 불화가 있어서는 안 되는 것이 순리라고 말합니다. 그러나 바울은 분명히 여기서 유태인과 이방인을 결합시키는 것을 시사하고 있습니다.

율법이 공포되었을 때에 예수 그리스도는 중보자였습니다. 하나님께서는 사람들로 하여금 당신의 은혜를 받아들이게 할 목적으로 그 분을 통해서 사람들을 겸손하게 만들려고 하셨습니다. 예수 그리스도께서 유태인들에게 율법을 주셨을 때에 예수님은 이미 중보자가 되셨지만 그 분의 역할을 훨씬 강화해야만 했습니다. 예수님께서는 하나님에게서 차단되었던 이방인들을 끌어안아야 했습니다.

하나님께서는 한 때 아브라함의 후손들을 모든 민족 중에서 뛰어나게 하셨지만 마침내 우리에게서 멀리 떨어져 있던 구원의 동참자로 마드셨습니다. 멀리 떨어져있던 우리들이 전에 하나님과 가까웠던 자들과 함께 환영을 받았습니다.

바울은 다른 성경 말씀에서 **예수 그리스도를 우리의 화평**이라 불렀습니다. 예수님께서는 하나님과 이미 가까이 했던 자들 (유태인들)과 하나님에 대해서 전혀 몰랐던 자들을 다 하나님과 화해시키고 또 하나님과 연합시켰습니다(엡 2:17). 우리는 그리스도께서 오심으로 인하여 하나님의 교회의 지체로 가납되었습니다. 한때 저 멀리 떨어졌던 자들이 하나님과 하나가 되었을 뿐만 아니라 서로서로 연합되었습니다.

이제 우리는 이 말씀에서 바울이 주는 가르침을 이해하게 되었습니다. 그러나 우리가 배운 것 모두에서 유익을 얻기 위해서 우리가 알아두어야 할 특별한 가르침이 있습니다. 즉 하나님께서는 율법을 천사들을 통해서 우리에게 주셨다는 사실입니다. 그리고 만약 우리가 율법을 무시하거나 못 본체하거나 이를 테면 발로 밟아버리게 되면 앞에서 말했던 천사들이 우리들에게 불리한 증인이 될 것입니다.

따라서 천사들에게는 하나님께 우리의 사악한 반역행위를 복수해 달라고 요청할 권리가 있습니다. 하나님께서 천사들을 선택하여 하나님의 율법을 선포하는 것을 도와드리도록 하신 것은 장난이 아니었습니다. 그렇게 하신 것은 우리로 하여금 율법을 존중하도록 만들기 위함이었습니다. 그렇습니다.

우리는 율법이 요구하는 것을 완전하게 이해할 수 없는 것이 사실입니다. 그러나 만약 우리가 그곳에서 멈추게 되면 우리는 완전히 절망에 빠지게 되고 영원한 사형선고를 받게 될 것입니다. 만약 하나님께서 인자하시게도 우리에게 당신의 뜻을 가르쳐 주시고 우리로 하여금 선과 악을 구별할 수 있게 해 주신다면 우리의 반응은 고개를 숙여서 하나님께서 우리에게 씌워주시는 멍에를 하나님에게 승복한다는 표시로 받아들이는 것이 되어야 합니다.

이것이 첫 번째 요점입니다. 두 번째 요점은 율법은 우리의 마음을 자극하고 찔림을 주기 위해서 계획되었다는 것입니다. 왜냐하면 우리는 매우 냉정하고 무기력하고 게을러서 자발적으로 하나님께 나가려고 하지 않기 때문입니다. 그러므로 율법은 우리들 하나 하나로 하여금 우리 자신을 살펴보게 해야 합니다 정말로 우리 자신의 훈육을 위해서 우리는 하나님의 계명을 기억하고 아침저녁으로 그들을 암송하는 것이 좋을 것입니다.

천사들이 우리를 감찰하고 지켜보고 있기 때문에 우리 자신의 통제를 강화합시다. 그들은 율법을 시행하기 위해서 하나님에게 공용되었기 때문에 우리가 그것을 무시하거나 마치 그것이 아무 가치가 없는 것처럼 공개적으로 모욕하는 것을 용납하지 않을 것입니다. 우리는 사람들이 얼마나 우리를 칭찬해 주고 환호해 주느냐와는 상관없이 같은 천사들 면전에서 정죄를 받게 될 것입니다.

영향을 끼치지 않습니다. 만약 우리에게 우리의 죄를 부끄럽게 여기는 법과 기꺼이 우리자신을 낮추는 법과 주 예수 그리스도 안에서 구원을 찾는 법을 가르쳐주기 위한 것이 아니라면 왜 하나님께서 율법을 선포하는 것을 돕는 일에 당신의 천사들을 선택하셨겠습니까?

율법의 중보이신 주 예수 그리스도에 대해서 말하자면 만약 우리가 그 분의 은혜안에 피난처를 구하려고 했다면 율법에는 더 이상 우리를 정죄할 권한과 죄로 하여금 우리를 지배하게 할 권한이 없다는 것을 확신할 수 있습니다. 우리는 **"죄의 권능은 율법이라"**고 바울이 쓴 고린도전서 15:56의 말씀을 명심하고 있어야 합니다. 말하자면 율법은 죄를 악랄하게 만들어서 당한 우리에게 중벌을 당하게 하고 못본 체 합니다.

만약 우리가 여기서 말하는 위안을 받지 못하면 우리는 공포에 사로잡히고 주 예수 그리스도께서 하신 약속이 있음에도 불구하고 구원에 대한 확신을 가질 수 없습니다. 우리는 매우 이율배반적인 것처럼 보이는 이 진리에 대해서 계속해서 심사숙고하게 될 것이며 다음과 같이 말하게 될 것입니다. '율법이 하나님으로부터 나온 것이 맞습니까? 그런데도 하나님은 그것을 통해서 우리를 정죄하시다니!' 하나님께서는 주 예수 그리스도를 보내시어 그 대책을 세우라고 하셨는데 그 심판을 피할 길이 전혀 보이지 않습니다.

따라서 우리는 그러한 생각으로 괴로움을 당할 것입니다. 그러나 만약 우리가 주 예수 그리스도는 율법을 제정하신 중보자였다는 생각을 하게 되면 또 만약 그 분이 오늘날 우리의 대변자라면 우리를 용서해 주실 수 있다고 생각합니다. 따라서 우리는 타락한 자로 여겨져서는 안 됩니다.

하나님께서는 우리에게 죄를 선고하셨으며 우리는 이것으로 인하여 생긴 근심걱정으로 억압을 당해 왔습니다. 우리의 악은 처음에는 교정시킬 수 없을 것처럼 보였습니다. 그러나 우리가 알고 있는 바와 같이 우리 주 예수 그리스도께서는 두 가지 역할 즉 그러한 무서운 생각을 통해서 우리에게 겸손을 가르쳐 주는 역할과 우리에게 구원을 확인시켜주는 역할을 수행하십니다. 우리가 이러한 방법으로 낙담되었을 때에 우리를 분발시켜 주는 유일한 방법은 율법의 중보로 임명을 받았던 그 분이 오늘날 전과 똑같은 중보의 임무를 맡고 우리에게 나타나신바 되었다는 것을 알고 있는 것입니다.

마지막으로 우리가 유의할 것은 그 분은 한 나라 백성만의 중보자가 아니고 온 세상 사람들의 중보자라는 것입니다. 왜냐하면 우리는 모두 하나님의 피조물이기 때문입니다. 그렇습니다. 우리는 아담의 죄로 인해서 모두 의절되었습니다. 그러나 주 예수께서 오셔서 우리가 이미 앞에서 다루었던 것과 같이(골 1:20) **하늘에 있는 것과 땅 위에 있는 것들을 한데 모으셨습니다.**

그리고 하나님께서는 우리를 아브라함의 영적인 자녀로 여기시기 때문에 오늘날 하나님께서는 우리를 당신이 하신 언약의 후계자로 받아 들이신다는 것을 결코 의심해서는 안 됩니다. 비록 우리가 사람들을 갈라놓았던 율법시대와는 구별된 시절을 살고 있지만 그것이 우리가 담대하게 하나님에게 접근할 수 있는 것을 막지는 않습니다. 왜 그렇습니까? 왜냐하면 하나님은 한 분이시기 때문입니다. 이 땅에는 유태인, 희랍인 그리고 그밖에 여러 민족이 있으며 다양한 언어와 도덕과 생활 약식을 가지고 있습니다. 확실히 각 개인은 변덕으로 꽉 찼으며 확고한 신념이 없이 변하기 마련입니다.

그러나 우리 모두는 우리의 눈을 하나님에게 고정시키는 법을 배웁시다. 왜냐하면 하나님은 여일하시기 때문입니다. 하나님은 우리에게 율법과 복음을 주셨습니다. 그리고 그들 사이에는 모순이 있다고 생각하지 맙시다. 왜냐하면 그들은 완전히 화합하기 때문입니다. 우리는 이러한 방법으로 인도되어 주 예수 그리스도께로 나아갑시다. 어떻게 해야 그렇게 될 수 있습니까? 우리가 모든 자만을 다 벗어버리고 또 우리가 영적으로 죽었다는 것을 깨닫고 우리로 하여금 자신을 증오하게 만드는 공포와 혐오를 느끼게 될 때에 그렇게 됩니다.

그렇게 되면 우리는 주 예수 그리스도께로 나가게 되며 만약 우리가 하나님 아버지께서 지시하시는 방법대로 하나님에게로 나가면 하나님은 우리를 받아들이실 것이라는 것을 알게 됩니다. 왜 우리를 받아들이십니까? 왜냐하면 하나님은 한결 같으시기 때문입니다.

하나님께서 율법을 우리에게 주셨을 때에 율법보다 먼저 주신 언약의 권위를 감소시키려는 의도는 전혀 없었습니다. 하나님께서 당신의 은혜를 복음을 통해서 보다 구체적으로 나타내신 것은 율법이 가치가 없거나 유효기간이 지났다고 생각하셨기 때문이 아닙니다.

율법은 우리에게 생활에 대한 규례를 제공해 줍니다. 율법은 우리가 율법이 주는 저주를 피할 수 있는 길은 태초에 선약되었던 자손(Seed)에 있다고 우리에게 알려줍니다. 그 분은 모든 축복의 원천이며 근원이 되시는 주 예수 그리스도이시며 그 분에 의해서 우리는 구원을 받습니다.

칼빈의 갈라디아서 강해 (상)

1판 1쇄 발행 _2000년 3월 24일
2판 1쇄 발행 _2010년 1월 26일

지은이 _존 칼빈
옮긴이 _김동현

펴낸이 _이상준
펴낸곳 _서로사랑(알파코리아 출판 사역기관)

편집 _이소연, 박미선
영업 _장완철
이메일 _publication@alphakorea.org

사역/행정 _이정자, 윤종화, 주민순, 권주희, 엄지일
이메일 _sarang@alphakorea.org

등록번호 _제21-657-1
등록일자 _1994년 10월 31일

주소 _서울시 서초구 방배1동 918-3 완원빌딩 1층
전화 _(02)586-9211~4 팩스 _(02)586-9215
홈페이지 _www.alphakorea.org

ISBN _978-89-8471-248-5 04230
ISBN _978-89-8471-247-8 04230(전2권)